编委会

主　编:王华敏

副主编:李晶晶　王新皓　张　放

走向科研型教师之路

（第四辑）

王华敏／主编

西南师範大學出版社
国家一级出版社 全国百佳图书出版单位

图书在版编目(CIP)数据

走向科研型教师之路. 第四辑 / 王华敏主编. — 重庆：西南师范大学出版社，2018.5
ISBN 978-7-5621-9246-6

Ⅰ. ①走… Ⅱ. ①王… Ⅲ. ①教育－文集 Ⅳ. ①G4－53

中国版本图书馆 CIP 数据核字(2018)第 064214 号

走向科研型教师之路(第四辑)

ZOUXIANG KEYANXING JIAOSHI ZHI LU DI-SIJI

王华敏　主编

责任编辑：何雨婷
装帧设计：闰江文化
排　　版：重庆大雅数码印刷有限公司・张祥
出版发行：西南师范大学出版社
　　地址：重庆市北碚区天生路 2 号　邮编：400715
　　http://www.xscbs.com
　　市场营销部电话：023－68868624
经　　销：新华书店
印　　刷：重庆荟文印务有限公司
成品幅面尺寸：240mm×170mm
印　　张：27.5
字　　数：500 千字
版　　次：2018 年 8 月　第 1 版
印　　次：2018 年 8 月　第 1 次印刷
书　　号：ISBN 978-7-5621-9246-6

定　　价：108.00 元

十年的追求与坚守
（代序）

西南大学教育学部(以下简称“教育学部”)溯源于1906年建立的川东师范学堂，几经传承演变。2011年，学校为了建设高水平研究型教育学科，整合分散的教育学科资源，组建了教育学部。百余年来，筚路蓝缕，玉汝于成，数代教育学部人秉承晏阳初、张敷荣、高振业、刘克兰等老一辈教育学家的育人风范，发奋图强，开拓进取，铸就了“自强不息，卓越前行”的学部精神，不断丰富着“德彰天下，学贯中西”的部训内涵，构建了从本科生到博士后的人才培养体系，在人才培养、科学研究、社会服务、文化传承、国际交流等方面取得了卓越的成就，不仅为国家培养了众多优秀的人民教师、教育管理干部和教育科学研究专门人才，而且走出了一大批享誉中外的学人大家。

教育学部始终坚持以人才培养为根本，注重提高人才培养质量，不断完善研究型人才培养的顶层设计，积极探索本科拔尖创新人才培养模式，积极推进研究型人才培养工作。“长江学者”特聘教授、部长朱德全教授将本科生培养定位为“良心工程”。自2005年以来，教育学部针对教育学科自身发展与社会发展需要，同时也为了增强教育学专业的社会适应性，本科实行教育学大类招生培养，凝铸形成“精英化、综合化、国际化”的培养机制。2007年起承担国家免费教育师范生培养。从2009年起开办以学部驰名世界的历史名人、平民教育家晏阳初先生名字命名的本科“晏阳初创新实验班”，专门为各重点大学培养高水平教育理论研究后备人才。通过近十年的艰辛探索，教育学部形成了“小班精英化立体大课堂陪伴模式”的本科生培养模式，实施本科生培养“六大计划”，即全英文课程计划、“志汉杯”学生学术作品竞赛计划、本硕博精英计划、国内国外交换计划、实验学校扎根计划、本博牵手计划，努力把免费教育师范生培养成为教研型学科教师、学术型教研人员、专家型教育管理者，把晏阳初创新实验班学生培养成为教育学研究型人才。

为了培养本科生的创新精神和学术科研能力，从2008年起，教育学部决定每年举办一届学生学术作品竞赛活动，以学部何志汉教授的名字命名为“志汉杯”，将何志汉教授去世时捐赠的8万元现金设立的“何志汉基金”用于奖励学生学术作品竞赛和国家“挑战杯”中的优胜者。“志汉杯”学生学术作品竞赛坚持“六个结合”。一是学术作品竞赛与本科生思想教育相结合。教育学部激励本科生学习和秉承何志汉教授无私奉献、默默钻研、热爱教育事业的“志汉精神”，在科学研究中完善自己的健全人格。二是学术作品竞赛与本科生导师制相结合。要求本科生导师指导本科生开展科学研究，撰写学术作品。三是学术作品竞赛与本科生阅读专业名著相结合。教育学部为本科生指定了100本专业名著，要求本科生在阅读专业名著的基础上进行研究、写作论文。四是学术作品竞赛与本科生专业理论学习相结合。本科生通过学术研究和论文撰写，进一步深化其专业理论知识学习。五是学术作品竞赛与培养本科生综合素质相结合。通过竞赛和召开班级、年级、学部三级学术研讨会，培养本科生的创新意识、创新精神、写作能力、口头表达能力和团队合作意识等各方面素质。六是学术作品竞赛与教师科研相结合。教育学部鼓励本科生广泛参与教师课题研究，从中学习科学选题、科学研究方法，培养学术科研能力。2013年5月，依托“志汉杯”学生学术作品竞赛创设本科生“挑战杯”培育基金项目，从研究型学部建设经费中每年划拨5万元专项经费，每年资助30个科研项目，分设重大项目2个、重点项目5个和一般项目23个。择优资助培育优秀的学术科研作品参加全国“挑战杯”大学生课外学术科技作品竞赛。同时，从晏阳初创新实验班建设费中每年划拨2万元，面向晏阳初创新实验班学生创设“晏阳初”创新基金项目，每年资助20个项目，分设重大项目2个、重点项目5个和一般项目13个。2017年起教育学部从一流学科建设经费中每年划拨10万元设立学生创新创业基金。近五年，学部本科生公开发表学术论文100余篇，其中CSSCI或北大核心期刊学术论文20余篇，在全国和重庆市“挑战杯”以及学校“含弘杯”学生学术科技作品竞赛中屡获佳绩。本科2008级黄良勇在第十二届“挑战杯”全国大学生课外学术科技作品竞赛中荣获二等奖；本科2010级陈春艳等在第十三届“挑战杯”全国大学生课外学术科技作品竞赛中荣获三等奖；本科2013级宋佳欣、林玥茹、龙芸、方晨阳等在第十四届“挑战杯”全国大学生课外学术科技作品竞赛中荣获特等奖；本科2015级李美仪、2014级赵鑫等在第十五届“挑战杯”全国大学生课外学术科技作品竞赛中荣获三等奖。学生的进步发展与丰硕成果，是对我们十年的追求与坚守的最好慰藉。

本书所选编的学术论文是教育学部第八、九、十届本科生“志汉杯”学生学术作品竞赛和第十四、十五届“挑战杯”全国大学生课外学术科技作品竞赛的获奖作品，借此希望进一步激发本科生开展科学研究的热情，反映本科生的科研意识和能力。应该看到，本科生在指导教师的指导下，根据自身专业特点所做的研究虽稍显稚嫩，但是在这一篇篇的研究文章中透射出这些未来教师们对当前各种层次教育以及教育中存在的问题的高度关注，这些都将成为他们今后走向教育研究的强大动力与基础，也是他们成为未来教育家的重要阶梯。我们有信心期待，也有理由期待……

王华敏
2018 年 1 月 10 日于西南大学田家炳教育书院

目　录

第一篇
大学人才培养

师范生专业投入与职业抱负的影响因素研究
——以未来时间洞察力为中介变量的模型构建

赵鑫 廖琴 吴思睿 谭婷 杨焱灵 陈茂苑①

指导教师：袁顶国

摘 要：本研究以重庆市三所师范院校的全日制本科师范生为研究对象，综合采用文献法及调查法，参照《Zimbardo时间洞察力量表》《专业投入与职业抱负量表》及《教师职业决策影响因素量表》进行问卷设计和调查，运用SPSS21.0和Amos21.0进行数据分析和模型构建，尝试构建以能力感知、内在职业价值观、决策满意度为自变量，未来时间洞察力为中介变量，预期努力和预期持久性为因变量的结构方程模型，并通过中介效应检验其显著性，以此分析各变量间的复杂关系，探究影响师范生从教志向的作用机制。结果表明，未来时间洞察力在师范生的能力感知、决策满意度、内在职业价值观对其专业学习的预期投入及预期持久性中起显著的中介作用。

关键词：师范生；专业投入；职业抱负；未来时间洞察力；中介变量

《国家中长期教育改革和发展规划纲要(2010—2020年)》提出，中国未来发展，关键靠人才，基础在教育，教育大计，教师为本。[1]在我国当前的教育体系中，师范生是教师的重要来源。这些"预备教师"的专业发展、投入与期望等状况作为教师情感最持久的原动力，是师范生从事教师职业的基本心理准备，这不仅关系到他们未来在教育领域的投入程度以及持久性，也关系到未来我国教师队伍素质的高低。因此，如何增强师范生的光荣感与责任感，激励他们努力学习、终身从教，使他们能以更加积极、主动的心态投入教师职业中，成为亟待解决的问题。

①赵鑫、廖琴、吴思睿、谭婷、杨焱灵、陈茂苑：西南大学教育学部本科2014级晏阳初创新实验班学生。

一、理论基础

已有研究表明,师范生的职业决策影响因素、未来时间洞察力(以下简称FTP)与专业投入、职业抱负间息息相关。在时间节点上,这三者存在“过去”(已做出的职业选择)、“现在”(目前有的人格特质)、“未来”(将要实行的专业投入程度和职业预估抱负)。在因果关系上,师范生的职业决策影响因素对专业投入和职业抱负存在一定正向关系,这种相关关系可通过 FTP 这一中介变量得以体现。要探寻这三者的因果关系,则须建构结构方程模型,以此对各变量间的复杂关系进行考察。[2]故本节将梳理各变量间的关系,尝试构建理论模型并提出研究假设。

(一)专业投入与职业抱负理论

Watt 与 Richardson 曾在探查“准教师”的专业投入与职业抱负的研究中提出“专业投入与职业抱负”的最初概念,包括预期努力(planned effort)、预期持久性(planned persistence)、职业抱负(professional development aspirations)、领导力期望(leadership aspirations)四个维度。[3]而本研究对象由“准教师”转变为师范生,故须对原有维度进行修改,以适应研究对象的某些特性。[4]

先前研究已充分证明,师范生在教师角色和自我发展等方面都与在职教师存在较大差异。在教师角色认识上,教师的教师角色认识更复杂,有一定的领导力发展预期;师范生则相对单纯,对教书育人有一种单纯的向往。[5]在职业发展上,因缺乏一定的教学经验,师范生的教学效能感较在职教师低,无明确的职业发展期望。[6]

综上,师范生的职业规划相对在职教师来讲,较为盲目,[7]职业发展预期和领导力预期普遍较低。有研究指出应调整这类变量,不应纳入理论模型构建。故本研究决定在原有维度的基础之上删除职业抱负与领导力期望这两个维度,将原有的“工作预期努力”改为“专业预期努力”。

(二)职业决策影响因素理论

研究显示,教师的职业选择因素是影响其专业投入和职业抱负的重要因素之一,可分为外在和内在影响两类。[8]在学生从学习专业技能到从事职业工作的长期过程中，外在影响的整体水平会呈现较大的起伏，即学生当前职业决策的外在影响可能并不能准确预测之后的专业投入和职业抱负。[9]相比之下，内在职业决策影响因素整体水平较为稳定，且其重要程度随时间增长。因此，在学生从做出专业决策到未来的职业抱负的时间跨度中，内在职业决策影响因素会发挥比外在影响更为重要、持久的作用。

本研究以师范生为研究对象，着眼探究其专业决策如何通过计划性因素(FTP)作用于未来的职业抱负。在该时间跨度中，需要更多考虑内在因素而非外在因素。故本研究将职业决策影响因素限定为内在职业决策影响因素，主要包含能力感知、内在职业价值观和决策满意度。

目前国际上通行的测量教师职业决策影响因素的工具是 Watt 与 Richardson 编制的《教师职业决策影响因素量表》(Factor influence teaching choice scale，简称 FIT-Choice scale)。[10]该量表将教师的职业决策影响因素分为动机因素、职业信念因素和职业选择满意度三个方面。该量表以在职教师为研究对象，本研究为师范生。因师范生在专业学习、实习中的外在职业决策影响因素会受到较大的影响，而内在因素相对较稳定，本研究拟测量师范生的内在职业决策影响因素，以更好地预测学生未来的专业投入和职业抱负。故本研究筛选出量表中涉及内在影响因素的变量：能力感知、内在职业价值观和决策满意度。

(三)FTP 理论

本研究中 FTP 被定义为“主体指向未来的认知、情感和行为倾向的人格特质”[11]。该理论强调了 FTP 在当前和未来行为间的动机性作用。只有通过一定的计划，个体的当前特定行为才会对未来的长远目标有意义。[12]这在一定程度上表明 FTP 在连接个体当前和未来行为间的重要作用，即个体当前的行为会通过 FTP 的中介效应作用于未来的预期。[13]这种中介效应至少部分存在，使个人的当前行为与未来目标相结合，以对未来的预期更有意义。这一结论在许多研究中得到了印证。[14]大多数的人类活动具有明确的目标导向，尤其在师范教育领域。目标最终会指向个体对未来行为的预期，在师范教育领域则表现为师范生对未来专业学习和职业抱负的预期。

综上，职业决策的影响因素，诸如能力感知、内在职业价值观和决策满意度等，是专业投入和职业抱负的重要影响因素。[15]但这一作用不全是直接的，也会通过某些中介变量间接影响。[16]FTP是这些中介变量中尤为重要的一种。这不仅是因为在大量先行实证研究中得到论证，[17]还因为FTP搭起了当前行为与未来计划的桥梁，[18]可运用于解决实际存在的诸多问题，具有较强的实践价值。基于以上论述，本研究提出假设，如图1所示：

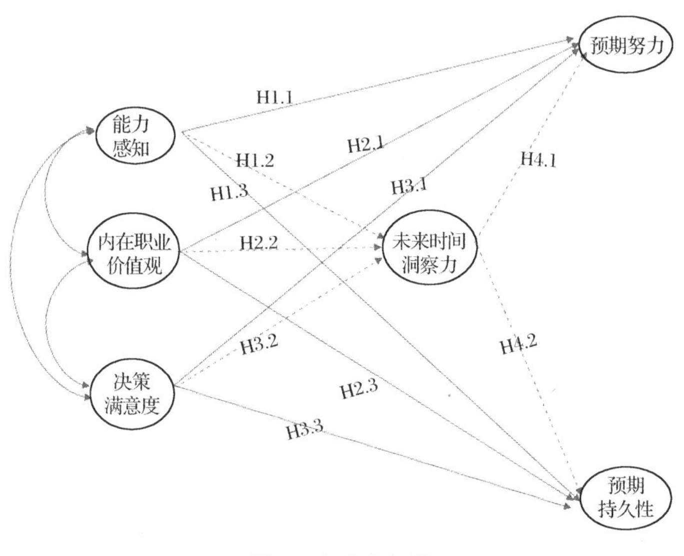

图1　本研究假设

注：实线为直接作用，虚线为通过中介变量的间接作用

1.能力感知维度

H1.1：师范生的能力感知对其专业预期努力有显著的正向影响。

H1.2：师范生的能力感知对其FTP有显著的正向影响。

H1.3：师范生的能力感知对其专业预期持久性有正向影响。

2.内在职业价值观维度

H2.1：师范生的内在职业价值观对其专业预期努力有显著的正向影响。

H2.2：师范生的内在职业价值观对其FTP有显著的正向影响。

H2.3：师范生的内在职业价值观对其专业预期持久性有正向影响。

3.决策满意度维度

H3.1:师范生的专业决策满意度对其专业预期努力有显著的正向影响。

H3.2:师范生的专业决策满意度对其FTP有显著的正向影响。

H3.3:师范生的专业决策满意度对其专业预期持久性有正向影响。

4.未来时间洞察力维度

H4.1:师范生的FTP对其专业预期努力有显著的正向影响。

H4.2:师范生的FTP对其专业预期持久性有正向影响。

5.中介效应假设

H5.1:师范生的FTP对其能力感知到预期努力的正向影响起显著中介作用。

H5.2:师范生的FTP对其能力感知到预期持久性的正向影响起显著中介作用。

H5.3:师范生的FTP对其内在职业价值观到预期努力的正向影响起显著中介作用。

H5.4:师范生的FTP对其内在职业价值观到预期持久性的正向影响起显著中介作用。

H5.5:师范生的FTP对其职业选择满意度到预期努力的正向影响起显著中介作用。

H5.6:师范生的FTP对其职业选择满意度到预期持久性的正向影响起显著中介作用。

二、研究设计

(一)研究对象

本研究采用分层随机抽样,以重庆市三所师范院校(西南大学、重庆师范大学和重庆第二师范学院)的大一至大四的全日制本科师范生(包括免费师范生和非免费师范生)为研究对象,共发放问卷771份,有效问卷为757份,有效率为98.18%。被试基本情况如表1所示:

表1 研究对象的基本情况表

类别	项目	人数(人)	百分比(%)
性别	男	82	10.83
	女	675	89.17
年级	大一	309	40.80
	大二	271	35.80
	大三	171	22.59
	大四	6	0.79
是否为免费师范生	是	437	57.72
	否	320	42.27
目前就读专业是你所报考的	第一志愿	586	77.41
	第二志愿	93	12.29
	第三志愿	46	6.08
	调剂	32	4.22
你将来是否要成为一名教师	是	601	79.39
	否	17	2.25
	不确定	139	18.36

(二)研究工具

本研究通过梳理和分析大量国内外相关文献,参考《专业投入与职业抱负量表》(Professional engagement and career development aspirations scale,简称为 PECDA 量表)、《教师职业决策影响因素量表》(Factors influencing teaching choice scale,简称 FIT-Choice 量表)和《Zimbardo 时间洞察力量表》(Zimbardo time perspective inventory scale,简称 ZTPI 量表)中的相关分量表,进行自编问卷,形成初步量表并初测,据探索性因子分析的结果和已有文献的解读,对初始问卷进行修订,最终形成信效度良好的正式问卷,包含基本信息题 11 个,矩阵题 32 个,共 43 个题项。

三、研究结果

(一)描述性统计

研究采用SPSS21.0对题项进行分析,其中能力感知、内在职业价值观和决策满意度均值介于3.41～4.17,说明被试的上述水平较高;预期努力和预期持久性均值介于3.56～4.04,说明被试上述水平较高;FTP均值介于3.84～4.30,说明被试普遍具有较高的未来时间洞察力水平。

(二)测量模型评估

测量模型采取验证性因子分析方法。研究数据为5级非连续性数据且样本为非正态分布,为提高结果准确性,采用最大似然法参数估计方法。

1.能力感知、内在职业价值观、决策满意度测量模型评估

如表2所示,在效度方面,能力感知、内在职业价值观和决策满意度三个维度的载荷值基本在0.7以上,表明测量模型具有较高的效度;在信度方面,三个维度的Cronbach's Alpha值分别为0.90、0.84和0.88,表明该测量模型具有较高的信度。以下是测量模型的拟合指数[$\chi 2=351.55$;$\chi 2/df=4.82$;TLI=0.95;CFI=0.96;RMSEA=0.07;NFI=0.95;RFI=0.94;IFI=0.96],参照模型拟合标准可知,该测量模型拟合效果很好。

2.预期努力、预期持久性测量模型评估

如表2所示,在效度方面,预期努力和预期持久性两个维度的载荷值均在0.75以上,表明测量模型具有较高的效度;在信度方面,两个维度的Cronbach's Alpha值均为0.92,表明测量模型具有很高的信度。以下为测量模型的拟合指数[$\chi 2=144.23$;$\chi 2/df=4.81$;TLI=0.97;CFI=0.98;RMSEA=0.07;NFI=0.98;RFI=0.97;IFI=0.98],参照模型拟合标准可知,该测量模型拟合效果很好。

3.未来时间洞察力测量模型评估

如表2所示,在效度方面,FTP维度题项载荷值均在0.6以上,表明该测量模型具有较高效度;在信度方面,该维度Cronbach's Alpha值为0.88,表明测量模型具有较高信度。以下是测量模型的拟合指数[$\chi 2=40.36$;$\chi 2/df=2.69$;TLI=0.98;CFI=0.99;RMSEA=0.05;NFI=0.98;RFI=0.97;IFI=0.99],参照模型拟合标准可知,该测量模型拟合效果很好。

表 2　测量模型的结果

题项	载荷值	Cronbach's Alpha	AVE*
能力感知(Abi)		0.90	0.64
Abi1	0.80		
Abi2	0.84		
Abi3	0.79		
Abi4	0.83		
Abi5	0.74		
内在职业价值观(ICV)		0.84	0.61
ICV1	0.84		
ICV2	0.86		
ICV3	0.89		
ICV4	0.44		
决策满意度(SC)		0.88	0.60
SC1	0.51		
SC2	0.63		
SC3	0.89		
SC4	0.92		
SC5	0.85		
预期努力(PEP)		0.92	0.68
PEP1	0.76		
PEP2	0.88		
PEP3	0.88		
PEP4	0.75		
PEP5	0.81		
PEP6	0.84		

续表

题项	载荷值	Cronbach's Alpha	AVE*
预期持久性(PP)		0.92	0.75
PP1	0.82		
PP2	0.92		
PP3	0.91		
PP4	0.81		
未来时间洞察力(FTP)		0.88	0.47
FTP1	0.60		
FTP2	0.70		
FTP3	0.68		
FTP4	0.61		
FTP5	0.73		
FTP6	0.71		
FTP7	0.75		
FTP8	0.71		

(三)效度分析

聚合效度是指运用不同测量方法测定同一特征时测量结果的相似程度，即不同测量方式应在相同特征的测定中聚合在一起，常用平均变异数抽取量(AVE)进行分析。研究表明，平均变异量大于0.5，题项有较高的聚合效度。[19]由表2可知，各变量的平均变异数抽取量大多大于0.5，表明各个变量具有较高的聚合效度。

区分效度指在一个测量模式中有多个不同的潜在变量时，若任何两个潜在变量间都有所区别时，即可以表示该测量模式具有区别效度。若潜变量的平均变异数抽取量的平方根大于该变量的相关系数，表明各变量具有较高的区分效度。表3是本研究中各变量间的皮尔逊相关系数矩阵，其中潜变量的平均变异数抽取量的平方根代替了对角线的数值1。潜变量所对应的平均变异数抽取量均大于该变量与其他变量的相关系数，因此可以说明各变量间具有较高的区分效度。

表 3　区分效度检验

变量	能力感知	内在职业价值观	决策满意度	预期努力	预期持久性	FTP
能力感知	(0.80)					
内在职业价值观	0.67**	(0.78)				
决策满意度	0.59**	0.60**	(0.77)			
预期努力	0.59**	0.50**	0.66*	(0.82)		
预期持久性	0.56**	0.58**	0.64**	0.66**	(0.87)	.
FTP	0.48**	0.40**	0.48**	0.65**	0.46**	(0.69)

** $p<0.01$

(四)结构方程模型评估

结构方程模型拟合评价指数有以下几种：卡方自由比(CMIN/DF)，卡方自由比小于 2 时模型的适配度较佳；CFI(comparative fit index)为适配度指数，该指数为 0～1，当其大于或等于 0.9 表明模型拟合较好；RMSEA(root mean square error of approximation)为渐进残差均方和平方根，通常被视为最重要的适配度指标，RMSEA 小于 0.05，模型接近完全拟合，RMSEA 介于 0.05～0.08，模型拟合合理，RMSEA 介于 0.08～0.1，模型拟合一般，RMSEA 大于0.1，模型拟合较差；TLI(Tacker-Lewis index)取值在 0～1，若 TLI 大于 0.9 表明模型拟合较好。[20]数据结果表明，本研究结构模型[$\chi 2=1715.63$；$\chi 2/df=3.82$；RMSEA=0.06；TLI=0.92；CFI=0.93]，由模型拟合参照标准可知，结构模型拟合度较高。

(五)研究假设检验

本研究提出了 11 个路径假设和 6 个中介效应假设，并进行了验证，其中 8 个路径假设和全部中介效应假设得到了验证。研究最终模型如图 2 所示：

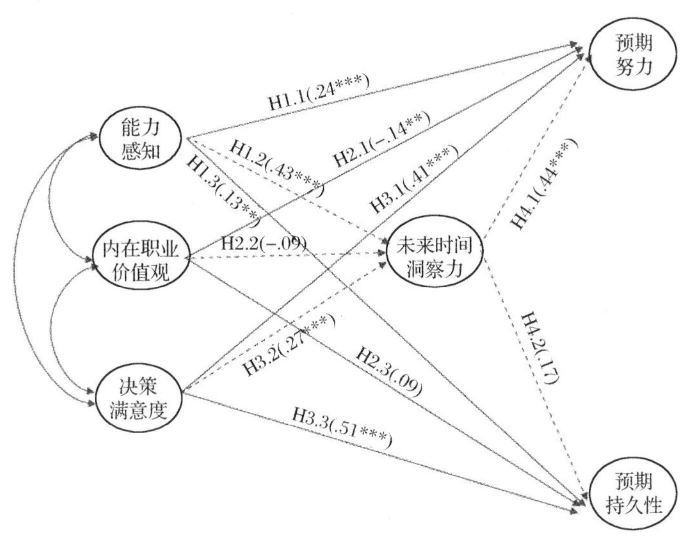

图 2　研究模型

注：实线为直接作用，虚线为通过中介变量的间接作用；*** $p<0.001$，** $p<0.01$

1.路径假设检验

在路径假设检验部分得出（如表 4 所示），除内在职业价值观外，师范生的能力感知和专业决策满意度均对师范生的预期努力和预期持久性具有显著的正向作用。

表 4　假设检验

路径假设检验	路径系数	结果
H1.1：师范生的能力感知对其预期努力有显著的正向影响	0.24***	支持
H1.2：师范生的能力感知对其 FTP 有显著的正向影响	0.43***	支持
H1.3：师范生的能力感知对其预期持久性有显著的正向影响	0.13**	支持
H2.1：师范生的内在职业价值观对其预期努力有显著的正向影响	−0.14**	不支持
H2.2：师范生的内在职业价值观对其 FTP 有显著的正向影响	−0.09	不支持
H2.3：师范生的内在职业价值观对其预期持久性有显著的正向影响	0.09	不支持
H3.1：师范生的专业决策满意度对其预期努力有显著的正向影响	0.41***	支持
H3.2：师范生的专业决策满意度对其 FTP 有显著的正向影响	0.27***	支持

续表

路径假设检验	路径系数	结果
H3.3:师范生的专业决策满意度对其预期持久性有显著的正向影响	0.51***	支持
H4.1:师范生的 FTP 对其预期努力有显著的正向影响	0.44***	支持
H4.2:师范生的 FTP 对其预期持久性有显著的正向影响	0.17***	支持

*** $p<0.001$，** $p<0.01$

2.中介效应检验

中介效应检验方法有逐步检验法、系数乘积差异系数检验法等，其中系数乘积法、差异系数检验比逐步检验法精确且具有较高的统计效力，[21]本研究选取的中介效应检验方法为系数乘积法。系数乘积法使用 Sobel 提出的公式：

$$S_{ab}=\sqrt{b^2 S_a{}^2+a^2 S_a{}^2}$$

本研究中介变量为 FTP，能力感知、内在职业价值观和决策满意度通过 FTP 分别作用于预期努力和预期持久性。中介效应检验结果如表 5 所示，所有 Sobel'z 值均显著，说明 FTP 的中介效应显著。

表 5　中介效应检验

中介效应检验	Sobel'z 值	结果
H5.1:师范生的 FTP 对其感知能力到预期努力的正向影响起显著中介作用	6.14***	支持
H5.2:师范生的 FTP 对其感知能力到预期持久性的正向影响起显著中介作用	3.70***	支持
H5.3:师范生的 FTP 对其内在职业价值观到预期努力的正向影响起显著中介作用	4.36***	支持
H5.4:师范生的 FTP 对其内在职业价值观到预期持久性的正向影响起显著中介作用	3.17**	支持
H5.5:师范生的 FTP 对其职业选择满意度到预期努力的正向影响起显著中介作用	4.15***	支持
H5.6:师范生的 FTP 对其职业选择满意度到预期持久性的正向影响起显著中介作用	3.09**	支持

*** $p<0.001$，** $p<0.01$

四、结论与讨论

(一)FTP在能力感知、专业投入与职业抱负间的作用机制

研究结果表明,师范生对自己能否成为一名教师的能力感知对其未来的专业学习投入及预期持久性有显著的正向影响,通过FTP间接作用于师范生的未来专业学习投入及预期持久性也存在显著的正向影响,即FTP在师范生的能力感知作用于未来专业学习投入及预期持久性的过程中起不完全的中介效应。由此可知,FTP在此过程中是一个相对重要的中介变量。

已有研究表明在FTP的中介作用下,师范生自身能否成为一名教师的能力感知水平仍对专业的预期持久性具有显著的正向作用。有学者指出大学生FTP包含行为承诺、未来效能、目的意识和未来意向四个因子,[22]即学生的FTP水平越高,对未来的行为、效能、目的和意向越能做出清晰的预测。由此可推论,有较高FTP水平的师范生,即使在受到自身能力的限制和外界的干扰时也能获得自我的平衡感和安全感,更客观地认识到自我发展的可能性,所以也能坚定地为以后成为一名教师做好充分的准备及持久的预期。

(二)FTP在内在职业价值观、专业投入与职业抱负间的作用机制

研究结果表明,师范生对教师这一职业所持的信念、态度和认知对于他们未来的专业学习投入及在教师行业从业及发展持久度的直接作用不显著,但通过FTP的间接作用显著。FTP在师范生的内在职业价值观作用于专业学习投入及专业预期持久性的过程中起中介效应,即FTP在师范生的内在职业价值观与预期努力、预期持久性之间起着完全中介作用。

本研究表明,FTP在师范生的内在职业价值观与预期努力之间起着完全中介作用,这与已有研究结果基本一致。许多研究显示,FTP与个体未来职业选择、[23]教学动机[24]及个体的坚持性、努力程度和总的动机水平等方面相关。[25]且重视未来的个体更乐于通过对日常行为的管控来达到干预未来的效果。[26]大学生对未来教育认知对其学习投入有促进作用,即对未来教育认知程度越高,个体对未来教育取向领域的想象和看法越明确,投入在专业学习中的精力会更多,个体现在的兴趣和动机会通过FTP这种计划性作用于未来的预期。[27]有研究显示,师范生对未来的明确计划会直接作用于他们的预期职业持久性。[28]对未来职业的探索越多的师范生会发现,用人单位会把学业成绩作为衡量求职者水平的一个重要指标,这就促使他们在专业学习上投入更多的精

力。由此可见，FTP 对师范生的专业学习投入及专业持久性有显著的预测作用。

（三）FTP 在决策满意度、专业投入与职业抱负间的作用机制

研究结果表明，师范生的专业决策的满意度对其未来专业学习投入及持久性有显著的正向影响，通过 FTP 间接作用于预期努力及预期持久性也存在显著的正向影响，即 FTP 在此过程中起不完全的中介作用，是一个相对重要的中介变量。这与已有研究一致。

FTP 对预期努力的正向作用显著。学生对未来的认知和行为对学生预期努力的投入有显著的预测作用。有研究表明，FTP 水平高的个体对未来的认知在密度和广度上更具优势，且他们更能意识到当前行为与未来目标的工具性关系，即通过改变目前行为可以更好地实现未来目标。即 FTP 越高的师范生，对其行为倾向更明确，也就更有可能对一件事坚持下去，更可能在教师行业坚持更久。由此推论，高 FTP 水平的学生对未来有更加清晰和长远的目标，并且为了实现该目标，学生将在学习中投入更多意志努力。[29]

参考文献

[1]国务院.国家中长期教育改革和发展规划纲要（2010—2020 年）[EB/OL].http://www.gov.cn/jrzg/2010—07/29/content_1667143.html.

[2][19]侯杰泰.结构方程模型及其应用[M].北京：教育科学出版社，2004.

[3][15]Watt H M G，Richardson P W.Motivations，perceptions，and aspirations concerning teaching as a career for different types of beginning teachers[J].Learning and Instruction，2008，18(5).

[4]张岩波.潜变量分析[M].北京：高等教育出版社，2009.

[5]胡春晓.英语师范生与在职英语教师之教师信念的对比研究[D].桂林：广西师范大学硕士学位论文，2012.

[6]唐莹.在职教师和师范生教师效能感的对比研究[D].重庆：西南大学硕士学位论文，2008.

[7]Kunc R V.Issues of job expectation and job satisfaction affecting the recruitment and retention of trainee teachers and newly qualified teachers[D].University of York，2005.

[8]Elizur D，Sagie A.Facets of personal values：A structural analysis of life and work values[J].Applied Psychology，1999(1).

[9]Duffy R D，Sedlacek W E.What is most important to students' long-term career choices analyzing 10-year trends and group differences[J].Journal of Career Development，2007(2).

[10]Watt H M G, Richardson P W. Motivational factors leading to teaching as a career choice: Development and validation of the FIT-Choice scale[C]. AERA Annual Conference, Chicago, 2003.

[11]吕厚超，黄希庭.青年学生时间洞察力结构的初步探讨[J].西南大学学报(社会科学版)，2004(4).

[12][27]Cartwright D, University of Michigan. Research Center for Group Dynamics. Field theory in social science: Selected theoretical papers[M]. New York: Harper, 1951.

[13][18]Husman J, Lens W. The role of the future in student motivation[J]. Educational psychologist, 1999(2).

[14]Morselli D. The olive tree effect: Future time perspective when the future is uncertain [J]. Culture & Psychology, 2013(3).

[16][24]Eren A, Tezel K V. Factors influencing teaching choice, professional plans about teaching, and future time perspective: A mediational analysis [J]. Teaching and Teacher Education, 2010(7).

[17]Trommsdorff G. Future time perspective and motivation: Theory and research method: Review[J]. PsychologicaBelgica, 1987(2).

[20]荣泰生.AMOS与研究方法[M].重庆：重庆大学出版社，2010.

[21]MacKinnon D P, Lockwood C M, Hoffman J M, et al. A comparison of methods to test mediation and other intervening variable effects[J]. Psychological methods, 2002(1).

[22]张云霞.大学生时间洞察力、学业延迟满足与学业拖延的关系研究[D].兰州：西北师范大学硕士学位论文，2012.

[23]Peetsma T T D. Future Time Perspective as a Predictor of School Investment[J]. Scandinavian Journal of Educational Research, 2000(2).

[25]徐红丹.中学教师的未来时间观、学业乐观感与职业规划的关系研究[D].成都：四川师范大学硕士学位论文，2013.

[26]高莹颖.时间洞察力和环境态度的相关研究：个人价值观的调节作用[D].石家庄：河北师范大学硕士学位论文，2014.

[28]Hong J Y. Pre-service and beginning teachers' professional identity and its relation to dropping out of the profession[J]. Teaching and teacher Education, 2010(8).

[29]宋其争.大学生FTP的理论和实证研究[D].重庆：西南师范大学硕士学位论文，2004.

本科生学术科研活动参与动机与科研能力的关系

——活动投入度的中介作用分析

王官燕　田静　方俊逸　董明月　白雪[①]
指导教师:胥兴春

摘　要:为探究本科生学术科研活动参与动机与科研能力的关系,以及活动投入度在其中产生的中介作用,本研究采用《本科生学术科研活动、活动投入度与科研能力问卷》,对260名西南大学本科生进行了调查,运用SPSS21.0对数据进行统计分析。分析结果显示:本科生参与学术科研活动中的动机、活动投入度与科研能力水平不高;学术科研活动参与动机对科研投入度和科研能力有显著正向预测作用,其中,认知内驱力对科研投入度和科研能力的正向预测作用均显著;科研投入度对科研能力有显著正向预测作用,奉献维度对科研能力的正向预测作用显著;科研投入度在参与动机与科研能力之间起着部分中介作用,参与动机通过活动投入度对科研能力的间接效应比对科研能力的直接效应程度更大,也更为显著。

关键词:本科生;学术科研活动;参与动机;科研能力;中介作用

当前,我国提出建设“双一流”大学总体方案,对大学本科教育提出更高要求,本科人才培养的地位与价值不言而喻。我国高等教育人才培养注重创新性与视野性。在这样的背景下,我国各大学开始逐渐重视对本科生科研能力的培养,加大科研投入力度。而大学生参与科研作为课堂教学转化为实践的重要方法,是全方位培养学生创新意识、实践能力、科学素养以及综合能力的重要途径。因此,科研活动广受国家与各大高校的重视,形式多样的学术科研活动也层出不穷,但其是否符合学生的特点,能否真正有效提升学生的学术科研能力,都还有待进一步的探索。

一、问题提出

回顾国内外关于学术科研活动的已有研究,最多是针对其参与动机与科研

①王官燕、田静、方俊逸、董明月、白雪:西南大学教育学部本科2014级晏阳初创新实验班学生。

能力之间关系的探索，本文在此基础之上引入活动投入度这一中介变量，不仅能拓宽对学术科研活动的研究视野，还能深度细致地去剖析其三者之间的内在联系。

本文基于奥苏贝尔的学习动机理论，从本科生参与学术科研活动的参与动机出发，将本科生学术科研活动的参与动机划分为三个维度，即认知内驱力、自我提高内驱力和附属内驱力。借鉴张甲等人给出与学习倦怠相对的学习投入的操作性定义：学习投入是一种与学习、科研和就业相关的、持久的、积极的、完满的情感和认知的心理状态。本文将学术科研活动投入度定义为描述个体在参与学术科研活动的过程中，积极、主动地进行科研相关的真实、有意义和创造性的活动并持久地保持高参与性心理和行为的状态，其包括活力、奉献、专注三个维度。由此比较并验证不同动机和状态对本科生科研投入度及科研能力的作用方向、程度和途径，以及活动投入度在参与动机及科研能力间所起的中介作用。

二、研究设计与实施

(一)研究对象

本次研究的对象为在西南大学参加过学术科研活动的全日制本科生。

在本研究之前，研究团队访问调查了各学院参加学术科研活动的情况，就其中有举办学术科研活动的学院的学生进行问卷调查。最终选取文科类的教育学部、历史文化学院民族学院、马克思主义学院，理科类的心理学部、数学与统计学院、地理科学学院，艺体类的音乐学院、美术学院和体育学院共九个学院的260名学生为研究对象。

(二)研究内容

本研究通过探究西南大学不同学科、不同年级、不同性别的本科生参与学术科研活动的动机现状、参加学术科研活动的投入度现状以及科研能力的现状及差异，分析西南大学本科生学术科研活动参与动机、活动投入度、科研能力提升度三者之间是否存在因果关系，以及活动投入度在学术科研活动参与动机与科研能力提升度之间是否存在中介作用。根据以上探究的结果，找出问题所在，并针对问题，对学校及不同学院提出培养本科生科研能力的建设性意见。

(三)研究方法

1.文献法

此次研究以“学术科研活动”“参与动机”“活动投入度”“科研能力”等为关键词进行文献检索,对收集到的文献资料进行分类整理。通过对相关文献的年代分布、主题分布、各年研究热点分布和期刊分布等的分析,对文献进行具体的分类、分析、比较。在对资料总结归纳的基础上进行述评,并在分析已有文献关于学术科研活动对科研能力影响的基础上,引入中介变量活动投入度,加深对此问题的探索。

2.问卷调查法

(1)调查研究法

通过编制《本科生学术科研活动、活动投入度与科研能力问卷》,进行问卷调查,了解本科生参与学术科研活动的基本现状与本科生参与学术科研活动的动机。

(2)访谈法

对问卷调查法的补充和完善,旨在了解本科生参与学术科研活动的基本现状、本科生参与学术科研活动的动机、本科生参与学术科研活动的投入程度、本科生科研能力的水平。

3.统计分析法

通过对问卷进行统计分析,分析本科生参与学术科研活动的动机、投入度与科研能力相互关系、变化规律,从而对提升本科生科研能力提出建设性意见。

(四)研究工具

依据奥苏贝尔的成就动机驱力构成论所包含的三个维度(认知内驱力、自我提高内驱力、附属内驱力)自编参与动机的测定量表;依据荷兰学者 Schaufeli 提出的理论自编活动投入度量表,结构方面则包括活力、奉献、专注三个维度;自编的科研能力测定量表,采用 Likert5 点计分法,通过信效度检验,进行项目分析,删减题项,最终形成正式问卷。其中参与动机测定量表包含 11 个题项,活动投入度测定量表包含 14 个题项,科研能力测定量表包含 16 个题项。

三、研究结果与分析

（一）差异性分析

1.参与动机的年级差异

在参与动机方面，认知内驱力在年级上没有差异。对于大四的学生，其参与动机、自我提高内驱力均显著低于低年级的学生。原因在于大四的学生进入了大学学习生活的尾端，参加学术科研活动的机会较少，且此时他们忙于找工作、考研等，故参与动机较低。在附属内驱力方面，大二年级最高，大三年级居中，大四年级最低，且大三、大四较大二差异显著。这也证实了奥苏贝尔的理论：随着学生的年龄增长，其附属内驱力会降低。

2.科研能力的年级差异

对科研能力及其各维度进行专业方面的差异性分析，得出结论：除了分析解决问题能力这一维度在年级上无显著差异，科研能力及其他维度在年级上均有差异，且体现在大二年级显著低于高年级。由这一现象我们可以看出，学术科研活动的开展以及相关课程的学习，是有助于提高学生的科研能力的。

（二）相关性分析与回归分析

1.参与动机与活动投入度、科研能力的相关分析

表1　参与动机与活动投入度、科研能力的相关矩阵表

	认知内驱力	自我提高内驱力	附属内驱力	参与动机	活力	奉献	专注	活动投入度
自我提高内驱力	0.516**							
附属内驱力	−0.263**	0.026						
参与动机	0.887**	0.789**	0.079					
活力	0.557**	0.201**	−0.334**	0.410**				
奉献	0.641**	0.292**	−0.361**	0.502**	0.708**			
专注	0.541**	0.217**	−0.302**	0.412**	0.645*	0.784**		
活动投入度	0.654**	0.274**	−0.374**	0.501**	0.852**	0.956**	0.877**	

续表

	认知内驱力	自我提高内驱力	附属内驱力	参与动机	活力	奉献	专注	活动投入度
发现提出问题能力	0.348**	0.262**	−0.126	0.332**	0.448**	0.447**	0.389**	0.476**
收集处理问题能力	0.315**	0.213**	−0.135*	0.285**	0.375**	0.423**	0.389**	0.441**
分析解决问题能力	0.340**	0.198**	−0.165*	0.290**	0.349**	0.363**	0.364**	0.395**
科研成果表达能力	0.391**	0.223**	−0.099	0.356**	0.301**	0.423**	0.357**	0.410**
科研能力	0.431**	0.270**	−0.159*	0.431**	0.437**	0.501**	0.453**	0.518**

** 在 0.01 水平(双侧)上显著相关

由表 1 可知:参与动机与活动投入度之间的相关系数为 0.501,两者之间显著正相关。参与动机的各维度与活动投入度各维度间相关系数较低,只有认知内驱力与活动投入度及其各维度间的相关系数在 0.6 左右。参与动机与科研能力呈显著相关,相关系数为 0.431。参与动机的认知内驱力、自我提高内驱力两个维度与科研能力各维度间显著正相关,而附属内驱力与科研能力及其各维度间均为负相关。活动投入度与科研能力之间的相关系数为 0.518,两者显著正相关。投入度的活力、奉献和专注三个维度与科研能力各维度间均呈显著正相关,但是相关系数较低。

2.参与动机与活动投入度的回归分析

以参与动机各维度(认知内驱力、自我提高内驱力、附属内驱力)为自变量,分别以活动投入度及其各维度(活力、奉献、专注)为因变量,进行多元回归分析,结果如表 2 所示,进而得出以下方程:

活动投入度=13.123+0.783* 参与动机

活动投入度=24.5+1.281* 认知内驱力−1.263* 附属内驱力

活力=6.966+0.344* 认知内驱力−0.334* 附属内驱力

奉献=12.608+0.655* 认知内驱力−0.680* 附属内驱力

专注=4.925+0.282* 认知内驱力−0.249* 附属内驱力

表 2　参与动机对活动投入度的多元回归分析结果摘要表

因变量	自变量	多元相关系数(R)	决定系数(R^2)	F 值	B 值	Beta(β)	t
活动投入度	方程模型	0.502[a]	0.252	81.087***	13.123		4.039***
	参与动机				0.783	0.502	9.005***
活动投入度	方程模型	0.692[a]	0.478	73.039***	24.500		7.893***
	认知内驱力				1.281	0.620	10.754***
	自我提高内驱力				−0.157	−0.039	−0.709
	附属内驱力				−1.263	−0.216	−4.382***
活力	方程模型	0.593	0.352	43.317***	6.966		6.619***
	认知内驱力				0.344	0.547	8.522***
	自我提高内驱力				−0.090	−0.070	−1.242
	附属内驱力				−0.334	−0.188	−3.416***
奉献	方程模型	0.682	0.464	69.095***	12.608		7.512***
	认知内驱力				0.655	0.593	10.161***
	自我提高内驱力				−0.012	−0.006	−0.103
	附属内驱力				−0.680	−0.218	−4.362***
专注	方程模型	0.567	0.322	37.815***	4.925		5.335***
	认知内驱力				0.282	0.523	7.965***
	自我提高内驱力				−0.051	−0.050	−0.781
	附属内驱力				−0.249	−0.164	−2.906**

** 在 0.01 水平(双侧)上显著相关

3.参与动机与科研能力的回归分析

以参与动机各维度(认知内驱力、自我提高内驱力、附属内驱力)为自变量，分别以科研能力及其各维度(发现提出问题能力、收集处理问题能力、分析解决问题能力、科研成果表达能力)为因变量，进行多元回归分析，结果如表 3 所示，进而得出以下方程：

科研能力＝30.701＋0.543* 参与动机

科研能力＝35.498＋0.690* 认知内驱力

发现提出问题能力＝5.999＋0.118* 认知内驱力

收集处理问题能力＝6.870＋0.112* 认知内驱力

分析解决问题能力＝12.331＋0.189* 认知内驱力

科研成果表达能力＝10.298＋0.271* 认知内驱力

表 3　参与动机对科研能力的多元回归分析结果摘要表

因变量	自变量	多元相关系数(R)	决定系数(R^2)	F 值	B 值	Beta(β)	t
科研能力	方程模型	0.389	0.151	42.851***	30.701		9.910***
	参与动机				0.543	0.389	6.546***
科研能力	方程模型	0.438	0.192	18.937***	35.498		10.267***
	认知内驱力				0.690	0.373	5.201***
	自我提高内驱力				0.282	0.079	1.144
	附属内驱力				0.329	0.063	−1.023
发现提出问题能力	方程模型	0.366	0.134	12.296***	5.999		7.029***
	认知内驱力				0.118	0.268	3.613***
	自我提高内驱力				0.106	0.125	1.747
	附属内驱力				−0.073	−0.058	−0.917
收集处理问题能力	方程模型	0.327	0.107	9.543***	6.870		7.878***
	认知内驱力				0.112	0.252	3.345**
	自我提高内驱力				0.072	0.085	1.163
	附属内驱力				−0.089	−0.071	−1.097
分析解决问题能力	方程模型	0.351	0.123	11.219***	12.331		9.765***
	认知内驱力				0.189	0.291	3.890***

续表

因变量	自变量	多元相关系数(R)	决定系数(R^2)	F值	B值	Beta(β)	t
	自我提高内驱力				0.062	0.050	0.069
	附属内驱力				−0.165	−0.090	−1.403
科研成果表达能力	方程模型	0.392	0.153	14.428***	10.298		7.439***
	认知内驱力				0.271	0.375	5.109***
	自我提高内驱力				0.041	0.030	0.418
	附属内驱力				−0.002	−0.001	−0.019

** 在0.01水平(双侧)上显著相关

4.活动投入度与科研能力的回归分析

以活动投入度各维度(活力、奉献、专注)为自变量,分别以科研能力及其各维度(发现提出问题能力、收集处理问题能力、分析解决问题能力、科研成果表达能力)为因变量,进行多元回归分析,结果如表4所示,可以得出以下方程:

科研能力=10.324+0.144*活动投入度

科研能力=31.193+0.506*奉献

发现提出问题能力=4.748+0.180*活力+0.092*奉献

收集处理问题能力=5.411+0.095*奉献

分析解决问题能力=11.115+0.202*活力+0.286*专注

科研成果表达能力=10.260+0.251*奉献

表4　活动投入度对科研能力的多元回归分析结果摘要表

因变量	自变量	多元相关系数(R)	决定系数(R^2)	F值	B值	Beta(β)	t
科研能力	方程模型	0.410	0.168	48.829***	10.324		11.676***
	活动投入度				0.144	0.410	6.988***
科研能力	方程模型	0.519	0.269	29.305***	31.193		14.475***
	活力				0.414	0.141	1.746
	奉献				0.506	0.302	3.011**
	专注				0.426	0.124	1.357

续表

因变量	自变量	多元相关系数(R)	决定系数(R^2)	F值	B值	Beta(β)	t
发现提出问题能力	方程模型	0.484	0.234	24.354***	4.748		9.030***
	活力				0.180	0.257	3.116***
	奉献				0.092	0.230	2.239**
	专注				0.034	0.042	0.446
收集处理问题能力	方程模型	0.441	0.195	19.278***	5.411		9.974***
	活力				0.091	0.129	1.527
	奉献				0.095	0.237	2.249*
	专注				0.098	0.119	1.239
分析解决问题能力	方程模型	0.393	0.155	15.042***	11.115		14.883***
	活力				0.202	0.196	2.520**
	奉献				0.068	0.116	1.079
	专注				0.286	0.238	3.061***
科研成果表达能力	方程模型	0.425	0.181	17.548***	10.260		11.497***
	活力				−0.017	−0.015	−0.171
	奉献				0.251	0.383	3.604***
	专注				0.087	0.065	0.665

** 在0.01水平(双侧)上显著相关

(三)路径分析

前面的分析结果表明,本科生学术科研活动的参与动机、活动投入度及科研能力间存在显著的相关关系,符合中介效应检验的前提。在本研究中,中介效应检验步骤是:

(1)以参与动机为自变量,以科研能力为因变量,进行回归分析,检验自变量与因变量之间的关系,确定参与动机对科研能力的总效应。

(2)以参与动机为预测变量,以活动投入度为反应变量,进行回归分析,从而确定预测变量与中介变量之间的关系。

(3)以参与动机为自变量,活动投入度为预测变量,科研能力为反应变量。具体的分析结果如表5所示:

表5　活动投入度对参与动机影响科研能力的中介变量

	非标准化回归方程	Beta(β)	*t*
第一步	科研能力＝30.701＋0.543* 参与动机	0.389	6.546***
第二步	活动投入度＝13.123＋0.783* 参与动机	0.502	9.005***
第三步	科研能力＝25.624＋0.240* 参与动机＋0.387* 活动投入度	0.172	2.732**
		0.432	6.877***

*** 在0.001水平(双侧)上显著;** 在0.01水平(双侧)上显著;* 在0.05水平(双侧)上显著

进一步进行路径分析,得到的路径如下图1所示。从路径分析的结果可以得到,学术科研活动参与动机可以直接影响科研能力,直接效应为0.172,也可以通过活动投入度的间接效应影响科研能力。所以活动投入度对参与动机影响科研能力是部分中介效应。

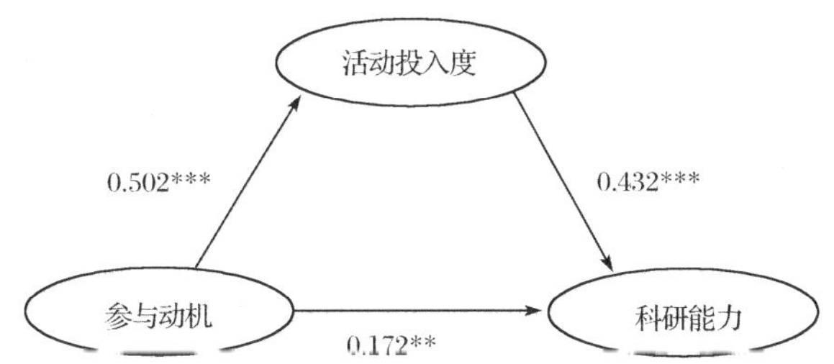

图1　活动投入度在参与动机和科研能力之间的中介效应图

四、结论

经过本研究调查,大多数本科生参加学术讲座或论坛次数较多,而这一类学术活动主要是以视听为主,缺少实践操作和亲身体验,从而导致学生在科研活动中无法将理论与实际很好地进行结合;学生的科研训练机会不多,锻炼较少,学生的科研素质也亟待提高。数据显示,随着学生的年龄增长,其附属内驱力会降低。本研究认为出现这种情况的原因有以下几点:学生对于学术科研活动的意义认识不足,直接导致其活动投入度较低;大学生自我意识较强,自我发展选择方向不同;学生的专业发展定位不同,有些专业并未将学术科研作为学生培养的重点,故各学院或者教师的重视程度不够。学生的科研创新能力亟待提高,这是因为本科生在学校学习的专业知识可能不够扎实,而且学生缺少创新能力和思维能力的锻炼机会,也缺少教师的专业指导,所以在参加学术科研活动后的创新能力提升不高。在进行访谈的过程中,多数同学提出,大一年级和大二年级时,他们还未接受或较少接受关于科学研究的教育与训练,所以如果在本年级进行组队申报某些科研课题并进行科学研究,在实际操作方面有些力不从心。

五、建议

(一)注重学术科研活动的意义宣传,而非强制要求

随着高等教育的不断普及,社会对人才的要求越来越高,大学生仅仅有专业知识远远不够,有较好的科研水平和综合能力更能适合社会发展。本科生阶段是大学生接触学术科研的重要起点,对大学生形成正确的科研意识,了解正确的科研方法,养成较好的科研素养具有重要意义。目前部分高校对本科生科研意义教育重视力度不够,导致本科生科研培养缺乏良好的生长环境,在学生还未正确认识科研活动意义时强制学生必须参加,这种强制性的要求会和学生自我意识相违背,进而学生会产生对学术科研活动的反感情绪,并逐步增加。学校应该通过讲座、课程、标语、交流会等形式宣传科研的意义,让学生们明白做学术科研是一件快乐、有意义、有价值的事情。

(二)创设良好"合作交流"科研环境,建立本科生科研梯队

物理学家海森堡曾说:"科学根源于交谈,在不同的人的合作之下,可能孕育出极其重要的科学成果。"合作交流是科学研究重要的方式,学生在研究与交流中可以碰撞思想,迸发灵感,突破学科局限,许多新观点、新思想就会创生,难题也会迎刃而解。本科生科研梯队是指在教师的带领下,不同年级、不同研究水平或者不同学科背景的本科生组合而成的科研队伍。部分高校已经有了类似的实践,例如西南大学教育学部的"本博牵手计划",且已经取得初步的成效,学生们的实践与科研能力都有所提高。因此学校应该多鼓励跨学院、跨年级组队进行科学研究,相互促进,共同发展,培养学生的合作交流与协作能力。

(三)建立健全本科生学术科研导师负责制

就本科生学术科研活动参与现状而言,学生与导师关于课题项目的交流较少,究其原因,主要体现在两个方面:学生主动请教导师的积极性不够高;导师对指导本科生的学术研究不够重视。本科生尚处于科学研究的起步阶段,各方面经验都不足,十分需要导师的悉心指教。但同时也要注意,导师指导时一定要注意言辞,尽量淡化权威身份,要充分体现学生的主体性。另外学校或者学院可以采用教师课题制。有课题任务的教师可以聘任本科生作为自己的助手,使学生在实践中体验知识与实践相结合,以提高其分析问题、解决问题的能力,让学生了解本学科领域的前沿知识和发展方向,为今后进行科研奠定基础,同时也可以增强学生参与科研的意识。

(四)构建教学与科研互动体系

通过访谈,本研究发现很多学院并不重视在教学中融入科研,造成了教学与科研相分离。从本质上来讲,本科生参加学术科研活动是对专业的深入学习,是在学科基础之上的一种知识、技能和情感的探索。基于课堂教学与科研相结合的互动式科研能力培养模式,以教与学的基本理论为指导,遵循教与学的基本规律,立足实践,实事求是,这不仅强调学生学习课堂知识的重要性,更注重知识的运用性,将理论应用到实践中,也是提高其核心素养的重要方式和途径。在教学过程中,教师应改变传统教学理念和教学方法,重视科研训练,充分调动本科生参与学术科研的积极性,且在教学中要善于根据科研的前沿问题和发展趋势,引导学生了解科学发展的新动态,并且让同学们去探索和发现目前亟待解决的问题。

(五)健全完善科研评价机制

根据本研究采访结果,许多学生反映目前有些科研项目的管理和评价缺乏一定合理性。对于本科生来说,课题的结题要求有一定的难度,学校或者学院在制定科研成果评定制度时应考虑到本科生的科研水平和能力,若要求太高,可能会扼杀学生的积极性,降低其执行力。在关注科研成果的同时要重视发掘和发展学生的潜能,不仅考察知识与技能,还应考察学生的情感、态度、价值观、实践能力等素质。同时,要采用发展性评价标准来评判学生,充分重视本科生在发展过程中的进步,使其创造力得到最大限度的发挥。故建立健全的科研评价体系,有利于提高本科生科研质量和水平,激发学生参与学术科研的潜力和积极性,促进本科生学术科研能力和综合素质的发展。

(六)改革考核方式,实施创新学分

改变传统以考查知识为目的的考试,根据课程的特点,鼓励教师采用不同形式,实行多样化的考核,建立一种开放的、多元的、特殊的评价机制。考核方式要灵活,知识考核和能力考核相结合。其中知识考核可以通过考试的方式,能力考核可以通过实验、设计、调研、论文或研讨等方式;考核应多以开放性的问题为主,从鼓励学生对某个问题发表自己的看法或提出创意的角度来设置。

设立本科生科研学分,将学生的创新成果或根据其参加的科研活动的情况折合成适当的学分。在一定程度上将大学生参加科研纳入教学计划,学生参加科研活动取得成果,只要达到一定的要求,就可以作为一门选修课的学分。这样在制度、时间、精力等方面都给学生参与科研活动提供了有力的保障。

参考文献

[1]张甲.不同信息框架下成就动机对大学生学习投入的影响研究[D].呼和浩特:内蒙古师范大学硕士学位论文,2011.

[2]王惠.学术活动对硕士生科研能力影响的研究[D].上海:华东师范大学硕士学位论文,2009.

[3]夏阳,屈晓婷.学术活动与研究生创新素质培养[J].中国电力教育,2004(Z1).

[4]储朝晖.研究生学术活动的理念及运作[J].学位与研究生教育,2003(2).

[5]Esther,S.,Volker,H.Effects of Online Academic Lectures on ESL Listening Comprehension,Incidental Vocabulary Acquisition,and Strategy Use[J].Computer Assisted Language Learning,2004(17).

[6]王亚青.硕士研究生科研活动现状调查及对策研究[D].重庆:西南大学硕士学位论文,2008.

[7]文衍宣,吕小艳,龙云飞.地方高校本科生参与科研活动的研究与实践[J].高教论坛,2013(2).

[8]祝蓓里,季浏.体育心理学[M].北京:高等教育出版社,2000.

[9]沈卉卉.大学生的学习动机及创新意识的培养——奥苏贝尔学习理论的动力机制对教育教学的一点启示[J].经济研究导刊,2010(4).

[10]王彩霞.博士研究生科研能力评价指标体系及评价方法研究[D].成都:西南交通大学硕士学位论文,2006.

[11]王莹.学术型硕士生科研能力发展状况研究——基于厦门大学的调查[D].厦门:厦门大学硕士学位论文,2014.

[12]倪士光,伍新春.学习投入:概念、测量与相关变量[J].心理研究,2011(1).

[13]石芳华.本科教育质量评价改革新视角:学习投入度[J].现代教育管理,2010(5).

[14]汪雅霜.大学生学习投入度的实证研究——基于2012年"国家大学生学习情况调查"数据分析[J].中国高教研究,2013(1).

[15]Jennifer,F.School Engagement:Potential of the Concept,State of the Evidence[J].Review of Educational Research,2004(1).

成就动机下的双学位学习者学习投入状况研究

——以西南大学为例

董文婧　朱倩霓[①]

指导教师：彭泽平

摘　要：客观上，随着社会经济的不断发展和科学技术的不断进步，国家对"一专多能"人才的需求也越来越大；现实中，学习者由于受第一专业制度所限，往往会追求第二专业的学习。双学位不断发展的同时也面临着诸多问题。本研究从成就动机和学习投入的角度切入，探讨成就动机下双学位学习者学习投入的状况。研究结果显示：双学位学习者学习投入总体水平不高，不同性别的学习者在学习投入的专注维度以及学习投入总分的得分上差异显著；双学位学习者追求成功的动机高于避免失败的动机；成就动机与双学位学习者学习投入各维度之间均存在极其显著的正相关关系，不同成就动机分组在双学位学习投入总分及其各维度上差异极其显著。建议从制度、教师、教学等方面来突破制度不健全、教师差异大以及学生不主动的三重困境。

关键词：大学生；成就动机；第二专业；学习投入

客观上，随着社会经济的不断发展和科学技术的不断进步，国家对"一专多能"人才的需求也越来越大。为了适应社会经济发展的需要，培养具有扎实理论基础的跨学科复合型人才，应该进一步调动学生学习的积极性，让学有余力的学生能充分利用现有的教育资源，学到更多的知识和技能，提高就业竞争力，更好地体现"以学生为本"的教育观。实际中，相当一部分学生在填报志愿时会由于对所报考的专业不了解，或盲目跟随热门专业，或被迫服从于家长安排等原因，对选择专业带有很大的盲目性或非自愿性，入学后才发现所选的专业并不适合自己；还有不少学生，学习成绩优异，精力充沛，主修专业的课程不能满足他们渴望学习更多知识的需求，产生调换专业或跨专业、跨学科的念头，但只有一小部分的学生能实现其愿望。这些情况的出现使得学生对第二专业的需

①董文婧：西南大学教育学部本科2013级晏阳初创新实验班学生，现为西南大学教育学部硕士研究生。朱倩霓：西南大学教育学部本科2013级晏阳初创新实验班学生，现为东北师范大学教育学部硕士研究生。

求越来越强烈。因为我国的双学位、第二专业出现时间较晚,发展也不健全,所以仍旧存在着国家对双学位教育缺乏政策上的引导、双学位本科教育缺乏有效的质量监控机制、双学位教育认知上定位的不准确等问题。但第二专业教育存在是十分有价值的,因此如何提升第二专业发展的质量,如何促进学生第二专业的学习效果是一个具有重要意义的课题。

一、研究现状

目前在有关成就动机的影响因素研究中,主要运用成败归因理论、自主性动机理论以及目标理论。随着成就目标分类研究的发展,有研究者也在检验不同成就目标与其他中介变量和结果的相关性,探讨成就目标与动机、认知、情感和行为过程的关系,提出了一个以动机、情感、认知和行为为中介变量成就目标与结果的假设模型。除了通过成就目标影响学习,也有研究者研究了不同成就动机对学力的影响,成就动机对学业成绩的影响。在教育领域对学习的动机研究中,认为成就动机是一种重要的社会性因素,是增进学习努力程度,取得学业成绩的最终动力。由于教学体制和社会文化因素与我国差异较大,国外针对双学位学习者学习投入方面的研究相对较少。最具有代表性的研究是 Schaufeli 对西班牙、葡萄牙、荷兰三国大学生的倦怠和投入进行调查,证实倦怠和投入的三维结构,投入与倦怠负相关,并指出学习成绩同学习投入具有正相关性,同学习倦怠具有负相关性。

总的来说,虽很少有学者会将成就动机与学习投入联系作为主题来研究,但金树人等学者研究过相关问题之后明确指出成就动机较高的人,学习驱动力强,对与成就有关的活动特别感兴趣,外显为学生在实际学习过程中的精力和时间投入也会相对更多。这些相关研究也证实了学生成就动机与其学习投入度之间必然存在正向的相关性,从侧面印证了研究成就动机与学习投入关系的可行性。

二、研究设计与实施

(一)研究方法及研究工具

1.双学位学习者学习投入问卷

本研究在综合多方资料之后,是参考李西营、黄蓉的《大学生学习投入量表(UWES-S)的修订报告》来确定初测问卷的维度和题项的,初步形成了 17 个项目。量表通过信效度检验，结果显示经过适用性调整之后的《双学位学习者学习投入全问卷》的信度为0.898，KMO值为0.714。初次试测之后进行了项目评价，根据评价结果和修改意见，对部分题项进行了修改，确定了最终问卷。

本研究中问卷的信度Alpha系数为0.904，KMO值为0.794。分量表的三个维度中，动机维度的信度为0.881，精力维度的信度为0.884，专注维度的信度为0.794。以上的信度分析指标表明，本问卷具有良好的信效度，作为双学位学习者学习投入的测评工具是可用的。

2.成就动机问卷

本研究主要采用《成就动机量表》，简称AMS量表。该量表由挪威心理学家T.Gjesm和R.Nyga开发并得以广泛采纳使用。中文版的《成就动机量表》由叶仁敏修订，在我国也得到了广泛的应用，是成就动机研究中常用的一个比较成熟的量表。

(二)研究假设

本次研究共有三个研究假设，分别为：

假设一：双学位学习者的实际投入与期望的产出之间存在差距，并且可以通过外显行为来找出差距的原因。

假设二：双学位学习者学习投入程度在人口统计学变量上具有显著性差异。

假设三：双学位学习者学习投入与成就动机之间具有多维度的结构并且在各维度之间存在显著相关。

(三)问卷发放与基本情况

本次研究的研究对象为西南大学正在进行双学位学习的学生。调查问卷的发放以不同第二专业类型的班级为单位，采取分层随机抽样的方式进行发放。共发放250份问卷，收回239份，有效问卷225份，有效问卷率90%，基本汇总情况如表1所示。数据分析上运用Excel进行一些简单的基本信息汇总，相关分析、方差分析等后续的分析全部运用统计软件SPSS21.0以及SAS9.2来进行。

表1　问卷资料基本情况汇总(单位:%)

		频率	百分比(%)	有效百分比(%)	累积百分比(%)
性别	男	62	27.68	27.68	27.68
	女	163	72.32	72.32	100
年级	大一	38	16.89	16.89	16.89
	大二	150	66.67	66.67	83.56
	大三	36	16.00	16.00	99.56
	大四	1	0.44	0.44	100
学历	本科	222	98.62	98.62	98.62
	研究生	3	1.38	1.38	100
一专类型	文科	79	35.10	35.10	35.10
	理科	27	12.04	12.04	47.14
	工科	50	22.16	22.16	69.30
	艺术体育	19	8.44	8.44	77.74
	经管	20	8.89	8.89	86.63
	法律	21	9.33	9.33	95.96
	语言	9	4.04	4.04	100
二专类型	文科	56	24.90	24.90	24.90
	工科	16	7.11	7.11	32.01
	理科	1	0.44	0.44	32.45
	经管	102	45.33	45.33	77.78
	语言	50	22.22	22.22	100
第一专业意愿	第一志愿	91	40.40	40.40	40.40
	转专业成功	5	2.20	2.20	42.60
	服从调剂专业	80	35.61	35.61	78.21
	非第一志愿	49	21.79	21.79	100
家庭	城市	130	57.82	57.82	57.82
	农村	95	42.18	42.18	100

续表

		频率	百分比(%)	有效百分比(%)	累积百分比(%)
成绩	优秀	34	15.11	15.11	15.11
	良好	118	52.44	52.44	67.55
	中等	62	27.56	27.56	95.11
	不好	11	4.89	4.89	100

三、研究结果与分析

(一)双学位学习者学习投入的现状分析

通过描述统计,对双学位学习者学习投入各维度及总体情况进行描述,各维度、总体的平均分及标准差见表2。总体来说,各维度与总分均高于中等水平,其中奉献得分最高。从双学位学习者学习投入的总体特点上看,双学位学习者学习投入及其各维度水平并不高(中间值为3),分别是3.04、3.38、3.06和3.15,其中奉献的分数最高,活力、专注的差别不是很大。与以往有关主修专业的学习投入结果相比较而言,双学位学习者学习投入总体状况及其各维度水平处于一个更低的状态。

表2　双学位学习者学习投入描述统计结果

	活力	奉献	专注	学习投入
均数	3.04	3.38	3.06	3.15
标准差	0.75	0.72	0.75	0.70

双学位学习者学习投入的现状在人口变量因素下的统计结果如下:在性别方面,男性双学位学习者学习投入中的总分、活力、奉献和专注都优于女性学习者;在年级方面,大一和大四的学生在双学位学习投入总分及三个维度上都优于大三和大二的学生;在学历方面,研究生对双学位学习的学习投入总分、活力和奉献均优于本科生;在不同专业类型的双学位学习者中,学习文科类的大学生的学习投入总分、活力和奉献均高于选择其他专业为双学位的学生,特别是经管类双学位专业的学习者在学习投入、奉献、活力及专注各方面均低于其他专业;在家庭背景方面,来自农村的双学位学习者在学习投入的总分及三个维度上都高于来自城市的学习者;在主修专业各个成绩层次的学习者中,成绩良好的学生在双学位投入的总分上高于其他层次的学生。

(二)双学位学习者成就动机现状分析

由表3可知,追求成功的动机处于中等偏上的程度水平,说明双学位学习者对自身追求成功的动机较为积极与肯定;避免失败的动机处于中等偏上水平,说明双学位学习者对避免失败保持较为谨慎的态度。双学位学习者追求成功和避免失败均超过平均水平中值,追求成功的均数值为41.20,避免失败的均数值为38.75。追求成功的均数值高于避免失败的均数值,所以可以说双学位学习者更加偏向于追求成功。

表3 双学位学习者成就动机描述统计结果

	追求成功	避免失败	成就动机
均数	41.20	38.75	2.45
标准差	5.96	4.96	7.65

双学位学习者成就动机的现状在人口变量因素下的统计结果如下:在性别方面,男性的成就动机总体来说比女性高,说明双学位学习者中男性更加向往成功;在年级方面,大一年级双学位学习者的成就动机总分最高;在不同学历方面,研究生的成就动机总分比本科生的成就动机要高;在不同成绩的人群中,良好成绩的学生的成就动机是最高的。

(三)成就动机与双学位学习者学习投入的关系

1.不同成就动机水平双学位学习者学习投入的比较

研究假设成就动机与双学位学习者学习投入各维度之间存在显著相关。为验证假设,进行相关分析。成就动机与双学位学习者学习投入各维度之间均存在极其显著的正相关($p<0.001$)。

为进一步验证成就动机与双学位学习者学习投入之间的相互影响,将从成就动机个体间差异角度和个体内差异角度对不同成就动机的学生进行分类,在双学位学习者学习投入及其各维度分别进行差异检验。表4表明,活力、奉献、专注与双学位学习者学习投入总得分与成就动机和追求成功具有正相关关系,且具有统计学意义,而避免失败和双学位学习者学习投入各维度之间不存在相关关系。

表4 双学位学习者学习投入与成就动机相关性分析

	活力	奉献	专注	学习投入
成就动机	0.32**	0.30**	0.25**	0.31**
追求成功	0.45**	0.40**	0.39**	0.44**
避免失败	−0.03	−0.04	0.03	−0.01

2.个体间不同成就动机的差异

从个体间比较的角度，将成就动机分为四组：高追求成功高避免失败；低追求成功高避免失败；低追求成功低避免失败；高追求成功低避免失败。以成就动机个体间分类为自变量，双学位学习者学习投入及其各维度的得分为因变量进行方差分析。表5表明，不同成就动机学生在双学位学习者学习投入及其各维度上的投入水平差异显著。采用 Bonferroni 校正进行两两比较后结果如下：

(1)在活力维度上，高追求成功高避免失败组比低追求成功高避免失败组得分高；高追求成功低避免失败组比低追求成功高避免失败组得分高；高追求成功高避免失败组与高追求成功低避免失败组结果没有统计学差异。

(2)在奉献维度上，高追求成功高避免失败组比低追求成功高避免失败组得分高，其余比较均无统计学意义。

(3)在专注维度上，高追求成功高避免失败组比低追求成功高避免失败组得分高；高追求成功低避免失败组比低追求成功高避免失败组得分高；高追求成功高避免失败组与高追求成功低避免失败组结果没有统计学差异。

(4)在学习总投入上，高追求成功高避免失败组比低追求成功高避免失败组得分高；高追求成功低避免失败组比低追求成功高避免失败组得分高；高追求成功高避免失败组与高追求成功低避免失败组结果没有统计学差异。

(5)在学习投入的总分上，高追求成功高避免失败组、高追求成功低避免失败组的得分高于低追求成功高避免失败组的得分；高追求成功高避免失败组的得分又高于高追求成功低避免失败组的得分。

表5 成就动机个体间分类在二专学习投入及其各维度差异检验

	高追求成功		中追求成功		低追求成功		F	Pr>F
	M	SD	M	SD	M	SD		
活力	3.04	0.72	3.04	1.32	1.67	0.60	5.28	0.006
奉献	3.40	0.66	3.30	0.81	2.20	0.20	4.99	0.008
专注	3.06	0.72	2.95	1.36	1.53	0.42	6.49	0.002
学习投入	3.16	0.66	3.09	1.15	1.79	0.42	6.29	0.002

注：由于样本量过少，低追求成功低避免失败组样本量为0

3.个体内不同成就动机的差异

从个体内比较的角度，将不同成就动机分为两组，即成就动机（合成动机）大于零和成就动机（合成动机）小于零两组。以成就动机个体内分类为自变量，学习投入及其各维度的得分为因变量，分别进行 t 检验。表 6 显示，不同成就动机学生在双学位学习投入及各维度上的投入水平差异显著。在活力、奉献、专注三个维度及双学位学习投入总分上，合成动机大于零的学生双学位学习投入状态优于合成动机小于零的学生。

表 6　成就动机个体内分类在双学位学习投入及其各维度差异检验

	成就动机＜0		成就动机＞0		t	Pr＞t
	M	SD	M	SD		
活力	2.73	0.70	3.18	0.72	−4.51	＜0.001
奉献	3.17	0.65	3.49	0.65	−3.52	＜0.001
专注	2.79	0.69	3.17	0.75	−3.67	＜0.001
学习投入	2.88	0.63	3.27	0.67	−4.27	＜0.001

四、研究结论及建议

（一）研究结论

双学位学习者学习投入总体水平不高，不同性别的大学生在二专学习投入的专注维度以及总分的得分上差异显著，体现为男性高于女性；不同年级的学生在学习投入总分及三个维度上差异显著，大一年级二专学习投入最佳；在学历方面，研究生在学习投入总分、活力和奉献维度上的总分均高于本科生；在专业类型上，文科类学生的学习投入总分、活力和奉献均高于选择其他专业为二专的学生，且选经管类为二专的学生在学习投入、奉献、活力及专注各维度上得分最低；在家庭背景方面，来自农村的双学位学习者学习投入总分及三个维度水平得分都高于来自城市的学生。

双学位学习者追求成功和避免失败均超过平均水平中值，追求成功的动机高于避免失败的动机，追求成功的动机水平和避免失败的动机水平都处于中等偏上。在性别方面，不同性别追求成功、避免失败以及成就动机总分上差异显著，体现为男性在追求成功分数上高于女性；在年级方面，不同年级追求成功和成就动机总分差异显著；不同学历的学生成就动机总分差异显著；不同双学位专业的类型在追求成功分数上差异显著。

成就动机与双学位学习者学习投入各维度之间均存在极其显著的正相关关系，不同成就动机分组在学习投入总分及其各维度上差异极其显著，其中高追求成功高避免失败组的学生在学习投入总分及其各维度得分上均高于高追求成功低避免失败组的学生，而高追求成功低避免失败组的双学位学习者在学习投入总分及其各维度得分上均高于低追求成功高避免失败组的学习者。

(二)改进建议

对于双学位学习者学习现状的改进来说，需要解决制度不健全、教师差异大以及学生不主动三重问题。

制度不健全方面，目前各个学院开设双学位的制度、方案、培养计划良莠不齐，在调查中集中表现在班级人数过多以及课时不合理两方面。人数较少的班级学生的学习投入水平较高。而现在大多数双学位班级人数少的四十多人，人数多的几百人，过多的人数使教师的课堂管理难度大，也不利于学生的学习，故建议各开设双学位的学院应该限制二专班级人数，坚持把教学质量放在第一位。课时太紧张方面，由于第二专业会受到第一专业这个必然因素的影响，所以课时紧张方面只能缓解，很难根治。调查中出现反映双学位强度、难度大，教师不重视学生是否理解就一味“拉进度条式”地上课的情况，故针对两方面来提出改进建议：一是教师上课时讲授的速度要适中，突出讲授重点；二是要更加重视课间休息，使得学生可以获得一个短时间的缓冲知识的时间。健全的双学位的相关制度应该是双学位学习者良好发展的前提，所以应由相关部门统一审核管理制度。

教师差异大体现为，有的教师照本宣科，有的教师却尽心尽力。尽心尽力的教师给学生印象好并且课堂气氛佳，学生学习投入也较多，所以既然双学位学习者为双学位的学习花费了更多的时间、金钱，开设双学位的学院就应该合理安排教师资源，监督其教学工作。故提出两个建议：第一专业和第二专业之间任课教师应流通，不可把双学位任课教师岗位作为新教师的“培训基地”；增强对双学位班级课堂教学质量考察机制的设置，以达到对双学位教师上课的督促作用。

学生不主动方面，影响因素较多。就成就动机与双学位学习者学习投入相关性的研究上来看，学生应该在正式选择双学位前明确自己学习的原因，并且懂得将自己的成就动机真正运用到学习投入上，不盲目地跟风学习双学位。除此之外，双学位学习者在学生学习时应该明确知道自己会为了双学位的学习付出更多的时间、精力，要学会调试自己学习倦息的心理；还有则是要考虑自己的学力水平能不能承受高难度专业类型的双学位学习，不要把学习看作一件得过且过的事情，要加强学习的连续性投入。

参考文献

[1]曹春艳.进一步办好第二专业教育 更好地为经济建设服务[J].天津市教科院学报，1998(02).

[2]向海英.成就动机的归因理论与教学改革[J].山东师大学报(社会科学版)，2000(6).

[3]陈学敏，漆玲玲，刘焰.双学位本科教育研究[J].中国高教研究，2007(2).

[4]方来坛，时勘，张风华.中文版学习投入量表的信效度研究[J].中国临床心理学杂志，2008(6).

[5]李西营，黄荣.大学生学习投入量表(UWES-S)的修订报告[J].心理研究，2010(1).

[6]杨颉，姜燕媛.大学生成就动机及其影响因素分析[J].北京大学教育评论，2010(1).

[7]边士洪.完善辅修、双学位教育教学管理工作的思考[J].教育探索，2010(2).

[8]倪士光，伍新春.学习投入：概念、测量与相关变量[J].心理研究，2011(1).

[9]崔文琴.当代大学生学习投入的现状及对策研究[J].高教探索，2012(6).

[10]韩宝平.大学生学习投入影响因素分析[J].国家教育行政学院学报，2014(8).

[11]刘霞.成就目标定向、成就动机、自我监控策略与绩效的关系研究[D].西安：陕西师范大学硕士学位论文，2003.

[12]施雪梅.高校辅修制度的现状及思考[D].上海：华东师范大学硕士学位论文，2009.

[13]朱丽雅.大学生成就动机、成就目标定向、学业自我效能对成绩的影响模式探析[D].长春：吉林大学博士学位论文，2012.

特殊教育专业大学生职业价值观调查研究

陈萍 夏志敏 张雪林 杨诗文 黄惠敏[①]

指导教师:杨柳

摘　要:研究者基于李雪、金盛华实践研究中的二维职业价值观,经评测得出信效度较佳的七因子模型;围绕总体特征、多维偏好性、差异性三方面对数据进行统计分析,得出特殊教育专业大学生职业价值观总体特征为:性格品行>个人价值>职业发展>家庭维护>地位追求>轻松稳定>薪酬福利;多维偏好模型和差异性分析结果特征显著;经深度访谈得出调查对象存在职业认知不清、专业认同感不强、环境适应力和抗压能力较弱等问题。据此提出综合运用有效资源,提高职业认知水平;引导学生多元发展,增强专业认同感;改变"顺应"意识,拓展学生就业渠道;注重职业心理素质教育,提高适应力与承受力等策略。

关键词:特殊教育专业;职业价值观;大学生

近年来,特殊教育事业越来越受到社会的广泛关注。特殊教育专业大学生作为未来的特殊教育教师,他们对于我国特殊教育事业有着非常重要的影响作用。目前,我国有 20 所高校开设了本科层次的特殊教育专业,15 所高校开设了特殊教育大专专业,2 所院校开设了特殊教育中专专业,特殊教育专业得到很大发展。与此同时,我国特殊教育事业的发展存在一些现实问题。一是本科层次特殊教育专业原有培养目标与课程设置不能完全适应社会发展的需要,主要问题有实践课程太少、课程内容设置不均衡、课程设置结构不完善、前沿学科太少。二是师资不足。随着特殊教育的不断发展,对一线教师的需求逐步扩大,这就造成了供不应求的局面。特殊教育专业大学生是特殊教育领域师资的后备力量,特殊教育专业大学生的职业价值观可能直接或间接影响到工作的选择,从而影响到一线的师资力量。由此看来,对特殊教育大学生职业价值观的研究很有必要。

①陈萍、夏志敏、张雪林、杨诗文、黄惠敏:西南大学教育学部本科 2014 级特殊教育专业学生。

一、文献综述

专业的师资力量一直是特殊教育领域高度关注的方面。管春兰等人研究发现，一些特殊教育专业本科生专业认同感较低，不愿意继续特殊教育专业的学习或从事相关工作，这是造成特殊教育人才流失的重要原因。[1]而我国近三十年对大学生职业价值观的研究表明，大学生择业时考虑的第一因素是福利待遇和社会地位。于特殊教育专业大学生而言，如何进行职业选择仍有待研究。

大学阶段是大学生形成职业价值观的关键时期。本研究旨在进一步明确特殊教育大学生的择业标准和要求，再根据研究的结果对其职业价值观进行正确引导，争取让其为特殊教育的发展贡献一分力量。本研究基于心理学、教育学和统计学相结合的理论基础，通过现状调查探究特殊教育专业大学生的职业特点和问题，并提出相应的建议对策。通过文献法，发现国内研究特殊教育大学生职业价值观的文献几乎为零，这表明社会对特殊教育的关注度不高，对于特殊教育专业大学生的职业发展问题缺少研究依据。然而随着特殊教育的不断发展，越来越需要优秀的师资，特殊教育专业大学生作为师资的后备主力军，只有对其进行正确的职业价值观培养，才能更好地为一线输送资源。因此，本研究能够弥补国内在特殊教育大学生职业价值观研究方面的不足，对于加强特殊教育大学生的职业指导和教育、提高专业认同感等方面具有深刻意义。

二、概念界定

李雪、金盛华将职业价值观定义为个体评价和选择职业的标准，主要由目的性价值观和手段性价值观两部分构成。[2]由于验证性因素分析结果验证了四因子的目的性价值观、六因子的手段性价值观模型的信效度与假设高度拟合，且多运用于实际调查，故此次研究采用该定义。

三、研究程序

本研究主要探究特殊教育专业大学生职业价值观的现状特点，将研究结果与普遍大学生群体相比较，找出其相同点与不同点，发现其中的问题，再进行合理归因，提出相应的建议与对策，并为后续研究提供相应数据参考，丰富职业价值观的研究内容。

本研究结合李雪、金盛华编制的《大学生职业价值观量表》，形成《特殊教育专业大学生职业价值观初测问卷》并测试了 84 名西南大学以及重庆师范大学的特殊教育专业大学生，对所得数据进行因素分析，最终确定了职业价值观的因素结构，包括家庭维护、地位追求、个人价值、轻松稳定、性格品行、薪酬福利、职业发展七方面，形成了包括33道题目的《特殊教育专业大学生职业价值观问卷》。随机选取西南大学、重庆师范大学、南京师范大学、四川文理学院、四川师范学院、昆明学院、云南师范大学、华东师范大学等高校的特殊教育专业大学生进行问卷调查，总发放问卷450份，回收有效问卷404份，有效率89.78%；采用SPSS21.0软件对数据进行因子分析、多维偏好模型建构、差异性分析；最后结合访谈信息进行问题讨论。

(一)信度效度

通过探索性因子分析中的主成分分析法和方差最大正交旋转，对职业价值观初测数据进行分析。此前，使用KMO(Kaiser-Meyer-Olkin)检验和Bartlett球形检验。结果显示，KMO测度值的计算结果值为0.867，Bartlett球形检验达到显著，$p<0.01$，因此适合构建因子分析模型且效度佳。根据因素的特征值大于1，因子解符合Cattlell所倡导的特征图形的陡阶检验，考虑到因素的命名情况、因素涵盖的意义确定了七个因素，其累计方差贡献率达到59.576%。各维度与问卷总分有较高的相关度；各维度之间除了轻松稳定与个人价值、薪酬福利与个人价值、薪酬福利与性格品行三对之间相关性无显著差异之外，其余各因素间均为中度相关，且各因素之间相关皆达显著水平；各维度在因素相关矩阵方面具有一定独立性，且能反映总问卷所要测查的内容，证明问卷的结构合理；对量表进行信度检验，结果显示两个分量表的内部一致性α系数分别为0.854、0.828，而问卷总量表内部一致性α系数为0.888，表明问卷一致性信度佳。

(二)数据分析

由表1可知：特殊教育大学生职业价值观七因子的平均分从高到低的排序为：性格品行＞个人价值＞职业发展＞家庭维护＞地位追求＞轻松稳定＞薪酬福利。为检验最高分变量与其他变量平均数间在统计学差异上是否达到显著，对得分最高者与次高分者的变量进行相依样本的t检验，如表2所示，得到相同结论。

表 1　七因子在样本中的总体排序

	N	题项数	平均值±标准误	均值排序
家庭维护单题	404	3	3.80±.078	4
地位追求单题	404	5	3.30±0.72	5
个人价值单题	404	7	3.89±0.62	2
轻松稳定单题	404	3	3.09±0.76	6
性格品行单题	404	6	4.02±0.58	1
薪酬福利单题	404	4	2.91±0.74	7
职业发展单题	404	5	3.88±0.63	3

表 2　职业价值观七个层面重要性差异比较的相依样本检验

变量	题项数	平均数	排序	t 值
配对变量 1				
性格品行单题	6	4.02	1	4.66***
个人价值单题	7	3.89	2	
配对变量 2				
薪酬福利单题	4	2.91	7	−4.27***
轻松稳定单题	3	3.09	6	

为直观展现样本在各因子间的偏好状况，对样本数据进行了多维偏好模型建构，两个维度共包含了 58%的原始信息，总模型 α 信度系数为 0.883，信度很好。研究者分别建构了性别、户籍、是否独生子女、特殊教育是否为第一志愿、年级、家庭经济情况、性格、学习成绩、以后是否愿意从事特殊教育工作九个多维偏好模型结构。（本文只列举不同年级的多维偏好性分布情况，如图 1 所示）研究者摘取特征明显的两模型进行剖析，其中成绩优秀的群体更偏好于第一类“个人价值”方面；而成绩良好的学生群体略微偏好于第二类“地位追求”“家庭维护”方面；成绩一般及差的学生则对各方面均不敏感。对以后从事特殊教育工作持无所谓态度的群体略为重视“薪酬福利”“轻松稳定”方面，而持愿意态度的学生则无法判断出偏好程度，持不愿意态度的群体偏好性低于平均水平。

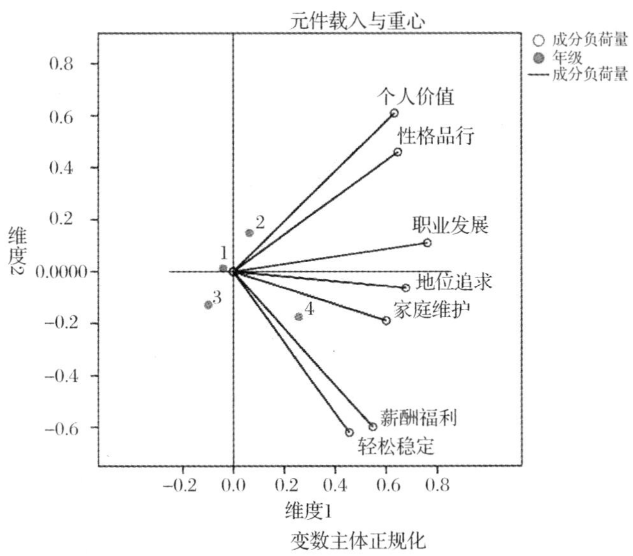

图1　不同年级在多维偏好模型中的分布

经独立样本 t 检验（如表3所示），得出：特殊教育专业男女大学生在"家庭维护"方面有显著差异，其中女生的"家庭维护"重视程度显著高于男生；而"薪酬福利"方面，男生的重视程度显著高于女生；不同户籍的特殊教育专业大学生在"地位追求"方面有显著差异，且来自城市的群体对其重视程度高于来自农村的群体；非独生子女、独生子女的特殊教育专业大学生在"职业发展"方面有显著差异，且非独生子女对其重视程度显著高于独生子女。特殊教育不是、是第一志愿的学生在"地位追求"方面有显著差异，且特殊教育不是第一志愿群体对其重视程度显著高于特殊教育是第一志愿的群体。

经单因素方差分析，得出：四年级对"家庭维护"的重视程度显著高于三年级，二年级群体也显著高于三年级；成绩优秀、家庭经济状况良好的群体对"地位追求"的重视程度显著高于成绩差、家庭经济状况差的群体；对以后从事特殊教育工作持无所谓态度的群体对于"地位追求"的重视程度显著高于以后愿意从事特殊教育工作的群体；成绩优秀群体对"个人价值"的重视程度显著高于成绩中等的群体；性格内向的群体对"轻松稳定"的重视程度要显著高于性格外向的群体；成绩良好的群体对于"薪酬福利"的重视程度显著高于成绩中等群体。

表 3 不同类别大学生在职业价值观七个层面上的差异比较

分组变量	检验变量	组别	人数(人)	平均数	标准差	t 值
性别	家庭维护	男	36	12.03	1.72	2.197*
		女	368	11.34	2.39	
	薪酬福利	男	36	12.83	3.25	2.503*
		女	368	11.54	2.93	
户籍	地位追求	农村	284	16.10	3.65	−3.463***
		城市	120	17.44	3.36	
是否独生子女	职业发展	是	127	18.83	3.17	−2.372*
		否	277	19.62	3.12	
特殊教育是否为第一志愿	地位追求	是	129	15.93	3.32	−2.173*
		否	275	16.76	3.72	

基于数据统计得出的初步结论，研究者有针对性地抽取 31 个样本进行深度访谈，得出三分之二以上的群体将薪酬福利、家庭维护、轻松稳定等作为首要重视的条件。

四、讨论与建议

研究根据深度访谈的结果，围绕特殊教育专业大学生职业价值观的总体特征、多维偏好状况、差异性分析结果三大部分进行合理归因，最终发现问题，为建议与对策提供依据。

(一)数据分析结果与访谈结论相异

特殊教育专业大学生职业价值观总体特征：性格品行＞个人价值＞职业发展＞家庭维护＞地位追求＞轻松稳定＞薪酬福利。表明特殊教育专业大学生在职业选择上对性格品行和个人价值的重视程度远高于地位追求和薪酬福利，这与丁雪红[3]、殷雷[4]的研究结果相异。笔者认为，这跟特殊教育本身的性质息息相关，同时也表明特殊教育群体的职业价值观导向更倾向于精神文明层面，故对品行和个人价值的实现更为重视。但这与访谈结果不太相符，推测原因可能是：在填问卷时，群体有心理预设作用，会有意识地淡化物质而更注重品行；另外，由于访谈样本之间差异性很大，结果具有偶然性。

（二）不同类型群体职业价值观的多维偏好特点显著

四年级的学生明显更偏好“薪酬福利”“家庭维护”等方面，可以看出四年级学生对于职业选择有更清晰明确的目标，更注重现实；成绩优秀的重点本科学校样本群体对“个人价值”“性格品行”方面有明显偏好性，成绩一般及差的学生则对各方面均不敏感。结合访谈结果得知：对于重点院校、成绩优异的学生来说，他们对自己的要求比较高；对于成绩良好、一般和差的群体，家人的态度、期望、支持水平都各有不同，在很大程度上影响了他们的职业价值观。对以后从事特殊教育工作持无所谓态度的群体略为重视“薪酬福利”“轻松稳定”方面，而持愿意和不愿意态度的学生则无法判断出偏好程度的差别；这表明持无所谓态度的学生群体的职业价值观导向还是对物质条件比较重视，经过深度访谈，反映出：这类群体的职业方向不明晰，职业追求还停留在比较低的层面，这与自身的兴趣、成就动机、成长氛围等因素相关；而持愿意态度的群体在各方面的偏好性都不明显，一方面是觉得特殊教育行业的就业压力不大，对于工作不需要投入太多考虑，另一方面是其他更现实的原因，比如找不到比特殊教育更好的工作，或者说自身就想平平淡淡生活，听天由命；而持不愿意态度的群体本身就不喜欢特殊教育，所以有其他的考虑。

（三）不同类型群体的职业价值观差异性显著

四年级群体对其的重视程度显著高于三年级群体，二年级群体也显著高于三年级；总体样本中，女生对其重视程度显著高于男生。结合访谈结果得出：四年级即将步入社会，对职业的态度就更倾向于现实选择，而三年级大部分群体处于实习和积累经验的阶段，考虑的主方向还是增加自身的实践经验和技能，所以还很少考虑以后的婚姻家庭问题；家庭经济状况良好、成绩优秀的群体对其重视程度显著高于家庭经济状况差、成绩差的群体；来自城市的学生对其重视程度显著高于来自农村的学生；特殊教育不是第一志愿的学生对其重视程度显著高于特殊教育是第一志愿的群体；对以后从事特殊教育工作持无所谓态度的群体对于“地位追求”的重视程度显著高于以后愿意从事特殊教育工作的群体。这跟成就动机、家庭观念、社会评价等因素密切相关，成绩优异者更喜欢通过地位的满足来实现个人价值，而家庭经济差、成绩差、对未来方向不明的群体，自信心不足，对未来职业追求兴致不高。成绩优秀群体对其的重视程度高于成绩中等群体，访谈结果表明：成绩优秀群体的成就动机更高，追求精神满足的欲望更强。性格内向的群体对“轻松稳定”的重视程度要显著高于性格外向的群体，访谈结果表明：性格内向群体的环境以及抗压能力较弱，故更喜欢轻松稳定而变化较少的环境与氛围。

(四)建议策略

综上所述，特殊教育专业大学生存在职业认知不明晰、职业方向不清楚、专业认同感不强、环境适应力和抗压能力较弱、对自身能力不自信、对未来工作有所担忧等问题。为此，研究者经探讨有如下建议策略：

综合运用有效资源，提高职业认知水平。自身要积极参加职业培训，学校可在专业范围成立一个由特殊教育一线工作者、特殊教育教授、经验丰富的康复机构人士、硕博士生、家长等成员组成的答疑小组，专门就职业问题为学生们解决困惑。开展职业指导课堂，教师要强调职业认知的价值性，采用问题导向法积极创造学生自主表达的机会，引导学生做公众承诺；通过各种正反职业案例的分析来引导学生做适合的选择。提高综合实践活动开展的频率，并多方面运用现代信息技术来提升学生处理实际问题的能力，增加学生的讨论交流活动，促进其职业认知的全面发展。

引导学生多元发展，增强专业认同感。研究表明：增强特殊教育学生的专业认同感对于树立其正确的学习态度和职业价值观有着积极重要的影响。故而，应借助榜样的力量，增强专业情感。首先，在新生入学时“先声夺人”，把专业认知作为入学教育的主要内容，邀请本专业优秀毕业生为学生答疑解惑，促进学生对专业的全面认知；其次，专业课教师要通过言传身教，在日常与学生的接触中潜移默化地影响学生的专业思想观念，通过课堂内外的交流，关注学生的思想动态，及时给予指导；再次，学校要善于利用社会资源，邀请优秀特殊教育教师、校友、专家通过讲座、座谈等方式跟学生交流，以榜样的作用增强其专业认同感。

改变“顺应”意识，拓展学生就业渠道：一方面，克服“特殊教育专业大学生—特殊教育学校教师”这种固定的就业模式；另一方面，要培养学生的创业意识，给学生提供多方信息，学生既可以去公立、私立的康复机构应聘，又可以独自创办康复室，还可以从事各类特殊教育机构的行政管理、培训咨询、特殊儿童系列产品的研发与营销、图书出版等工作。以有趣和有用为导向，改革专业课程设置。首先，遵循多元化原则，开设与特殊教育相关的兴趣课程，如特殊教育名人事迹、特殊教育影视鉴赏等，让学生具体、直观地了解特殊教育。其次，以就业为导向，适当开设实践性和操作性较强的课程，如：特殊教育自然手语、特殊儿童评估与康复等，帮助特殊教育专业大学生消除对就业适应问题的顾虑。

注重职业心理素质教育，提高适应力与承受力。一方面，通过填写《职业生涯适应力量表》，明确具体问题以制订训练计划；另一方面，学校要不断完善心理咨询机构条件，帮助特殊教育大学生确定合理的职业期望值，对学生的职业规划进行分析并提出建议，帮助其克服就业忧虑等心理障碍；进行相关的实践调查活动，完成必要的数据收集和走访调研环节；接受挑战，设下小步子目标，在实际操作中，增强自身的适应力和抗压能力。

参考文献

[1]管春兰，王雁，张丽敏.特殊教育专业本科生专业认同现状的调查研究——以两所部属全国重点师范大学为例[J].中国特殊教育，2011(4).

[2]金盛华，李雪.大学生职业价值观：手段与目的[J].心理学报，2005，37(5).

[3]丁雪红.当代大学生职业动机的定量比较研究[D].重庆：西南师范大学硕士学位论文，1998.

[4]殷雷.当代大学生职业价值观调查研究[J].心理科学，2009(6).

[5]辛增友.青年职业价值观的横断与纵向研究[D].重庆：西南大学硕士学位论文，2006.

[6]杨静，张进辅.青年职业价值观研究述评[J].价值工程，2004，23(9).

[7]张存库.当代大学生职业价值观的特点及教育[J].高等工程教育研究，2002(2).

[8]吕倩倩.大学生职业价值观研究综述[J].科技信息，2010(8).

[9]卢冬冬.大学生职业价值观研究述评[J].中国大学生就业，2008(15).

心理资本理论视阈下本科生创业能力培养研究

——以重庆部分高校为例

李美仪　王琦琪　党倩　袁洋[①]

指导教师：王牧华

摘　要：创业者的创业能力是决定创业能否成功的关键要素。本科生的创业能力受到多方面因素的影响。心理资本理论为大学生创业能力提高提供了独特视角。本研究从心理资本入手，根据 Luthans 的心理资本理论，从自我效能、希望、乐观、韧性四个维度，通过质性与量化相结合的方法，分析探讨其对本科生的专业技术能力、开拓创新能力、人际交往能力、经营管理能力、组织领导能力五个维度的相关性，同时评估了本科生心理资本和创业能力的水平现状。结合国外的心理资本测评标准以及国内的创业能力调查问卷，本研究采用自编《本科生心理资本及创业能力调查问卷》对重庆市 5 所高校的本科生进行调查，经数据分析发现，心理资本水平与创业能力水平显著相关。综合回归分析，心理资本当中的自我效能、希望、乐观更突出。进而本研究从心理资本的这三个维度切入，结合对已有文献的研究分析，提出本科生创业能力培养方案。

关键词：本科生；创业能力；心理资本；能力培养

习近平在《决胜全面建成小康社会 夺取新时代中国特色社会主义伟大胜利》报告中指出："创新是引领发展的第一动力，是建设现代化经济体系的战略支撑。"随着我国高校毕业生的数量与日俱增，就业压力日趋严重，本科生创业能力的培养已成为当今教育发展的重要趋势之一。在国家政策大力支持本科生创新创业的现实背景下，本科生创业现状不容乐观，其原因很大程度上在于其自身创业能力水平不高，创业教育缺乏完善和落实。

经文献梳理，研究认为通过心理资本理论对本科生创业能力进行研究已成为一种现实需求，但已有研究所用方法较为单一，研究深度不够，适用面较窄。故本研究将从心理资本角度对本科生创业能力培养进行探索与思考。

---

①李美仪、王琦琪、党倩：西南大学教育学部本科 2015 级晏阳初创新实验班学生。袁洋：西南大学教育学部本科 2015 级学前教育专业学生。

一、调查设计与实施

(一)心理资本、创业能力问卷基本结构

本研究采用《本科生心理资本及创业能力调查问卷》进行研究。初始问卷分为三部分:第一部分为个人基本信息,旨在探究性别、专业、出生地等人口学因素;第二部分为心理资本,基于 Luthans 开发的《心理资本量表 PCQ-24》而形成;第三部分为创业能力,参考严建雯所著的国内首次以大学本科生创业心理为研究对象的学术专著——《大学本科生创业心理研究》而形成。通过文献查阅,结合实际对问卷进行优化设计,最终确立包含九个维度测量标准、54 个题项的初始问卷。

(二)心理资本、创业能力问卷质量

1.初始问卷的发放

初测在重庆 3 所高校进行随机抽样,共发放 70 份问卷,回收问卷 68 份,其中有效问卷 66 份,问卷有效回收率 94%。

2.心理资本部分的适用性改进

以 Luthans 开发的《心理资本量表 PCQ-24》作为初始问卷,对题项进行因素分析,得出 KMO 值为 0.79,采取主成分分析抽取公因素进行正交旋转,提取 4 个特征值大于 1 的因子,可解释总方差的累积百分率达 63.09%。对题项进行了相应的整改,删除一些相关系数和载荷量未达标的题项,并增加一些新题项,将原量表的 24 题精简为 16 题。全部题项可分为自我效能、希望、韧性和乐观四个维度。

3.创业能力部分的适用性改进

本次调查借鉴《大学本科生创业心理研究》中有关创业能力的问卷。在分析中采取和心理资本相同的因素分析法,删除一些不合理的题项,筛选后的题项可分为专业技术能力、开拓创新能力、组织领导能力、经营管理能力和人际交往能力五个维度。

4.正式问卷发放

本次研究问卷发放的对象为重庆市 5 所高校的本科生,共发放问卷 300 份,有效回收 289 份,有效回收率达 96.33%。

5.信度分析

精简后的心理资本问卷量表基于标准化项的 Cronbach's α 系数为 0.88,自我

效能 0.79,希望 0.76,韧性 0.70,乐观 0.72;本科生创业能力量表的基于标准化项的 Cronbach's α 系数为 0.86,专业技术能力为 0.78,开拓创新能力为 0.73,组织领导能力为 0.71,经营管理能力为 0.75,人际交往能力为 0.83。量表可靠性均高于 0.70,因而其符合本研究所需数据的信度标准,故正式问卷通过信度检验。

6.效度分析

(1)题项相关性分析

正式问卷中,经相关性分析,各题项与所属维度的相关值大于 0.60 且达到极显著水平($p<0.01$),故可认为其全为有效题项,该正式问卷为有效问卷。

(2)维度相关性分析

自我效能、希望、韧性、乐观这四个维度与心理资本呈显著相关,且各个维度之间的相关系数小于各个维度与心理资本量表的相关系数,心理资本量表通过效度检验。专业技术能力、开拓创新能力、组织领导能力、经营管理能力和人际交往能力这五个维度与创业能力呈显著相关,且各个维度之间的相关系数小于各个维度与创业能力量表的相关系数,创业能力量表通过效度检验。

二、调研结果

(一)本科生心理资本和创业能力水平分析结果

根据五点评分标准进行学生得分的求和,汇总求得各维度的总分。由表 1 可知,本科生心理资本均值大于 3,处于中上水平,故可认为本科生的心理资本总体情况较好。

表 1　本科生心理资本状况(M±SD)

自我效能	希望	韧性	乐观	心理资本
3.76±0.16	3.52±0.16	3.75±0.16	3.86±0.16	3.73±0.50

由表 2 可知,本科生创业能力均值大于 3,处于中上水平,故可认为本科生的创业能力总体情况较好。

表 2　本科生创业能力状况(M±SD)

专业技术能力	开拓创新能力	组织领导能力	经营管理能力	人际交往能力	创业能力
2.63±0.17	3.85±0.12	3.87±0.12	2.99±0.16	3.27±0.17	3.25±0.54

(二)人口学变量与心理资本、创业能力平均数差异检验结果

由表3可知,性别和专业对心理资本和创业能力中的影响概率 $p>0.05$,说明性别、专业对心理资本和创业能力无显著影响。

表3　不同性别、专业与心理资本、创业能力的平均数差异检验

	性别		专业	
	t 值	p 值	F 值	p 值
心理资本	1.04	0.30	0.04	0.99
创业能力	1.75	0.08	2.34	0.07

注:$p>0.05$,无显著性差异

由表4可知,年级对心理资本的影响概率 $p<0.05$,年级对创业能力的影响概率 $p>0.05$,说明年级对心理资本的影响有显著差异,对创业能力的影响无显著差异。出生地对心理资本和创业能力的影响概率 $p<0.05$,说明出生地对心理资本和创业能力的影响均有显著性差异。

表4　不同年级、出生地与心理资本、创业能力的平均数差异检验

	年级		出生地	
	F 值	p 值	F 值	p 值
心理资本	3.04	0.03	6.92	0.00
创业能力	2.15	0.06	3.83	0.02

由上可知,心理资本的高低受年级和出生地的影响,创业能力的高低受出生地的影响。进一步采用LSD多重比较分析,结果如表5所示:大一、大二、大三学生的心理资本高于大四学生的心理资本,城市学生的心理资本高于农村学生,城市学生的创业能力高于农村学生和乡镇学生。

表5　年级、出生地对心理资本、创业能力多重比较(LSD)

			均值差	显著性
心理资本	大四	大一	−4.02*	0.02
		大二	−3.94*	0.01
		大三	−3.92*	0.01

续表

			均值差	显著性
心理资本	城市	农村	3.29*	0.01
		乡镇	2.75	0.06
创业能力	城市	农村	3.74*	0.00
		乡镇	4.11*	0.00

(三)心理资本与创业能力的多元回归方程构建

经相关性分析,结果如表6所示。心理资本总体和各维度之间与创业能力总体和各维度之间均呈现显著正相关,心理资本对创业能力的解释率达64.1%。

表6　心理资本与创业能力的相关分析

	专业技术能力	开拓创新能力	组织领导能力	人际交往能力	创业能力
自我效能	0.29**	0.51**	0.55**	0.49**	0.61**
希望	0.21**	0.50**	0.41**	0.50**	0.54**
韧性	0.19**	0.45**	0.40**	0.38**	0.48**
乐观	0.12*	0.43**	0.42**	0.33**	0.43**
心理资本	0.25**	0.59**	0.55**	0.53**	0.64**

将自我效能、希望、韧性、乐观、出生地作为预测变量,创业能力作为效标变量,采用逐步回归法构建线性回归方程。结果如表7所示:4个预测变量预测效标变量(创业能力)时,进入回归方程式的显著变量共有3个;多元相关系数为0.66,其联合解释变异量为44%。

表7　心理资本预测创业能力的多元逐步回归分析

选出的变量顺序	多元相关系数 R	显著性	决定系数 R^2	增加解释量 △R	F值	净F值	标准化回归系数
自我效能	0.61	0.000	0.37	0.37	169.01	169.01	0.41
希望	0.65	0.000	0.42	0.05	104.58	25.63	0.23
乐观	0.66	0.003	0.44	0.02	74.63	8.93	0.15

最终，本研究所构建的标准化回归方程为一个三元一次方程：

$$Y=0.41X_1+0.23X_2+0.15X_3$$

（Y 为创业能力，X_1为自我效能，X_2为希望，X_3为乐观）

三、讨论与分析

（一）本科生的心理资本水平

据五点评分标准对调查问卷所得的数据进行分析，其结果显示本科生的心理资本及其各维度的总分均值都在量表中值 3 以上。学生的自我效能感、希望、乐观、韧性水平都达到 3.5 以上，说明本科生的心理资本处于中等偏上水平。

不同性别、不同专业学生的心理资本并没有显著差异，但是不同年级、出生地学生的心理资本有显著差异。在年级上，大一、大二、大三学生的心理资本高于大四学生的心理资本。究其原因，大四学生就业压力较大，还可能是因为大学生处于青春期晚期，大部分学生的自我仍没有得到较好整合，自我同一性处于延缓的状态，这使得他们在面对升学或就业时无法找到自己的人生目标与发展方向，找不到自身存在的价值，这也就谈不上去追求自我发展与实现。在出生地方面，城市学生的心理资本高于农村学生。由于城乡经济发展水平的差异以及不同的生活环境、教育背景，导致不同经济状况条件下的大学生心理素质在一些方面存在一定差异，这在很大程度上导致了农村学生的心理资本不如城市学生。

（二）本科生的创业能力水平

在本科生创业能力方面，其五个维度当中，组织领导能力、开拓创新能力和人际交往能力的总分均值均大于 3。相比之下，经营管理能力和专业技术能力相对较弱。但就整体而言，本科生创业能力的总分均值大于 3，处于中等偏上水平。就重庆部分高校而言，本科生整体的心理资本和创业能力是比较良好的。

性别、年级、专业对学生创业能力并没有显著影响，但是出生地对学生创业能力却有显著影响。城市学生的创业能力高于农村和城镇学生，其原因可能是城市学生的教育资源更丰富，接受的教育也更好，对新事物接触较多，这在很大程度上决定了城市学生的创业能力高于农村和乡镇学生。

(三)本科生心理资本和创业能力各维度的相关性

根据相关分析,心理资本的各个维度与创业能力的各个维度都显著正相关,其中心理资本和创业能力的相关系数为0.64。说明在本科生的培养教育中,通过合理开发心理资本可有效提升创业能力。

心理资本的四个维度与创业能力五个维度之间的相关性存在一定差异。自我效能与组织领导能力、开拓创新能力相关性更高,希望与开拓创新能力、人际交往能力相关性更高,韧性与开拓创新能力、组织领导能力相关性更高,乐观与开拓创新能力、组织领导能力相关性更高。由此可知,在实践中提高大学生的自我效能感,有利于其组织领导能力、开拓创新能力的提高;树立大学生的希望,有利于提高大学生的开拓创新能力和人际交往能力;提高大学生的韧性,并使大学生树立乐观的工作、生活态度,有利于其开拓创新能力和组织领导能力的提高。

(四)本科生心理资本对创业能力的影响

心理资本的四个维度,对创业能力的联合解释变异量为44%。表现为自我效能对创业能力的解释变异量最高,其解释变异量为37%,其次是希望(解释变异量为5%),乐观(解释变异量为2%),但是韧性对创业能力并没有显著的预测力。说明在创业能力的培养中,从心理资本的角度出发,自我效能的提升对创业能力的培养占主导地位。究其原因,可能是因为韧性表现为在困难之下依然坚持的行为和信念,而大学生的创业能力的表现在现阶段缺乏情境性,因此即使提高韧性,对大学生创业能力的提高在真实情境中也没有显著作用。

四、研究思考与建议

研究数据显示,心理资本的四个维度对于创业能力的预测作用,表现为自我效能对创业能力的解释变异量最高,其次是希望、乐观,但是韧性对创业能力并没有显著性的预测力。因此,本研究着重探讨通过对本科生自我效能、希望、乐观的培养来提高其相应创业能力的对策与建议。

(一)本科生创业能力教育中自我效能的培养

数据显示,本科生的自我效能与组织领导能力、开拓创新能力呈显著相关。自我效能的高低影响着本科生的创业能力。对本科生自我效能的开发与培养有助于促进本科生自我意识的协调发展,提高其组织领导能力和开拓创新能力。故本研究从该角度切入，结合本科生组织领导能力与开拓创新能力两个方面，对本科生创业能力教育中自我效能感的培养进行如下探讨：

第一，开设创业规划课堂，进行创业科学化组织指导。

创业规划课堂，即学生以规划的形式呈现自己理想的创业流程及各阶段的具体目标。所谓目标，即本科生所预期达到的创业成果。本科生只有通过在科学化的组织领导下进行合理的目标设定，才能够在创业规划的过程当中增加体验成功的有利因素。因此，高校可以根据本科生的现实条件，通过开设创业规划课堂引导其制订创业期间合理化的各类目标，帮助学生制订阶梯式计划表并支持其执行，进而达到本科生自我效能提高的目的。

第二，改革教学模式，重视榜样形象的渗透影响。

班杜拉认为个体的效能期望大多是来源于观察他人的替代经验。与观察者的共同点越多的榜样，激励作用也就越大。因此，为提升本科生的自我效能感，可在其创业能力培养的过程中采取榜样表率激励的方式。首先，教师本身即榜样来源之一，这就要求教师具有良好的创业能力水平。其次，改革传统教师教化模式，可从有优秀创业成绩的代表学生入手，邀请其参与到创业教育的教学中来，与学生进行经验交流，以引导学生对其进行模仿与自我激励，增强自我效能。

(二)本科生创业能力教育中希望的培养

希望是在成功的动因(指向目标的能量水平)与路径(现实目标的计划)交叉所产生体验的基础上，形成的一种积极的动机状态。在这个状态下，个体能够设定现实且有挑战性的目标和期望，然后通过自我引导的决心、能量和内控的知觉来达成这些目标。据数据分析，本科生“希望”心理资本与其开拓创新能力和人际交往能力显著相关。故本研究从以上两个维度对本科生创业能力教育中希望的培养进行如下探讨：

第一，安排专业导师，进行心理引导与创新思维指导。

本科生创业的过程是自我探索前进的过程，但这并不意味着完全依靠自力。有良好创业经验与能力的导师，可为本科生开拓创新能力的提升提供良好的资源，如创新思维的发展引导、良好的资源渠道、有效及时的帮助以及适时的心理辅导，帮助学生正确认识自我，突破习得性无助，对自身创业增加希望，进而增加其开拓创新的心理资本。因此，需要学校为进行创业的本科生安排相应的专业导师，对其创业进行引导与帮助。

第二，建设创业实践基地，树立本科生创业希望。

要通过提升希望以培养本科生的人际交往和开拓创新能力，必须使创业的本科生或者本科生创业团体能够明确未来成功的路径是足够畅通和清晰的。因此学校、政府等应提供一个和谐有效的创业实践基地，使本科生能够有将规划付诸实践的机会平台，使本科生能够通过实践基地的锻炼与经验总结后，始终有足够的希望应对创业过程中复杂的人际交往问题，在创业内部和外部的激烈竞争过程中综合提升自身的创业能力。

（三）本科生创业能力教育中乐观的培养

乐观的态度源自对事物变化的正确认知，无论外部环境的变化如何，出现了各种问题，都能以积极的态度去面对和寻求解决方式。本研究中，心理资本与创业能力的相关分析显示，本科生乐观这一心理资本与组织领导能力、开拓创新能力呈显著相关。乐观的态度能够增加本科生组织领导与开拓创新的心理动机。故本研究从以上两个维度切入，探讨具体的乐观心理资本培养对策，主要包括以下几方面：

第一，开展创业创新设计大赛，指导科学组织规划。

增强本科生乐观态度的途径主要是设定目标、制订计划并付诸实际行动。目标和计划为本科生指明了方向，行动是关键环节。因此，开展创业创新设计大赛在对本科生开拓创新能力和组织领导能力的培养过程中起着积极的作用。创业创新设计大赛有利于使本科生通过自主的创新设计探究，进行自我激励和自我暗示，调动自我的内驱力，激发乐观态度与潜在热情以实现创业目标。

第二，创立项目基金，完善创业激励机制。

社会、学校在本科生创业过程中进一步完善阶段性激励机制，创立相应的项目基金并增设奖项设置，给予本科生创业资金支持和创新成果肯定，增强本科生创业持续性信心，引导本科生进一步分析创业过程中的成功和失败，找出问题的本质，将消极的、持久性的归因转换为积极的、暂时性的归因，从而提高本科生创业的开拓创新能力与组织领导能力，提升本科生对创业未来的乐观预期值。

参考文献

[1]习近平.决胜全面建成小康社会 夺取新时代中国特色社会主义伟大胜利——在中国共产党第十九次全国代表大会上的报告[R].北京：人民出版社，2017.

[2]高桂娟，苏洋.大学生创业能力的构成：概念与实证[J].高教发展与评估，2013，29(3).

[3]高娜，葛崇勋.从心理资本视角看高校创业教育——大学生创业心理资本培训模式的新构建[J].考试周刊，2010(45).

[4]国务院.国务院关于大力推进大众创业万众创新若干政策措施的意见[EB/OL].http://www.gov.cn/zhengce/content/2015－06/16/content_9855.htm

[5]柯江林，孙健敏，李永瑞.心理资本：本土量表的开发及中西比较[J].心理学报，2009，41(9).

[6]励骅.心理资本视域中的大学生就业心理辅导[J].中国高教研究，2010(3).

[7]田硕，申晴.心理资本与创业能力关系的实证研究[J].创新与创业教育，2015(5).

[8]王海燕，吴国蔚.大学生心理资本研究现状与展望[J].经济师，2012，07(2).

[9]严建雯.大学生创业心理研究[M].北京：人民出版社，2012.

[10]尹苗苗，蔡莉.创业能力研究现状探析与未来展望[J].外国经济与管理，2012(12).

[11]钟玉泉，彭健伯.大学生创业精神和创业能力培养研究[J].科技进步与对策，2009，26(15).

[12]Larson M.，Luthans F.Potential Added Value of Psychological Capital in Predicting Work Attitudes[J].Journal of Leadership & Organizational Studies，2006(1).

[13] Luthans F.，Avolio B. J. Psychological Capital Development：Toward a Micro-Intervention[J].Journal of Organizational Behavior，2006(3).

大学生低碳素养的现状及对策研究

——以西南大学为例

李晓慧　白钧溢[①]

摘　要:21 世纪是人类追求低能耗与减排的新时代,党的十九大刚刚落下帷幕,“生态文明建设”又成为最近的社会热词。因此,大学生低碳素养的提出是适应时代发展的需要,更是贯彻落实科学发展观、实现新时代中国特色社会主义伟大胜利的需要。由此,本文以大学生低碳素养为选题,通过文献分析、问卷调查等方法,对我国高校学生低碳素养现状及相关情况进行调查,提出具有操作性的建议,希望为高校培育大学生低碳素养提供一定的参考。

关键词:低碳;低碳素养;大学生

21 世纪是人类进入追求低能耗与减排的新时代。2017 年政府工作报告中提出了关于生态环境保护的重点工作任务:加大生态环境保护治理力度,加快改善生态环境,特别是空气质量,是人民群众的迫切愿望,是可持续发展的内在要求。十九大报告也对“加快生态文明体制改革,建设美丽中国”提出了新要求:推进绿色发展;着力解决突出环境问题;加大生态系统保护力度;改革生态环境监管体制。而当“生态”“低碳”等成为时代性的问题时,人们如何在生活中践行低碳,也成为一个实践层面的问题。

一、问题提出

随着我国改革事业的深入发展,大学生群体中出现了过分追求物质享受、奢侈浪费、功利化等倾向,背离了生态文明所倡导的“绿色、低碳、健康”的生活理念,大学生在价值观和生活方式上存在的问题,需要通过提高大学生的低碳素养来给予正确的引导。

王阳认为:“大学生是个具有高智商和强塑造性的群体,正处在个体逐步从依赖走向独立、个人走向社会的重要准备时期,处在价值观日趋稳定的关键时

---

①李晓慧:西南大学教育学部本科 2015 级学前教育专业学生。白钧溢:西南大学教育学部本科 2015 级晏阳初创新实验班学生。

期。"[1]可以说,大学生的价值观念对建设生态文明国家有着至关重要的影响,而高校教育对大学生价值观念的培育起着至关重要的作用。著名的教育家陶行知先生说过:"生活即教育。"以大学生的生活作为切入点在高校进行低碳素养教育,更加贴近生活实际,更容易使大学生掌握低碳生活的理念、知识与价值观,为社会提供全面发展的人才。

综上所述,提出大学生低碳素养的现状及对策的研究课题,对培养大学生的低碳生活意识,引导其践行低碳生活,最终实现大学生的全面发展和构建生态文明社会,有着极大的意义。

二、研究对象及方法

(一)研究对象

本研究以西南大学大一到大四的本科生为调查对象,进行问卷调查,发放问卷 370 份,回收 357 份,回收率 96.49%,有效问卷 336 份,有效率 94.12%。被试具体性别、年级、专业分布情况见表 1:

表 1　大学生低碳素养问卷回收情况

	性别		年级				专业类别		
	男	女	大一	大二	大三	大四	文史	理工	艺体
百分比（%）	108	228	69	118	103	46	188	130	18
	32.14%	67.86%	20.53%	35.12%	30.65%	13.69%	55.95%	38.69%	5.36%

(二)研究工具及方法

1.问卷法

本研究采用北京化工大学张馨教授主持的教育部课题"大学生低碳生活教育及其德育功能"课题组问卷。

2.数据分析法

本研究采用通用的数据分析工具 SPSS22.0 进行处理分析,在分析了整体情况的同时,也对不同因素之间的差异进行了分析。

三、调查结果

(一)大学生对低碳知识的掌握情况

1.大学生低碳知识的测试情况

问卷中有 10 道与低碳知识相关的题目,答对一道得 1 分,满分 10 分。将 0～3分分为低分组,4～6 分分为中等分组,7 分及以上分为高分组。统计显示:大学生平均得分为 5.07 分,标准差为 1.72,中位数与众数均为 5。各分段人数及比例见表 2:

表 2 大学生低碳知识得分情况分布

分组	得分(分)	人数(人)	百分比(%)	百分比和(%)
低分组	0	0	0.00	18.45
	1	6	1.79	
	2	11	3.27	
	3	45	13.39	
中等分组	4	67	19.94	62.50
	5	72	21.43	
	6	71	21.13	
高分组	7	38	11.31	19.05
	8	15	4.46	
	9	9	2.68	
	10	2	0.60	

表 2 显示,62.50%的大学生低碳知识得分分数分布在 4～6 分,高分(7 分及以上)人数不足 20.00%。总的来说,大学生低碳知识掌握情况一般。

2.大学生低碳知识了解渠道

图 1 显示:公益广告、网络对大学生低碳知识的获取影响较大,分别占到了 19.00%和 17.00%,其次是学校活动和报刊,分别占到了 13.00%和 12.00%。其他方面如政府行为、专业学习等对大学生低碳知识的获取影响较小。

综上所述，大学生低碳知识的获取主要受公益广告、网络、报刊以及学校活动的影响，其他方面影响较小。

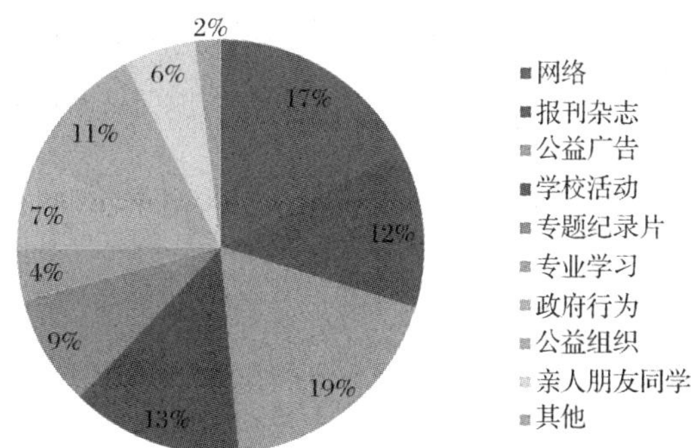

图 1　大学生低碳知识了解渠道

(二)大学生低碳知识掌握情况的差异

在对大学生性别、年级、专业类别、家庭情况及学校生活进行调查分析后发现，大学生因性别、年级、专业类别、参加社团、参加志愿服务、学习课程方面的不同而对低碳知识的掌握情况存在差异；而家庭情况，如家庭所在地、父母受教育程度与低碳知识的掌握，均未发现有明显的相关关系。

1.大学生低碳知识掌握情况的性别差异

表 3　大学生低碳知识掌握情况的性别差异

		M±SD	t 值
性别	男	5.75±1.62	5.16***
	女	4.75±1.68	

注：* 表示 $p<0.05$；** 表示 $p<0.01$；*** 表示 $p<0.001$

表 2 显示：男女生在低碳知识的掌握上存在显著差异（$p<0.001$），男生得分（M＝5.75）明显优于女生（M＝4.75）。

2.大学生低碳知识掌握情况的年级差异

表 4　大学生低碳知识掌握情况的年级差异

		M±SD	F 值
年级	大一	4.62±1.80	3.51*
	大二	4.94±1.66	
	大三	5.36±1.71	
	大四	5.43±1.62	

注：* 表示 $p<0.05$；** 表示 $p<0.01$；*** 表示 $p<0.001$

表 4 显示：四个年级对低碳知识的掌握存在显著性差异（$p<0.05$）。大四得分（M=5.43）最高，对低碳知识的掌握情况最好。大一得分（M=4.62）最低，掌握情况最差。

3.大学生低碳知识掌握情况的专业类别差异

表 5　大学生低碳知识掌握情况的专业类别差异

		M±SD	F 值
专业类别	文史	4.82±1.70	10.30***
	理工	5.55±1.63	
	艺体	4.11±1.64	

注：* 表示 $p<0.05$；** 表示 $p<0.01$；*** 表示 $p<0.001$

表 5 显示：不同专业类别的大学生对低碳知识的掌握存在显著性差异（$p<0.001$），理工类学生低碳知识掌握情况（M=5.55）最好，文史类学生（M=4.82）其次，艺体类学生最差（M=4.11）。

4.大学生低碳知识掌握情况在参加社团、志愿服务、课程学习上的差异

表 6　大学生低碳知识掌握情况在参加社团、志愿服务、课程学习上的差异

		M±SD	t 值
是否参加社团	是	5.21±1.71	3.03**
	否	4.51±1.66	
是否参加志愿服务	是	5.24±1.69	3.09**
	否	4.58±1.74	
是否参加低碳课程学习	是	5.35±1.68	2.61**
	否	4.87±1.69	

注：* 表示 $p<0.05$；** 表示 $p<0.01$；*** 表示 $p<0.001$

表 6 显示：大学期间参加过社团活动，如绿色环保型、公益实践型社团的学生（M=5.21），在低碳知识掌握情况上优于未参加过社团活动的学生（M=4.51），且差异性显著（$p<0.01$）。

在志愿服务方面，大学期间参加过如环保活动、实践服务的学生（M=5.24），在低碳知识掌握情况上优于未参加过的学生（M=4.58），差异性显著（$p<0.01$）。

在课程学习方面，学习过与“低碳”“环保”“绿色”相关课程的学生（M=5.35）在低碳知识掌握上明显优于未学习过此类课程的学生（M=4.87），且差异性显著（$p<0.01$）。

（三）大学生的低碳态度意识情况

1.大学生对低碳的认知情况

表7 大学生对低碳的认知情况

题目	选项	人数（人）	比例（%）
您认为“低碳”与自己日常生活的关系如何	息息相关	240	71.43
	有点关系	78	23.21
	关系不大	11	3.27
	没关系	7	2.08
您是否支持低碳生活的开展	支持	240	71.43
	比较支持	76	22.62
	有些怀疑	18	5.36
	反对	2	0.60
您是否认为低碳生活会提高您的生活质量	肯定会	123	36.61
	多数情况下会	122	36.31
	不一定会	74	22.02
	基本不会	17	5.06
您认为国家发展低碳经济是否会对经济发展造成负面影响	很长时间内都会影响经济，造成损失	22	6.55
	短期来看会有负面影响，长期有利	258	76.79
	不会有负面影响，还会推动增长	31	9.23
	不确定	25	7.44
低碳生活是否会成为未来的主流生活方式	会	177	52.68
	可能会	130	38.69
	可能不会	20	5.95
	不会	9	2.68

表7显示：被调查的大学生中有94.05%的学生支持或比较支持低碳生活的开展；94.64%的学生认为“低碳”与自己日常生活有关；从对低碳生活未来发展前景上看，超过半数的学生认为低碳生活将成为未来主流的生活方式。

在低碳生活对国家经济发展及自身生活影响方面，有86.02%的学生认为从长远来看，开展低碳生活有助于国家经济的发展；有72.92%的学生认为开展低碳生活能够提升自身的生活质量。总的来看，大学生对低碳的认知情况比较积极，但还有发展空间。

2.大学生对低碳的意向情况

表8　大学生对低碳的意向情况

题目		选项	人数（人）	比例(%)
便利性	在日常践行低碳生活的过程中，可能会带来一些不便，如减少使用一次性用品，自带水杯等，您是否愿意为了低碳生活牺牲自己的方便	即使牺牲很大也愿意	66	19.64
		大多数情况下可以，但牺牲大时不一定	221	65.77
		有时愿意，仅对自己生活质量影响小时	44	13.10
		不愿意	5	1.49
主动性	对于低碳领域的相关知识您是	持续关注并追踪	43	12.80
		有意识地学习了解	105	31.25
		顺便了解	177	52.68
		很少了解	11	3.27
自律性	通常在什么情况下您会做出低碳行为	绝大多数情况，低碳已融入自己的生活	148	44.05
		有些情况，例如有人要求或者监督	75	22.32
		有些情况，偶尔想起的时候	105	31.25
		很少去做	8	2.38
影响力	在实践低碳行为时，你的实际情况是怎样	会努力并影响身边的人	81	24.11
		会努力但无法影响别人	145	43.15
		尝试过，但是难以改变现状	103	30.65
		完全没有必要	7	2.08

表 8 显示：在牺牲不大的情况下，大多数(78.87%)大学生愿意为了低碳生活牺牲自己一部分便利；认为低碳已融入自身生活的学生占较多数(44.05%)；大学生了解低碳领域知识的主动性还有待提升，多数(52.68%)学生都只停留在顺便了解的阶段；在影响力上，大多数学生(73.80%)表示无法影响周围的人参与到低碳生活中来，不能起到辐射周围同学的积极作用。

3.大学生对低碳的情感情况

表 9　大学生对低碳的情感情况

题目	选项	人数(人)	比例(%)
每个人对低碳生活的理解可能不同，当您身边的人不认同低碳生活方式的时候，您内心	很难过	37	11.01
	有些失望	205	61.01
	无所谓，反应不大	89	26.49
	找到了有同样想法的人，很欣慰	5	1.49
在实施低碳生活的时候您的感受	因为自己的低碳生活让自己更快乐	108	32.14
	虽然有时候会有些不快，但是总体不错	169	50.30
	让我觉得有些不快乐	54	16.07
	让我很痛苦	5	1.49

表 9 显示：当身边人不认同低碳生活时，有 72.02%的学生会产生负面的情绪；在实施低碳生活时，会感到快乐的学生比例大于 80.00%。总的来说，大学生低碳生活意识较深刻，但参与积极性不高，影响力较小。

(四)大学生的低碳行为状况

本研究设计了 20 个与大学生息息相关的低碳生活小细节，如随手关灯、关水龙头、打包剩菜、使用节能产品等。

表 10　大学生的低碳行为状况

问题	发生频率(%)			
	总是	有时	很少	从不
自带水杯	59.80	32.11	5.40	2.70

续表

问题	发生频率(%)			
	总是	有时	很少	从不
双面打印	16.10	53.60	25.90	4.50
随手关灯	81.50	15.50	2.10	0.60
用手帕代替纸巾和湿巾	8.60	21.70	42.30	27.40
不用时拔下电器插头	38.40	29.80	25.90	6.00
不用时将电脑关机	64.90	19.30	13.40	2.40
重复利用废旧物品	25.60	58.90	13.40	2.10
步行或骑自行车	63.70	27.40	7.70	1.20
不用一次性塑料袋	7.40	43.20	44.90	4.50
空调设置到环保温度(26℃)	45.50	39.00	13.70	1.80
参加低碳宣传	6.50	31.80	45.20	16.40
打包剩饭剩菜	8.30	38.10	42.00	11.60
循环用水	17.60	53.00	22.90	6.50
垃圾分类	13.70	30.40	44.90	11.00
少吃外卖	20.50	45.20	30.70	3.60
少吃肉多吃素	16.10	45.20	30.10	8.60
少用洗涤用品	10.70	37.80	42.30	9.20
不乱丢弃废弃电池	55.10	26.80	12.80	5.40
使用节能产品	30.10	55.70	13.10	1.20
爬楼梯不坐电梯	24.10	45.20	26.20	4.50

表10显示:大学生选择性地进行低碳行为,如自带水杯、随手关灯、不用时将电脑关机类行为半数以上的学生总能做到;而在用手帕代替纸巾和湿巾、不用一次性塑料袋等六类行为上表现非常不好,均不到15.00%;此外,在双面打印、循环用水、少吃肉多吃素三类行为上也表现较差,均不到20.00%;另外还有部分如不用时拔下电器插头、重复利用废旧物品等六类行为上属于中间地带。综合来说,大学生的低碳行为表现一般。

(五)影响大学生低碳素养的因素

有 43.50%的大学生认为,自己多年养成的生活习惯难以改变,制约自己践行低碳生活;半数以上的大学生虽乐于践行低碳生活,却由于缺乏有效指导不知该从何处开始;还有的学生虽然知道践行低碳生活意义重大,却无法坚持下来。

在调查周围哪些人对自己践行低碳生活影响最大时,有 40.20%的大学生选择了自己,17.60%的大学生选择了老师,30.70%的大学生选择了同学和朋友,选择父母和偶像的比例较小。

四、研究结论

(一)大学生低碳素养有待提升

具体表现在大学生的低碳知识掌握情况一般、低碳意识薄弱、低碳行为表现不全面三个方面。

1.大学生的低碳知识掌握情况一般

62.50%的大学生低碳知识得分分布在 4～6 分,高分(7 分及以上)人数不足 20%,并且在性别、年级、专业类别等方面存在着较为明显的差异。男女大学生出于爱好兴趣的不同,在日常生活中对低碳知识的关注度也存在差别,女生在知识的掌握上更偏向文史类的知识,更热衷于琴棋书画、诗词歌赋;而男生在知识的掌握上更偏向理科类知识,对低碳知识的关注度也更大一些。在专业类别方面,理工学生由于专业的需要,如园林类专业、资环类专业等与低碳的相关性更强一些,相比较下对低碳知识的掌握也好一些。在年级方面,大一新生入校新鲜感更强,生活中关注的事物也更丰富,所以对低碳的关注并不持久,而随年级的增长,大学生更确定了自己的兴趣爱好,经过知识的沉淀,对低碳知识的掌握情况也更好。参加了低碳类社团、志愿服务和相关课程的学生,必然接触到一定的低碳知识,因此掌握情况也更好。

2.大学生的低碳意识薄弱

在低碳意识方面,虽然多数学生明白低碳生活与自身息息相关(71.43%),也支持低碳生活的开展(94.05%),但主动性不高,体现在不能主动了解低碳相关信息(55.95%)及只有在偶尔想起时和有人监督时(53.57%)才进行低碳行为等。在影响力上,多数学生表示自己践行低碳行为的时候难以影响他人。在他人不认同低碳生活的时候,自己也无法进行有效阻止,这种现象可能是由于碍于同学面子等情况造成的。综合来看,大学生低碳意识还有待进一步加强。

3.大学生的低碳行为表现不全面

大学生在低碳行为上具有很大的选择性。在带水杯、不用时将电脑关机等四类行为上表现较好,而在双面打印、循环用水、少吃肉多吃素三类行为上表现很差,可以看出大学生在践行低碳行为上侧重于进行对自身生活影响较小的行为,而在对自身影响较大或者不便利的行为上却很少问津,带有很强的选择性。

(二)高校对大学生低碳素养影响重大

1.学校成员对大学生是否践行低碳行为有较大影响

有72.02%的学生表示当身边有人不认同低碳生活时,自己会产生负面情绪。在调查周围哪些人对自己践行低碳生活影响最大时,有40.20%的大学生选择了自己,17.60%的大学生选择了老师,30.70%的大学生选择了同学和朋友。可以看出,绝大多数大学生在践行低碳行为时主要受自身、老师、同学影响,这三类人均处在学校成员这一范围之中。

2.学校相关课程及社团活动对丰富大学生低碳知识作用显著

大学期间参加过社团、志愿活动及学习过与"低碳""绿色""环保"相关课程的学生,在低碳知识掌握情况上均显著优于未参加过的学生。课堂教学、社团活动、志愿服务作为大学生校内生活的重要组成部分,对大学生低碳素养的提升有着显著作用。

五、提高大学生低碳素养的对策

(一)整合高校资源,打出低碳培育组合拳

1.重视发挥课堂教学的主导作用

课堂教学在高校知识传播中依然占据主导地位。在低碳素养培育方面高校想要进一步发挥好课堂教学的作用,必须要重视课程体系的扩充及知识体系的构建,将"低碳"纳入这两大体系中。课程体系上,可以将低碳教育纳入高校思想政治课程中,成为德育的重要组成部分。在知识构建上,应充分利用各种教育教学手段,可以开设"大学生低碳素养教育"的公共课,发挥教学作用,将低碳教育贯穿到相关学科的课堂中,既保持各类课程内容的专业性,又能突出低碳教育的时效性。

2.重视专题、兴趣讲座的补充作用

高校讲座,是完善大学生知识体系、丰富校园生活的有效途径。可以邀请专家,对全校师生进行低碳知识的系统讲授,内容可包括伦理、生态、道德等方

面，做到文理互动。也可以讲解消费观等方面的内容，改善大学生攀比心理，以个体的低碳生活促进经济社会的和谐可持续发展。

3.支持“绿色”社团及志愿活动开展，发挥其第二课堂引领作用

社团以其灵活性、广泛性、实践性以及社会性等特性吸引着广大学生，是高校第二课堂的引领者，也是校园文化建设的重要载体。这就要求学校为社团，尤其是为跟“低碳”“环保”直接相关的社团提供支持与帮助。在社团运转上，可为其提供一定的经费，对有重大意义的社团活动进行补助。在活动审批上，可简化流程，保证其开展效率。在先进评定上，可增加“优秀社团”名额，扩大鼓励范围。

4.重视不同性别、年级、专业类别学生之间的差异，开展针对性活动

针对大一学生低碳知识掌握较差的情况，学校可以对大一新生进行“开学第一课”低碳教育活动。针对女生普遍低碳知识掌握差于男生的情况，可以采用女生感兴趣的形式进行低碳宣传，如文艺活动、张贴海报等。针对文史、艺体类学生掌握较差的情况，可以采取向文史、艺体类学生发放低碳宣传手册、开展班级活动等方式进行针对性教育。

(二)进行全面建设，打造低碳校园环境

1.创造有利于低碳素养培育的人际环境

大学生在校园内接触较多的人无疑是同辈与教师，因此人际环境的创造可以从这两方面入手。

刘燕等人指出：“同辈群体是大学生校园生活中接触最频繁的群体，同学在一起共同生活，共同学习，共同迎接挫折与挑战，也就更容易产生相互的影响。在大学生同辈交流与互动中，往往会出现行为方式的相互影响与改变。”[2]因此，要在大学生这一群体中培养支持低碳且乐于宣传的“先锋队”，让他们在日常生活中以自身行动影响同辈群体，使低碳生活逐渐成为大学生群体的行为准则。

在师生关系上，教师要带头践行低碳，宣传低碳，不断提升自身的业务能力与人格魅力，以平等、民主的方式对待学生，达到“亲其师而信其道”的效果，在潜移默化中影响学生，使他们认可低碳，践行低碳。

2.培育践行低碳的舆论氛围

舆论是指在一定的社会氛围内，反映社会知觉和集合意识的一种共同意见。大学生还处于人格发展的重要时期，更容易受到舆论的影响。因此在校园内创设可以对大学生产生心理暗示的校园环境，如在校内进行公益宣传、张贴低碳标语等对培育大学生低碳素养可以起到很好的效果。

参考文献

[1]王阳.大学生低碳生活教育的现状与对策研究[D].北京:北京化工大学硕士学位论文,2014.

[2]刘燕,颜吾佴.影响大学生行为方式的环境作用机制[J].管理现代化,2010(3).

第二篇
基础教育改革

全面"二孩"背景下中小学女教师的职业生涯困境及对策研究

刘童　罗丽　张迪　崔靖晨①

指导教师：唐智松

摘　要：中小学校女教师工作的教育性和自身的女性化特质从内部支持生育二孩，家庭的人员数量、经济状况和女教师学历层次从外部支持生育二孩。但生育二孩也给女教师带来了诸如职业发展、个人发展、社会生活等职业生涯困境。分析认为，二孩政策所面临的困境，是独生子女政策的安排和实施造成的。为此，首先需要国家按照二孩普及后的情况修订相关法律及政策；其次需要学校按照二孩常规化配置师资队伍，并助推女教师职业发展；最后需要女教师在提高统筹协调能力基础上促进各方面的协调发展。

关键词：二孩政策；中小学女教师；职业生涯；冲突；协调

2016 年 1 月 1 日起，国家开始实行全面二孩政策。全面二孩生育新政策的出台增加了每个家庭的生育选择自由，对于想要二孩的家庭来说是一个福音。相比职场女性而言，女教师群体成为政策落实后生育二孩的主力军。然而，女教师们一方面要对学生负责，保住自己的工作，另一方面又要承担起家庭责任，加之社会、学校、家人等多方面因素，女教师群体便陷入一个两难的困境当中，难以找到职业、生活与自身意愿的平衡点。

一、问题提出与研究设计

(一)问题提出

二孩政策落实以来，社会不同群体对这一国策虽然从总体上较为支持，但付诸行动的响应程度则不一，其中引起人们注意的是中小学女教师"扎堆"生育的现象。由此导致一些中小学校对女教师"排队"生育的现状发出"求救"，以便

① 刘童、罗丽、张迪、崔靖晨：西南大学教育学部本科 2015 级晏阳初创新实验班学生。

缓解教学缺岗的困难。中小学女教师成为当今生育二孩的主力军，随之出现一系列问题，如女教师享受国家二孩政策权利与学校给女教师排队生育的限制之间的矛盾，女教师履职岗位的要求与其照顾二孩的需求之间的矛盾，女教师希望持续提升自我与因照顾二孩而被迫放弃机会之间的矛盾等。当过去的独生子女政策及其实施在今天二孩时代来临遭遇上述矛盾时，我们面对这种新情况做了实证的研究、理论的澄清，以便为较为长远的二孩时代奠定指导中小学女教师推进职业持续发展的基础。因此，本文以职业发展、个人提升、社会生活为分析女教师职业生涯的基本维度，结合中小学聘用女教师的内在、外在因素分析，探讨破除中小学女教师二孩背景下的职业生涯困境、实现她们职业生涯持续发展。

(二)研究设计

本研究的思路是，首先了解适宜生育二孩的中小学女教师的基本情况。如女教师群体的适婚年龄，家庭的成员状况、经济状况、和睦程度，工作上的压力状况、未来期望，生育二孩的意愿和产后返岗的打算，以及社交状况等。其次通过调查来揭示二孩政策给女教师带来的职业生涯影响，如二孩政策对女教师职业发展、个人提升、家庭生活、社会交往等方面的可能冲突。再次是探索女教师生育二孩的内部、外部支持因素，以便进一步认识女教师生育二孩意愿的内涵。最后是从国家法律及政策修订、学校决策及实施调整、女教师自我协调提升等角度探究如何破除二孩背景下的女教师职业生涯困境。

在上述调查环节中，本研究采用自编《二孩背景下女教师职业生涯困境调查问卷》，包括7项基本信息、19道客观题和4道主观题；问卷维度包括职业发展状况、对专业工作的影响、对社会生活的影响、对个人发展的影响；问卷的客观题采用Likert五点自评式量表，回收问卷后对数据进行录入、整理，采用SPSS 22.0统计软件进行统计处理并使用了描述性统计、单因素ANOVA、一般线性模型、斯皮尔曼相关系数等分析方法对数据进行了分析。根据克隆巴赫系数测得量表整体信度为0.795；根据探索性因子分析，克隆巴赫系数为0.775。在保证每个维度不少于3个题项的支持下，将量表分为四个维度，并对各个维度内部题项采用斯皮尔曼系数进行相关分析，均得到至少有95%的把握认为本维度内题项显著相关。由此证明问卷测得数据真实有效。

二、调查统计

(一)调查对象的基本信息

本研究对河北、河南、湖北等地的13所中小学校女教师进行了抽样，发放问卷100份，回收有效问卷86份。样本涉及城市和农村、职业发展阶段不同、学历不同的中小学女教师。其中，本科学历女教师约占七成，研究生次之，大专生再次之；女教师任职的学校较为平均，七成女教师已经育有一胎，并且样本中半数以上的中小学女教师为三口之家。(见表1)

表1　女教师基本信息统计

变量	类别	频次(N)	百分比(%)
学历	大专	11	12.79
	本科	60	69.77
	研究生	15	17.44
任职情况	小学	31	36.05
	初中	19	22.09
	高中	36	41.89
户籍所在地	农村	46	53.49
	城市	40	46.51
家庭成员数	1人	1	1.16
	2人	7	8.14
	3人	51	59.30
	4人	27	31.40

(二)生育二孩对女教师职业生涯的影响

1.中小学女教师选择生育二孩的意愿

调查统计、访谈反馈等信息表明(见表2)，对生育二孩的态度，表示支持生育、不在乎、反对生育的女教师比例分别是：58.14%、19.77%、9.30%。这表明中小学女教师生育二孩的意愿普遍较强。

表 2　中小学女教师生育二孩的意愿

	次数	百分比(%)	有效的百分比(%)	累积百分比(%)
支持	50	58.14%	58.14%	58.14%
矛盾	10	11.63%	11.63%	69.77%
其他	1	1.16%	1.16%	70.93%
不在乎	17	19.77%	19.77%	90.70%
反对	8	9.30%	9.30%	100.0%
总计	86	100.00%	100.00%	

2.生育二孩与女教师职业生涯的关系

(1)生育二孩与现阶段职业生涯的关系

统计结果显示(见表 3),生育二孩意愿与现阶段职业生涯状况有显著差异,这表明生育二孩对于女教师现阶段的职业状况存在一定影响。

表 3　生育二孩意愿与现阶段职业生涯状态的单因素方差分析

	平方和	自由度	均方	F	显著性
群组之间	15.54	1	15.54	4.00	0.049*
群组内	326.59	84	3.89		
总计	342.09	85			

(2)生育二孩与未来职业生涯的关系

统计结果显示(见表 4),生育二孩意愿与影响女教师未来的职业生涯的因子呈现显著相关,这表明生育二孩会对女教师职业生涯产生较多矛盾与冲突。

表 4　生育二孩在专业职业、社会生活和个人发展上的单因素方差分析

		平方和	自由度	均方	F	显著性
专业职业	群组之间	268.13	4	67.03	4.94	0.001**
	群组内	1112.58	82	13.57		
	总计	1380.71	86			

续表

		平方和	自由度	均方	F	显著性
社会生活	群组之间	196.79	4	49.20	5.62	0.000**
	群组内	718.13	82	8.76		
	总计	914.92	86			
个人发展	群组之间	160.43	4	40.11	4.36	0.003**
	群组内	754.43	82	9.20		
	总计	914.85	86			

第一，生育二孩对女教师职业发展有显著性影响（$F=4.94$，$p=0.001<0.05$）。这说明生育二孩使女教师群体陷入诸多困境，如职业发展前景受限、专业提升空间或提升精力不足，甚至会对其原有的职业规划造成影响。

第二，生育二孩对女教师个人发展有显著性影响（$F=4.36$，$p=0.003<0.05$）。这说明生育二孩对女教师在诸如观念转变、生活规划、精神压力、事务处理、产后返岗等个体发展方面均有所影响。

第三，生育二孩对女教师社会生活有显著性影响（$F=5.62$，$p=0.00<0.05$）。这说明生育二孩给女教师群体带来了诸如精神和物质负担增加、个体自由支配时间减少、个人生活娱乐比例降低、社会活动交往趋于减少等社会生活方面的影响。

（三）影响女教师生育二孩的因素

1.影响女教师生育二孩的外部因素

为了揭示影响女教师生育二孩的外部因素，问卷结合社会背景及教师现状，提炼出学历、家庭成员数、家庭经济状况、任职情况、户籍所在地五个自变量，进行单因素方差分析。结果发现，仅家庭成员个数、家庭经济状况、学历三个因子对女教师生育二孩效果显著。

第一，统计表明（见表5），女教师生育二孩意愿在不同家庭成员数上表现出显著差异（$F=4.97$，$p=0.009<0.05$）。其中，家庭成员人数偏少（仅有两人）的中小学女教师普遍对生育二孩的热情不高；但家庭成员数多（四人及以上）的女教师表现出较强生育意愿。可见，家庭成员人数越多越支持女教师生育二孩。

表5　女教师生育二孩态度的变异数分析

	平方和	自由度	均方	F	显著性
群组之间	20.28	2	10.14	4.97	0.009**
群组内	171.33	84	2.04		
总计	191.61	86			

第二，统计表明（见表6），女教师生育二孩意愿在不同家庭经济状况上表现出显著差异（$F=5.24$，$p=0.001<0.05$）。其中，家庭经济状况很好的女教师非常愿意生育二孩，相反家庭经济状况较差的女教师完全不愿意生育二孩。

表6　家庭经济状况对于女教师生育二孩态度的单因素方差分析

	平方和	自由度	均方	F	显著性
群组之间	38.99	4	9.75	5.24	0.001**
群组内	152.63	82	1.86		
总计	191.61	86			

第三，统计表明（见表7、表8），女教师生育二孩意愿在不同学历水平上表现出显著差异（$F=4.92$，$p=0.01<0.05$）。其中，大专和本科学历相对研究生学历的女教师更愿意生育二孩。可见，女教师学历层次越低，生育二孩的意愿就越强。

表7　学历对于女教师生育二孩态度的变异数分析

	平方和	自由度	均方	F	显著性
群组之间	20.08	2	10.04	4.92	0.01***
群组内	171.52	84	2.042		
总计	191.61	86			

表8　学历对于女教师生育二孩态度的多重比较

(I)学历	(J)学历	平均差异(I-J)	标准错误	显著性
研究生	大专	1.64	0.55	0.004**
	本科	0.98	0.39	0.014**

综上，可以得出由于女教师个体差异，对生育意愿有所影响的因素是学历、家庭经济状况、家庭成员数。

2.影响女教师生育二孩的内部因素

在13所中小学校，就生育二孩的主观因素，我们各选取了3位女教师进行访谈。综合访谈内容发现，支持大多数中小学女教师生育二孩的内部因素如下。其一，教师工作有相对较长的寒假、暑假，适当结合学期开始和结束的时段，可以调节出大半年的时间来安排生育二孩，从时间上支持生育二孩。其二，女教师都认为至少在小学阶段自己上班的同时可以携子上学，少花精力，从精力上可以支持生育二孩。其三，二孩到自己所在学校入学就读，费用成本相对较低，甚至还会有许多优惠，从而节省经费，从经济上支持生育二孩。其四，大多数女教师觉得二孩可以消除“失独”的危险，能使其更加热爱教育自己的子女，充分发挥自己作为教师的作用。同时，访谈时一些偶然参与进来的年纪较大的女教师为自己生理上不能生育二孩表示深深的惋惜。可见，这些内部因素极大地支持着女教师生育二孩。

三、结论分析及建议

(一)结论分析

上述统计表明生育二孩后对中小学女教师群体带来了诸多职业生涯困境。进一步分析这些职业生涯困境认为：

首先，学历层次越低的女教师越具有生育二孩意愿，由此出现了学历层次较低的女教师在提升学历与生育二孩之间的冲突。具体而言，就是学历层次较低的女教师能否在哺育、教育二孩中有时间去规划职业发展，提升专业水平。既然选择生二孩，自然就会占用女教师的大量时间，减少其提高专业水平的时间，进而影响职业发展。

其次，在当前应试教育化环境下，女教师自主支配的时间较少，生育二孩却又要求她们给予孩子和家庭更多关注和陪伴，这势必压缩女教师的自由支配时间，影响她们兴趣爱好的自由发展。同时，生育二孩会带来陡增的家庭开支，加重女教师的家庭负担，进而在经济层面上减少女教师的自由支配度，降低女教师社会生活的丰富性。

再次，现代学校“工厂式”流水线的管理模式，人员安排是“一个萝卜一个坑”，女教师生育二孩时近一个学期的离岗带来了教学人员不足的问题，自然带来了坚持上岗与暂时离岗的矛盾。这使得中小学校长不得不让有意愿生育二孩的女教师“排队”。在职业发展规划相对较弱的农村学校女教师中，此类矛盾更为明显。

最后，学校作为现代职场，赋予了女教师传道、授业、解惑的专业形象，与此同时，男主外、女主内的“刻板化”性别角色赋予了女教师特定的家庭形象，这就使得女教师在工作与家庭之间不断转换角色，调整心理，加之生二孩又要耗费较多精力、财力，由此自然会影响女教师的工作成效。

(二)破解建议

虽然中小学女教师生育二孩给她们带来了上述诸多职业生涯困境，但是女教师较强的二孩生育倾向及行为，不但有助于充分发挥女教师群体的专业教育作用，充分保证二孩的健康成长，而且也有助于增添家庭生活的生机，缓解社会养老的压力。再者，生育二孩是女教师的权利，应当得到保障，而不应该被限制甚至剥夺。可见，社会、学校、家庭应当对女教师生育二孩的意愿持肯定态度。

进一步讲，生育二孩给中小学女教师带来的职业生涯困境并不是二孩本身的问题，并不是新的社会矛盾或冲突，而是计划生育政策背景下制度的设计与二孩新情况不相适应造成的。因此，需要全社会科学地理解二孩背景下中小学女教师的职业生涯困境，理性地破解这一困境，促进女教师专业职业、社会活动、家庭生活的平衡发展。

第一，国家根据二孩常规化修订相关政策，为女教师生育及产后恢复提供权利依据。首先，国家及教育主管部门在研制法律、政策时，应注重女教师的特殊性，对女教师因为自然生理、家庭角色定位、社会现象等所要承担的任务给予一定的关照。其次，国家应根据女教师高龄生育二孩的情况给予足够的产假，以便女教师的身心康复和照顾二孩。最后，国家应建立和完善监督女教师生育权利的机制，建立维权通道，以保证相关政策的落实。

第二，学校按照二孩常规化配备教师队伍，创造促进女教师发展的良好环境。首先，学校按照女教师二孩常规化情形研制教师队伍的配备方案，按需补充教师，从根本上解决师资力量不足。其次，通过临时缓聘退休教师、接受师范专业实习生顶岗实习、说服女教师接受“排队”安排等措施，缓解当前二孩政策刚出台女教师“扎堆”生育带来的教学人员暂缺困难。最后，学校在业绩考核、专业提升、职称晋升、职务提升等方面，消除性别角色的刻板化现象，给予女教师公平甚至倾斜的职业发展机会。此外，学校对生产期的女教师在产假保证、经济补贴发放、产后职业发展等方面给予人性化的关怀。

第三，女教师要提高自己的统筹协调能力，协调处理好职业、家庭与社交的关系。首先，女教师要学习统筹技术，掌握运用统筹方法处理职业发展、家庭生活以及社会活动的关系，促进各方面的协调发展。其次，女教师要善于根据自身的身体状况、家庭成员和经济状况，决定是否生育二孩，什么时间安排生育二孩。最后，女教师要善于根据学校人员岗位情况、学生教育工作需要等因素，安排在恰当时段生育二孩。

参考文献

[1]中共中央，国务院.中共中央 国务院关于实施全面两孩政策 改革完善计划生育服务管理的决定[Z].2016.

[2]李长娟.乡村女教师职业发展的困境及突破路径——以社会性别为视角[J].教育探索，2015(08).

[3]李芬.工作母亲的职业新困境及其化解——以单独二孩政策为背景[J].东南大学学报(哲学社会科学版)，2015(04).

[4]张建奇，蔡玲.中学女教师职业发展的现状与影响因素分析——基于广州市实证调查的结果[J].教育导刊，2014(7).

[5]生云龙.从教师结构看女性教师职业发展中的“玻璃天花板”[J].妇女研究论丛，2009(1).

普惠性幼儿园学习环境现状研究

——以重庆市 B 区为例

杨丹玲　陈雨婷　彭贻真　郭丽丽①
指导教师:李静

摘　要:改革开放以来,我国教育虽已取得长足发展,但学前教育仍是各级各类教育中的薄弱环节,主要表现为教育资源短缺、投入不足、师资队伍不健全、体制机制不完善、城乡区域发展不平衡,一些地方"入园难"问题突出。因此,在此背景下国家大力提倡普惠性幼儿园的建设。本研究通过对普惠性幼儿园学习环境质量的研究调查,了解当前不同性质的普惠性幼儿园学习环境状况,针对突出问题进行分析,提出相关的意见和建议,旨在对学习环境理论进行丰富,为办有质量的普惠性幼儿园提供理论指导,同时指导幼儿园科学规划适宜幼儿身心发展的学习环境。

关键词:普惠性幼儿园;学习环境;现状分析;教育建议

为贯彻落实党的十七届五中全会、全国教育工作会议精神和《国家中长期教育改革和发展规划纲要(2010—2020)》,积极发展学前教育,满足适龄儿童入园需求,促进学前教育事业科学发展,2010 年国务院颁发《关于当前发展学前教育的若干意见》明确指出,"要保障适龄儿童接受基本的、有质量的学前教育"以及"建立幼儿园保教质量评估监管体系"。[1]大力发展公办幼儿园,提供"广覆盖、保基本"的学前教育公共服务。加大政府投入,新建、改建、扩建一批安全、适用的幼儿园。坚持公益性和普惠性,努力构建覆盖城乡、布局合理的学前教育公共体系,从而保障适龄儿童接受基本的、有质量的学前教育。

①杨丹玲、陈雨婷、彭贻真、郭丽丽:西南大学教育学部本科 2015 级学前教育专业学生。

一、核心概念界定

(一)普惠性幼儿园的定义

在《对发展农村普惠性幼儿园的思考》中，王元凯对“普惠性幼儿园”的理解是：“普惠性幼儿园”就是既普及又实惠的幼儿园，就是在教育公平的前提下，面向大众的、适龄儿童普遍接受的、收费合理的幼儿园。[2]

冯晓霞教授认为：“普惠性幼儿园是公共资金举办面向社会大众的公共学前教育服务机构，或者是能够为低保家庭和其他各种社会处境不利人群提供普惠性、有质量保证的民办早期教育服务机构。”[3]

根据以上观点，本研究中将“普惠性幼儿园”定义如下：

“普惠性幼儿园”是指在教育公平的前提下，面向大众的、适龄儿童普遍接受的、收费合理的幼儿园。包括三个类型的幼儿园：一是公办幼儿园；二是集体或单位举办的公办性质幼儿园；三是提供普惠性服务的民办幼儿园。而且，“普惠性幼儿园”应该具有以下特征：一是达到市教委规定办园基本标准；二是面向社会大众招生；三是收费实行政府定价或接受政府指导价。因此，普惠性幼儿园一定是公益的、有质量的幼儿园，其收费将不高于同类公办幼儿园的收费标准。

(二)幼儿园学习环境

《幼儿园教育指导规划纲要(试行)》中指出：“环境是重要的教育资源，应通过环境的创设和利用，有效地促进幼儿的发展。”[4]幼儿园环境包括物质环境和精神环境。物质环境为幼儿提供学习、生活、娱乐等各种场所的设施、材料，它是满足幼儿的各种活动需求，促进幼儿身心全面发展的最基本的保障。建立符合幼儿身心成长特点以及具有幼儿园教育特色的环境是非常重要的。精神环境是指符合幼儿的审美情趣，令其身心轻松愉快的亲切温馨的气氛。

(三)幼儿园学习环境评价

学习环境与学习场所、空间有着密切关系。而在幼儿园，环境作为一种重要资源而存在，环境创设对幼儿的发展起着重要作用。因此幼儿园空间设计规划以及空间设施的安置和摆放就作为了本研究不可缺少的维度。幼儿学习环境既有丰富的学习资源，又有人际互动的因素，人际互动主要表现在与教师、同学的沟通交流中，两者结合具体表现在一日活动安排、课程设置、幼儿园日常生活等方面。在幼儿成长过程中对幼儿影响最大的就是家长和教师，家长与教师直接影响着幼儿，因此家长与教师也是不可缺少的维度。综上所述，本研究基于对幼儿学习环境核心概念界定与《幼儿学习环境评价量表》(ECERS-R)共选取七个维度进行研究，分别是：空间与设施、个人生活常规、语言—推理、活动、互动、课程结构、家长与教师。

ECERS-R(Early Childhood Environment Rating Scale-Revised)由美国北卡罗来纳大学 Frank Porter Graham、儿童发展研究所的 Thelma Harms 等人研发，1980 年出版第一版，1998 年出版修订版。[5] 该量表由七个子量表共 470 个评价指标组成。七个子量表分别是空间与设施、个人生活常规、语言—推理、活动、互动、课程结构、家长与教师。ECERS-R 是为评价学习环境质量专门设计的评估工具。

二、研究设计

(一)研究对象

从调查的普惠性幼儿园中，随机选取某班级教师作为深度访谈的对象，并根据量表中需要调查的维度对该班的幼儿及其家长进行访谈。

本研究选取重庆市 B 区 8 所普惠性幼儿园作为实施观察研究的对象。根据普惠性幼儿园的类型，结合当地具体情况，选取的这 8 所普惠性幼儿园，有城镇普惠性幼儿园 3 所，其中民办幼儿园 2 所、公办(含公办性质的)幼儿园 1 所；有农村普惠性幼儿园 5 所，其中民办幼儿园 3 所，公办(含公办性质的)幼儿园 2 所。

(二)研究工具——《幼儿学习环境评价量表》

ECERS-R 在本研究中主要用来评量环境中的个人生活常规、语言一推理质量、学习活动质量、社会互动质量及成人需求的质量。选用 ECERS-R 主要原因有以下两点。第一，目前，国内针对幼儿在园照顾学习过程质量的评量，主要是运用或正在参照这一量表进行研究。同时，华东师范大学出版社对本量表进行了中文版的翻译和出版，详细介绍了 ECERS-R 实施和评分的注意事项。第二，国外研究中，最常用此表来评量幼儿照顾及学习质量且具有良好信效度，可评估 2.5 岁到 5 岁幼儿的幼儿园质量。本研究采用的是华东师范大学出版社(2014 年)所译的《幼儿学习环境评价量表》。量表共有七个维度，但因为空间与设施跟过程质量无直接相关，选择删去。仅采用个人生活常规、语言一推理、活动、互动、课程结构及家长与教师六大维度评测学习环境过程质量。每个项目以 1～7 分来评量，1 分代表不足，3 分代表极少，5 分代表好，7 分代表非常好。

1.具体维度

本研究选取了六个维度进行观察，而且对各个维度中的评价指标进行详细记录，保证记录内容的全面性、完整性、科学性和客观性。选取维度如下：

(1)空间与设施(包括室内空间/日常照料、游戏和学习措施/休闲和舒适的设施/室内游戏空间规划/私密空间/儿童陈列品/大肌肉活动空间/大肌肉活动器材)

(2)个人生活常规(入园与离园/正餐、点心/午睡、休息/如厕、换尿布/卫生措施/安全措施)

(3)语言一推理(图片和图书/鼓励儿童交流/运用语言发展推理技能/语言的非正式运用)

(4)活动(小肌肉活动/美术/音乐、律动/积木/沙、水/角色游戏/自然、科学/数学、数字/电视、录影或电脑的使用/促进接受多元化)

(5)互动(大肌肉的管理/儿童的一般管理/纪律/师幼互动/同伴互动)

(6)课程结构(日程表/自由游戏/集体活动/残障儿童支援)

(7)家长与教师(家长支援/教师个人需要支援/教师专业需要支持/教师的互动与合作/教师的督导与评价/专业发展机会)

评分规则:每个子量表都采用七点评分方式。

如果第 1 部分有任何指标评“是”，那么应给 1 分；

如果第 1 部分有任何指标评“否”，而第 3 部分至少一半指标评“是”，那么应给 2 分；

如果第 1 部分有任何指标评“否”，而第 3 部分全部指标都评“是”，那么应给 3 分；

如果第 3 部分全部达标，而第 5 部分至少一半指标评“是”，那么应给 4 分；

如果第 5 部分全部指标都评“是”，那么应给 5 分；

如果第 5 部分全部达标，而第 7 部分至少一半指标评“是”，那么应给 6 分；

如果第 7 部分全部指标都评“是”，那么应给 7 分。

当量表和评分表上出现“不适用”时，才可对有关指标或整个项目做出“不适用”的评定。计算子量表和量表总得分时，所有评为“不适用”的项目也不计分。

计算子量表的平均分时，先加起子量表各项目的得分，然后将总和除以计分项目的总和。计算量表平均分时，则将整个量表的所有项目得分总和除以计分项目的总数。

2.统计与处理

本研究所搜集的资料，全部采用 SPSS17.0 软件进行统计、处理和分析。

三、结果与分析

(一)研究结果与分析

1.普惠性幼儿园学习环境质量总体情况

(1)幼儿园学习环境质量整体水平

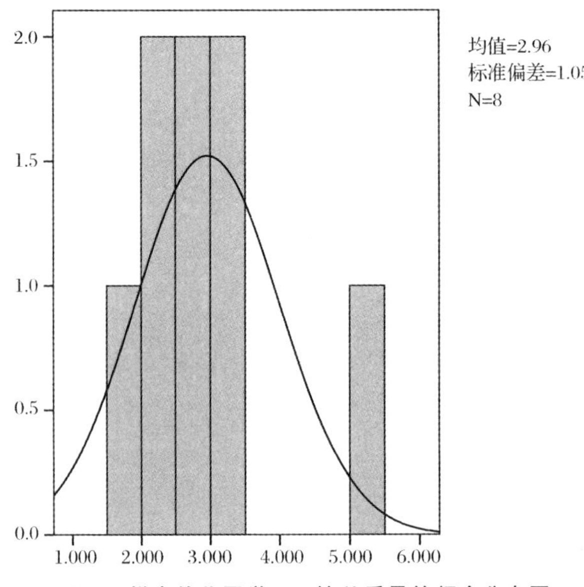

图 1　样本幼儿园学习环境总质量的频次分布图

ECERS-R 采用七级评分法，将质量划分为不同的等级水平：1 表示不足，3 表示最低标准，5 表示良好，7 表示优秀。如图 1 所示，本研究中所选取的 8 所普惠性幼儿园中达到良好 1 所，达到最低标准 1 所，其余均处于不足水平。所以，重庆市 B 区普惠性幼儿园学习环境质量整体偏低。

(2)幼儿园学习环境质量各维度间的总体差异情况

表 1 样本幼儿园学习环境质量得分的描述性统计

	极小值	极大值	均值	标准差
空间与设施	1.50	6.25	3.41	1.53
个人生活常规	2.50	6.83	3.75	1.46
语言—推理	1.25	4.50	2.72	1.07
活动	0.88	4.50	2.60	1.62
互动	1.40	3.80	2.70	0.84
课程结构	1.00	4.67	2.63	1.15
家长与教师	2.17	5.17	3.33	1.08
总体教育质量	1.53	5.03	2.96	1.05

从表 1 可以看出,“空间与设施”平均得分 3.41,达到最低标准水平;“个人生活常规”平均得分 3.75,达到最低标准水平;“语言—推理”平均得分 2.72,低于最低标准水平;“活动”平均得分 2.60,低于最低标准水平;“互动”平均得分 2.70,低于最低标准水平;“课程结构”平均得分 2.63,低于最低标准水平;“家长与教师”平均得分 3.33,达到最低标准水平;总体学习环境质量平均得分 2.96,已接近最低标准水平。

2.普惠性幼儿园学习环境质量各维度项目的具体分析

(1)空间与设施

表 2 样本幼儿园空间与设施各项目的得分情况

	极小值	极大值	均值	标准差
室内空间	1.00	7.00	3.63	1.92
日常照顾、游戏和学习设施	1.00	6.00	3.50	1.93
休闲和舒适的设施	1.00	7.00	3.63	2.20
室内游戏空间规划	2.00	7.00	3.75	1.75
私密空间	1.00	6.00	2.63	2.00
儿童陈列品	2.00	7.00	3.75	1.67
大肌肉活动空间	2.00	6.00	3.38	1.19
大肌肉活动器材	1.00	7.00	3.00	1.77

空间与设施概况:从表 2 可以看出,室内空间,日常照顾、游戏和学习设施,休闲和舒适的设施,室内游戏空间规划,儿童陈列品,大肌肉活动空间,大肌肉活动器材评分均高于 3 分,达到最低标准水平。而私密空间平均得分 2.63,低于最低标准水平。

多数普惠性幼儿园教室或活动室在室内空间的得分低于平均水平,主要原因在于其对室内空间布局不够合理,区角环境利用不够充分,有时甚至造成空间拥挤的现象。

休闲和舒适的设施评分较差,因为多数普惠性幼儿园特别是农村普惠性幼儿园中几乎没有供儿童使用的柔软的设施或供儿童取玩的软质玩具,如小沙发、靠垫、毛绒玩具等。

室内游戏空间规划在城镇公办园中评分较好。室内游戏空间规划较为合理,有足够的空间供儿童同时进行多个活动,有积木区、艺术活动区、手工区等活动区域。而在农村的民办普惠性幼儿园中教室内的活动区域划分较少,有的只有一两个划分,有的甚至没有。

私密空间评分处于较差水平。大多数普惠性幼儿园室内、户外都没有私密空间的划分。当有些儿童情绪较为激动或暴躁时,没有单独的空间让教师安抚,有时甚至影响到课堂秩序,教师的教学活动无法正常开展。

大肌肉活动空间与大肌肉活动器材评分低于良好水平。多数的民办普惠性幼儿园在户外缺少大肌肉活动器材,不仅数量少,而且比较老旧,活动空间较小,不是每天都能让儿童使用这些游戏器材。

(2)个人生活常规

表 3　样本幼儿园个人生活常规各项目的得分情况

	极小值	极大值	均值	标准差
入园与离园	3.00	7.00	4.88	1.13
正餐、点心	3.00	7.00	4.13	1.64
午睡、休息	3.00	6.00	3.13	1.25
如厕、换尿布	1.00	7.00	3.38	2.33
卫生措施	2.00	7.00	3.50	1.85
安全措施	2.00	7.00	3.50	1.51

从表 3 看出，入园与离园，正餐、点心的平均得分高于 4 分；午睡、休息，如厕、换尿布，卫生措施，安全措施均高于 3 分，达到最低标准水平。

入园与离园。入园与离园是儿童每天幼儿园生活的开始和结束，早上入园时，教师都会与每个孩子和家长面带微笑地打招呼，允许家长带孩子进入教室；在离园时，儿童也会与教师亲切地说“再见”，有时教师会利用这个时间与家长交流孩子的状况。在大多数的普惠性幼儿园里，都是这样的情形。

正餐、点心。多数普惠性幼儿园进餐时间适合儿童，蔬菜和肉类搭配合理，基本是三菜一汤，营养搭配均衡；下午都有点心，多是水果，如香蕉、苹果。吃饭时，教师鼓励儿童独立进食，提倡节约粮食，并且吃饭前后卫生状况保持良好。

午睡、休息。城镇公办普惠性幼儿园午睡休息环境较好，民办普惠性幼儿园特别是农村幼儿园的午睡休息环境较差，空间较小，人数较多，空气不太流通。而教师都是采取温和的方式照看孩子，环境也较安静。

如厕、换尿布。值得肯定的是多数的普惠性幼儿园厕所的卫生状况都保持良好，农村普惠性幼儿园在这个方面有些欠缺。厕所里外都有“便后冲厕”“便后洗手”等提示语和图片。

安全措施。在农村普惠性幼儿园中室内外的安全问题比较突出，对电话、急救电话号码、代课老师、急救药箱、交通工具、书面的紧急事故应对程序等方面都有不足，如教室里电源插座没有安全盖，电线老化脱落，有些游戏器材可能会卡住儿童，有的则放的位置过高且不固定，有安全隐患。

(3)语言—推理

表 4　样本幼儿园语言—推理各项目的得分情况

	极小值	极大值	均值	标准差
图书和图片	1.00	7.00	2.88	1.89
鼓励儿童交流	1.00	5.00	3.13	1.36
运用语言发展推理技能	1.00	4.00	2.38	1.06
语言的非正式运用	1.00	3.00	2.50	0.76

从表 4 可以看出，鼓励儿童交流平均得分 3.13，达到最低标准水平。而图书和图片、运用语言发展推理技能、语言的非正式运用平均得分均低于 3 分，低于最低标准水平。

在语言—推理方面，多数普惠性幼儿园在这个维度的评分不佳。

图书和图片。多数普惠性幼儿园尤其是农村普惠性幼儿园没有太多种类的绘本供儿童选择，而且相同图书的数量很少，不能满足大部分儿童同时阅读；图卡游戏较少，而同一天中也没有相当多的时间去翻阅图书。在城镇普惠性幼儿园这种情况较好。

鼓励儿童交流。在城镇普惠性幼儿园中评分较好，教师会使用玩具电话、玩偶、人物动物卡片、角色游戏的道具和其他辅助工具鼓励儿童用语言进行交流。而在农村普惠性幼儿园中教师大多是单方面对儿童进行语言沟通，在课堂上几乎是老师在说话，儿童几乎没有发言权。

运用语言发展推理技能、语言的非正式运用。这两个项目城镇与农村普惠性幼儿园的评分差距较为显著。在农村普惠性幼儿园中，教师几乎不理会儿童的好奇心和对事物的提问。在城镇普惠性幼儿园中，教师会较为耐心地对待儿童的提问，也会培养儿童的好奇心，对一些自然现象会向幼儿提出问题，并引导儿童解决问题。

(4)活动

表 5　样本幼儿园活动各项目的得分情况

	极小值	极大值	均值	标准差
小肌肉活动	1.00	6.00	2.75	1.75
美术	1.00	7.00	2.88	1.96
音乐、律动	1.00	3.00	2.38	0.74
积木	1.00	7.00	2.75	2.12
沙、水	1.00	4.00	2.13	0.99
角色游戏	1.00	5.00	2.38	1.30
自然、科学	1.00	4.00	2.50	1.20
数学、数字	1.00	4.00	1.88	1.13

从表 5 中看出，小肌肉活动，美术，音乐、律动，积木，沙、水，角色游戏，自然、科学，数学、数字平均得分均低于 3 分，其中数学、数字平均得分 1.88 分，各项目低于最低标准水平。

小肌肉活动。本研究观察的 8 所幼儿园中，城镇普惠性幼儿园班级内部开展各类区角活动丰富多样，有手工区、角色扮演区、制作食物区、建构区等练习儿童小肌肉群运动的活动区。还提供水彩笔、蜡笔、儿童剪刀、纸张、橡皮泥等材料或充分利用各种废旧材料和常见物品，如羽毛球、乒乓球、易拉罐等，让儿童进行画、折、剪、粘等美术活动。在课程中也有许多关于手指游戏的活动。这些活动对幼儿大脑的开发和手的灵活性、协调性大大增强。而在农村普惠性幼儿园中，可以利用的材料很少，课程设置中小肌肉活动的游戏也较少。

美术。在这个方面城镇普惠性幼儿园做得较好，而农村普惠性幼儿园此类艺术活动较少，且形式单一，枯燥乏味。

音乐、律动。所观察的城镇普惠性幼儿园中多数都配置有钢琴，还有一些小鼓、小棍等可以打出节奏的用具。而在农村普惠性幼儿园，活动室里才有一架钢琴，几个班级轮流使用，音乐律动的相关课程设置较少。

积木，沙、水，角色游戏等。在大多数的城镇普惠性幼儿园中，多有对活动游戏的划分，有积木区、角色扮演区等，在户外也有沙区和一些水槽区。儿童可以充分享受游戏带来的欢乐，教师也能较好地组织儿童进行游戏活动。在农村普惠性幼儿园中，由于场地的限制，对户外没有太多的设计布置。

自然、科学，数学、数字。在城镇普惠性幼儿园中，课程中有“发现大自然”“二月春风似剪刀”“秋高气爽”等观察自然的课，还会有春游、秋游等活动。而在农村普惠性幼儿园，很少开展这样感受自然的课程，大多是识字、简单的加减法等呆板的课程。

电视、录影或电脑的使用。在多数普惠性幼儿园中都有电视机，但使用情况并不一致。在城镇普惠性幼儿园中，教师讲课时会使用到投影仪放幻灯片；而在农村普惠性幼儿园中，一般是教师让儿童直接跟着电视机里的录像学一些简单的拼音和生字，此时教师就只负责维持课堂纪律。

(5)互动

表6　样本幼儿园互动各项目的得分情况

	N	极小值	极大值	均值	标准差
大肌肉的管理	8	1.00	3.00	2.38	0.92
儿童的一般管理	8	1.00	6.00	2.75	1.49
纪律	8	2.00	5.00	2.63	1.06
师幼互动	8	2.00	6.00	3.38	1.30
同伴互动	8	1.00	4.00	2.38	1.06

从表6可以看出，大肌肉活动的管理、儿童的一般管理、纪律、同伴互动，平均得分低于3分，低于最低标准水平；师幼互动平均得分3.38，达到最低标准水平。

大肌肉的管理、儿童的一般管理。大多数的普惠性幼儿园对于儿童大肌肉的活动管理是比较负责任的，监管充分，可以保证儿童的健康和安全，在户外活动时，教师和保育员都能认真负责地照看儿童。

纪律。在多数的普惠性幼儿园，教师从不采取体罚或严厉的措施，教师通常能够维持秩序，防止儿童之间发生损伤。而且教师会有效地采用非惩罚性的纪律措施，正面引导儿童，可以接受儿童不接受活动安排的情况。

师幼互动、同伴互动。在城镇普惠性幼儿园中，教师积极鼓励儿童之间的互动，能允许儿童自由走动，可以使其之间产生互动。老师对待儿童的态度也较温和，没有大声训斥的现象。而在农村普惠性幼儿园，教师一般不鼓励儿童之间的互动，并会要求儿童处于安静状态，有时言语会有些激动，但没有责骂的现象。

(6)课程结构

表7　样本幼儿园课程结构各项目的得分情况

	N	极小值	极大值	均值	标准差
日程表	8	1.00	5.00	3.13	1.25
自由游戏	8	1.00	5.00	2.50	1.31
集体活动	8	1.00	4.00	2.25	1.28

从表7可以看出日程表平均得分3.13，达到最低标准水平；而自由游戏、集体活动平均得分未达到最低标准水平。

日程表。这个项目城镇与农村镇普惠性幼儿园的评分差距也较大。主要是农村普惠性幼儿园的课程设置很单一，不灵活，没有太多儿童感兴趣的活动，不是每天既有大肌肉的活动，也有活动量较小的游戏。而城镇普惠性幼儿园的课程相较之下充分使健康、语言、社会、科学、艺术五个领域的内容融合在课程之中，能较好地促进儿童情感、态度、能力、知识、技能等方面的发展。

自由游戏。自由游戏这个项目在农村普惠性幼儿园评分较低，主要是幼儿园的活动范围较小，且儿童人数较多，教师不易看管。而在城镇普惠性幼儿园中，自由活动的时间多，活动井然有序，且有一些玩具设施供儿童在自由游戏中使用。

(7)家长与教师

表 8　样本幼儿园家长与教师各项目的得分情况

	极小值	极大值	均值	标准差
家长支援	1.00	6.00	3.00	1.60
教师个人需要支援	1.00	4.00	2.13	0.99
教师专业需要支持	3.00	7.00	4.50	1.77
教师的互动与合作	2.00	7.00	3.00	1.77
教师的督导与评价	2.00	6.00	3.75	1.49
专业发展机会	3.00	6.00	3.63	1.19

从表 8 可以看出,教师专业需要支持、教师的督导与评价、专业发展机会、家长支援、教师的互动与合作平均得分均高于 3 分,达到最低标准水平;而教师个人需要支援平均得分 2.13 分,低于最低标准水平。

家长支援。这个项目城镇与农村普惠性幼儿园的差距较大。在城镇普惠性幼儿园中,家长与教师的沟通较多,教师会给家长提供有关课程的书面资料,一般张贴在教学楼前比较醒目的位置,关于儿童最近的身体状况、饮食情况家长也会向老师反映,还有的幼儿园设置家长委员会、家长微信群等交流方式。农村普惠性幼儿园对于这方面没有太多的关注,教师与家长的交流也只是口头上的。

教师个人需要支援。这个项目城镇与农村普惠性幼儿园的差距也很明显。城镇普惠性幼儿园中,教学楼的四楼以上包含四楼一般都是教师行政办公的地方,在班级旁边也会有教师单独的休息室,可以存放一些私人物品。而在一般农村普惠性幼儿园中,并不是每层楼都有教师休息室,教师都集中在一两间办公室里休息或办公。

教师的互动与合作。在这个项目中,大多数的普惠性幼儿园评分都较好,教师之间的人际关系都较为融洽,与保育员之间的配合也较好,对于儿童的情况也能及时在一起交流总结。

3.不同背景因素下幼儿园学习环境质量的差异比较

(1)不同办园性质的普惠性幼儿园学习环境质量分析

表 9 不同办园性质的普惠性幼儿园学习环境质量的独立样本 t 检验

	t	p	均值差(公办—民办)
空间与设施	1.60	0.16	1.62
个人生活常规	0.41	0.72	0.58
语言—推理	2.20	0.07	1.38
活动	1.46	0.20	1.15
互动	0.95	0.38	0.59
课程结构	1.80	0.12	1.31
家长与教师	0.77	0.47	0.62
整体教育质量	1.46	0.20	1.04

根据表 9,在本研究中,公办与民办普惠性幼儿园学习环境质量差异不显著,可能是由于对照组数量选取比例不一致造成的。

(2)不同所在地的普惠性幼儿园学习环境质量分析

表 10 不同所在地的普惠性幼儿园的独立样本 t 检验

	t	p	均值差(城区—农村)
空间与设施	3.13	0.02	2.25
个人生活常规	0.78	0.46	0.83
语言—推理	3.81	0.01	1.69
活动	2.00	0.09	1.38
互动	1.22	0.27	0.70
课程结构	3.45	0.01	1.75
家长与教师	0.10	0.92	0.08
整体教育质量	2.00	0.09	1.24

由表 10 可知,城乡学习环境质量总体差异也不显著,但是城乡普惠性幼儿园的学习环境现状在空间与设施、语言—推理、活动等方面存在显著差异。

四、结论与教育建议

(一)结论

1.普惠性幼儿园学习环境质量整体偏低。

2.普惠性幼儿园学习环境各维度发展不均衡。

3.不同性质普惠性幼儿园在空间设施、语言一推理和课程结构这三个学习环境维度存在显著性差异。

(二)关于提高普惠性幼儿园整体质量的建议

1.完善普惠性幼儿园可操作的政策规范,加强普惠性幼儿园质量内涵建设。

2.强化普惠性幼儿园办学理念,加大对公办和具有公办性质的普惠性幼儿园的投入建设力度,扶持促进民办幼儿园转型。

3.关注城乡普惠性幼儿园公平问题,给予乡、民办镇普惠性幼儿园更多扶持。

4.建立合理的学前教育质量评价体系,不断改革现有的学前教育评价体制,逐渐摆脱盲目性、“一刀切”的弊端。

(三)关于提高普惠性幼儿园学习质量的建议

第一,在国家、政府层面:

1.重视对幼儿园活动空间、心理空间、发展空间的规划指导。

2.缩小城乡普惠性幼儿园在空间设施、语言一推理和课程结构等方面存在的显著性差距。

第二,在幼儿园层面:

1.完善促进幼儿语言一推理发展的外部条件。要为幼儿提供良好的阅读条件,如安静的阅读环境,符合儿童年龄特点的图书等;教师积极创造幼儿表达语言的机会,如陪伴幼儿一起阅读。

2.促进活动领域发展。明确健康、语言、社会、科学、艺术五个领域发展方向,合理安排相应活动;合理使用活动材料,倡导趣味性和灵活性。

3.提高课程质量。借鉴优秀经验,形成自身特色课程体系;加强本园课程审议,提高教师专业素养。

参考文献

[1]国务院.国务院关于当前发展学前教育的若干意见[Z].2010.

[2]王元凯,刘传莉.对发展农村普惠性幼儿园的思考[J].教育导刊(下半月),2011(07).

[3]冯晓霞.大力发展普惠性幼儿园是解决入园难入园贵的根本[J].学前教育研究,2010(5).

[4]教育部.幼儿园教育指导规划纲要(试行)[Z].2001.

[5]余珍有.学前教育的价值:关于学前教育有效性的追踪研究[M].北京:教育科学出版社,2011.

西南地区留守儿童和非留守儿童孤独感的比较研究

高伟超　冯丹　刘馨蕊①

指导教师：杨柳

摘　要：本研究以留守儿童和非留守儿童的孤独感作为研究对象，分层随机抽样调查了西南地区644名留守儿童和非留守儿童孤独感的现状。研究发现：不同年龄、性别、居住地、是否是独生子女、是否寄宿、看护人类型、看护人文化程度的留守儿童和非留守儿童在孤独感上存在显著差异。要改变留守儿童与非留守儿童孤独感较高这一现状，需要“家庭－社会－学校”三位一体，加强合作，尊重留守儿童和非留守儿童孤独感存在的差异，共同关爱留守儿童。

关键词：留守儿童；非留守儿童；孤独感；比较研究

留守儿童是随着市场经济迅猛发展、城市化进程不断加快而产生的一个特殊社会群体，主要是指父母中有一方或者双方均外出务工，留在家里或寄养在亲戚家中，和父母分开生活时间超过6个月，年龄在6～14岁的儿童。[1]2016年11月9日，民政部召开农村留守儿童关爱保护工作部际联席会议，第二次全体会议指出：“排查显示近32万由(外)祖父母或亲朋监护的农村留守儿童监护情况较差。”[2]留守儿童作为当前中国教育中一个较为特殊且规模庞大的群体，其相关问题的解决对于国家教育的发展有着重要的意义。

一、文献综述

研究通过采用Citespace软件对留守儿童的相关文献进行聚类分析后发现，当前中国的留守儿童成长过程中尚且存在众多的心理和生理发展问题，比如：社会焦虑感、孤独感、学习困难、身体素质较差等。其中孤独感排在留守儿童相关研究的第七位(如表1所示)，成为当前对留守儿童研究的热点。

---

①高伟超：西南大学教育学部本科2015级特殊教育专业学生。冯丹、刘馨蕊：西南大学教育学部本科2015级晏阳初创新实验班学生。

表 1 聚类分析频次表

序号	关键字段	出现频次	序号	关键字段	出现频次
1	留守儿童	380	2	心理健康	130
3	农村留守儿童	80	4	心理问题	43
5	社会支持	36	6	心理弹性	25
7	孤独感	24	8	主观幸福感	20
9	自尊	19	10	精神卫生	18
11	影响因素	17	12	心理韧性	14
13	人格特征	13	14	问题行为	13

通过文献研究可知,对孤独感的研究尚且没有较为统一的理解,不同的学者有着不同的思考。例如,学者艾伦斯特认为:“孤独感是当个体感觉到缺乏令人满意的人际关系,自己对交往的渴望与实际的交往水平产生差距时的一种主观心理感受或体验。”[3]而学者珀尔曼和佩普劳则认为:“孤独感是指个体在社会关系网络不足时的不快乐的体验,包括社会关系在数量上的不足和质量上的低下。”[4]关于孤独感的特征,尽管学界说法不一,但仍可以从中提炼出孤独感的三个重要特征:第一,个体产生孤独感是因为对现在的人际关系状况不满足,因此孤独感只能在人际关系中才能产生;第二,孤独感是个体的一种心理感受,并不是客观的孤立状态,其产生于个体的心理而不是代表现实的状态;第三,孤独感是人的一种负面状态。本研究将孤独感界定为:由于儿童对自己人际关系的不满足而产生的一种主观不适心理状态,是儿童在社会交往中很容易体会到的一种不良情绪。留守儿童由于父母亲情的缺失,往往容易产生孤独体验。而留守儿童长期处于孤独状态则会导致其适应不良,容易使其找不到社会归属感,并导致自尊下降。

学界关于留守儿童孤独感的研究较多,范围也很广泛,其中以文献研究和调查法最广,针对的问题主要是现状、困境等,但是聚焦留守儿童孤独感的实证研究还相对较少。

综上可知,关爱留守儿童心理健康,解决留守儿童心理问题已成为党和国家的重点工作,也成为教育研究中急须解决的热点问题。解决好留守儿童孤独感问题,对于促进留守儿童健康成长,对于构建和谐的农村社会,实现城乡之间平衡发展有着重要而深远的意义。

二、调查设计与实施

(一)调查对象

本研究采用了简单随机抽样的方法，在贵州、重庆、四川的7所中小学发放调查问卷。问卷发放的时间为2017年8月上旬到10月上旬。在问卷的发放方式上，为了提高问卷的回收率，课题小组利用小组成员假期去贵州教育实践的机会，组织当地学生进行问卷填写，得到贵州的研究数据。利用10月1日假期前后，深入小组成员曾经就读小学、中学，在校长、教导主任的帮助下进行问卷发放，保证了问卷填写的有效性，通过这种方式，回收了四川和重庆的问卷。总共发放问卷700份，最终共收回有效问卷644份，有效回收率高达92%。调查研究对象的具体情况如下表2所示：

表2　有效样本的人口统计变量

		留守儿童		非留守儿童	
		计数(人)	百分比(%)	计数(人)	百分比(%)
性别	男	252	51.10	65	46.10
	女	241	48.90	76	53.90
居住地	农村	328	66.50	81	57.40
	城镇	165	33.50	60	42.60
年龄	10岁	47	9.50	23	16.30
	11岁	98	19.90	53	37.60
	12岁	149	30.20	34	24.10
	13岁	158	8.30	26	18.40
	14岁	41	7.30	5	3.50
年级	4～6年级	209	42.40	105	74.50
	7～9年级	284	57.60	36	25.50
是否为独生子女	独生子女	84	17.00	12	8.50
	非独生子女	409	83.00	129	91.50

续表

		留守儿童		非留守儿童	
		计数(人)	百分比(%)	计数(人)	百分比(%)
是否寄宿	寄宿	137	27.80	24	17.00
	非寄宿	356	72.20	117	83.00
父母外出打工时间	1年以下	239	48.50	25	17.73
	1～2年	105	21.30	65	46.10
	2年以上	149	30.20	51	36.17
当前监护人	父亲	56	11.40	37	26.24
	母亲	234	47.50	54	38.30
	爷爷奶奶	146	29.60	27	19.15
	其他	57	11.60	23	16.31
监护人文化程度	小学	239	48.50	46	32.62
	中学	220	44.60	67	47.52
	大学	34	6.90	28	19.86

(二)调查工具

本研究采用的《儿童孤独量表》,是由亚瑟等人于1984年编制的。整份问卷共有24个项目,包括16个孤独项目,10条指向孤独、6条指向非孤独和8个关于个人爱好的插入项目,因子分析表明插入项目与负荷于单一因子上的16个孤独条目无关。16个孤独项目的Cronbach's α 系数为0.90,内部一致性较好,聚合效度和区分效度均良好。量表按五级计分,总分越高,表示孤独感越强。

三、研究结果

(一)各变量的总体情况及人口学变量上的差异

以性别、居住地、年龄、年级、是否为独生子女、是否寄宿、父母外出打工时间、当前监护人、监护人文化程度为分组变量,以已测量的九个维度为因变量进行差异性检验,结果如下:

1.孤独感在性别上的差异性检验

对性别进行独立样本 t 检验，如表 3 所示：留守儿童和非留守儿童在孤独感上，男女之间无明显差异。

表 3　性别的独立样本 t 检验

	留守儿童			非留守儿童		
	M±SD		t	M±SD		t
	男	女		男	女	
孤独感	2.51±0.68	2.46±0.64	0.87	2.40±0.66	2.31±0.69	0.77

2.孤独感在居住地上的差异性检验

对居住地进行独立样本 t 检验，结果如表 4 所示：留守儿童和非留守儿童的孤独感在居住地上均不存在显著差异。

表 4　居住地的独立样本 t 检验

	留守儿童			非留守儿童		
	M±SD		t	M±SD		t
	农村	城镇		农村	城镇	
孤独感	2.52±0.66	2.41±0.65	1.88	2.44±0.66	2.24±0.68	1.77

3.孤独感在年龄上的差异性检验

对年龄进行单因素方差分析，结果如表 5 所示：留守儿童和非留守儿童的孤独感在年龄上不存在显著的差异；进一步通过多重比较检验，结果如表 5、表 6 所示：随着年龄的不断增大，非留守儿童的孤独感逐渐增强。

表 5　留守儿童年龄的单因素方差分析

	留守儿童					
	M±SD					F
	10 岁	11 岁	12 岁	13 岁	14 岁	
孤独感	2.43±0.58	2.42±0.53	2.54±0.65	2.52±0.69	2.38±0.70	1.00

表6　非留守儿童年龄的单因素方差分析

	非留守儿童					
	M±SD					F
	10岁	11岁	12岁	13岁	14岁	
孤独感	2.31±0.70	2.18±0.59	2.49±0.70	2.56±0.76	2.73±0.61	2.28

4.孤独感在年级上的差异性检验

对年级进行独立样本 t 检验，检验结果如表7所示：留守儿童和非留守儿童的孤独感在年级上均存在显著差异，具体表现为随着年级的增高，留守儿童和非留守儿童的孤独感不断上升。

表7　年级的独立样本 t 检验

	留守儿童			非留守儿童		
	M±SD		t	M±SD		t
	4～6年级	7～9年级		4～6年级	7～9年级	
孤独感	2.47±0.61	2.49±0.69	−0.46*	2.30±0.63	2.53±0.78	−1.84**

注：*表示 $p<0.05$；**表示 $p<0.01$；***表示 $p<0.001$

5.孤独感在是否为独生子女情况下的差异性检验

对是否为独生子女进行独立样本 t 检验，检验结果如表8所示：留守儿童和非留守儿童的孤独感在是否为独生子女两种情况下均不存在显著差异。

表8　是否为独生子女的独立样本 t 检验

	留守儿童			非留守儿童		
	M±SD		t	M±SD		t
	独生子女	非独生子女		独生子女	非独生子女	
孤独感	2.45±0.76	2.49±0.64	−0.58	2.51±0.61	2.35±0.68	0.82

6.孤独感在是否寄宿情况下的差异性检验

对是否寄宿进行独立样本 t 检验，检验结果如表9所示：留守儿童和非留守儿童的孤独感在是否寄宿两种情况下均不存在显著差异。

表 9　是否寄宿的独立样本 t 检验

	留守儿童			非留守儿童		
	M±SD		t	M±SD		t
	寄宿	非寄宿		寄宿	非寄宿	
孤独感	2.63±0.69	2.43±0.64	2.95	2.64±0.70	2.30±0.66	2.21

7.孤独感在父母外出打工时间情况上的差异性检验

对留守儿童父母打工情况进行单因素方差分析，结果如表 10 所示：留守儿童的孤独感在父母打工时间长短上不存在显著的差异。

表 10　父母外出打工时间的单因素方差分析

	留守儿童			
	M±SD			F
	一年以下	1～2 年	2 年及以上	
孤独感	2.44±0.66	2.59±0.64	2.48±0.66	1.90

8.孤独感在当前监护人上的差异性检验

对留守儿童监护人进行单因素方差分析，结果如表 11、表 12 所示：留守儿童孤独感在监护人类型上存在显著差异。进一步通过多重比较，结果如表 11 所示：由母亲照顾的孩子，其孤独感最低；其次为其他亲人，如哥哥姐姐；紧接着为爷爷奶奶照顾；最后为父亲照顾。

表 11　不同监护人的单因素方差分析

	留守儿童				
	M±SD				F
	只有爸爸	只有妈妈	爷爷奶奶	其他	
孤独感	2.81±0.66	2.37±0.65	2.54±0.68	2.50±0.54	7.63***

注：* 表示 $p<0.05$；** 表示 $p<0.01$；*** 表示 $p<0.001$

表 12 监护人类型的多重比较

		只有爸爸	只有妈妈	爷爷奶奶	其他
孤独感	只有爸爸	—			
	只有妈妈	0.000***	—		
	爷爷奶奶	0.05*	0.02*	—	
	其他人	0.16	0.46	0.78	—

注：* 表示 $p<0.05$；** 表示 $p<0.01$；*** 表示 $p<0.001$

9.孤独感在当前监护人文化程度上的差异性检验

对留守儿童监护人文化程度进行单因素方差分析，结果如表 13、表 14 所示：留守儿童孤独感在监护人文化程度上存在显著差异。进一步通过多重比较，结果如下表所示：文化程度中等的监护人其培养的孩子孤独感最低，其次为高学历，低学历培养出来的孩子孤独感最强。

表 13 监护人文化程度的单因素方差分析

	留守儿童			
	M±SD			F
	小学及以下	中专	大学及以上	
孤独感	2.59±0.66	2.37±0.63	2.48±0.72	6.83***

注：* 表示 $p<0.05$；** 表示 $p<0.01$；*** 表示 $p<0.001$

表 14 监护人文化程度的多重比较

		小学及以下	中专	大学及以上
孤独感	小学及以下	—		
	中专	0.00***	—	
	大学及以上	0.33	0.86	—

注：* 表示 $p<0.05$；** 表示 $p<0.01$；*** 表示 $p<0.001$

四、研究结论

第一，留守儿童和非留守儿童的孤独感在性别上均存在一定差异。具体表现为男生的孤独感高于女生。这可能是因为性别、性格以及社会角色的不同造成的。此外,也可能因为男孩子比女孩子更爱面子,以及青春期的生理和心理差异等。上述原因使得男生在寻求社会支持和对社会支持的利用度上都显著低于女生,从而影响了孤独感水平。

第二,不同居住地的留守儿童和非留守儿童的孤独感均不存在差异。具体表现为:农村的留守儿童高于城镇的留守儿童,但是不显著。然而农村留守儿童是一个特殊的群体,他们长期远离父母,无法享受正常的儿童生活:一方面过早承担起家庭的责任;另一方面又缺乏与父母的沟通,缺乏父母日常生活中的言传身教,即使是那些与爷爷奶奶、外公外婆或是别的亲戚住在一起的儿童,隔代教育仍然无法代替父母的教育。

第三,不同年龄的留守儿童和非留守儿童其孤独感存在一定的差异,但是差异不显著。12 岁、13 岁的孤独感在所测量的年龄段中是最强的。这可能是因为十二三岁的儿童进入青春期,产生了比较严重的叛逆心理,觉得家庭成员对其想法不理解,不能获得家庭的支持等,因而孤独感较强。

第四,不同年级留守儿童和非留守儿童的孤独感均存在显著差异。这和学者刘宗发的研究相一致。这可能是因为 7～9 年级的儿童心智发育较 4～6 年级的儿童成熟,对孤独感等情感体验比较敏感,更容易产生孤独的体验。

第五,是否为独生子女的留守儿童和非留守儿童的孤独感均存在一定差异,但是差异不显著。具体表现为独生子女孤独感高于非独生子女。这可能是因为独生子女在家中没有玩伴,比非独生子女更容易感到孤独。

第六,不同寄宿情况的留守儿童和非留守儿童其孤独感存在一定的差异。具体表现为寄宿的留守儿童孤独感高于非寄宿的非留守儿童。这可能是因为寄宿同学远离家庭、亲人,更容易感到孤独。

第七,不同监护人类型的留守儿童其孤独感存在显著差异。具体表现为:由母亲照顾的孩子,其孤独感最低;其次为其他亲人,如哥哥姐姐;紧接着为爷爷奶奶照顾;最后为父亲照顾。这可能是父母双方教养方式不同造成的。

第八,由不同学历监护人照顾的留守儿童其孤独感存在一定差异。具体表现为:文化程度中等的监护人其培养的孩子孤独感最低,其次为高学历,低学历培养出来的孩子孤独感最高。这可能是因为较高学历的监护人教养方式更为民主和自由,这将给孩子带来更好的体验。

五、研究建议

(一)尊重留守儿童与非留守儿童存在的差异

尊重留守儿童孤独感在人口统计学上存在显著的差异,在这些差异的基础上选择有差别地对待他们,从而降低他们的孤独感。家庭、社会、学校应该给予男孩子、12～13岁的孩子、寄宿的孩子、独生子女更多的关注。应该多与他们沟通交流,走进他们。学校的教师也应该针对这一特殊的群体,加强对其的教育,增加对其的关爱,细心观察班上学生的情绪和心理,经常抽出时间与学生进行交流和沟通。家长应该多关注自己孩子的心理变化。家长可以寻求与孩子年龄相近的亲戚朋友的帮助,间接引导孩子的心理,使其孤独感降低。此外,选择合适的监护人也尤为重要。在选择孩子的监护人时,应该最先考虑母亲留在家中照顾孩子。为了保证孩子的心理得到较为健康的发展,孩子的监护人最好选择学历水平中等的;高学历的家长应该尝试给自己孩子减轻压力;低学历的家长应该多学习、多与孩子交流,给予孩子尽可能多的帮助。

(二)为留守儿童提供足够的社会支持

为留守儿童提供社会支持,目的就是尽量减少或消除与留守儿童有关的各种不良的环境因素,为留守儿童的成长提供更多的情感和人际的支持。一般来讲,主要是从家庭、学校和社会等方面来做。家庭方面就是监护人要尽可能创造和谐民主的气氛并充分相信自己的孩子,多同孩子交流。学校方面就是要建设一个良好的校园文化氛围,以公平的态度对待每一个学生,师生间加强沟通与交流,特别是对性格内向或有孤独倾向的留守儿童要给予更多的关怀和鼓励。在社会方面要加大对留守儿童的关怀力度,对留守儿童进行普查登记,其次加大在资金上的投入,拓宽帮扶范围。

深入落实教育部提出的改善留守儿童现状、保障留守儿童健康成长的相关文件,如建立“中小学校＋家庭＋各级民政、教育等有关部分＋社区＋社会力量”等多方位的全民参与的共同关爱机制,为留守儿童的成长营造良好的环境。

(三)引导留守儿童学习正确的交往方式

作为教师要以关爱留守儿童为前提,弥补留守儿童缺失的依恋和情感,帮助留守儿童建立安全需要、爱与归属的需要,与留守儿童建立轻松、自由、平等、真诚的交往氛围。具体来说,要提高留守儿童的交往能力,教师要不断提升自己的专业能力是前提，与留守儿童形成良好的师生关系是核心，为留守儿童创设和谐的交往氛围是重点。

留守儿童正处于青春期或者马上进入青春期，教师应加强对留守儿童的重视、关心、信任并经常给予鼓励与赞扬。让留守儿童学习有关交往的原则和方法，增强儿童与同伴成功交往的信心。有条件的学校可以招聘心理教师，对本校留守儿童开展心理咨询和团体心理辅导，引导学生树立正确的交往方式。

参考文献

[1]罗静，王薇，高文斌.中国留守儿童研究述评[J].心理科学进展，2009，17(5).

[2]潘跃.全国范围内摸底排查 农村留守儿童 902 万[N].人民日报，2016/11/10.

[3]Ernst J M，Cacioppo J T.Lonely hearts：Psychological perspectives on loneliness[J].Applied and Preventive Psychology，1999(8).

[4] Gerson A C，Perlman D. Loneliness and expressive communication [J]. Journal of Abnormal Psychology，1979，88(3).

中小学社会主义核心价值观的培育现状及对策研究

——以山东省两地区为例

刘婉钰　宋晓艺　王月苗①
指导教师：张辉蓉

摘　要：2012年党的十八大提出，倡导富强、民主、文明、和谐，倡导自由、平等、公正、法治，倡导爱国、敬业、诚信、友善，积极培育和践行社会主义核心价值观。中小学阶段作为培育和践行社会主义核心价值观的关键时期，有利于推动整个社会核心价值观的教育，却面临着许多新情况、新挑战。为了解山东省中小学社会主义核心价值观培育和践行的现状，本文通过问卷调查和访谈的方式，对所获取的来自山东省烟台、青岛两地中小学的数据进行了定量分析和定性分析，总结其培育过程中的突出特色和共同反映的问题，并有针对性地提出了一定的建议。

关键词：社会主义核心价值观；中小学；培育；践行

党的十八大以来，中央高度重视培育和践行社会主义核心价值观。2013年12月，中共中央办公厅印发《关于培育和践行社会主义核心价值观的意见》，为加强社会主义核心价值观教育实践指明了努力方向，提供了重要遵循。之后，教育部先后出台了《完善中华优秀传统文化教育指导纲要》《关于培育和践行社会主义核心价值观，进一步加强中小学德育工作的意见》《关于在各级各类学校推动培育和践行社会主义核心价值观长效机制建设的意见》《关于加强中小学劳动教育的意见》《关于教育系统深入开展爱国主义教育的实施意见》等一系列文件，对中小学德育工作进行了全面系统的部署。各地积极贯彻落实，总体上看，中小学德育工作取得了明显成效，呈现出向上向好的发展态势。其中，山东省出台《中小学生德育综合改革行动计划（2015－2020年）》，成为进一步强化德育工作、培育和践行社会主义核心价值观的行动纲领。由此可见，中小学社会主义核心价值观的培养工作已成为学校教育改革的重中之重。

①刘婉钰、宋晓艺、王月苗：西南大学教育学部本科2014级学前教育专业学生。

一、问题提出

中央和地方都已经对核心价值观的培养工作给予了高度重视，但是从现实情况来看，各地仍然频频曝光未成年人校园暴力、偷窃、作弊等行为问题。据相关统计，近年来未成年人犯罪率出现上升趋势。这些现实的情况也让我们想要具体地了解当前中小学社会主义核心价值观的培育和践行的情况，探讨学校开展相关教育教学活动过程中存在的问题。在本次研究中，我们将目光聚焦到山东省青岛和烟台两地。希望通过分析现存问题，总结相关学校特色经验，为中小学社会主义核心价值观培育提供有关课程、活动设计等方面的参考建议，进而推进中小学社会主义核心价值观的培育和践行，改善当前中小学生不良行为问题频发的情况。

二、研究设计

（一）研究思路

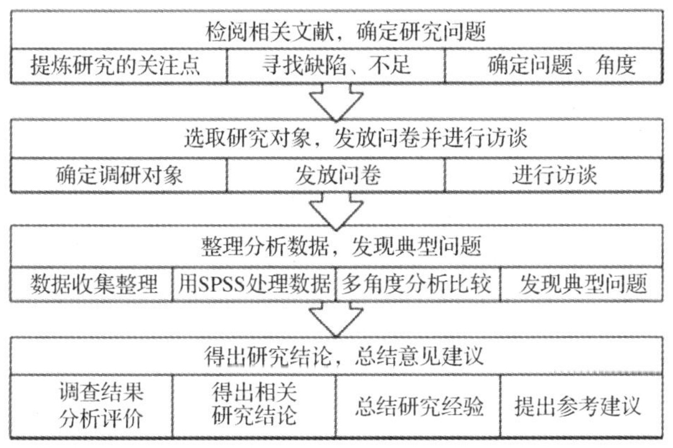

图1　研究思路示意图

（二）研究方法

1.问卷调查法

前期调查采用《中国义务教育发展报告》"社会主义核心价值观的培育与践行"课题组所制的问卷。问卷共分为教师卷、小学生卷和中学生卷三个部分，向山东省青岛以及烟台的4所中学以及4所小学的在校师生发放。

2.访谈法

为进一步深入了解落实社会主义核心价值观教育的具体情况，针对比较开放性的问题和经验，研究者根据访谈提纲对几位中小学行政人员、教师进行了访谈。

（三）研究对象

山东省烟台、青岛4所中学以及4所小学的在校师生，包括80名教师、100名中学生和100名小学生，主要研究师生对社会主义核心价值观内涵的理解、对核心价值观的重视程度、培育践行社会主义核心价值观的方式和影响因素等。

（四）研究工具编制

1.前期：问卷调查阶段

（1）问卷的发放与回收

表1　各部分问卷发放与回收情况

问卷名称	发放份数	回收份数	回收率
教师卷	80	71	88.75%
小学生卷	100	97	97.00%
中学生卷	100	95	95.00%

如表2所示，发放教师问卷80份，回收71份，有效率达88.75%；小学生问卷发放100份，回收97份，回收率为97.00%；中学生问卷发放100份，回收95份，回收率为95.00%。由此可见问卷回收率到达统计学要求。

（2）问卷的编码与输录

将三份问卷从第一题至最后一题进行编码，并将问卷中问题的选项分别量化赋值。量表采用Likert五点量表，采用正向计分法，计分方式为：完全不符合（1分），比较不符合（2分），一般（3分），比较符合（4分），完全符合（5分）。问卷单项选择题的计分方式为ABCD选项依次计1234分；多项选择题各选项，如选择记为1分，未选择记为0分。

2.正式问卷的检验

这里只对3份问卷中的比较重要的、适合于进行信效度检验的测量量表进行信效度的检验。

(1)信度检验

表 2　各部分问卷(量表部分)信度检验

	Cronbach'α 系数
教师卷	0.87
中学生卷	0.73
小学生卷	0.71

如表 3 所示,三部分的信度都相对较高,不同主体内部答题结果的内部一致性较高,调查结果具有可信性。

(2)效度检验

从内容效度和结构效度进行检验。本问卷是课题组已有问卷,在编制时已邀请相关专家对问卷进行判断和评定,表明问卷内容与我们调查的内容和行为范围取样的符合程度较高。采用了探索性因素分析对问卷的结构信度进行检验,得到三部分的 KMO-Bartlett 检验值都大于 0.60,尤其是教师卷的 KMO 值大于了 0.80。总体上,几部分问卷的信效度是比较高的。

结合信效度两方面来看,教师卷量表部分的可信度和结构效度是最好的,而中小学生的问卷就相对较低。第一部分的量表并未经过大量的反复试验和修订而得出,因此可能在进行信度检验时会出现较低的情况。学生由于年龄较小,对于问卷问题和指导语的理解可能不够透彻,也会导致检验结果相对较差的情况。总之,在对学生卷进行分析时,我们在分析中注意排除其中的过于极端的数据,也考虑主观因素对数据科学性的影响。

3.后续:深入访谈阶段

(1)访谈提纲的编制

访谈从课程的广义概念出发,即课程是学科总和或者在教师指导下所进行的各种活动的总称,以社会主义核心价值观教育及相关内容为中心进行提问,如图 2 所示:

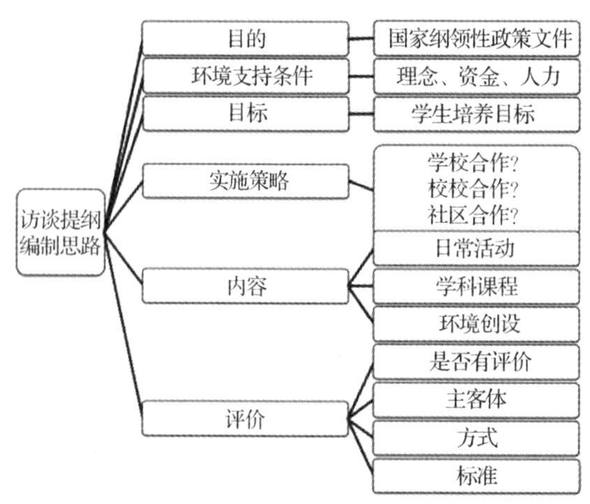

图 2　访谈提纲编制思路

(2)访谈的开展

采用录音、拍照、笔录等方式对两地区 3 所学校的行政管理人员、教师进行深入访谈。

三、研究结果

(一)前期:对社会主义核心价值观培育与践行总体情况的分析

1.教师对社会主义核心价值观培育与践行抱有积极的态度和取向

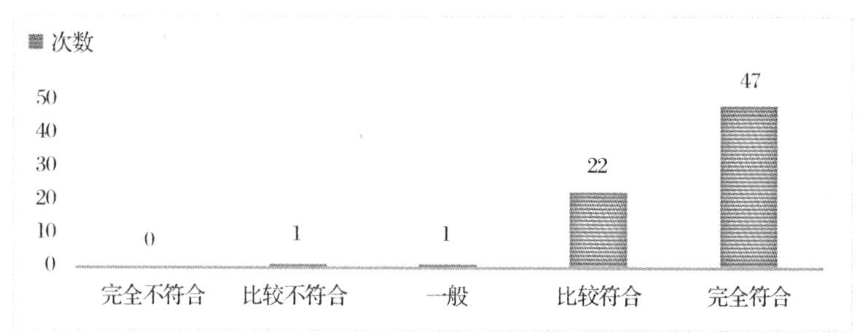

图 3　学校重视社会主义核心价值观教育程度

如图 3 所示,关于学校重视社会主义核心价值观教育程度的调研表明,比较符合及以上占到了总数的 97.18%,绝大多数教师认可学校对核心价值观的教育工作。如图 4 所示,关于教师社会主义核心价值观教育重视程度的调研表明,有 93.22%的教师选择了比较符合及以上,教师自身重视对社会主义核心价值观的学习，并且认识到其对学生的重要性。

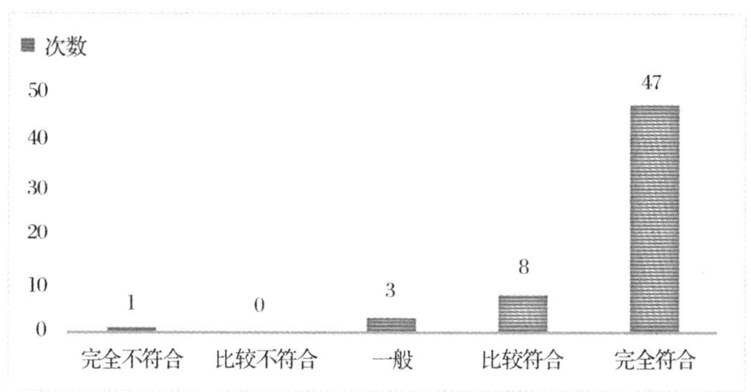

图4　教师社会主义核心价值观教育重视程度

2.师生能够通过开展多样的活动接受社会主义核心价值观教育

表4显示，两地学校为落实社会主义核心价值观教育所采取的措施是比较丰富的，范围上涵盖了课堂内外的各种活动，涉及教育主体也比较全面。如利用校园环境创设，在校园内布置宣传栏，介绍社会主义核心价值观的主要内容；在走廊上布置有关核心价值观的标语等。

表3　学校落实社会主义核心价值观教育所采取的措施

项目	次数	百分比(%)
没有	3	1.09%
主题教育活动	62	22.71%
主题实践活动	47	17.22%
多种媒体宣传	54	19.78%
教师价值观教育培训	44	16.12%
学生手册和评优创先	41	15.02%
融入中小学课程教材体系	22	8.06%

表5显示，当前两地中小学教师开展社会主义核心价值观教育的途径比较丰富，方式多样，既包括了课内的学习，如课堂教学、主题班会，还有课外的志愿服务实践活动。

表 4　教师培育社会主义核心价值观方式情况

项目	次数	百分比(%)
没有培育	1	0.33%
在课堂教学中渗透	65	21.24%
开展相关读书活动	49	16.01%
组织志愿服务实践活动	22	7.19%
组织相关知识竞赛	29	9.48%
组织观看相关视频	43	14.05%
进行主题班会活动	42	13.73%
在实际中以身作则	53	17.32%
其他	2	0.65%

3.教师对社会主义核心价值观教育内容的认识比较全面,重视道德品质和素质的培养

表 5　教师对社会主义核心价值观教育内容的认识情况

项目	次数	百分比(%)
努力学习	33	12.79%
遵守纪律	38	14.73%
遵守社会规则	54	20.93%
遵守法律	64	24.81%
加强道德修养	69	26.74%

表 6 显示,教师对教育内容的认识主要体现在加强道德修养、遵守法律、遵守社会规则这几方面,努力学习在所有项目当中所占比例最小。当前教师对于社会主义核心价值观教育的认识比较全面。

4.师生能够按照社会主义核心价值观的价值取向对行为做出正确选择

研究发现教师对学生社会主义核心价值观的践行总体来说比较满意(M>4)。中小学生在情境中进行价值判断的结果都较好,能够根据实际情况做出恰当的反应。如对于坐公交车不小心被别人踩了一脚这一问题,24.20%的中学生选

择了毫不计较，68.41%选择了善意地提醒对方等。对于借作业给他人抄这一问题，91.79%的小学生选择帮助他人一起完成作业，8.20%的小学生选择不把作业借给他人。

5.家庭教育缺失和社会不良风气错误引导影响了学校教育的效果

课堂学习、互联网络、广播电视这三种途径是中小学生接受有关社会主义核心价值观教育的主要途径。对中学生来说，大众媒体的影响力甚至超过了课堂学习。学校应当关注到媒体和互联网对学生的隐形影响，同时利用这种形式辅助社会主义核心价值观的教育。

表6　教师认为影响社会主义核心价值观教育落实的影响因素

项目	次数	百分比(%)
学校不够重视	7	2.59%
学校培育方式存在问题	26	9.63%
家庭教育的缺乏	64	23.70%
理论与现实的反差	39	14.44%
媒体传播的负面信息	47	17.40%
社会不良风气的影响	65	24.07%
学生自身问题	22	8.14%

表7、表8显示，教师认为影响社会主义核心价值观教育质量最大的三个因素有：社会不良风气的影响、家庭教育的缺乏和媒体传播的负面信息。而影响最大的三个重要他人分别是父母、社会和各科教师。父母和社会在社会主义核心价值观培育与践行当中起着非常重要的作用，但实际上这两部分造成了最大的不利影响。这样的矛盾值得学校和教师关注。

表7　教师认为进行社会主义核心价值观培育过程中的重要他人

项目	次数	百分比(%)
各科教师	44	19.56%
父母	68	30.22%
社会	61	27.11%
学生自己	49	21.78%
其他	3	1.33%

当前社会主义核心价值观教育的主阵地仍然是学校，要想社会主义核心价值观培育与践行落到实处，学校必须要主动地迎接来自这些方面的挑战，做好家校联合，利用好各种社会资源，这样才能真正化阻力为动力。

（二）后期：对3所学校的个案分析

针对前期调研中的不足，研究者进行了二次调研，即深入的访谈与实地考察，进一步了解两地中小学社会主义核心价值观的培育目标、开展策略、内容和评价体系等方面的突出特色和共同问题。

1.基本情况

X校是山东省烟台市的一所五年制小学，传统文化的培育和校本课程是其特色，将传统文化与社会主义核心价值观有机结合，形成了自己独有的课程体系和校园文化。Y校是山东省招远市的一所九年一贯制学校，通过校园文化环境创设和传统文化的渗透融合，旨在培养具有良好思想品质的全面发展的学生。Z校是山东省青岛市的一所九年一贯制学校，学校立足于传承传统文化，充分挖掘本地区的传统与现实内涵，确立了“以文立校，以文化人”的发展战略。

2.突出特色

（1）创设学生与环境互动的良好校园文化氛围

校园环境和文化氛围的创设属于一种隐性课程，是学校情境中以间接的内隐的方式呈现的课程。3所学校都充分利用校园的板报、橱窗、走廊等来营造浓厚的传统文化、德育氛围。如Y校记录学生活动风采的“快乐成长板”和楼道走廊上的“传统文化小天地”，Z校的和合文化墙、扬帆雕塑和六艺长廊等。

（2）开展多种形式的诵读经典活动

经典读物的诵读活动和对传统文化学习方式的创新可以激发学生的认同感。3所学校都采用了丰富多彩的方式开展了学习经典的活动，包括创编课间操、韵律操等，优秀传统文化与艺术的熏陶有利于培养学生的爱国主义精神。

（3）加强社会主义核心价值观内涵与学科课程教学的有机融合

学校通过加强品德、历史、体育、文艺等课程教学与社会主义核心价值观的有机结合，来提升综合育人效果。各学科教师依据课程标准和学生实际情况，设计相应的教学活动，将积极的情感、端正的态度、正确的价值观融入课程教学全过程。通过讲时事、讲故事、讲生活案例以及教师的示范和榜样作用，帮助学生树立正确的核心价值观。

(4)研发符合当地文化特色的校本课程

开设具有时代性、创新性、地域性的特色校本课程。X校根据各年龄段学生的特点,形成了明德学堂的分层德育模式,并根据德育目标自主编写了一套五本的有关传统文化的校本教材。Z校依据学生需求,以国学传承为重点,构建了“阅读+写作+书法+戏剧”四位一体的书院文化。

(5)开展丰富多彩的校内外实践活动

多种多样具有自身特色的活动为学生提供了更多理解和践行核心价值观的机会,让学生在具体情境中亲身感受价值观在生活中的运用。如“弘文之春”华语大赛、“重拾经典名著,传承中华文化”主题读书分享活动、“不忘初心,再创辉煌”感恩父母暨拜师仪式、“探究家乡30年变迁”、“我是小小少先队员”等实践活动。

3.问题总结

(1)培育工作受多方面因素影响不能系统长期坚持

3所学校社会主义核心价值观的培育工作并没有形成完整系统的体系,采用在日常教学活动中融入渗透、开展单独的主题活动和环境创设等方式进行价值观教育,主题教育活动与课堂衔接得比较少,因此容易受到其他活动或者教学计划的影响。

(2)培育重点集中在文化培育和品德培育

《教育部关于培育和践行社会主义核心价值观进一步加强中小学德育工作的意见》指出,在核心价值观的培育工作中应全面加强学生的传统文化、公民意识、生态文明、心理健康等各方面的教育。3所学校虽然涉及一些生态文明和心理健康的教育,但其重点仍然在于德育和传统文化,着重培育学生爱国、敬业、诚信、友善的品质,社会和国家层面的教育则较少。

(3)所开展活动实践性较弱且形式较单一

教育部2014年所发布的关于社会主义核心价值观的文件指出:“要引导学生从课上走到课下,从校内走向校外,从思想认知到亲身体验,从实践体验逐步内化为终身受益的行为习惯和道德自觉。”3所学校所开展的活动大多是在校内进行,走出校园的实践活动相对较少且形式较为单一,不利于学生在实践中将对核心价值观的理解外化于行,且难以关注到个体发展,不能保证学生的参与程度。

(4)缺乏系统完善和具体可操作的相关评价体系

评价体系是检验学生培育工作的开展是否达到最终目标和相应标准的重要工具。3所学校都没有对学生各项品质的发展形成成熟的评价体系,仅通过简单的观察和从老师、家长方面进行了解,缺少具体详细的指标和一定的可操作性,评价方式也难以保证其客观性。

四、讨论及建议

(一)在教育过程中合理、适度地发挥榜样示范的作用

班杜拉的社会学习理论重视榜样示范和社会环境对于道德形成和发展所起的重要作用。研究发现,年幼儿童更易模仿地位高的人,如教师、父母;比起被惩罚的行为来说,更易模仿受奖励的行为。因此学校要注意发挥教师和家长的榜样作用,在对学生符合社会主义核心价值观的行为的强化上适当地运用奖励的手段,但频率不可过高,以免学生产生饱和感或厌恶感。

(二)设计开展形式和内容丰富多样的活动,增加学生参与度

学校的课内外活动也是社会主义核心价值观教育过程当中的重要组成部分。当前活动中存在个别参与、内容无趣等问题,因而要从活动的形式和内容中寻求改变。要创新活动形式,为保证学生的参与度,可开展学生作品展览、交流会等,提倡多人合作,共同参与。提供多样化的活动内容,兼具知识性和趣味性,应包括传统文化、公民意识、心理健康、生态文明、法制教育和民族团结等全方面的内容。

(三)积极引导学生走出校门,走进社会,在真实的社会情境中学习

杜威的实用主义道德观认为道德教育的主要目的在于影响人生行为,由内在思想和愿望发生的习惯才是道德教育研究的主要问题。仅靠课堂教学和纸笔测验是不够的,在开展实践活动的过程中应走出校门,走进社会。教育部门在给予学校一定自主性和灵活性的同时,还应协助学校挖掘更多社会资源加以利用。另外,学校可以尝试建立志愿者服务制度,增强学生的公民意识;设立"综合实践体验活动日",增强学生的社会责任感。

(四)学校教育指导家庭教育,共同促进学生发展

根据布朗芬布伦纳的生态系统理论,学校与家庭这两个微观系统之间的相互联系构成中间系统,对于学生社会主义核心价值观的培育具有重要意义。学校可以通过一些方式影响并弥补家庭教育的短板,如通过家长会、家长委员会等传统形式以及新媒体进行宣传,对家长的教育观念、方法加以引导,取得家庭教育的配合,为学生全面发展创设一个良好的微观环境。

（五）合理利用大众媒体，一定程度上抵御社会阻力

根据布鲁芬布伦纳的生态系统理论，学生还会受到其并未直接参与的外层系统和宏观系统的影响，即教师、家长和学生所处的社会环境以及社会意识形态的影响。学校首先应该合理利用大众媒体，作为课堂教学的有效补充；向社会大众宣传、传播正确的舆论信息，营造良好的大环境。其次，学校应该给予学生以正确的引导，培养学生明辨是非的能力，营造健康积极的氛围。

（六）完善学校核心价值观培育评价体系

评价主体上，强调学生的主体地位，关注学生对活动的评价，设计活动更加切合学生的实际，满足其需求。评价指标上，强调指标的科学性和灵活性，要具体可操作，指向明确。评价方式上，强调多主体参与评价，如将自评、他评、小组评相结合，定性、定量评价相结合。

参考文献

[1]江畅.培育和践行社会主义核心价值观与中国价值观构建[J].思想理论教育，2014(04).

[2]方爱东.社会主义核心价值观研究[M].合肥：中国科学技术大学出版社，2013.

[3]邱仁富，李梁.社会主义核心价值观培育论纲[J].党政研究，2015(1).

[4]王学俭，李东坡.社会主义核心价值观研究述要[J].思想政治教育研究，2013(04).

[5]张志刚.培育和践行社会主义核心价值观有效路径探析——以中小学为例[J].集美大学学报，2014(2).

[6]董杰.情境化：社会主义核心价值观培育的路径思考[J].思想政治教育研究，2014(3).

[7]张涛甫.再谈核心价值观的构建与传播——兼论对西方文化产业的借鉴[J].东岳论丛，2012(11)

[8]王洁.当代中国社会主义核心价值观的建构、培育和践行研究[D].南京：中共江苏省委党校硕士学位论文，2013.

[9]骆郁廷.论社会主义的核心价值[J].马克思主义研究，2014(08).

[10]袁银传.当代资本主义核心价值观评析[J].马克思主义研究，2014(06).

第三篇
特殊教育审视

脑瘫儿童粗大动作康复治疗的个案研究

——基于全人疗育的视角

陈萍①

指导教师：秦旻

摘　要：研究基于全人疗育的视角，通过观察法、访谈法对6岁脑瘫儿的基本资料进行收集整理；采用《RNADL评定量表》《GMFM-88粗大动作评估表》《全人疗育（个体化）评估记录表》对个案的日常生活自理及动作能力现状水平进行评估；从而制订出个别化粗大动作康复方案；并采用单一被试实验法中的跨情境多基线设计对个案的粗大动作进行为期3个月的康复治疗实验；最后运用R软件和图表法对数据进行显著性检验和特点描述，得出全人疗育动作平衡法康复疗效显著的结论；根据全人疗育现有动作能力、粗大动作能力、生活自理能力康复前后对比的情况，从而发现问题，为个案后阶段的康复提供基线训练水平的参考依据，为脑瘫儿童的动作康复治疗提供实践经验。

关键词：脑瘫；粗大动作；全人疗育

世界脑瘫的发病率为1.5‰～4‰，大部分地区集中在2‰～3‰，[1]而我国脑瘫患病率为1.86‰～6.00‰。[2]如何提高脑瘫康复治疗的成功率，已成为医学界和特殊教育等领域非常关注的热点问题。然而脑瘫儿童运动康复治疗现状表明：学龄期脑瘫儿童的运动康复治疗研究薄弱，[3]随着年龄增加，粗大动作发展商数有降低趋势，[4]由此，将研究点聚焦于学龄期脑瘫儿童显得很有必要。陈冬冬、史惟等人研究发现脑瘫儿童粗大运动功能在很大程度上影响日常生活自理能力，应把粗大运动功能训练作为运动康复的主要训练项目。[5]由此可知发展脑瘫儿童的粗大动作意义重大。

---

①陈萍：西南大学教育学部本科2014级特殊教育专业学生。

一、文献综述

目前，脑瘫运动康复治疗的研究对象多为痉挛型脑瘫人群，以学龄期脑瘫儿童为研究的文献偏少。谢昆岭、邱永斌(2013)研究了不同类型的脑瘫的疗效情况，发现痉挛型脑瘫患儿康复有效率明显高于其他类型脑瘫患儿。[6]颜华、张惠佳(2012)发现A型肉毒素注射治疗配合康复功能训练能明显降低痉挛型偏瘫型脑瘫患儿上肢肌张力，改善关节活动情况。[7]脑瘫是一种非进行性的动作障碍，通过观察可以发现动作发展有延后性。[8]Palisano等人以GMFM持续测量不同障碍程度的脑瘫儿童，结果显示越严重的儿童，他们的动作发展越快出现发展停滞现象。

目前，脑瘫儿童动作康复方法已在研究领域取得一定进展并应用于实践中。笔者对已有文献进行归类和梳理之后，发现已有粗大动作康复治疗方法的突出特点是过于片面化，忽视了脑瘫儿童康复的整体性与关联性，使康复疗效过于局限，故本研究基于全人疗育的视角，综合已有康复治疗方法的优点，根据脑瘫个案实际情况为其制订个别化粗大动作康复治疗方案并付诸实践，分析其康复疗效。与此同时，充实已有的关于脑瘫儿童康复治疗的方法，并为今后的研究提供实践经验。

二、概念界定

脑瘫(cerebral palsy，CP)指自受孕开始至婴儿期非进行性脑损伤和发育缺陷所导致的综合征，主要表现为运动障碍及姿势异常。[9]

粗大动作指头部、骨盆、上肢、下肢等部位的动作，通常与日常自理能力相联系，主要包括走、跑、跳、坐、爬、跪、仰、俯等方面。

全人疗育指以动作治疗为核心，采用全人疗育动作平衡疗法并依照个别化需求和能力现状，结合多方条件，用多种手段诱发出被康复者的动作，从而推动认知进步的一种康复理念和模式。

三、研究程序

(一)收集个案资料

通过观察法对个案在校的生活学习状况进行记录,结合研究主题并通过访谈老师及家长等途径得出个案的基本概况如下。个案王某,男,6 岁,脑瘫患儿,并伴有一定程度的智力障碍。家里总共 3 人,个案爸爸,个案的妈妈;家里氛围很好,对个案很好,个案爸爸工作较忙,一般是个案的妈妈在家照料和陪伴;个案父母有生二胎的想法。刚出生时没发现有什么异常,2～3 岁时,父母从面相和语言方面发现有些异常,然后就带去医院检查,被确诊为脑瘫。去西南医院儿科做过好多次检查,没有做过手术,只做过相关评估和检查。2014 年 8 月至 2016 年 8 月就读于北碚奔月路幼儿园,一直是徐老师负责照料,此前没有进行过专业的康复训练,只进行一般性生活教育。

(二)个案评估

研究表明,粗大动作的发展可以很大程度提高生活自理能力水平,故本研究在评估粗大动作前,先对生活自理能力进行评估,旨在对个案的生活能力有全方位掌握,有助于制订更具有针对性的康复目标。评估遵循由大到小,由粗到细的规律:首先对生活能力有总体把握,再到粗大动作的 ABCDE 五大能区的项目评估,最后具体到某一现有动作能力的评估,层层递进,体现康复的目的性和严谨性。此次所用的三大评估表均具有较强的信效度,评估人员由动作治疗专业教师和笔者共同进行,能保证评估的科学性。

采用《RNADL 评定量表》对个案进行生活自理能力的评估,评分标准分五个级别:0～4 分。4 分:指患者能独立完成各评定项目;0 分:指患者任何情况下完全不能完成各评定项目。通过评估,得出个案在“衣”“食”“住”“行”以及“个人卫生”方面的得分占比依次为:8%、7%、6%、11%、8%,表明个案在“行”方面的自理能力较强,在“住”方面的自理能力较差。采用国内外公认的信效度良好的《GMFM-88 粗大动作评估表》对个案进行初次评估后,得出 ABCDE 五大能区的各个项目得分分别为 17、33、23、28、43 分,所占比例分别为 33.30%、55%、54.76%、71.80%、59.72%,由此可得个案在仰俯卧位和爬跪两大方面的能力较差，而在站立与走跑跳方面的能力较好。采用《全人疗育(个体化)评估记录表》对个案进行现有能力的评估，得出个案骨盆控制现有能力为：(指)交替半跪 3 下；下肢控制的现有能力为：连续蹲站 2 次。

(三)制订个别化康复方案

综上评估，个案王某现能理解已经教授过的简单概念，认知能力在 4 岁普通孩子之下；语言方面几乎不会表达，但可以用表情和动作进行交流；总体平衡水平较差，具体表现在仰俯卧位和爬跪两大方面的能力较差，而在站立与走跑跳方面的能力较好；骨盆控制现有能力为：(指)交替半跪 3 下；下肢控制的现有能力为：连续蹲站 2 次；除了父母没有别的朋友，在校人际关系一般，会被一些同学欺负，比如个案在玩玩具时常会被其他小伙伴抢走；一般情况下很热情，很开朗，只要不故意招惹他，一般都会心情较好；看东西时眼睛靠得很近，嗅觉触觉等都处于正常水平；大部分基本动作可以在辅助下完成，但水平参差不齐，具体表现在“行”方面的自理能力较强，在“住”方面的自理能力较弱。优势是性格开朗活泼，很听指令；弱势是语言能力几乎没有，表达困难；特殊需求是避免同伴抓其衣服和面部。具体康复方案如表 1 所示：

表 1 个别化粗大动作康复方案

项目	方案		
目标	短期目标：保持好现有能力，并能在辅助下完成新一项能力，标准由原来需要示范交替半跪 3 下到无须示范交替半跪 5 下	中期目标：ABCDE 五个能区任意能区的能力有所改观，标准是分值从 1 升到 2	长期目标：在生活自理方面的水平有所提升，标准为在“住”方面分值升到 2
校内	早晨 8:30～9:30 和下午两段时间按照课程表的安排来上课(由班主任主要负责)；上午 9:40～10:40 进行粗大动作的集中训练(由笔者和动作治疗教师负责)，也是实验期，地点在学校感统训练室进行；中午时段由班主任对个案的午餐、午休所涉及的粗大动作进行规范		
家庭	主要做衣食住行方面的强化训练和指导；早晨 7:30～8:30 完成起床、吃早餐、到学校这几个环节，家长陪同，尽量让个案自己独立完成动作，有必要时进行辅助；晚上个案回到家中，19:00～20:00 家长陪同复习当天的训练动作，该阶段也是实验期		
备注	2016 年 3 月 11 日至 2016 年 6 月 10 日为康复治疗期；每天在校训练 1h，在家训练 1h，每个月依次评估粗大动作能力，并做好相关数据记录；共评估 3 次；评估时所用的强化物相同，都是滑板车，实验期用的都是同一种康复治疗法——全人疗育动作平衡法		

(四)方案实施

笔者在动作治疗专业教师的指导下，根据粗大动作的ABCDE能区和《全人疗育(个体化)评估记录表》中现有能力项目进行康复实践，采用全人疗育动作平衡法，综合利用感统训练室的平衡圈、羊角球、滑梯、踩踏车、滑板车等器材辅助训练，为期3个月。在方案实施过程中，辅助者对康复过程进行视频记录，当个案被其他外界因素所干扰或者对康复训练有厌恶情绪时，用增强物来激励个案以保持相对时间下的康复状态或者变换其他康复内容等方式来处理突发状况，过程中始终注意个案的情绪心理变化。

四、研究结果

(一)粗大动作能力康复前后结果

下述为ABCDE能区三次评估情况(在此仅列出A能区对比图，如图1所示)。A能区第三次评估的得分总体高于第一次得分，变化较为显著的是8至11项目；而12至15项目得分还停在第二次评估的水平；2和8项目达到最高分3分；康复前3、9、10、16、17项目处于0分水平；康复后最低值为1分；14项目的康复后得分低于康复前的得分。B能区第三次评估的得分总体高于第一次，变化较为显著的是26至29项目；而20至23，30至36项目得分还停在第一次评估的水平；35、36项目达到最高值3分；康复前后最低水平都是1分；无异常值出现。C能区第三次评估的得分总体高于第一次得分；39、48、50项目康复前后得分变化显著；而41至44项目得分处于第一次评估水平，基本无变化；38和51项目得分达到最高值3分；康复前后最低值都是1分；47项目康复后得分低于康复前得分，由2分降到1分。D能区第三次评估的得分总体高于第一次得分；56项目康复前后的变化最显著，而57至60，63至64项目的得分情况还处于第一次评估的水平；52、56、59至62项目都达到了最高值3分；而康复后最低值为2分；无异常值出现。E能区第三次评估的得分总体高于第一次得分，变化幅度在1分之内，无显著变化的项目得分集中在2分；67至70，76、85、87项目达到最高值3分；康复前后最低值为1分；65、66、79项目康复后的得分低于康复前得分。

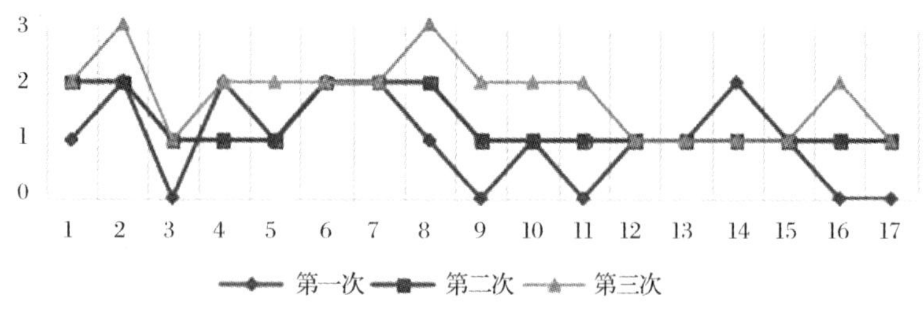

图 1　A 能区动作项目 3 次评估得分对比图

图 2 表明:得分占比最高的是走、跑、跳能区,占比最低的是爬和跪能区;A 能区康复前后幅度变化最大,D 能区的变化幅度最小;走、跑、跳能区得分最接近满分,而爬跪能区离满分还有较大差距。通过 R 软件对三次评估的得分进行符号性检验,得出三次的评估结果在统计学上两两间存在显著差异,存在显著差异的次数达到 13 次,占比 86.67%。

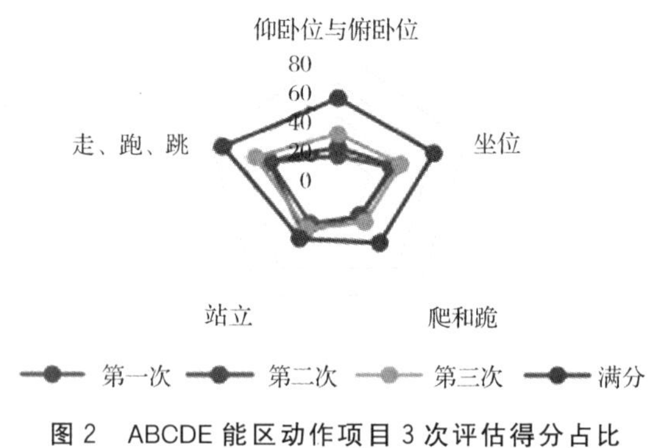

图 2　ABCDE 能区动作项目 3 次评估得分占比

(二)"全人疗育"现有动作能力康复前后结果

前:骨盆控制现有能力为(指)交替半跪 3 下;下肢控制的现有能力为连续蹲站 2 次。后:骨盆控制现有能力为(指)交替半跪 3 下,还能交替半跪及用手比画 1 到 5;下肢控制的现有能力为连续蹲站 2 次,还能扶地向后蹲走 3 步。

(三)日常生活自理能力康复前后结果

经过前后数据对比分析,得出下述结论:除 3、6、11、12、18 项目得分无明显变化外,其余各项目得分较康复前得分高,康复后水平最低值为 1 分,没有 0 分情况。从雷达图可看出，个案在“衣”“行”“个人卫生”方面占比较高，也最接近满分水平，在“住”方面与满分水平有较大差距。数据箱线图表明(如图3所示)：经过康复训练，日常生活自理能力总体水平变化幅度较大，从0升到3分，到后期已经整体处于2到3分的水平。

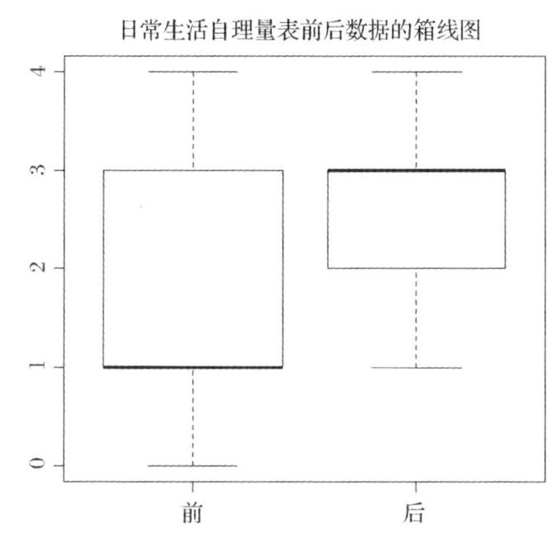

图3 个案日常生活自理能力康复前后数据箱线图

五、讨论与建议

(一)粗大动作能力康复前后对比分析

从康复结果可看出，最高值达3分，最低值为1分，排除第一次评估的满分情况，得到满分项为14项，其中满分项占比最高的是E能区，达35.7%，而A能区的低分项占比最高，达38.5%，表明个案经康复训练后，在走跑跳方面已达到正常水平，而在仰卧位与俯卧位方面表现出很大的上升空间。从雷达图可见，个案在A俯卧位和仰卧位能区的总体水平变化幅度最大，进一步表明A能区的可塑性较强，可作为下一阶段训练目标，而D站立能区由于在康复训练前就已经处于较高的水平，故前后变化较小。

(二)“全人疗育”现有动作能力康复前后对比分析

康复训练后个案已经在原有基础上有了进步，表现在骨盆控制原有能力为

(指)交替半跪3下,下肢控制的原有能力为连续蹲站2次。康复后,个案在交替半跪时除了完成原有动作外,还能用手比画1到5以及扶地向后蹲走3步。结果表明:一方面,个案经过康复训练后没有完全达到康复方案预定的中期目标,推测可能的影响因素有个案的身心发展水平、实际康复训练的质量、外在环境等;另一方面,个案在原有基础上,动作行为得到一定的扩展和强化,表明原有的《全人疗育动作评估表》的项目还可以更为精细化。

(三)日常生活自理能力康复前后对比分析

从雷达图可以看出,个案在“衣”“行”“个人卫生”方面最接近满分水平,可作为下一阶段的短期或者中期训练目标,而在“住”方面离满分还有较大差距,可以将其作为一个长期目标。个案生活自理康复前后数据箱线图表明经过康复训练,总体能力水平变化幅度较大,从0升到3分,到后期已经整体处于2到3分的水平,说明对粗大动作进行康复训练可在很大程度上促使个案生活自理能力水平的提高。对于个案粗大动作的ABCDE能区具体在生活自理能力的哪一方面起作用,笔者还未做深入性探讨,然此切入点可作为下一阶段康复治疗所要攻克的方向。

(四)康复治疗过程中出现的问题及解决办法

在感统训练室对个案粗大动作能力进行评估时,由于其他班级学生在一旁干扰,导致个案注意力分散严重,使数据出现了一些偏差。个案在动作康复训练期间只能保持2到3分钟的专注度,如果不变换训练方式或寻找新鲜点,训练效果会很差。要求家长跟进个案的康复训练,具体实施如何,较难明确。通过康复训练后,现个案在粗大动作和生活自理能力方面都没有0分的状况,如果不继续进行康复训练,很有可能回归到0水平。

在今后的康复训练中,评估时首先要注意排除其他环境的干扰,评估期间,采取暂时隔离措施,尽可能避免外界的干扰;可以把训练任务再细分成几个甚至多个小步子任务,细化目标,规定在1分钟或者2分钟内完成,要合理使用强化物,并且注意变换着使用强化物。另外,训练器材的选择要符合个案的胃口,同时要注意调动个案的多种感官参与到训练中,如在做跪走训练时,可以播放背景音乐,在交替蹲站时可以诱导个案比画123等。对于家长跟进的情况,一方面笔者或者专业康复人员要让家长意识到家庭康复的重要作用，鼓励其提高重视度，在康复训练前就把具体训练任务告知家长，并和个案的家长沟通，尽量把训练的过程进行录像，以备分析，必要时可邀请专业的康复治疗师对家长进行示范和指导。

根据本研究结果，制订出个案下一阶段的康复训练计划：短期目标为个案在A能区的满分次数要从现在的6次升到9次；中期目标为个案由现有水平交替半跪时能用手比画1到5，能扶地向后蹲走3步到(指)交替半跪及发音数数1～10下(无语言能力就用心数)；长期目标为生活自理能力满分得分次数由5次升到10次。本研究和方案以期为个案及家长带来实际帮助并能为特殊教育康复提供该方面实践研究的参考。

参考文献

[1]SundrumR，LoganS，WallaceA.(2005).Cerebral palsy and socioe-conomic status：Aretrospective cohort study[J].Arch Dis Child，(90)：15～18.

[2]李晓捷.我国小儿脑性瘫痪康复方面应关注的几个问题[J].中国实用儿科杂志，2010，25(7).

[3]王辉.脑瘫研究现状[J].中国康复理论与实践，2004，10(5).

[4]廖华芳，黄惠生，李素清，郑素芳，周文博.台北市两医学机构脑瘫儿童康复相关资料的调查[J].台湾医学，1997(3).

[5]陈冬冬，徐东浩等.脑瘫患儿粗大运动功能与日常生活能力的相关性研究[J].中国康复理论与实践，2008，14(4).

[6]谢昆岭，邱永斌等.脑性瘫痪康复疗效相关因素的研究[J].临床荟萃，2013，28(5).

[7]颜华，张惠佳等.A型肉毒毒素注射配合康复功能训练对痉挛型偏瘫脑瘫患儿上肢运动功能疗效观察[J].中国康复理论与实践，2012(02).

[8]Scherzer，A.L.Diagnostic pproach to Infant.In：Scherzer AL，editor.Early Diagnosis and Interventional Therapy in Cerebral Palsy.An interdisciplinary Age-focused Approach[M].NY：Marcel Dekker，2001.

[9]朱小宁，刘振寰.对小儿脑性瘫痪运动功能评估量表的评价(附100例临床分析)[J].山西医科大学学报，2000，31(1).

国内外智力障碍儿童性教育研究热点领域和前沿演进

——基于WOS/CNKI等数据库的计量学与可视化分析

李登钰　尹玉莲　罗招丽　常慧云[①]

指导教师：李欢

摘　要：研究采用Bicomb2、CiteSpace软件对CNKI、Web of Science和台湾硕博论文价值系统中智力障碍儿童性教育相关文献进行计量学和可视化分析，从文献的年代、期刊载文量、作者发文量和高频关键词等方面进行计量学分析，发现国内外学者研究领域侧重各不相同：国内研究主要集中在心理健康和青春期知识、行为等方面，国外在性态度、性侵犯等方面涉及较多，且对智力障碍儿童性教育研究要更为广泛、深入。从关键词、作者合作关系、热点领域和文献共被引等方面进行共现知识图谱的可视化呈现，发现我国对于智力障碍儿童性教育的研究多为现状类调查，对于课程开发设计、教学介入方法等研究不够深入；国外性教育研究重点不仅包括性知识知晓率，还包括防止性侵犯以及疾病防治的性教育课程等。希望通过厘清近年来国际特殊教育领域关于智力障碍儿童性教育研究热点，对国际智力障碍儿童性教育现状进行深入剖析，并根据分析结果提出未来发展建议，以期提高现有性教育研究的广度与深度，推动智力障碍儿童性教育发展。

关键词：智力障碍儿童；性教育；计量学；可视化

性教育对一个国家的精神文明程度有着重要的影响。自20世纪以来，越来越多的国家意识到性教育的重要程度，陆续开展了性教育。我国性教育起步较晚，2003年特殊教育“十五”规划中第一次正式提出智障者的性教育问题，[1]且通过研究发现，至今为止智障者的性教育及其相关研究仍存在较大空白，仍然和现实的需求差距非常大。故本文将中国大陆、中国台湾地区及国外作为研究聚焦点，利用计量学和可视化分析手段，从可查阅文献出发进行对比研究，探索我国目前智力障碍儿童性教育的不足及未来可发展趋势。

---

①李登钰、尹玉莲、罗招丽：西南大学教育学部本科2014级特殊教育专业学生。常慧云：西南大学教育学部本科2015级特殊教育专业学生。

一、问题提出

目前国际智障儿童性教育相关研究、实施情况不容乐观。据统计，有66.7%的教师在工作中曾遇到智力障碍学生的性心理或行为问题，[2]智力障碍儿童性教育需求问题亟须受到重视并得到妥善解决。但反观相关研究领域，专家学者对性教育具体实施探索不够深入，并未形成合理的指导意见。同时，实践层面上我国培智儿童课程标准中并没有涉及性教育的相关内容，且我国只有极少数学校拥有性教育教材和配套设施，智力障碍儿童性教育发展道路困难重重。[3]性教育缺失直接导致智力障碍儿童性知识严重缺乏，自我保护意识薄弱。同时由于智力障碍儿童的言语表达和认知能力不强，其往往成为性侵犯的实施者与受害者。有调查结果显示，国外智力障碍儿童遭遇性侵犯的概率高达15%，是普通儿童的4～6倍，且就读特殊教育学校的智力障碍女生有32%都会遭遇性侵犯。[4]这些触目惊心的数据为我们敲响警钟，现有对智力障碍儿童的性教育缺陷明显，相关研究有待深入。如何对智力障碍儿童进行适宜的性教育，何种智力障碍儿童性教育相关研究有助于推动现实性教育的发展俨然成为迫在眉睫的问题。

二、核心概念界定

(一)智力障碍

研究采用我国《第二次全国残疾人抽样调查残疾标准(2006)》中智力障碍的定义："智力残疾(即智力障碍)是指智力显著低于一般人水平，并伴有适应行为的障碍。其中包括：在智力发育期间(18岁以前)，由于各种有害因素导致的精神发育不全或智力迟滞；或者智力发育成熟以后，由于各种有害因素导致有智力损害或智力明显衰退。"

(二)性教育

对于性教育的概念，目前还没有统一的界定。不同的学者有不同的见解，其包含的具体内容也不尽相同。熊利平、张文京等认为，性教育是一种发扬人性，支持美满家庭生活，并对自己的性行为负责任的教育，其内涵包括性生理、心理、社会等层面，目的是要学习如何成为一个男人或女人的教育，所以可称之为人格教育或人性教育，也是一种爱的教育。[5]胡珍认为，性教育是一门系统课程，它不仅包括性生理、性心理，更重要的是性道德、性伦理、性法律的教育。[6]

综合多种观点，本研究将性教育定义为：一种发扬人性，支持家庭美满，对自己性行为负责的，包括性生理、性心理、性道德、性伦理、性法律等方面的全面的系统的教育，根据教育需求划分为知识与责任、态度和价值观、人际关系和人际交往三个维度。

(三)文献计量学

文献计量学最早被应用于情报学领域的研究，可以对情报信息进行分析。利用文献计量学对所要分析的文献进行比较全面的统计分析，目的在于总结以往的成绩，发现现有研究的不足，最终指导文献计量学更加快速地发展。文献计量学是以文献体系和文献计量特征为研究对象，采用数学、统计学等的计量方法，研究文献情报的分布结构、数量关系、变化规律等，并进而探讨科学技术的某些结构、特征和规律的一门科学。[7]

三、研究程序

(一)数据来源

中文文献以 CNKI 和台湾硕博论文价值系统作为检索来源，将“智力障碍儿童”“智能障碍者”“性教育”“青春期教育”等作为检索主题词，外文文献以 Web of Science 作为检索来源，将“intellectual disability”“sexual”“intellectual disabilities”“sexuality”“mental disabilities”“sexuality”“mental retardation”“sexual”作为检索主题词，对数据库进行全面检索。由于本文是对智力障碍儿童性教育最新进展进行研究，文献入选标准为：发表于 2003 年后的所有文献，包括期刊论文、学位论文以及报刊论文等，最终共搜得文献 209 篇，其中中国大陆文献 41 篇，中国台湾地区文献 24 篇，外文文献 144 篇。

(二)研究工具

研究工具为 Bicomb2 共词分析软件系统和 CiteSpace 可视化软件系统。本研究的数据分析分为两大板块：文献计量学分析和知识图谱可视化分析。文献计量学分析步骤包括：首先，检索文献并对初始数据进行筛选和预处理，将收集到的 WOS 格式数据库文献转化为 Bicomb2 可识别的 ANSI 编码文本文件；其次，应用 Bicomb2 对筛选出的日标文献分别以年份、期刊、关键词等为指标进行文献计量分析，导出相关统计结果；第三，利用 Excel 对导出的结果进行处理，绘制相关排序表。

知识图谱可视化分析步骤为：首先，按照 CiteSpace 可识别的文献格式从数据库下载文件，将文件导入 CiteSpace 进行去重处理；其次，根据研究文献条件调整阈值，最后根据研究目的选取聚类项目，生成知识图谱；最后，综合文献计量学和可视化分析结果，对智力障碍儿童性教育领域的热点和前沿问题进行概括总结。

四、文献计量学与可视化分析

(一)文献计量学分析

文献计量学分析对象包括文献发表年份、期刊载文量、作者发文量以及文献关键词等，以上数据可以展示文献基本信息，了解该领域研究的总体情况。

1.文献年代分布

从图 1 近十余年文献发表总数量变化趋势可以看出，国际特殊教育领域对智力障碍儿童性教育研究总体呈动态上升态势(数据截至 2016 年 10 月)。但对比来看，我国智力障碍儿童性教育相关研究文献数量还较少，整个研究还处于萌芽状态，由此可见我国智力障碍儿童性教育研究还有很大提升空间。

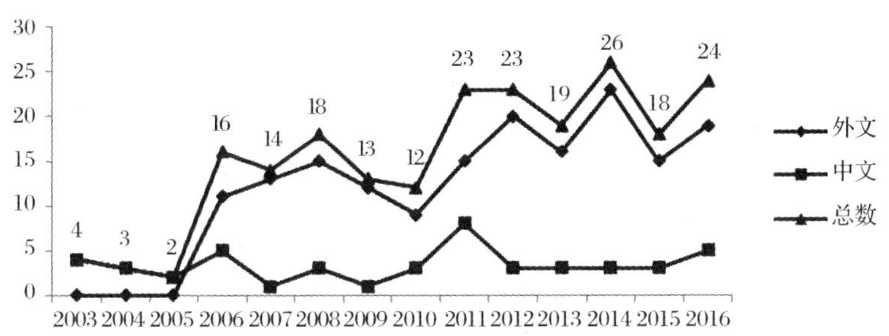

图 1　2003 年～2016 年研究文献的年代分布

2.期刊载文量统计

对论文的期刊载文量分布进行统计分析，可以了解该领域的核心期刊或核心期刊群，进一步了解论文在不同期刊的空间分布情况。利用 Bicomb2 对本次研究所有期刊"文献来源"进行频次统计(见表 1、表 2、表 3)，并对所得数据进行分析。排名靠前的期刊表示其在该领域研究具有代表性，如《中国大陆特殊教育》对于智力障碍儿童性教育相关文献载文量远高于其他期刊；台湾地区文献多是硕博论文，期刊发表多集中在性学学刊。而对比而言，国外期刊的发文量及期刊的针对性远超我国。

表 1　2003 年～2016 年中国大陆期刊载文量统计表(部分)

期刊名称	载文量	百分比(%)
中国特殊教育	7	17.07
绥化学院学报	4	9.76
重庆师范大学学报(哲学社会科学版)	2	4.88
中国性科学	2	4.88
现代特殊教育	2	4.88
南京特教学院学报	2	4.88
安顺师范高等专科学校学报	1	2.44
心理科学	1	2.44

表 2　2003 年～2016 年中国台湾地区期刊载文量统计表(部分)

期刊名称	载文量	百分比(%)
台湾性学学刊	3	14.29
考试周刊	1	4.76
台湾社会工作学刊	1	4.76
障碍者理解半年刊	1	4.76
性学研究	1	4.76
特殊教育季刊	1	4.76
特殊教育学报	1	4.76

表 3　2003 年～2016 年外文期刊载文量统计表(部分)

期刊名称	载文量	百分比(%)
Journal of Intellectual Disability Research	31	18.45
Sexuality and Disability	28	16.67
Journal of Applied Research in Intellectual Disabilities	24	14.29
Journal of Intellectual & Developmental Disability	10	5.95
Research in Developmental Disability	8	4.76
Intellectual and Developmental Disabilities	6	3.57
Journal of Sexual Medicines	5	2.98
British Journal of Learning Disabilitie	4	2.78

3.作者发文量统计

对文献的作者分布进行统计分析，可以了解该领域核心的作者和高产作者。利用 Bicomb2 对所有文献进行发文量统计，分别截取出排名前 10 位的作者绘制下表(见表 4、表 5、表 6)。结合统计的期刊载文量数据，我们可以看出高产作者文献与高产期刊是有密切联系的。高产作者的文献质量较高，其文献的参考价值不菲。

表 4　2003 年～2016 年中国大陆作者发文量统计表(部分)

序号	作者姓名	发文量
1	王雁	3
2	熊利平	3
3	王莹	2
4	张俊华	2
5	区绍祥	2
6	陈海苑	2
7	万莉莉	2
8	张福娟	2
9	陈莲俊	2
10	赵蕴楠	1

表 5　2003 年～2016 年中国台湾地区作者发文量统计表(部分)

序号	作者姓名	发文量
1	胡雅各	2
2	林妙香	2
3	徐郁雯	1
4	黄德州	1
5	陈怡如	1
6	陈宗田	1
7	陈宝贵	1
8	朱元祥	1
9	周俊良	1
10	许锦文	1

表6 2003年～2016年外文作者发文量统计表(部分)

序号	作者姓名	发文量
1	Lindsay WR	8
2	Steptoe L	5
3	Langdon PE	5
4	Wilson NJ	5
5	Eastgate G	4
6	Stancliffe RJ	4
7	Carson D	4
8	Murphy GH	4
9	Lofgren-Martenson L	4
10	Heestermans M	3

4.高频关键词分析

关键词是文献作者对研究内容、研究方法的高度概括,通过对文献关键词出现频次统计,可更直观地呈现目前特殊教育领域的研究重点。由于所得信息有限,仅知中国大陆文献被引次数最高为10次,外文文献被引次数最高为49次。因此根据普莱斯高频阈值计算公式 $M=0.749\times\sqrt{Nmax}$,按照四舍五入原则分别确定关键词选取频率,入选中文、外文文献高频关键词分别列如下表(见表7、表8)。这些高频词分别代表了我国大陆和国外在智力障碍儿童性教育领域的研究热点。由高频关键词排序表我们可以看出,大陆学者对智力障碍儿童性教育的研究更集中在心理健康和青春期知识、行为等方面,国外学者除在智力障碍儿童性知识知晓率方面多有研究外,在性态度、性侵犯等方面研究涉及也较多。

表7 中国大陆文献高频关键词排序表(部分)

序号	关键词	频次
1	智力障碍	30
2	性教育	17
3	心理健康	10

续表

序号	关键词	频次
4	培智学校	5
5	青春期	5
6	性侵害	3
7	自我保护意识	3
8	随班就读	3
9	性行为表现	2
10	个案研究	2
11	性知识	2

表 8　外文文献高频关键词排序表(部分)

序号	关键词	频次	序号	关键词	频次
1	intellectual disability	99	19	prevalence	10
2	sexuality	49	20	experience	10
3	people	49	21	recidivism	10
4	adult	41	22	community	8
5	learning disability	40	23	capacity	8
6	mental retardation	26	24	consent	7
7	knowledge	23	25	sex offender	7
8	attitude	22	26	issue	7
9	individual	21	27	staff	6
10	developmental disability	21	28	contraception	6
11	abuse	20	29	follow up	6
12	women	20	30	meta analysis	6
13	adolescent	20	31	disability	6
14	children	18	32	assessment	5
15	behavior	16	33	care	5
16	men	15	34	gender	5
17	education	12	35	sexual health	5
18	sexual abuse	11			

(二)知识图谱的可视化分析

1.关键词共现知识图谱的可视化呈现

利用 CiteSpace 对所有纳入文献的关键词进行共现知识图谱分析，采用系统默认格式，分别绘制中国大陆、国外关键词共现知识图谱。如图 2、图 3 所示，字体大小代表关键词出现的次数，字体越大说明相应的关键词出现的频次越高。根据图中各节点联系的远近程度，可以看出目前我国对于智力障碍儿童性教育的研究内容比较丰富，但较为零散，尚未形成研究体系或针对某一问题展开深入研究；研究热点集中在对学生现有特征、能力的探究，对实际教学方法、课程开发等关注较少。国外学者由于开展研究早，积累经验多，文献中选取的关键词范围更大，相较于我国研究领域更广阔，研究聚焦的热点话题及所采用的研究范式更多。例如许多研究者进行了比较研究，将不同障碍类型的学生性教育同智力障碍儿童性教育做对比。除此之外，国外学者也对社会对于智力障碍儿童性教育的态度、智力障碍儿童性侵犯干预等进行了研究。从我国文献的关键词反映出来的情况，可以得出这些领域是我国尚未涉及、未来值得关注的研究热点领域。

图 2　中文关键词共现分析的知识图谱

图 3　外文关键词共现分析的知识图谱

2.作者合作关系分析的可视化呈现

利用 CiteSpace 对作者合作情况进行分析，节点大小表示作者发文量，重合部分代表合作关系。由图可看出，我国学者更倾向于合作探究，但各自发文量排名前三的学者之间相距较远(见图 4)，说明他们之间没有合作关系。由于国外研究学者较多，且大部分为独立创作，因此点位十分分散(见图 5)，合作关系的亲疏与研究点的紧密程度也有一定的联系。

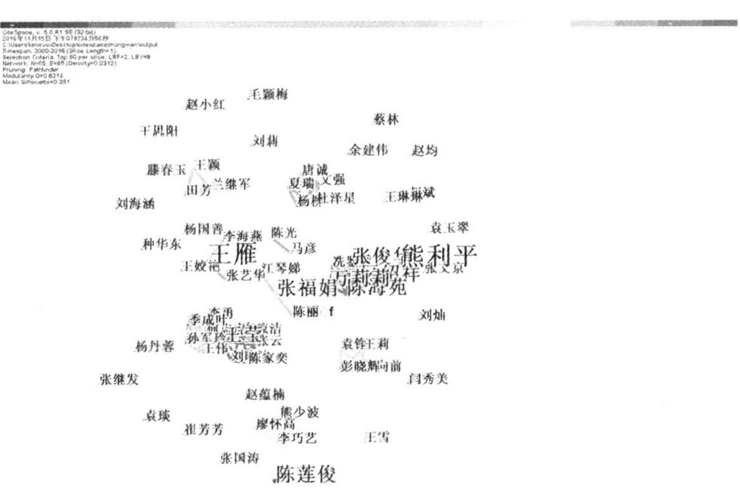

图 4　中文文献作者合作关系的知识图谱

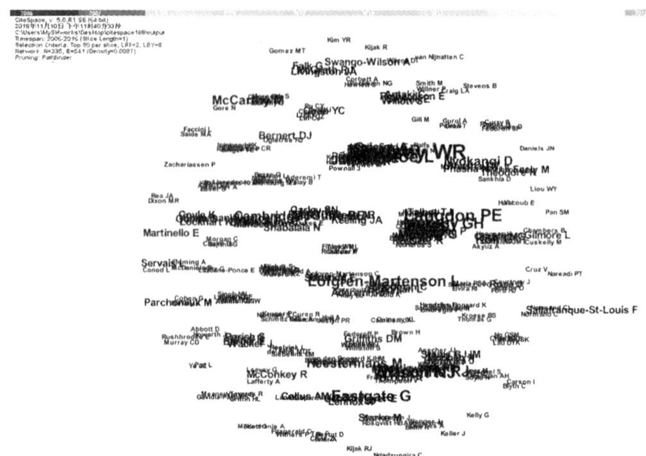

图 5　外文文献作者合作关系的知识图谱

3.研究领域热点的可视化呈现

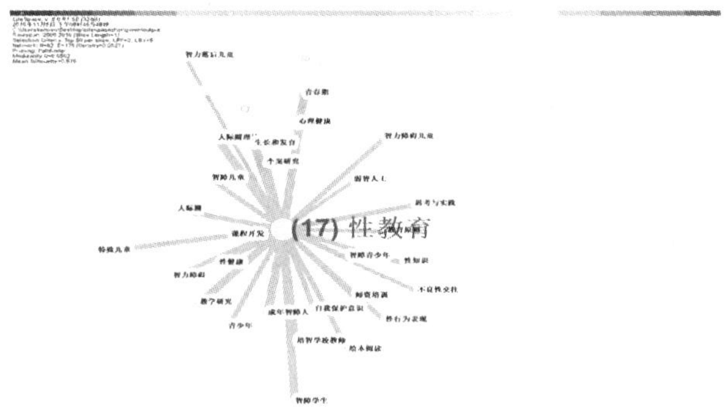

图 6　中文文献研究领域热点的知识图谱

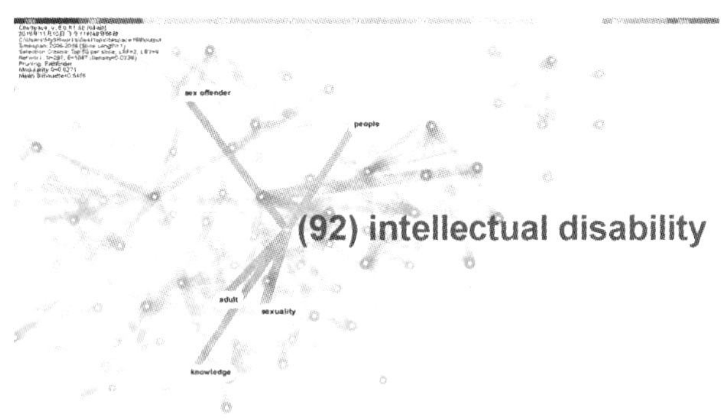

图 7　外文文献研究领域热点的知识图谱

节点的大小代表关键词出现频次的大小，节点越大，关键词的关注度越高，越容易成为某一领域的研究热点；与节点连线的粗细代表节点之间的紧密程度，线条越粗说明越相关；节点的圈的颜色由冷色变为暖色意味着研究时间的远近，颜色越深表示距离越远。从图 6 可以得出我国对于智力障碍儿童性教育的研究关注点很独立，多在性教育的内容方面进行探究，例如密切相关程度高的自我保护意识、性知识、心理健康等，多采用个案研究的方法对智力障碍儿童进行干预。图 7 展现出了国外研究热点，可以发现节点间紧密度更高，研究热点集中于性教育的课程开发设计、教学介入方法等研究，研究重点不仅包括性知识知晓率，还包括防止性侵犯以及疾病防治的性教育课程等。

4.研究领域热点问题与前沿主题

研究热点是在某一时间段内，有内在联系的、数量相对较多的一组论文所探讨的科学问题或专题。或者可以说，在某学科领域内被引频次最高的研究型文献通常是该领域研究热点的集中体现。结合关键词共现分析知识图谱，可以展现一段时间内相关文献集中反映出的研究热点词汇。研究前沿是指“一组突现的动态概念和潜在的研究问题。而研究前沿的知识基础是在科学文献中，被前沿术语所在的文献引用的科学文献所形成的演化网络和共引轨迹”。研究前沿强调新趋势（emergency）和突现（burst）的特征，而突现测度的是文献被引频次的变化率，因此前沿研究必须在分析突现词（burst terms）和突现文献（burst article）的基础上，结合对施引文献（citing articles）的分析，进行综合判断和探测。[8]

研究利用 CiteSpace 软件中的自带功能，按照外文文献被引突出率的强度，导入术语类型选择突现词并进行探测，导出如图 8 所示的国外智力障碍儿童性教育研究前沿图谱。根据文献被引的突现度，作者 EVANS D.S.2011 年开始便成为文献被引核心，一直贯穿于近年来的研究，表明该篇文章同当下研究热点契合。为对国外智力障碍儿童性教育研究前沿进行进一步探讨，笔者将 EVANS D.S.的 *Sexuality and personal relationships for people with an intellectual disability* 文献进行具体内容分析，其文章的关键词为 attitudes，intellectual disability，relationships 和 sexuality，文章主要研究智力障碍儿童监护人与学校工作人员的性态度对其性行为教育的影响。通过该篇文献，可以看出国外对智力障碍儿童性教育的关注热点已经从性教育的具体干预措施转移到与性教育相关问题上，开始对家庭、学校与性教育之间相关性研究较为重视，相信这也将成为国外该领域的研究前沿热点问题。

Top 8 References with the Strongest Citation Bursts

References	Year	Strength	Begin	End	2006 - 2016
EVANS DS, 2009, J INTELL DISABIL RES, V53, P913, DOI	2009	3.58	2011	2016	
OCALLAGHAN AC, 2007, J INTELL DISABIL RES, V51, P197, DOI	2007	3.3785	2009	2011	
LINDSAY WR, 2004, J APPL RES INTELLECT, V17, P299, DOI	2004	3.2688	2006	2007	
SWANGO-WILSON A, 2008, SEX DISABIL, V26, P75, DOI	2008	3.1394	2011	2012	
HEALY E, 2009, J INTELL DISABIL RES, V53, P905, DOI	2009	2.7943	2011	2012	
LEUTAR Z, 2007, SEX DISABIL, V25, P93, DOI	2007	2.5919	2013	2014	
MICHIE AM, 2006, SEX ABUSE-J RES TR, V18, P271, DOI	2006	2.5869	2008	2010	
POWNALL JD, 2011, AJIDD-AM J INTELLECT, V116, P205, DOI	2011	2.5725	2014	2016	

图 8　外文文献研究的前沿知识图谱

五、结论与展望

综合以上计量学和可视化分析结果，可以得出以下结论：

第一，现智力障碍儿童性教育属于国际特殊教育领域的热点话题，我国对智力障碍儿童性教育的研究也处于稳步发展阶段，智力障碍儿童性教育理论研究与热点问题研究齐头并进。第二，我国大陆与台湾地区跟国外研究相比还存在不足之处，主要体现在研究内容和研究方法上。我国大陆学者对智力障碍儿童性教育的研究尚停留在现状调查与影响因素分析层面，未深入对智力障碍儿童性教育、干预方法等进行探讨。第三，根据国内外研究的前沿演进视图，可以看出未来研究将聚焦在以下几个方面：智力障碍儿童性教育课程与教材开发、智力障碍儿童性教育有效的干预方法、智力障碍儿童性教育社会支持体系构建等。

总体来看，我国智力障碍儿童性教育研究还处于起步阶段，研究比较集中，多为对现状的调研，前沿分支较少。与国外研究热点相比还有很大空间，后续研究可以从理论转向实践探索，从实践应用方面丰富智力障碍儿童性教育研究的探索。

参考文献

[1]毛荣建，顾新荣.国内智障儿童性教育探析[J].中小学心理健康教育，2011(23).

[2]王雪.智障儿童性教育回顾与展望[J].绥化学院学报，2013，33(10).

[3]熊利平.智障青少年性教育教学成效研究[D].重庆：重庆师范大学硕士学位论文，2005.

[4] Wissink, I. B., & Van Vugt, E., & Moonen, X., et al. (2015). Sexual abuse involving children with an intellectual disability(ID): a narrative review[J].Research in developmental disabilities, 2015(3).

[5]熊利平，张文京.智力障碍人士性教育原则初探[J].中国特殊教育，2004(7).

[6]胡珍.中国当代大学生性现状及性教育研究[M].成都：四川科学技术出版社，2003.

[7]谢丽.我国学前儿童心理学研究的文献计量及可视化分析(1993～2013 年)[D].西安:陕西师范大学硕士学位论文,2014.

[8]侯剑华.工商管理学科演进与前沿热点的可视化分析[D].大连:大连理工大学硕士学位论文,2009.

听障学生自我设限心理和自我超越策略研究

马梦婷　符丽雪　胡瑞月　龚晓菊　郭小翠①

指导教师：阳泽

摘　要：本研究主要围绕听障学生自我设限心理及其自我超越展开，旨在探索其自我设限心理状况，并进一步寻找相应的自我超越策略，最终发现：(1)总体上，听障学生自我设限程度低于自我超越程度，听障学生自我超越水平与自我设限水平相对比较高；(2)在自我设限的影响研究中，发现学习成绩与自我设限总分、任务和目标维度显著负相关；(3)自我超越总分和任务超越维度存在显著年龄差异；(4)自我超越总分和人际超越维度在不同的语言类型存在显著差异；(5)听障学生的目标超越程度与家庭收入呈显著正相关，家庭收入会显著影响听障学生的目标超越程度；(6)听障学生的学习成绩与任务、目标超越呈显著正相关。

关键词：听力障碍学生；心理；自我设限；自我超越策略

心理学的相关研究表明，长期受自我设限心理的支配会对学习、工作和生活产生负面影响。听障学生作为一个特殊群体，其心理健康状况一直以来都得到许多专家学者的关注。当他们存在自我设限心理时，应如何应对？这值得学者们进一步思考。而自我超越从心理出发，可以使人们调整心态，突破自身素质，激发心理潜能。因此，自我超越策略能否用来帮助听障学生突破自我设限心理成为本研究的方向。

一、问题提出

有研究表明："由于听力残疾，听障学生感知觉速度较正常儿童慢，语言识记能力差，抽象思维能力较低下，较容易产生各种心理障碍。"[1]而且近年来，聋人犯罪案件层出不穷，尤其是未成年人犯罪趋势愈加明显。由于聋生的生理缺陷使得他们的认知比较片面，对事物的是非判断模糊，对自我的认识更是不全面。此外，认知的不足可能导致聋生自尊水平与健听学生相比较低。这些因素

①马梦婷、符丽雪、胡瑞月、龚晓菊、郭小翠：西南大学教育学部本科2015级特殊教育专业学生。

可能会导致其产生自我设限心理，自我设限带来的负面影响是很大的，它会使聋生不能正确认识自己。

关于自我设限和自我超越的研究还是较为丰富的，但对象集中于大学生、职场人士等，较少涉及特殊儿童。通过对有关听障学生心理相关研究的分析总结后，我们发现以往对听障学生心理的研究视角比较多样，如人格、心理健康等，但在自我设限和自我超越视角下进行的研究还很少。综上所述，虽然对聋生心理的关注与研究较多，但很少有将聋生心理聚焦到自我设限与自我超越的研究。因此，我们把研究的视角聚焦到聋生自我设限心理与自我超越策略探究上，使研究选题具有明显的创新性。

二、概念界定

(一)自我设限

自我设限最早由 Jones 和 Berglas 于 1978 年提出："自我设限是个体在表现情境中，为了回避或降低因表现不佳所带来的负面影响而采取的任何能够增大将失败原因外在化的行为和选择。"[2]此后，不同研究者出于不同的研究角度对自我设限进行了不同的界定。Tice 认为："自我设限是指人们面对一次评价威胁时，为了保持和增强自我评价而采取的一系列活动。"[3]Leary 认为："自我设限是采取行为设置障碍，或宣称通往成功时存在障碍，减少成功的可能性，从而为失败提供了貌似可信的理由。"[4]国内学者对"自我设限"这一概念做了进一步的解释，石伟和黄希庭认为："人们常常宁愿因为懒惰而失败而不愿因为愚笨而失败。当自我设限者预期事情可能会失败时，就故意在其前进的道路上找寻、声称或创造某种看起来有说服性的障碍。若结果是失败，则将之归因于自设的障碍，从而避免去直面失败的真正原因——能力不足，达到自我保护的目的。"[5]虽然存在分歧，但研究者均认为自我设限具有情境性，发生在威胁到个体自我的情境中，是一种预先行为，目的是为失败创造一个合理借口以避免能力低下的评价。

(二)自我超越

"自我超越是指扩展个人上限并调整个人看法、目的和行为从而超过现状，但并不否定自我和现存的价值。"[6]1991 年，Reed 教授以 Rodgers 的"统一的人类科学"的概念性框架，通过个体、护理、健康等各要素相互作用理论推理得出："护理中层理论即自我超越理论。"[7]马斯洛认为，"超越指的是人类意识最高而又最广泛的或整体的水平,超越是作为目的而不是作为手段发挥作用并和一个人自己、和有重要关系的他人、和一般人、和大自然以及宇宙发生关系”,“后来的超个人心理学家在这个基础上进一步发展了自我超越的概念,使之成为超个人心理治疗的理论基础。”[8]国内有学者指出:“自我超越是对自身能力或素质的突破,是心理潜能的激发、人性的完善、境界的提高或智慧的凝结。”[9]总的来说,学者们对于自我超越的界定更倾向于从心理出发,不断调整自己的心态,以期达到另一个高度。

三、研究设计

(一)研究假设

本文基于听障学生心理的研究,做出如下假设:

1.听障学生存在严重的自我设限心理和较低程度的自我超越心理,且在人际、任务、目标三个维度中都表现出来。

2.听障学生自我设限和自我超越程度及其三个维度的自我设限和自我超越程度在性别、年龄、耳聋类型、户籍所在地(农村或城市)、就读学校类型、是否独生子女、语言类型方面有显著差异。

3.父母教养态度、家庭收入会影响听障学生的自我设限和自我超越程度。

4.听障学生的自我设限和自我超越程度显著影响样本的人际交往和学习成绩,且样本的自我设限程度与其人际交往和学习成绩呈负相关,其自我超越程度与其人际交往和学习成绩呈正相关。

(二)研究方法

本研究主要采用了文献法、访谈法和问卷调查法。

1.研究工具

采用自编的《听障学生自我设限心理调查问卷》。问卷分为两大部分:第一部分是学生的基本信息采集,包括性别、年龄、耳聋的类别、家庭经济状况、交友情况、学习成绩等;第二部分是正式题目,分为人际情境、任务情境、目标情境三个维度。经过初测得出,该问卷信度为0.723,其内部一致性良好。

2.调查对象

10~25岁的听障学生。此次共发放问卷109份,回收问卷109份,其中有效问卷107份。

四、结果分析

(一)自我设限和自我超越总体情况分析

本研究给样本自我设限和自我超越赋值，对三个维度进行描述性分析(见表 1)。结果显示:自我设限三个维度的得分平均值均小于 1，不同维度自我设限程度差异不明显;而自我超越的得分平均值远大于自我设限的得分平均值，且自我超越在任务和目标维度较为突显。

表 1　自我设限和自我超越总体情况表

描述性统计分析项	自我设限总分(分)	人际设限	任务设限	目标设限	自我超越总分(分)	人际超越	任务超越	目标超越
N	107	107	107	107	107	107	107	107
平均值	2.430	0.851	0.626	0.953	7.561	1.822	2.972	2.766
标准差	1.711	0.877	0.906	0.829	3.396	1.114	1.482	1.634

(二)自我设限结果分析

1.自我设限比例分布情况

通过给自我设限赋值，再根据正态分布的原则，取样本的前 27%和后 27%进行分类，分为低等自我设限、中等自我设限和高等自我设限。统计结果显示:样本数量的 79%存在较低的自我设限，21%存在中等自我设限，样本自我设限处于中低水平。(见图 1)

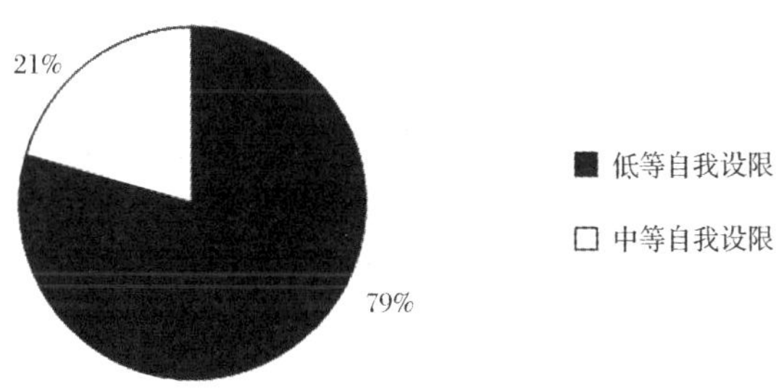

图 1　自我设限比例分布图

2.自我设限的影响研究

研究将自我设限总分及其各维度与朋友数量、学习成绩两个变量进行了双变量相关性分析。由 Pearson 相关系数(见表 2)可知:朋友数量与自我设限总分及其各维度没有显著相关性,而学习成绩与自我设限总分呈显著负相关,即自我设限程度越重,学习成绩越差,且学习成绩与自我设限的任务、目标维度也存在显著的负相关性。

表 2 探究自我设限影响的 Pearson 相关系数表

	自我设限总分(分)	人际设限	任务设限	目标设限
朋友数量	−0.145	0.038	−0.146	−0.180
学习成绩	−0.327**	0.007	−0.348**	−0.302**

进一步探究学习成绩变量与样本自我设限程度的相关关系,在相关分析的基础上,以学习成绩为因变量,以任务维度和目标维度为自变量,对学习成绩与预测变量进行线性回归分析。结果显示(见表 3):自我设限的任务维度和目标维度可以明显反向预测样本的学习成绩,当任务维度与目标维度的自我设限程度越高时,样本的学习成绩越差。

表 3 自我设限影响的线性回归分析结果表

因变量	预测变量	Beta	R 平方	F	t	p
学习成绩	任务维度	−0.348	0.121	14.458	−2.897	0.005
	目标维度	−0.208	0.159	9.844	−2.172	0.032

(三)自我超越结果分析

1.自我超越总体情况

描述性分析结果显示(见表 4):自我超越程度较高,自我超越的任务、目标维度的平均值显著高于人际维度。

表 4 自我超越总体情况分析表

描述性统计分析项	自我超越总分(分)	人际超越	任务超越	目标超越
N	107	107	107	107
平均值	7.561	1.822	2.972	2.766
标准差	3.396	1.114	1.482	1.634

2.自我超越比例分布情况

根据正态分布原则，对样本的自我超越程度进行分类，分为低等自我超越、中等自我超越和高等自我超越。统计结果显示(见图 2)：样本数量的 16%存在较低的自我超越，49%存在中等自我超越，35%存在高等自我超越，样本的自我超越水平处于中高水平。

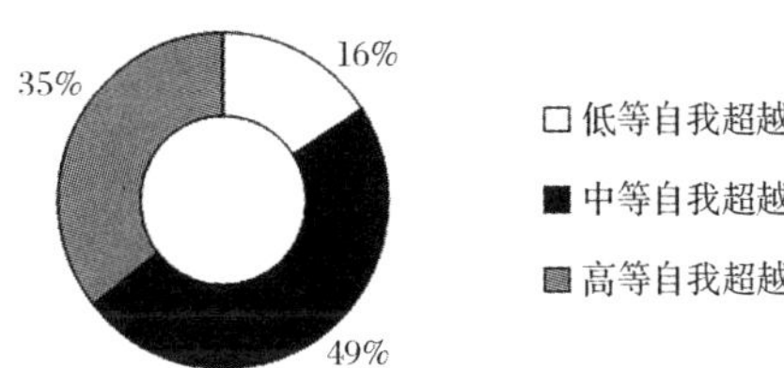

图 2 自我超越比例分布图

3.自我超越的差异分析

为比较自我超越在年龄和语言类型方面是否存在显著差异，本研究分别对其进行单因素方差分析。

(1)自我超越的年龄差异分析

将年龄划分为 10～14 岁、15～17 岁、18～25 岁，在数据分析中分别命名为1、2、3，并进行单因素方差分析，对自我超越总分及其三个维度进行年龄差异分析(见表 5)。结果显示：自我超越总分及人际超越、任务超越、目标超越三维度在年龄段 2 的平均值均高于年龄段 1、3，自我超越总分、任务超越的年龄差异显著性均小于 0.05，即样本的自我超越总分和任务超越维度在不同的年龄段存在显著差异。

表 5 自我超越的年龄差异分析表

			自我超越总分(分)	人际超越	任务超越	目标超越
年龄段	1	平均值(标准差)	6.520 (3.879)	1.480 (1.262)	2.760 (1.562)	2.280 (1.671)
	2		8.729 (2.886)	2.063 (1.040)	3.500 (1.353)	3.167 (1.589)
	3		6.676 (3.263)	1.735 (1.053)	2.382 (1.371)	2.559 (1.580)
检验结果	F		5.619	2.464	6.627	2.923
	p		0.005	0.090	0.002	0.058

(2)自我超越的语言类型差异分析

通过单因素方差分析，对自我超越总分及其三个维度进行语言类型差异分析。结果显示：自我超越总分及人际、任务和目标超越三维度在样本语言类型为“口语和手语都会”的平均值高于语言类型“仅会口语或手语”的平均值，如表6所示；其中，自我超越总分、人际超越的语言类型差异显著性均小于0.05，即样本的自我超越总分和人际超越维度在不同的语言类型存在显著差异。

表6　自我超越的语言类型差异分析表

			自我超越总分(分)	人际超越	任务超越	目标超越
语言类型	口语	平均值(标准差)	7.000(2.000)	1.40(1.140)	2.800(1.304)	2.80(0.447)
	手语		6.986(3.557)	1.614(1.067)	2.814(1.526)	2.557(1.733)
	口语和手语都会		8.906(2.844)	2.344(1.066)	3.344(1.382)	3.219(1.453)
检验结果	F		3.771	5.515	1.448	1.829
	p		0.026	0.005	0.240	0.166

4.影响自我超越的因素研究

本研究将父母教养态度、家庭收入与自我超越总分及其三个维度进行双变量相关性分析。如表7所示：父母教养态度与自我超越总分及其三个维度没有显著相关性；家庭收入与自我超越总分、人际超越、任务超越没有显著相关性，但家庭收入与目标超越有显著相关性，说明样本的家庭收入可以预测其目标超越程度。

表7　影响自我超越因素的相关性分析表

		自我超越总分(分)	人际超越	任务超越	目标超越
父母教养态度	Pearson 相关系数	0.089	0.087	0.037	0.091
	显著性	0.368	0.377	0.704	0.357
家庭收入	Pearson 相关系数	0.188	0.085	0.129	0.216*
	显著性	0.052	0.387	0.185	0.025

为进一步探究家庭收入与目标超越之间的相关关系，本研究对家庭收入与目标维度进行线性回归分析，以目标超越为因变量，以预测变量即家庭收入为自变量。如表8所示：目标维度与家庭收入呈显著正相关，说明家庭收入会显著影响样本的目标超越程度；一定条件下，家庭收入确定时样本的目标超越程度是可以被预测的。

表8　影响自我超越因素的线性回归分析结果表

因变量	预测变量	Beta	R平方	F	*t*	*p*
目标超越	家庭收入	0.216	0.047	5.149	2.269	0.025

5.自我超越的影响研究

研究将自我超越总分及其各维度进行了双变量相关性分析。如表9所示：朋友数量与自我超越总分及其各维度没有显著相关性，而学习成绩与自我超越总分、任务和目标维度存在显著的正相关。

表9　自我超越影响的相关性分析表

	自我超越总分(分)	人际超越	任务超越	目标超越
朋友数量	0.120	0.029	0.083	0.155
学习成绩	0.433**	0.075	0.353**	0.529**

在相关分析的基础上，以学习成绩为因变量，以预测变量即自我超越的任务维度和目标维度为自变量，对学习成绩与预测变量进行线性回归分析。结果显示(见表10)：自我超越的任务维度和目标维度可以明显正向预测样本的学习成绩；预测效果为当任务维度与目标维度的自我超越程度越高时，样本的学习成绩越好。

表10　自我超越影响的线性回归分析结果表

因变量	预测变量	Beta	R平方	F	*t*	*p*
学习成绩	任务超越	0.353	0.125	14.943	3.866	0.000
	目标超越	0.529	0.280	40.767	6.385	0.000

五、讨论

(一)听障学生的自我设限

1.自我设限呈现中低水平

该结论与研究假设相反,打破了以往人们认为听障学生存在严重的自我设限心理的观念。可能是听障学生在填写问卷时存在印象操纵,更趋向于选择自我信任或中性选项;听障学生生活多局限在校园环境内,接触的人群主要以听障人士为主,这一定程度上提高了听障学生的自我认同感。

2.自我设限差异分析

分析数据得出,自我设限在性别、就读学校类型、是否独生子女、耳聋类型、户籍所在地、年龄和语言类型方面不存在显著差异。

听障学生自我设限心理不存在显著性别差异,这与王玲凤对7~9年级听障男女生心理健康的比较结果——“心理健康总体水平在性别上无显著性差异”[10]基本一致。自我设限在耳聋类别上无显著差异,这和张福娟等人认为听力损失程度对听障学生个性发展影响不大的观点一致。自我设限在学生户籍所在地上无显著差异,可能原因是调查样本90.7%在特殊学校就读,环境相对隔离,可能会使其减弱对农村和城镇的差异的认识,近几年城镇化的快速发展,农村和城镇的差异大大缩小。自我设限不存在显著年龄差异,可能是因为所取样本年龄分布相对均衡。基于研究的局限,自我设限在就读学校类型、是否独生子女、语言类型方面无显著差异的原因还有待进一步探索。

3.自我设限的影响因素

听障学生父母教养态度、家庭收入与自我设限没有显著相关性。这与郭成、黄爽的研究结果相反。导致相反结果的原因可能是研究对象间的差异,他们的研究是针对“听力正常学生”[11]进行的。而家庭收入与自我设限心理没有显著相关性,这可能与听障学生自身的认知水平有关,他们对贫穷和富有的概念缺乏深刻认识。

4.自我设限的影响

学习成绩与自我设限总分及任务和目标维度显著负相关。该结论说明听障学生的自我设限水平越高,其学习成绩越差,这与前人研究中“频繁采用自我设限会使这种策略从一种习惯变成一种自动化的无意识举动,导致对自我行为的客观性的察觉缺失,最终形成习得性的自我能力的无助感”[12]的观点接近。如果在任务和目标情境中自我设限程度越重,学习成绩也越差。这很可能是因为学习任务和学习目标主要集中在任务及目标两个维度中,相互之间关联度高。

(二)听障学生的自我超越

1.自我超越水平较高,且在任务和目标维度自我超越程度显著

产生这种结果的原因可能是听障学生对现实自我与理想自我的认识较为统一,两者存在的差异小,而这一点非常有利于发展健康的心理品质,有助于提高听障学生的主观能动性与成就动机,对产生较高的自我超越水平有重要影响。

2.自我超越的差异分析

自我超越在性别、就读学校类型、是否独生子女、耳聋类型、户籍所在地方面不存在显著差异。我们认为出现这种结果的原因可能是由于自我超越更多与个体内在的心理品质相关,而与就读学校类型、户籍所在地等外在客观条件无相关性。

自我超越总分和任务超越维度存在显著年龄差异,自我超越总分和人际超越维度在不同的语言类型存在显著差异。在 10 岁到 25 岁这一年龄段的听障学生中,15～17 岁学生的自我超越水平最高。原因可能是由于 15～17 岁的听障学生多处于初中学习阶段,这一阶段的学生有了更多的知识基础和能力经验,同时又处于精力旺盛、对未来充满美好向往的青春期阶段,因此相对来说会有更强的自我超越的倾向。以往的研究也发现听障学生是否会口语对其心理发展具有重要的影响,使用纯手语与会口语的听障学生在心理发展上会存在一定的差异,与我们得出的结论一致。

3.自我超越的影响因素

听障学生的目标超越程度与家庭收入呈显著正相关。一定条件下,家庭收入高的听障学生的目标超越程度相对较高。这可能是因为家庭经济状况较好的家庭为听障学生提供了更好的生活与教育条件,有利于听障学生自身素质的发展,随着自身素质的提高,听障学生也会对自己有更高要求与期望。

4.自我超越的影响

听障学生的学习成绩与任务、目标超越呈显著正相关。在一定条件下,当任务维度与目标维度的自我超越程度较高时,听障学生学习成绩也更优秀。产生这一结果可能有两方面原因。一是情境问卷中有关任务与目标维度的题目大多与学习情境有关,所以当样本在任务与目标维度的题目中得分较高时,很可能该样本的学习成绩也比较好。二是样本都是来自在校的听障学生,样本自身对任务与目标的认识更多地与学习成绩相关联,所以听障学生自我超越水平的影响集中地体现在了学习成绩方面。

六、建议

(一)在教学过程中应为听障学生设置合适的任务与目标

在教育中不必对包括听障学生在内的特殊孩子刻意放低要求,即不要给予自我设限暗示。教学中,可以设置不同情境的任务,发现学生的闪光点,更好地定位学生现有的能力水平。同时,在教学过程中要注意引导学生学会客观地评价自己,帮助学生更好地定位自身,以便于学生确立适合自己的目标。

(二)注重听障学生的语言发展,提高人际交往能力

建议听障孩子的家长从小就应该注意发展孩子的语言,尤其是口语方面的发展,尽可能早地进行语言训练,这样可以减少孩子发展过程中的人际设限,进而提高聋生的人际交往能力,打破"聋生只和聋生交朋友"怪圈。

(三)加强初中段听障学生的各方面能力发展

在教学过程中,应该创造、提供更多的机会发展初中段听障学生的其他各方面能力,并且在这一过程中结合学生自身的兴趣爱好来发展学生的能力,将非常有利于开发听障学生的潜能,为其高中阶段的学习和生活打下良好的基础。

(四)在家庭教育中,家长应适当提高对听障学生的期望

家庭收入较高家庭里的听障学生,其家长和自身的要求与期望会更高,同时听障学生的目标超越程度也会更高。因此,家长在家庭教育中应适当提高对听障学生的期望,这也会间接影响到学生对自身期望的提高,这将有利于听障学生实现更高程度的目标超越。

参考文献

[1]王伟忠,杨燕晴,胡芳.听障学生心理现状的调查与分析[J].现代特殊教育,2007(10).

[2]Berglas S,Jones E E.Drug choice as a self-handicapping strategy in responsen-contingentuccess[J].Journal of Personality and Social Psychology,1978(36).

[3]Tice D M.Esteem protection or enhancement? Self-handicappping motives and attributionsdiffer by trait self-esteem[J].Journal of personality and Social Psychology,1991(5).

[4]Leary M R.Self-presentation: impression management and interpersonal behavior[J].Boulder,CO:Westview Press,1995.

[5]石伟,黄希庭.自我设限及其研究范型和影响因素[J].心理科学进展.2004,12(1).

[6]张晶. 太原市老年人自我超越现状及影响因素研究[D].太原:山西医科大学硕士学位论文,2013.

[7]Stinson CK,Kirk,E.Structured reminiscence:an intervention to decrease depression And increase self-transcendence in older women [J].J Clin Nurs,2006(15).

[8]杨韶刚.超个人心理学[M].上海:上海教育出版社,2006.

[9]张永华.大学生自我超越[M].北京:中国戏剧出版社,2008.

[10]王玲凤.聋学生的自我概念和心理健康状况的研究[J].中国特殊教育,2004(5).

[11]郭成,黄爽.自我设限及其影响因素和对策[J].西南大学学报(社会科学版),2007,33(1).

[12]申雯.初中生的自尊、成就目标与学业自我妨碍的关系研究[J].中国临床心理学杂志,2007,15(6).

智力障碍儿童的自立行为现状调查研究

林妍莉　欧芸格　刘子豪　曾航球[①]
指导教师：江小英

摘　要：自立是心理学的人格概念，是成长过程中生活能力的体现，也是养成良好行为习惯的基础。本研究在文献分析的基础上，借鉴凌辉等人编制的《普通3～6岁儿童自立行为调查问卷》，对特殊教育教师与智力障碍儿童的家长进行调查研究，了解我国目前智力障碍儿童的自立行为水平。研究发现，进入培智学校有利于智力障碍儿童社会性的建立；智力障碍儿童自立行为的问题主要表现在社会自立—安全常识维度。据此建议，提高学校安全教育培训的针对性，同时加强家庭安全教育培训；学校联合社会机构开展情境模拟活动、游戏；学校应加入对学生自立行为的日常检查；成立智障儿童家长互助小组。

关键词：自立；智力障碍儿童；自立行为；自我行动；自我决断

自立是人发展中的重要一环，同时也是智力障碍儿童教育任务的重点。智力障碍儿童的自立行为水平影响其生命发展质量、社会文明程度，影响教育的最终成效。探究智力障碍儿童的自立行为水平是现阶段特殊教育发展的必不可少的奠基石。

一、问题提出

黄希庭认为："自立是心理学的人格概念。"[1]由此，黄希庭、凌辉、夏凌翔、李媛等对自立的相关问题开展了一系列的深入研究。他们认为："从个体角度出发，自立是以解决基本的生存与发展问题为目的，以'自我'为核心的涉及多种心理内容、多种特质以及个人活动的各个领域的综合性与辩证性的人格因素，既是一种静态的人格特征，也是一个动态的人格过程。"[2]

根据凌辉研究发现："3～6岁的儿童的自立行为可能是单维（主要表现在自我行动功能维度）、多领域（学业自立、心理自立、社会自立与日常自立）的结构，自我决断功能维度尚处于萌芽阶段。"[3]凌辉对6～12岁儿童的研究表明：

①林妍莉、欧芸格、刘子豪、曾航球：西南大学教育学部本科2016级特殊教育专业学生。

“小学生的自立行为是一个二维度(领域与功能)、多层次的结构。”[4]华东师范大学特殊教育学博士徐胜对智力障碍青少年自我决定进行了初步研究。虽然学者们对不同年龄阶段的儿童自立行为已进行一定调查研究,但对智力障碍自立行为结构的研究还处于缺乏状态,或是对智力障碍人群自立行为有所初探,缺少分段研究。

由于身心发展的特殊性,智力障碍儿童在自立行为方面较普通儿童明显落后,这让他们在面对社会问题时更具有挑战性。2017 年 9 月,国务院办公厅印发的《关于深化教育体制机制改革的意见》提出:“引导学生学会自我管理,学会与他人合作,学会过集体生活,学会处理好个人与社会的关系。”教育部等 7 个部门于 2017 年 7 月 28 日发布的《第二期特殊教育提升计划(2017—2020 年)》提出:“到 2020 年,我国残疾儿童少年义务教育入学率将达到 95%以上,实现残疾儿童少年义务教育的全面普及。”夏国英也指出:“第一,自立人格才能帮助个体在社会主义市场经济条件下从事有效的实践活动。第二,自立是民族精神的精华,是我们的传统美德,是值得发扬的中华民族的优秀文化传统,是先进文化的内容之一。第三,自立人格的养成有助于人们保持心理健康,适应社会,走向成功,因此符合最广大人民群众的根本利益。”[5]

本研究对于智力障碍儿童的自立行为有重大的理论意义与实践意义。理论上,能够充实国内该领域有限的研究成果,具有重要的理论价值。实践上,探索加强智力障碍儿童自立行为的方法,让他们获得更好的生活,减轻家长的负担,更快更好地融入社会。

二、研究方法

(一)研究对象

由于智力障碍儿童个体差异较大,局部地区样本数量少且难以代表总体特征,所以本研究选择在全国范围内采取随机抽样法进行取样。

本研究总样本共计 229 人,详见表 1:

表 1　调查对象的基本情况

人口学变量		N	人口学变量		N
性别	男	156	智力障碍分级	一级智力残疾(极重度智力残疾)	27
	女	73		二级智力残疾(重度智力残疾)	96
是否独生	独生子女	81		三级智力残疾(中度智力残疾)	77
	非独生子女	148		四级智力残疾(轻度智力残疾)	29
地区	东部地区	179	学生学段	培智低段(1—3 年级)	89
	中部地区	24		培智中段(4—6 年级)	69
	西部地区	26		培智高段(7 年级及以上)	71

(二)统计工具

本研究主要采用 SPSS 20.0 统计软件对数据进行分析处理。

(三)研究工具

1.问卷框架及条目编制过程

本研究借鉴凌辉、张建人等人编制的《普通 3～6 岁儿童自立行为调查问卷》用于智力障碍儿童的自立行为现状调查研究。因智力障碍儿童的特殊性，其个体差异大，层次参差不齐，同一年龄内部差异较大，以学段来划分其内部的差异性较小。第一部分是被试的基本信息，包括学生的性别、学段、智力分级、是否独生子女、地区等基本信息。第二部分为自立现状的基本情况，共 27 个题项，采用五点计分，得分越高自立行为水平越好。该问卷包括功能和领域两个维度。功能维度包括两个因子：自我行动、自我决断；领域维度包括五个因子：日常自立、社会自立—安全常识、社会自立—社交行为、学业自立、心理自立—自我控制。

2.信度分析

内部一致性信度。表 2 数据显示，日常自立、社会自立—安全常识、社会自立—社交行为、学业自立、心理自立—自我控制各因子 α 值均超过 0.80，表明量表的内部一致性较高。

表 2 内部一致性信度

功能维度	α 系数	领域维度	α 系数
自我行动功能	0.936	日常自立	0.907
自我决断功能	0.904	社会自立—安全常识	0.895
		社会自立—社交行为	0.913
		学业自立	0.856
		心理自立—自我控制	0.847

注：$p < 0.001$

3.效度分析

各因子间的相关分析结果显示，各因子之间呈低至中度显著相关，说明智力障碍儿童自立行为问卷各因子测量的内容既有共同成分，又各有区别。相关系数详见表 3：

表 3 智力障碍儿童自立行为问卷各因子之间相关系数

	日常自立	安全常识	社交行为	学业自立	心理自立
日常自立	1				
社会自立—安全常识	0.615**	1			
社会自立—社交行为	0.687**	0.577**	1		
学业自立	0.775**	0.721**	0.614**	1	
心理自立—自我控制	0.700**	0.563**	0.657**	0.709**	1

注：** 表示在 0.01 水平(双侧)上显著相关

三、研究结果

(一)自立行为的总体情况

智力障碍学生自立行为现状调查整体得分 3.36，说明智力障碍学生自立行为整体水平一般。如表 4 所示，从功能维度来看，自我行动功能维度整体得分高于自我决断功能维度。单样本 t 检验的结果表明，自我行动、自我决断功能维度均显著高于理论中值。

从领域维度来看，自我行动功能领域中日常自立维度得分最高，社会自立—安全常识维度得分最低；自我决断功能领域中社会自立—安全常识维度得分最低。说明智力障碍儿童的社会自立—安全常识水平低。自我行动功能领域中社会自立—安全常识维度得分极其显著低于理论中值。自我决断功能领域中社会自立—安全常识得分极其显著低于理论中值。

表4　智力障碍儿童自立行为各维度的平均分、标准差及与中值的差异

维度	M	SD	t	p
自我行动功能领域	3.374	0.959	5.881***	0.000
日常自立	4.082	1.010	16.234***	0.000
社会自立—安全常识	2.723	1.232	−3.489***	0.001
社会自立—社交行为	3.415	1.183	5.299***	0.000
学业自立	3.187	1.212	2.292**	0.023
心理自立—自我控制	3.450	1.140	5.982***	0.000
自我决断功能领域	3.172	0.946	2.740***	0.007
社会自立—安全常识	2.801	1.215	−2.449**	0.015
社会自立—社交行为	3.209	1.264	2.439**	0.015
学业自立	3.118	1.171	1.444	0.150
心理自立—自我控制	3.232	1.010	3.483***	0.001
总反应	3.360	0.910	6.016***	0.000

（二）自立行为的学段差异

具体结果为，229个样本中：从领域维度来看，智力障碍儿童自立行为主要表现的领域在日常自立上；从功能维度来看，自我行动功能领域得分显著高于自我决断功能领域得分；培智高学段自立行为各维度得分均优于培智中段，培智中段优于培智低段，呈随学段递增的态势。根据F检验结构（表5），学段的自立行为水平无论从功能维度、领域维度来看差异极其显著（$p<0.001$），因此以学段作为本次研究的主要讨论对象，具有可行性。

表5 学段差异分析

维度	培智低段（1～3年级）（N=89）	培智中段（4～6年级）（N=69）	培智高段（7年级及以上）（N=71）	F	p
自我行动功能领域	3.17±0.91	3.56±0.85	4.03±0.79	19.254	0.000
日常自立	3.76±1.07	4.01±1.03	4.54±0.69	13.142	0.000
社会自立—安全常识	2.11±1.11	2.78±1.10	3.40±1.09	27.075	0.000
社会自立—社交行为	3.10±1.23	3.47±1.06	3.74±1.13	6.316	0.002
学业自立	2.70±1.26	3.27±1.05	3.64±1.09	13.541	0.000
心理自立—自我控制	3.15±1.13	3.36±1.12	3.81±1.03	7.232	0.001
自我决断功能领域	2.69±0.81	3.15±0.85	3.59±0.90	22.045	0.000
日常自立	3.17±1.02	3.52±1.02	3.88±1.00	9.527	0.000
社会自立—安全常识	2.19±1.05	2.85±1.08	3.51±1.12	29.329	0.000
社会自立—社交行为	2.85±1.30	3.24±1.12	3.59±1.21	7.098	0.001
学业自立	2.81±1.23	3.02±0.94	3.56±1.15	8.960	0.000
心理自立—自我控制	2.86±0.98	3.29±1.05	3.63±0.83	13.012	0.000

(三)自立行为的性别差异

将全体样本分为男、女，比较二者自立行为在功能维度、领域维度上的差异。根据独立样本 t 检验结果如表6显示：男、女在功能维度、领域维度上均无显著差异。

表6 性别差异分析

维度	男(N=156)	女(N=73)	t	p
自我行动功能领域	3.35±0.96	3.39±0.91	−0.255	0.806
日常自立	4.08±1.02	4.08±0.97	−0.047	0.969
社会自立—安全常识	2.73±1.22	2.67±1.24	0.326	0.750
社会自立—社交行为	3.35±1.21	3.54±1.09	−1.144	0.255
学业自立	3.21±1.21	3.10±1.21	0.632	0.529
心理自立—自我控制	3.40±1.16	3.54±1.07	−0.831	0.407

续表

维度	男(N=156)	女(N=73)	t	p
自我决断功能领域	3.17±0.95	3.16±0.91	0.112	0.914
日常自立	3.54±1.03	3.41±1.10	0.871	0.384
社会自立—安全常识	2.82±1.19	2.75±1.25	0.393	0.699
社会自立—社交行为	3.19±156	1.28±3.22	−0.194	0.851
学业自立	3.11±1.12	3.10±1.25	0.025	0.988
心理自立—自我控制	3.20±1.04	3.29±0.94	−0.657	0.514

(四)自立行为的独生子女差异

是否为独生子女是家庭因素中的重要部分,将全体样本分为独生子女、非独生子女,比较二者自立行为在功能维度、领域维度上的差异。根据独立样本 t 检验结果如表 7 显示:独生子女和非独生子女在功能维度、领域维度上均无显著差异。

表 7　独生子女因素差异分析

维度	独生子女(N=81)	非独生子女(N=148)	t	p
自我行动功能领域	3.33±1.03	3.38±0.90	−0.378	0.706
日常自立	4.05±1.10	4.09±0.95	−0.281	0.779
社会自立—安全常识	2.79±1.25	2.67±1.22	0.728	0.467
社会自立—社交行为	3.33±1.21	3.45±1.16	−0.719	0.473
学业自立	3.16±1.30	3.19±1.15	−0.154	0.877
心理自立—自我控制	3.32±1.20	3.51±1.09	−1.208	0.228
自我决断功能领域	3.15±1.01	3.17±0.90	−0.198	0.843
日常自立	3.38±1.19	3.56±0.96	−1.244	0.215
社会自立—安全常识	2.97±1.20	2.71±1.21	1.551	0.122
社会自立—社交行为	3.13±0.81	1.33±3.23	−0.597	0.551
学业自立	3.15±1.21	3.08±1.14	0.412	0.681
心理自立—自我控制	3.12±0.81	1.11±3.29	−1.212	0.227

四、讨论和分析

(一)智力障碍儿童的自立行为在功能维度上的反应特点

本研究主要对智力障碍儿童的自立行为在自我行动功能维度和自我决断功能维度进行调查研究。自我行动是指儿童在外在行为上的自我做主、自我判断的程度与水平。自我决断是指儿童在内在行为上的自我做主、自我判断的程度与水平。

培智低段、培智中段和培智高段的智力障碍儿童,无论是自我行动功能还是自我决断功能都有随年龄和学业的增长而增长的趋势,表现出培智高段优于培智中段、培智中段优于培智低段的现象,说明随着生理、心理的发展以及训练、教育的干预,智力障碍儿童的自立行为有一定的发展。而三个学段的智力障碍儿童的自我行动功能整体上来看要大于自我决断功能,说明智力障碍儿童自立行为整体上偏向表现为外在行为上的自我做主与自我判断。

(二)智力障碍儿童的自立行为在领域维度上的反应特点

从领域维度来看,培智中、高段儿童自立行为在社会自立—安全常识维度较培智低段儿童自立行为方面有了一定提升。智力障碍儿童在经历一段较长时间的干预训练中,对危险的防范意识有所提高,主要原因是学校及家庭对该方面的重视,且安全意识的提升是保证儿童人身安全最重要的且最有效的途径。

在社交方面,社会自立—社交行为得分随学段增长。因儿童进入培智学校或干预的逐渐进行,儿童与同伴交往的次数也日益增多,智力障碍儿童的社会性联系逐渐进入他们的生活中,慢慢熟悉人际关系交往中的规范。

(三)智力障碍儿童的自立行为在具体条目上的反应特点

从具体的反应项目来看,培智低段在“外出跟大人走散后知道该如何处理”“知道在什么情况下使用 110、119 等电话”“能独自简单处理一些小外伤”条目上的得分明显低于培智中段和培智高段,且低、中、高学段在这 3 个条目所得分数较低,差距较大。随着学段的提高,儿童们接触社会的次数总体上升,自立行为也得到了必要的培养,能运用教师和父母传授的相关经验来解决自立行为问题。所以,得分随学段的提高而提高。

培智低段的儿童在进入特殊学校之前,大多是在父母的照顾和帮助下生活,很少一部分接受过正式的学前教育。所以当培智低段儿童在商场走失后,没有了父母的帮助，缺乏如何向人求助的经验，因而在“外出跟大人走散后知道该如何处理”方面仍有困难。智力障碍儿童们大多数情况下都被父母过度保护，所以当有小外伤时，大多数情况下都由父母处理，他们的自我处理外伤能力得不到锻炼。所以在“能独自简单处理一些小外伤”方面也有困难。在社会自立领域维度，自立行为提升较少。田洪伟认为：“造成这个现象的主要原因是智障儿童的社会化困难，主要表现在两个方面：缺乏有利环境，缺乏有效监管和适度照顾。”[6]

五、结论与建议

(一)结论

1.随着学段的发展，智力障碍儿童自立行为水平有所提升

随着学段的发展，智力障碍儿童自立行为得分不断上升，且学校及家庭的干预会加速自立行为的建立与发展。

2.进入培智学校有利于智力障碍儿童社会性的建立

智力障碍儿童进入中、高学段后社会自立维度均值明显上升，社会自立行为水平显著提高。

3.自立行为的问题主要表现在社会自立—安全常识维度

培智中、高段儿童自立行为在社会自立—安全常识维度较培智低段儿童自立行为方面有了一定提升，但得分仍然低于理论中值，说明智力障碍儿童自立行为的问题主要表现在社会自立—安全常识维度，主要由于缺乏有利的环境、有效监管、适度照顾，应加强这方面的科学有效的干预教育。

(二)建议

1.提高学校安全教育培训的针对性，同时加强家庭安全教育培训

本研究发现，智力障碍儿童在社会自立—安全常识维度，虽有逐渐提升的趋势，但是总体分数小于其他领域维度。而学校进行的安全教育大多是针对不可抗因素导致的突发事件，例如火灾、地震，对于学生日常安全教育有所欠缺，且根据实际考虑，学校带领学生进行日常安全教育实践可行性较低，家庭教育应当担负起安全教育实践的主要责任。在家庭与学校共同进行干预训练时，家庭中的教育应该加重安全教育在日常生活能力训练中的比重，才能更好地让儿童建立自己的安全意识，在无他人的情况下，保证自己的人身安全。而在家庭中所要进行的安全教育，学校可以进行辅助指导，例如组织家长进行安全教育，

通过科学、有效的途径，让孩子在家庭生活中也能获得安全知识，并将其消化、吸收。

2.学校联合社会机构开展情境模拟活动、游戏

学校活动比起家庭活动能让智力障碍儿童们在模拟真实的情境下，通过亲身实践学会正确的自立行为，不仅可以对儿童自立行为活动有所帮助，且能增加学校生活的趣味性，让儿童在游戏中学习，在游戏中成长。在进行游戏的过程中，儿童可以更轻松，更有效地获得有关于自立行为活动的相关经验，并可以帮助教师观察儿童是否有所进展。这种做法既可以保障安全又让学生们得到了锻炼。

3.学校应加入对学生自立行为的日常检查

本调查的许多条目来源于生活中的细节，而一些儿童自立行为活动内容能在生活的细节中有更好的体现。学校可以定期对学生的自立行为做一些测试并记录，例如每个月让相同障碍程度的儿童进行一些有关于自立行为的小测试或小活动，从而能够对学生自立行为发展的进程有所记录，更好地帮助智力障碍儿童的干预培训及自立行为培养。

4.成立家长互助小组

在智力障碍儿童的干预培训中，家庭和学校的结合能够事半功倍。教师和社会工作者可以帮助家长们学习专业的教育智力障碍儿童的知识和方法。家长也可以互相之间分享经验，达到互相促进的目的，争取为儿童提供有利的环境、有效的监管和适度的照顾。

参考文献

[1]黄希庭，李媛.大学生自立意识的探索性研究[J].心理科学，2001(04).

[2]夏凌翔，黄希庭.当代学者对自立认识的概念分析[J].心理科学，2006(04).

[3]凌辉，黄希庭.6～12岁儿童自立行为结构的初步研究[J].中国临床心理学杂志，2006，14(3).

[4]凌辉，张建人，钟妮等.3～6岁儿童自立行为结构的初步研究[J].中国临床心理学杂志，2014，22(6).

[5]夏国英.论我国更高水平的小康社会之理想人格[J].理论探讨，2003(3).

[6]田洪伟，李精华.基于社会网络理论的智障儿童社会化研究[J].牡丹江大学学报，2017，26(8).

培智学校中年级学生两性交往能力的行动研究

——基于性教育绘本的情境教学

尹阚如　康思嘉　赛纳[①]

指导教师：李欢

摘　要：本研究旨在探讨性教育绘本情境教学对提高智力障碍学生两性交往能力的成效，采用行动研究法，对 11 名培智学校五年级智障学生进行教学干预。研究者遵循计划——行动——观察——反思这样一个循环螺旋上升的过程进行实践。最后，综合各项研究所得，归纳出本研究的结论，包括性教育绘本情境教学对提高培智中年级学生两性交往能力的有效性及培智中年级学生对性教育教学的接受层级，并提出如何通过性教育绘本情境教学提高培智中年级学生两性交往能力的建议。

关键词：智力障碍学生；性教育；两性交往；绘本教学；行动研究

本研究的意义在于从理论上，可以了解目前我国培智学校中年级智力障碍儿童性教育的现状，依据智力障碍学生认知发展特点，参考已有性教育课程和绘本，设计培智学校中年级学生两性交往方面的教学活动方案。在实践上，我国中年级智力障碍儿童普遍存在性知识普及率低、自我控制力较薄弱等问题。本研究通过围绕一系列性教育绘本展开教学活动，可从性生理、性心理、性安全三方面的教学中，提高中年级智力障碍学生性教育方面两性交往能力。

一、问题提出

（一）性教育是青少年成长的必修课程

随着社会的发展和性成熟的提前，性教育成为全球性的话题，接受性教育是每个青少年的权利。处于青春期的少年，由于体内激素的作用，生殖系统开始发生变化。研究者们普遍认为："青春期与个体的社会化的发展，完整人格的

①尹阚如、康思嘉、赛纳：西南大学教育学部本科 2016 级特殊教育专业学生。

形成，以及成年之后的恋爱、择偶和婚姻家庭生活、良好人际关系的建立密切相关。”[1]因此抓住青春期这个教育的关键期，为青少年提供适时的性教育，对个体健康的发展很有必要。

（二）智力障碍青少年比普通青少年更需要性教育

长久以来，人们对智障者的认识是“永远长不大的孩子”，认为他们没有性意识和性冲动。可是，他们忽略了一点，智障者也是人，他们也会发育。近些年的研究表明“智障者较普通人性生理成熟约晚 13 个月，虽然发育迟缓，但性发展阶段和过程与常人并无差别”。

（三）智力障碍青少年的性问题已产生严重影响

智障青少年出现的不加掩饰的性意识和性行为，如触摸生殖器官等行为，已产生了很多恶劣的影响。对其他智障学生而言，这些不良行为会给他们造成错误的示范。同时，智力的限制又使他们常常成为性侵害的受害者和施暴者。美国统计数据显示：“智力障碍人士超过 90％遭遇过性侵犯，49％遭遇过 10 次以上的性侵犯。”

（四）培智学生性教育教学方法严重匮乏

当前我国培智学生性教育严重缺失，与此同时，性问题影响严重。所以，对培智学生采取有效的性教育教学方法势在必行。绘本是公认的儿童早期教育的最佳读本，其文字较少、图片精美、情节有趣，因而绘本阅读对智障学生也具有极大吸引力。在中重度低段培智学生中，通过生动性导入、探究性引导、拓展性延伸三个层面开展绘本阅读，能有效提升绘本教学质量，促进学生多方面发展。[2]

二、研究设计

（一）行动研究准备

本研究采用行动研究法，旨在通过实施课堂绘本教学，探讨其对智障学生两性交往能力的影响。本研究对象为 X 市 Y 特殊教育学校培智五年级智力障碍学生，共 11 人，其中男生 6 人，女生 5 人。研究对象资料如表 1 所示。本研究采用行动研究的方式探索对智力障碍学生进行性教育的教学方法。行动研究是一个螺旋式上升的发展过程，每一个螺旋发展圈又包括四个相互联系、相互依赖的环节：计划、行动、考察和反思。

表1 研究对象资料

序号	姓名	性别	年龄	认知水平	口语表达能力	智力障碍程度	家庭成员情况	自身情况	基于教学过程的发现
1	蒋**	女	11	很好	表达不清	轻度智力障碍	父母离异后重组家庭；随母亲（盲）	安静	有一定的言语障碍，会表达，但说不清
2	钱**	女	10	较好	较好	轻度智力障碍	双亲	安静	可自我认识
3	徐*	女	17	较好	较好	轻度智力障碍	父母离异；随父	住读；处在青春期，喜欢和男孩一起玩	建议随班就读
4	刘兵	男	13	较好	较好	轻度智力障碍	父母离异；随父	热情	指挥掌控强；建议随班就读
5	刘雨	女	13	一般	有一定表达能力，但仍欠缺	轻度智力障碍	父母离异；随父	老师建议个别辅导	喜欢和男孩子玩；对男女有了一定的认识
6	刘*	女	13	一般	有一定的表达能力，但仍欠缺	轻度智力障碍	双亲	喜欢画画	嘴上有些排斥男生，但还是很关心同学
7	凡**	男	14	一般	有表达能力，但略微不清楚	轻度智力障碍	父母离异；随父	老师建议个别辅导	心地纯良
8	赵**	男	9	有一定认知	表达不清	唐氏综合征和心脏病	双亲	无法参与课堂教学问题的回答	热心，会安慰别人；建议个别辅导
9	谢**	男	11	有一定认知	无表达能力	自闭症	双亲	无法参与教学活动	孤僻
10	刘浩	男	14	有一点认知	无表达能力	脑瘫和中度智力障碍	双亲	喜欢打电脑游戏	有暴力倾向；强烈建议个别辅导
11	刘东	男	12	癫痫	无表达能力	中重度智力障碍	父母离异，但父母都有照顾他	喜欢小动物，喜欢鸽子，很安静	无法参与教学活动；建议个别辅导

本研究的主要工具包括9本系列绘本，如表2所示，及《两性交往能力测验表》。首先，该系列绘本都是世界闻名的被教育界认可和推广的；其次，这9本绘本内容非常符合我们所研究的两性交往的主题；最后，这9本绘本由生理到心理层层递进进行单元划分，符合培智学生学习规律。笔者团队自编的《两性交往能力测验表》（男女版），是在台湾《智能障碍者性教育评量表》基础上，结合此次性教育绘本教学内容进行编制的，得到了老师和专家的认可。

表2　教学绘本

序号	书名
1	《小鸡鸡的故事》
2	《乳房的故事》
3	《朱家故事》
4	《我讨厌女孩儿！其实也不是……》
5	《我讨厌男孩儿！其实也不是……》
6	《我喜欢你》
7	《鳄鱼爱上长颈鹿》
8	《熊爱上蝴蝶》
9	《亲爱的小鱼》

（二）行动研究实施程序

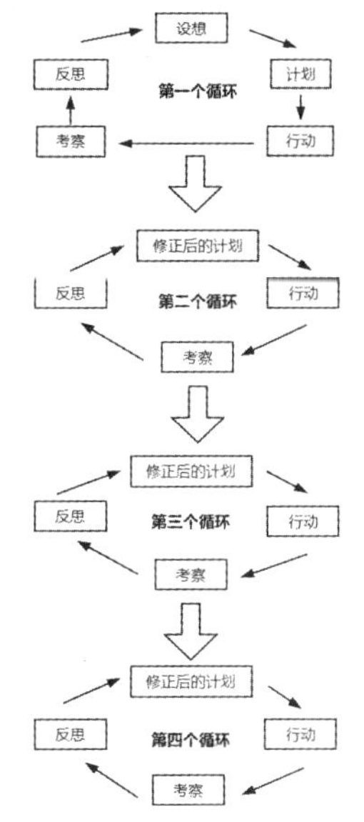

图1　各环节内容与实施程序

根据绘本教学初步设计的流程与实施方式，研究者于2017年10月正式进行行动研究，为期3周，每周进行3次教学，每次35分钟。执行阶段，皆使用相机和录音设备记录学生的课堂表现及课堂教学情形。本研究实施程序分为四个环节，依次为计划、行动、考察和反思，且反思并不是终点，它是一个螺旋的结束，也是另一个螺旋的开始，本研究中各环节内容与实施程序如图1所示。

第一个循环：

设想——性教育绘本情境教学。

计划——阅读前的准备，故事的讲述，情境模拟，知识点的强化。

行动——按照计划中的四个步骤实施教学。

考察——用录音笔记录学生的表现。

反思——1.学生不理解性教育专有名词，课时结束后不能识记知识点；2.教学进行到讲读时，学生已产生疲劳。

第二个循环：

修正后的计划——1.引用视频教学法；2.教师在进行引导教学时要放慢语速，用短句，反复强调关键句。

行动——播放视频，让学生认真观看，之后分享心得。

考察——用录音笔记录学生的课堂发言情况，并记下方案的调整对学生行动的影响。

反思——1.所选的教学视频，语速过快；2.教学时撤离课桌一定程度上导致了小团体在别的同学回答问题时聚集聊天的情况，使课堂纪律混乱；3.一次课时间为35分钟，学生在20分钟左右时易产生厌倦情绪，研究者猜测是缺少强化物的原因。

第三个循环：

修正后的计划——还原课桌，引入轻音乐伴奏教学和小红花贴纸奖励教学。

行动——铃声响时告知学生开始教学，不理会个别学生的其他要求。

考察——用录音笔记录学生的课堂发言情况，同时记录学生的课堂参与情况。

反思——1.引入音乐课堂井然有序；2.引入小红花贴纸后，学生开始竞相攀比谁得到小红花多；3.所选的教学绘本颜色要鲜艳，而且排版布局要简洁。

第四个循环：

修正后的计划——1.采用改进强化物奖励机制方案，并在绘本情境教学开始前告知学生，但不透露强化物是什么；2.音乐持续伴入。

行动——在教学活动开始前告知学生如果认真参与，表现良好，回答问题准确，会得到研究者的小礼物。

考察——用录音笔记录学生的发言情况，并记录改进强化物奖励机制后对学生课堂参与的影响。

反思——学生都积极参与，表现良好。

三、研究结果

（一）基线期

在基线期，研究者首先与学生建立良好的关系，达成周一至周二下午第一节课外活动课和周三上午第一节课共同阅读绘本故事的约定，待学生形成习惯后，开始收集学生个人能力水平的基线期资料。

（二）第一个循环

按照行动研究计划，第一次教学研究者选择绘本《小鸡鸡的故事》和《乳房的故事》，结合导师和特殊教育学校老师的建议，这两节绘本课男女生分开进行，这两本绘本的主题为“男生女生大不同”。第二次教学，研究者选择绘本《朱家故事》。

表3　第一个循环：男生女生大不同

绘本	绘本内容	选择缘由	绘本图文设计	情境创设	教学方法	教室环境
《小鸡鸡的故事》	介绍了小鸡鸡的功能、防范性侵害及孩子出生的过程	从生理角度分析了小鸡鸡的功能	简单明了但图画不生动	未创设出有效情境	PPT直观教学；教学模式为传递—接受式	学生围坐在一起
《乳房的故事》	介绍了乳房的重要性	介绍了乳房的功能	同上	同上	同上	同上

续表

绘本	绘本内容	选择缘由	绘本图文设计	情境创设	教学方法	教室环境
《朱家故事》	主旨是传达家庭成员的角色与分工要公平,强调同理心	向学生传达男生与女生要互相帮助的理念	画面生动,故事感强,有线索,学生兴趣浓厚	请学生描述并进行模仿,效果不错	同上,学生模仿表演	同上
改进方案	选择更贴切主题且能激发学生阅读兴趣的绘本	要注意不能超出培智中年级阶段性教育的度	前期教学重视绘本内容,却忽略了绘本的视觉效果	引入更直观更生动的教学方法:视频辅助教学	改变教学模式,尝试更自由的情境课堂	恢复课桌

第一个循环教学反思。首先,没有清晰地了解到不同障碍程度儿童的认知特点和接受能力,有些孩子需要个别辅导。其次,没有把握好课堂节奏,语速过快,重点没有反复强调,课堂有效度不高。

(三)第二个循环

绘本情境教学方案改为通过“在讲读时带领学生朗读,并通过角色扮演练习故事情境对话”来进行。第三次教学,研究者选用绘本《我讨厌女孩儿!其实也不是……》《我讨厌男孩儿!其实也不是……》教学。

表4 第二个循环:我们要做好朋友

绘本	绘本内容	选择缘由	绘本图文设计	情境创设	教学方法	教室环境
《我讨厌女孩儿!其实也不是……》	以欲扬先抑的手法介绍女生的特点	强调男生要和女生做好朋友	画风夸张,色彩绚丽	请男生模仿女孩子的喜好动作等	视频教学法	撤离课桌;学生发言积极,但依旧喜欢结成小团体一起聊天

续表

绘本	绘本内容	选择缘由	绘本图文设计	情境创设	教学方法	教室环境
《我讨厌男孩儿！其实也不是……》	以欲扬先抑的手法介绍男生的特点	同上	同上	同上	同上	同上
改进方案	绘本题目具有转换性，不直观，如“我讨厌”，可将绘本内容适当调整，改为“我要和男孩/女孩做好朋友”	依据主题层次找相关绘本	内容要符合中国孩子的生活情况	教师课前设计好情境教学方案，灵活应对课堂变化。可先从一个个小情境创设起，再将大情境架构起来	教学时播放的视频语速较快，不适合智力障碍学生学习，他们的反应速度跟不上	复原课桌，同时引入音乐辅助教学

第二个循环教学反思。首先，要把握好教学的进度。其次，要对授课对象进行分层次教学。最后，课堂教学方法要多样，避免学生由于反复阅读、练习产生疲劳致使阅读绘本的动机减弱。

(四)第三个循环

此次循环包含第四次教学《我喜欢你》和第五次教学《鳄鱼爱上长颈鹿》。

表5 第三个循环：我喜欢你

绘本	绘本内容	选择缘由	绘本图文设计	情境创设	教学方法	教室环境
《我喜欢你》	讲述了“我喜欢你”的具体表现	从多方讲述“喜欢”的概念，有利于帮助孩子理解“喜欢”的广义性	黑白铅笔画，文字抽象意较多，一页有2~3个字段情节，较复杂	授课时每个形象的语段都请学生上台表演模仿，效果较好	多媒体直观教学；引入轻音乐；师生问答；学生跟读；引入小红花奖励机制	还原课桌

续表

绘本	绘本内容	选择缘由	绘本图文设计	情境创设	教学方法	教室环境
《鳄鱼爱上长颈鹿》	讲述“喜欢”的意义	直观,有利于智力障碍学生的认知理解	图画色彩丰富,人物形象可爱	教师用语言和背景音乐创设情境,并请学生进行鳄鱼和长颈鹿的角色扮演,效果良好	同上	同上
改进方案	—	—	在进行绘本选择时,应选:色彩丰富、人物形象可爱、文本长度适中的	在带领学生诵读了解完绘本后,直接让学生进行绘本剧的表演,营造出一个大的情境	改进奖励机制——授课完毕后再发	—

第三个循环教学反思。首先,可以恰当地运用消费品和社会性奖励的方法来促进学习。其次,持续使用舒缓音乐进行辅助教学,利于学生放松心情。最后,此次授课从生理层次上升到了心理——喜欢的表达,学生在短时间内无法接受和理解喜欢的内涵,建议可以采用更灵活的课堂教学策略。

(五)第四个循环

研究者计划在学生回答问题后使用强化物,采用轻音乐辅助教学的方法进行第五次教学,选择绘本《熊爱上蝴蝶》《亲爱的小鱼》。

表 6 第四个循环:爱的真谛

绘本	绘本内容	选择缘由	绘本图文设计	情境创设	教学方法	教室环境
《熊爱上蝴蝶》	讲述了大熊和蝴蝶的爱情故事	让学生学会如何表达内心的感受,关心他人,逐步去理解爱	绘本图画是暖色系,使得整个故事充满了温暖的感觉,有着强烈的感情色彩	教师在带领学生熟悉绘本后,请学生角色扮演,口语表达好的扮演主角,口语认知差的扮演一些配角	多媒体直观教学;引入轻音乐;师生问答;学生跟读;引入食物及小红花奖励机制,同时在教学结束后颁发	还原课桌
《亲爱的小鱼》	讲述了小猫和小鱼由不舍分离到最后在一起的故事	给我们呈现了爱的真谛——默默付出,不求回报	图画简洁明了,故事情节简单易懂	同上	同上	同上

第四个循环教学反思。整体教学效果良好,但也有一些问题值得深思。首先,我们将强化物介入教学后,发现学生阅读绘本的兴趣和动机提高,但个别配合不了完整的教学过程。其次,实际观察发现,针对培智五年级的学生,拥有性强化物的作用大于社会性强化物,因此我们计划在今后教学中以拥有性强化物为主。

(六)第五个汇报表演循环

情景剧汇报表演,展示成果。本循环根据《亲爱的小鱼》绘本进行情景剧改编,请同学们来进行角色扮演,汇报效果良好。

(七)对学生性教育之两性交往教学接受层级的探究

该结果测评仅在 11 名学生中选择有表达能力的 7 名同学来考察,其余 4 名同学认知水平与语言水平有限,不在考察范围内。根据实验效果,目前研究者还与该 4 名被试处在交流互动过程中,故需要延长干预期,后期再进行测量。

表7　7名培智学生《两性交往能力测验表》测验成绩

序号	姓名	性别	年龄	第一单元（10分）	得分率（%）	第二单元（16分）	得分率（%）
1	徐*	女	17	8	80.00%	10	62.50%
2	刘雨	女	13	10	100.00%	8	50.00%
3	钱**	女	10	10	100.00%	14	87.50%
4	刘*	女	13	10	100.00%	8	50.00%
5	蒋**	女	11	10	100.00%	16	100.00%
6	凡**	男	14	10	100.00%	10	62.50%
7	刘兵	男	13	9	90.00%	8	50.00%
8	总分（分）	—	—	67	95.71%	74	66.07%
序号	姓名	性别	年龄	第三单元（24分）	得分率（%）	第四单元（20分）	得分率（%）
1	徐*	女	17	18	75.00%	20	100.00%
2	刘雨	女	13	21	87.50%	20	100.00%
3	钱**	女	10	18	75.00%	10	50.00%
4	刘*	女	13	21	87.50%	14	70.00%
5	蒋**	女	11	24	100.00%	20	100.00%
6	凡**	男	14	21	87.50%	12	60.00%
7	刘兵	男	13	9	37.50%	14	70.00%
8	总分（分）	—	—	132	78.57%	110	78.57%

研究者将教学的四个循环单元转化为三个层次。层次一：了解男女生生理上的不同；层次二：能够和男女生进行正常交往；层次三：自身对“喜欢”有概念界定。

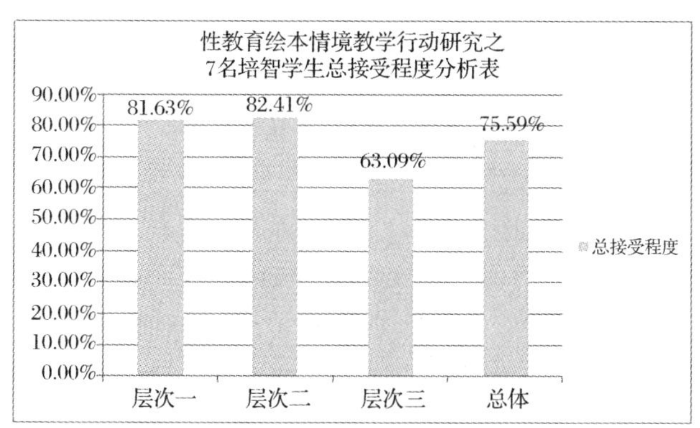

图2　7人对此次性教育总接受程度分析

通过分析三个教学层次柱状图(如图2所示),我们可以看出,该班的7名培智学生对生理层次和交往实际行为表现方面的性教育接受层级较高,但是对层次三“喜欢”这一抽象概念的理解与应用接受程度一般。整体来看,7名学生在为期3周的行动研究性教育中,表现良好,总接受程度达75.59%。

四、结论与建议

(一)研究结论

实施性教育绘本情境教学法后,研究者分析学生在基线期和干预期的观察记录,结合研究目的提出本研究的结论。本研究的结论如下:

1.性教育绘本情境教学法能够提高培智中年级学生两性交往能力

综合后期数据分析,以绘本情境教学的教学方法来安排课程设置,将内容有层次地,循序渐进地来进行周期教学,极大地提高了培智中年级学生两性交往能力,证明性教育绘本情境教学对提高培智中年级学生两性交往能力有效。

2.培智中年级学生的两性交往水平处于生理期向心理期过渡的阶段

学生们大部分不了解两性交往所涉及名词的抽象概念,其接受范围仅停留在概念的浅层次,但是他们正处于青春期,对“性”有一些浅淡的理解和朦胧的向往。由此笔者认为培智中年级学生的两性交往水平接受层级保持在生理期向心理期过渡的阶段。

3.行动研究有利于教师打磨两性交往教学方案

我们通过行动研究的方法,结合学生特点设计教学方案,在课堂实践中修改教案,不断反思,使得我们的教学方案更适合学生。在后期测验反馈中,学生的反应良好。由此说明行动研究有利于教师在反复打磨课堂教学行动中形成最适宜培智中年级学生使用的性教育两性交往教学方案。

(二)有关智力障碍学生性教育的策略分析

1.智力障碍学生的两性交往能力的绘本教学策略

首先,教师要提高自身选择绘本并进行教学的能力。绘本主题内容的趣味性是吸引学生学习注意、激发学生学习兴趣的重要因素,教师要有“眼力”,要观察绘本主题、内容、题材、中心思想等要素。两性交往绘本的趣味性指绘本主题有童真童趣,不会让学生读起来觉得无聊。其次,教师要提高进行绘本情境教学的能力。情境教学是一种创设典型场景,激起学生热烈的情绪,把情感活动与认知活动结合起来的一种教学模式,要贯穿教学过程,要求与教学内容紧密结合,突出教材的重点,同时根据教材的特点以及学生认识水平,突出本学科的鲜明特点,与能力训练相结合,从而提高学生的思维活力。再次,教师要把握好性教育绘本教学的度。性是一个敏感的问题,性教育存在着一个尺度的问题。教师在教学中,一定要了解每一位学生的理解水平和认知能力。最后,引入音乐进行教学,舒缓学生情绪,营造身临其境的情境。音乐表现形式有其独特的作用,胜过任何一种语言表达形式,成为人类最能理解和最能直接反映人的内心世界的一种艺术形式。在课堂中引入适宜教学主题的音乐作为背景,可以营造还原一种身临其境的情境,与绘本情境教学不谋而合。

2.性教育内容和方法应注意循序渐进

教育有一个节奏的问题。不能指望一提问,培智学生立即给出正确的回答;同样,也不能指望一次活动就能立竿见影地看到结果。否则,就会造成培智教学肤浅化、形式化的问题。性教育更是如此,把握好度的同时,还要根据培智学生身心发展特点,对性教育的程度和深度进行调整,以引导其健康成长。

3.加强性教育中的家校合作

性属于个人隐私,本身具有高度的个体性与隐秘性,并非所有的性问题都能够公开进行教育。学校性教育有着无法克服的弊端。另外,性别角色的形成与发展、性道德观念的培养是一个周期很长的过程,不是通过短短的几次活动就能实现的,父母的榜样示范和和谐的家庭氛围比之课堂说教更易为幼儿所理解和接受。家庭中的性教育具有及时、连续的特点,是其他任何形式的教育不可比拟的。[7]

参考文献

[1][3]欧晓燕.幼儿园性教育活动实施的行动研究[D].重庆:西南大学硕士学位论文,2012.

[2]王伟燕.中重度低段培智学生绘本阅读研究[J].绥化学院学报,2017(4).

[4]王燕,李海燕.韩国智力落后儿童性教育的发展及启示[J].中国特殊教育,2004(1).

[5]葛喜平.中国性教育现状分析与思考[J].黑龙江社会科学,2001(2).

[6]刘婷.情绪主题绘本促进幼儿情绪能力发展的行动研究[D].重庆:西南大学硕士学位论文,2010.

[7]李春光.幼儿园绘本教学现状及改进研究[D].北京:首都师范大学硕士学位论文,2013.

第四篇
课程与教学

师范生教育学类课程课堂学习现状调查研究

——以西南大学为例

谭婷　许晨辉　李东香　马逸宁　王腾辉①

指导教师：邓翠菊

摘　要：为了解当前师范生群体在教育学类课程中的学习现状，本研究从学习态度、学习方法、学习过程及学习效果四个维度对师范生进行了调查分析。得出结论：在学习态度方面，学生对开设教育学类课程的必要性和重要性认识程度不够；在学习过程中，学生的课堂行为表现较一般，玩手机、看课外书等问题行为广泛存在，学生对知识和技能的学习仍仅限于课堂，较少进行课外补充；在学习方法方面，学生仍局限于被动接收课堂知识，自主学习与探究性学习意识薄弱；在学习效果方面，学生普遍认为课堂学习效果未达到课程考核标准或不符合自身期望。综合教师教学、学校管理、教学环境等因素对学生学习现状进行归因分析，并结合西南大学实际情况，寻求改善措施。

关键词：课堂学习；师范生；教育学

2007年，教育部通过了《教育部直属师范大学师范生免费教育实施办法（试行）》，并在六所教育部直属师范大学开始实施免费师范生教育政策。西南大学作为部属师范大学之一，秉承培养中小学师资后备军的传统，为西南地区输送了大量人民教师。为进一步提升未来教师综合素质，西南大学为师范生在学科专业课外开设了关于教育理论与教学实践的课程，即教育学类课程。而教师的教学实践却表明学生存在课堂学习效率较为低下、学习效果欠佳等现象。因此，了解当前师范生学习教育学类课程的课堂现状，找出存在的问题，并且分析原因，提出提高课堂学习效率的建议，对全面提高师范生教育类课程学习效果有着重要意义，也能够在一定程度上促进我国教师教育的发展。

①谭婷、许晨辉、李东香、马逸宁、王腾辉：西南大学教育学部本科2014级晏阳初创新实验班学生。

一、文献综述

(一)高校师范生学习现状相关研究

高校师范生是大学生群体中的一类,当前关于大学生学习现状的研究对研究高校师范生课堂学习现状具有一定借鉴意义。从一些学者对大学生学习现状的研究看来,大学生在学习过程中存在着较多问题。闫向连在对山西财经大学公共管理学院的学生的学习方法(如课前预习、课堂听课、课后交流、自习、完成作业等)、学习态度(如学习动力、逃课原因等)进行调查后,发现当前大学生无论在课堂还是课余时间的学习状况普遍令人担忧,学习效率低下。[1]听课是课堂学习的第一步,对课堂学习投入应表现为用耳听、动手写、用脑思考,跟随教师讲课的思路,提出疑问或回答问题。但过半数同学有时或从不记笔记,六成多学生有时或经常走神,与同学聊天、听音乐、看小说、玩手机、赶作业等情况也存在于少部分同学中,甚至有极少部分同学存在吃东西、睡觉的情况。宋艳在其研究中指出,学生存在学习主动性、积极性较差,在课堂上与教师的交流较少的问题;但仍有大多数同学经常或者有时在课堂上与其他同学一起合作完成教师布置的任务,课后和同学讨论作业或实验。[2]一些学者还指出在大学生中普遍存在一些不良的学习行为,如:学习拖延、抄作业等。其中庞维国、韩贵宁在对来自我国东、中、西三个地区的11所高校的2200名同学进行问卷调查后,发现学习拖延是我国大学生中普遍存在的现象,不同专业、区域、类别高校的大学生间无显著差异。[3]并且学习拖延对大学生的情绪困扰随年级升高而逐渐减轻,表明大学生对学习拖延逐步习以为常,具有越来越强的心理适应性,越来越不重视学习拖延的消极影响。

在对高校师范生教育学公共课教学现象的研究中,有学者认为我国高校师范生教育学公共课课程类别和课时都较少。郭朝红就指出许多发达国家教育类课程在整个高师课程体系中所占比重较大,如英国约为25%,德国为30%,法国为20%,而我国高师教育课程占教学总学时约6%,在整个教学体系中所占的比重较一些发达国家来说要小得多。[4]教师教学方面,郁芳通过研究指出,承担教育学公共课程的任课教师一般都承担了多个班级的教学任务,没有足够的时间钻研教育教学实践中的问题,并且对教师评价重科研的现状使他们对教学并不十分看重。[5]

(二)高校师范生课堂学习现状原因相关研究

许多学者的研究调查较为一致地认为高校师范生课堂学习现状的影响因素包括教师、学生和学校三个方面。在教师因素方面,较多的学者认为教师的讲课方式、教授的内容、专业知识素养以及教师职业素养是影响学生听课效率的重要因素。

学校方面,卢增娟认为考核方式上也存在着学业考评单一、僵化刻板的问题,基本沿用日常学习成绩和期末理论成绩相加的传统方式,这种考评方式容易导向教师空洞的理论知识说教、学生机械背诵书本知识的情况,忽视了对学生教育问题理性分析能力的培养。[6]此外,有学者指出课堂秩序也会对大学生课堂学习产生一定的影响。

在学生因素方面,在宋艳对西南大学本科生学习现状的调查研究中,发现大多数大学生对专业的兴趣不高,甚至极少部分同学明确表示自己对所学专业没兴趣或讨厌。大部分同学认为自己所学专业对于未来过上满意的生活比较有帮助或有一点帮助,但只有少部分同学认为自己所学专业对未来过上满意的生活非常有帮助。学生失去了学习的兴趣,自然也就没有了动力,无法全身心地投入到课堂学习中。[7]罗道全则着眼于大学生的心理,认为大学生仍处于青春期,决定了他们在很多方面还远未成熟和稳定。[8]他们的认识和行动是脱节的,虽然认识基本到位,但行动却基本缺位,还有一部分同学认识和行动都不到位。

综合众多学者的研究,发现高校学生在课堂学习中存在许多问题。许多学者都是围绕学校管理因素、教师因素、学生自身因素这些方面,针对高校学生课堂学习现状出现的问题提出方法对策的。而改善高校师范生课堂学习现状,需要多方面的配合,比如在学生自身因素对策研究中,仅仅依靠学生去进行自我调控、自我改变是不太可行的,因此也需要教师在这些方面有意识地对学生加以引导。高校师范生作为特殊的大学生群体,他们在教育学公共课课堂中学习现状如何?其影响因素有哪些?本研究则试图通过问卷调查,分析现状,提出切实可行的对策。

二、研究设计

(一)研究对象

本次调查面向全校师范学生随机选取大二、大三的文、理两类专业(汉语言文学、数学与应用数学、历史、计算机技术等)师范生作为调查对象。大一新生因入学军训,并未开设该类课程,大四学生面临毕业与就业压力,难以找到集中的调查对象,因此未参与此次调查。本次调查共发放问卷 210 分,回收并剔除无效问卷后共有有效问卷 193 份,回收率为 91.90%;其中男生人数为 54 人,占总人数的 27.98%;女生 139 人,占总人数的 72.02%;大二 126 人,占总人数的 65.28%;大三 67 人,占总人数的 34.72%;文科 90 人,占总人数 46.63%;理科 103 人,占总人数的 53.36%。具体分布情况如表 1:

表 1　样本分布表(N=193)

		人数(人)	百分数(%)
性别	男生	54	27.98
	女生	139	72.02
年级	大二	126	65.28
	大三	67	34.72
专业	文科	90	46.63
	理科	103	53.36
课程类型	必修	177	91.71
	选修	16	8.30

(二)研究工具

本研究采用自编调查问卷对师范生教育学类课程课堂学习现状进行调查。调查问卷包括学生个人资料、课堂学习现状、影响因素三个部分。课堂学习现状确定为学习态度、学习过程、学习方法和学习效果四个维度。影响因素部分包括教师教学的态度与方法、课程的考核与管理、教学环境和学生个人因素。在此基础上初步确定了调查问卷的基本项目,通过选取部分学生进行试测,对部分问题表述进行修改和精简,确定了 19 个正式项目,其中 13 个项目为课堂学习现状的调查设计。对量表采取 Likert 五点计分制,即完全不符合、比较不符合、一般、比较符合、完全符合,依次记为 1~5 分。调查问卷经检验,信效度良好。

三、研究结果

（一）课堂学习总体现状分析

对师范生课堂学习的总体情况和各维度之间的情况进行分析，具体情况如表2所示：

表2　师范生课堂学习现状下各维度的均值分析

维度	均值	标准差
学习方法	2.81	0.74
学习效果	3.06	0.78
学习过程	3.32	0.56
学习态度	3.64	0.85
学习现状	3.09	0.60

师范生课堂学习的总体均值为3.09，处于理论均值与比较符合之间，偏向于一般。在反映课堂学习现状维度上，学习方法2.81，得分较低；学习效果3.06，学习过程3.32，学习态度3.64，各维度得分均值处于一般略偏上水平。说明师范生在学习方法上存在不足，课堂学习参与度不高，学习效果得分略低，对知识、技能的掌握程度一般。为了详细说明师范生在教育学类课程中的学习现状，进一步分析各维度题项得分情况，以便做出解读。

（二）各维度现状分析

1.学习态度

学生学习态度通常可以从学生对待学习的注意状况、情绪状况和意志状态等方面加以判定和说明。因此在学习态度维度下设置了“课堂出勤率”“作业完成效率”“课程重视程度”3个项目进行分析。表3是关于师范生在学习态度维度下各项目的平均值情况。

表 3 学习态度各项目的均值分析

项目	均值	选项分布比例(%)				
		完全不符合	比较不符合	一般	比较符合	完全符合
课堂出勤率	4.07	4.15	9.32	11.40	24.87	50.26
作业完成效率	3.55	3.63	10.88	26.94	43.52	15.03
课程重视程度	3.29	4.66	11.40	41.97	34.20	7.77

从表 3 可以看到，学生的“课堂出勤率”均值为 4.07，得分较高；“作业完成效率”均值为 3.55，“课程重视程度”得分为 3.29。由此可以推断，师范生在完成作业和课堂出勤方面表现较好，但是对该类课程的重视程度较一般。通过分析师范生学习态度维度下各选项的分布情况，在“课堂出勤率”项目上选择完全符合、比较符合的人数多达 75.13%，位列第一；在“完成作业效率”的认真程度上，有 58.55%的学生选择了完全符合和比较符合；在对“课程重视程度”的项目上有 41.97%的人选择一般。从结果上看，当前师范生具有较积极的学习态度，但对开设教育学类课程的必要性和重要性认识程度不够。

2.学习过程

学生学习过程指学生在教学情境中通过与教师、同学以及教学信息的相互作用获得知识、技能和态度的过程。学习过程维度主要考查学生课前预习、课堂行为表现、课后巩固等行为表现。因此，在此维度下设置了“预习与复习”“课堂笔记”“课外补充”“遵守纪律”共 4 个考查项目。

表 4 学习过程各项目的均值分析

项目	均值	选项分布比例(%)				
		完全不符合	比较不符合	一般	比较符合	完全符合
预习与复习	2.68	8.29	32.64	44.04	12.95	2.07
课外补充	2.82	5.18	26.94	50.77	15.03	2.07
遵守纪律	3.06	7.25	23.83	35.75	21.76	11.40
课堂笔记	3.08	3.11	21.24	45.60	24.44	5.70

从表 4 中可看出学生在“课堂笔记”项目得分均值最高，均值为 3.08，在该题项中，有 30.14%的学生选择了比较符合和完全符合；“遵守纪律”均值为 3.06，有 33.16%的学生选择了比较符合、完全符合；“课外补充”均值为 2.82，有 17.10%的学生选择了比较符合与完全符合选项，接近一半的人选择了一般。“预习与复习”得分最低，为 2.68，有 15.02%的学生选择了比较符合与完全符合。分析可得出，师范生在课堂学习中表现较一般，基本上能认真听课，遵守课堂纪律，但是学习仅限于课堂，在课外的学习投入情况不甚理想，课前预习与课后复习巩固意识薄弱。

3.学习方法

学生的学习方法对学习的效果有重要影响，科学有效的学习方法可以提高学生的学习效率，加深对课堂知识的理解。因此在学习方法维度设置了“交流讨论”“积极发言”和“发现与解决问题”3 个项目。

表 5　学习方法各项目的均值分析

项目	均值	选项分布比例(%)				
		完全不符合	比较不符合	一般	比较符合	完全符合
交流讨论	2.73	7.25	34.72	38.86	16.58	2.59
积极发言	2.81	6.74	27.46	47.15	15.54	3.11
发现与解决问题	2.89	4.15	29.02	45.08	17.62	4.15

表 5 中数据显示，学生在“交流讨论”项目得分均值为 2.73，得分最低。“发现与解决问题”项目均值为 2.89。“积极发言”项目均值为 2.81。3 个题项得分均较低。结合选项分布比例分析，“积极发言”项目有 18.65%的学生选择了比较符合与完全符合，“发现与解决问题”项目有 21.77%的学生选择比较符合与完全符合，“交流讨论”项目中有 41.97%的学生选择了比较不符合与完全不符合，仅 19.17%的学生选择了比较符合与完全符合。说明在教育学类课程的学习中，接受调查的学生群体学习方法比较单一，主要是课堂教师讲授，学生接收与记忆。学生自主学习意识较弱，探究性学习与问题式学习比重小。

4.学习效果

学习效果是对学生课堂学习收获的考察，表现为知识的增加、技能的提高、思维的转变等，因此在学习效果维度设置了“掌握知识”与“实践运用”2 个项目。由表 6 可看出“掌握知识”项目得分均值为 2.97，“实践运用”项目均值为

3.16，得分较高。以选项分布情况来看，有26.94%的学生在“掌握知识”项目选择比较符合与完全符合，有36.27%的学生在“实践运用”项目选择了比较符合与完全符合。这两个项目体现出学生对自身的课程知识掌握情况的评价。这两个项目都有近半数的学生选择了一般，说明在学生自我意识中，自身学习效果不甚良好，在该课程的学习中没有达到课程标准要求。

表6　学习效果各项目的均值分析

项目	均值	选项分布比例(%)				
		完全不符合	比较不符合	一般	比较符合	完全符合
掌握知识	2.97	6.74	18.65	47.67	24.87	2.07
实践运用	3.16	5.18	12.95	45.60	33.16	3.11

(三)影响因素的预测作用分析

通过课堂学习现状与教师、课程、课堂等因素的相关与回归分析，探究影响师范生课堂学习现状的具体因素及作用程度，明晰各因素的可控程度，从而为改善师范生课堂学习现状提出有效可行的解决措施。由表7可以看出，任课教师的教学态度、教学方法对学生的学习态度、学习过程、学习方法及学习效果整体上都显著相关。

表7　相关系数表

因素	学习态度	学习过程	学习方法	学习效果
教学态度	0.60**	0.42**	0.33**	0.45**
教学方法	0.52**	0.43**	0.39**	0.50**
课程考核	0.43**	0.30**	0.34**	0.32**
培养计划	0.51**	0.34**	0.38**	0.39**
课堂氛围	0.28**	0.04	0.14*	0.22**
自身状态	0.43**	0.09	0.17*	0.19**

注：* $p<0.05$；** $p<0.01$

进一步进行逐步线性回归分析，自动筛选符合条件的因素进入回归模型(如表8所示)，可得出回归方程。

学习态度＝0.37＋0.34* 性别＋0.37* 教学态度＋0.25* 培养计划＋0.13* 自身状态

学习过程＝1.27＋0.14* 教学态度＋0.16* 教学方法

学习方法＝1.34＋0.21* 教学方法＋0.22* 培养计划

学习效果＝1.32＋0.34* 教学方法＋0.17* 培养计划

表 8　回归模型汇总表

维度	纳入因素	回归系数	t	sig	R^2	调整 R^2
学习态度	教学态度	0.37	7.00	0.000	0.48	0.47
	培养计划	0.25	4.09	0.000		
	自身状态	0.13	2.38	0.019		
	性别	0.34	3.44	0.001		
	常量	0.37	1.35	0.000		
学习过程	教学态度	0.14	2.67	0.008	0.22	0.21
	教学方法	0.16	2.93	0.004		
	常量	1.27	8.36	0.000		
学习方法	教学方法	0.21	3.65	0.000	0.20	0.19
	培养计划	0.22	3.43	0.001		
	常量	1.34	6.17	0.000		
学习效果	教学方法	0.34	5.89	0.000	0.28	0.27
	培养计划	0.17	2.67	0.008		
	常量	1.32	6.10	0.000		

通过上述分析，可以得出教师教学态度与方法、课程考核方式、培养计划、自身状态对学生课堂学习表现有显著的预测作用。因此，此分析结果为解决学生课堂学习中存在的问题提供了方向，也是对策研究的基础。

四、对策与建议

基于上述对影响学生课堂学习因素的分析，以及结合本次调查研究中呈现出的有待改善的问题现状，大致从教师、学生及学校等方面提出改善对策。

(一)教师层面

教师是学生学习的引导者,是课堂教学的实施者。上述原因分析中可得,教师教学态度、教学方法对学生课堂学习有显著影响,因此教师要改进教学方法,讲究授课艺术。

教师改革教学方法,最主要的是改变课堂上满堂灌的呆板教学形式,要运用启发式等教学方法,以启发学生积极思维。教师可以在课前布置与本课相关的背景知识查阅的任务,按任务量的多少分为个人作业或小组作业,最后在课堂上对自己收集的资料进行汇报,教师对成果做出评价。这样可以让学生在课外也能进行学习,增加知识储备,同时也能提高学生的课堂参与,面对问题能进行小组讨论加以解决。教师的评价要激发学生的学习积极性。但教师在布置学习任务时,不宜过难或过于简单,以免引起天花板效应或地板效应,降低完成学习任务的兴趣和信心。

(二)学生层面

首先,师范生要关注教师行业发展,明确发展目标。近年来国家对教师管理出台了新规定,试点进行的教师资格认定与注册制度、师德师风承诺书等规定都对教师提出了更高要求。师范生是人民教师的后备军,更应关注教师群体的发展,了解新形势下对教师职业的要求,明确自身发展目标。在学习中明确学习目标,了解自身差距,进而意识到学习教育学类课程的重要性,从而强化自己的学习动机,由被动学习转为主动学习。

其次,找到适合自己的学习方法。学习方法是通过学习实践总结出的快速掌握知识的方法。因为个人条件不同,适合的方法也不同。因此,加强对自己的了解,在实践中不断探索,找出真正适合自己的学习方法格外重要。当然,学习方法中也有一些共通的,比如说课前预习、课后复习、课堂上认真记笔记、课后查询资料、加强对知识的理解等这些都是必不可少的。

(三)学校层面

根据现状分析,我们发现师范生对开设教育学类课程的必要性和重要性认识程度不够。因此学校应提高师范生对教育学类课程的认识,使其认识到此类课程对师范生在专业学习以及教学实践中的积极作用。只有认识到了学习该类课程的必要性和重要性,师范生才会更好地投入到学习中。学校或学院可以以讲座、学生活动等形式介绍本专业的背景、发展规划与就业前景,加强学生对课程的了解与认同;同时可以组织新老生交流会等活动,学生通过多与高年级优秀同学交流,借鉴其学习经验,可以更加明确教育学类课程的必要性与实用性。

参考文献

[1]闫向连.大学生课堂学习现状调查分析[J].高等财经教育研究,2014(4).

[2][7]宋艳.大学生学习现状研究——以西南大学为例[J].中国高等教育评估,2011(4).

[3]庞维国,韩贵宁.我国大学生学习拖延的现状与成因研究[J].清华大学教育研究,2009,30(6).

[4]郭朝红.高师课程设置:前人研究了什么[J].教师教育研究,2001,13(2).

[5]郁芳.当前高师公共教育学课程实施的"困境"及突破[J].中国成人教育,2009(24).

[6]卢曾娟.公共教育学课程教学的问题与反思[J].陕西教育(高教版),2009(6).

[8]罗道全.大学生学习效率的问题、原因及对策[J].求实,2010(S2).

基于TRA模型的大学文史类教材使用状况及影响因素研究

——以西南大学为例

刘乔卉　张丹　张传剑[①]

指导教师:候玉娜

摘　要:大学教材作为教学与学习的基本材料,其使用状况关乎高校的教学效果及人才培养。基于TRA模型,对西南大学278名学生进行了问卷调查,对10名大学教师及102名学生进行了访谈,旨在了解当前高校文史类专业课教材的使用现状及成因,并提出相应对策。调查发现:多数文史类学生对使用教材持肯定态度;专业课教材的使用频率不低,但使用效果较差;学生教材使用态度及主观规范是影响其教材使用的主要因素,学生自身态度是主因;教师处理教材的方式影响了学生的教材使用;文史类专业课教材存在的缺陷及考评方式对学生教材使用产生了间接影响。结合访谈与文献分析,从教材、教师、学生、教学管理部门等角度提出了对策建议。

关键词:教材使用;影响因素;文史类专业;TRA模型

教材是课程活动开展的基础,是学生在学校获得知识的重要来源。新课改以来,课程观、教材观不断更新,这对教材的使用提出了更高的要求。2017年5月19日,教育部召开会议,开始了全国大中小学教材建设五年规划和教材管理办法的研制工作。作为此次全国教材研制的重要内容,大学教材受到了人们的关注。

一、问题提出

大学教材的使用状况关乎高校的教学效果及人才培养,但通过长时间观察发现,大学教材使用状况不容乐观,文史类教材尤甚。查阅文献发现,已有研究多集中在中小学阶段,鲜有涉及大学教材,仅有的研究也多局限于某一具体学科,且很少站在学习者角度探究,理论研究为主,实证研究不足。基于此,本研究基于TRA模型,探究大学文史类专业课教科书使用现状以及存在的问题,分

①刘乔卉、张丹、张传剑:西南大学教育学部本科2015级晏阳初创新实验班学生。

析其成因，并提出切实可行的建议，以促进高校教材的编选、高校教学的有效开展和学生学习能力的提高。

二、研究设计

(一)研究模型

Fishbein 与 Ajzen 于 1975 年共同提出的理性行为理论（Theory of Reasoned Action，简称 TRA）是本研究的理论基础。该理论指出，预测人们是否要实施某种行为可以通过考察是否实施这种行为的意向来得到，行为意向又受到个体态度与主观规范的影响。态度即个体对实施某一行为积极或消极的评价，主观规范即个体感知到的来自重要他人（如教师、同学）对自己是否实施某一行为的压力。研究中可用行为意向代替实际行为加以研究。本研究理论模型如图 1 所示：

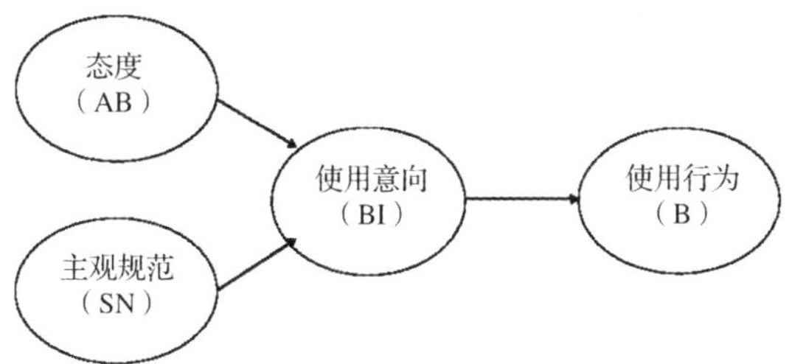

图 1　研究模型示意图

(二)研究工具

调查问卷共包含三个部分，共 39 个题项。第一部分是问卷的填写要求和注意事项。第二部分是人口学信息等基本情况的测量，包括调查者的性别、年级、成绩、教材使用频率等。第三部分是核心变量的测量，包括《教材使用意向量表》(共 8 个题项)、《教材使用态度量表》(共 17 个题项)、《教材使用主观规范量表》(共 14 个题项)。各题改编自 Ajzen 的《TPB 量表》及 Zethaml 等的《行为意向量表》。量表题目分布如图 2 所示：

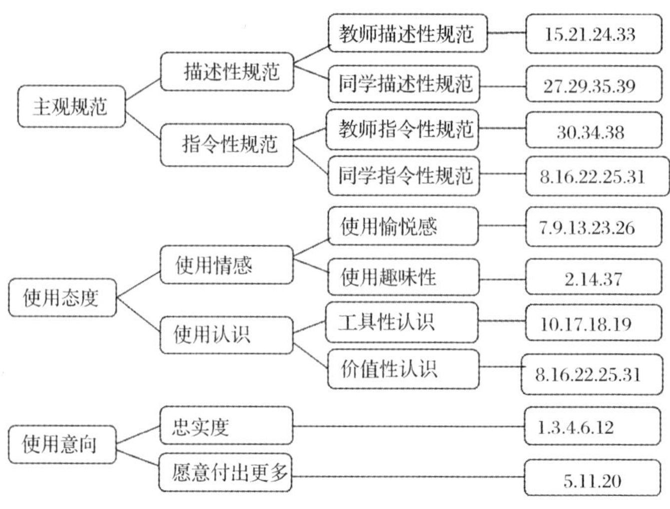

图 2　量表题目分布图

通过网络调查进行初试，并对初测问卷的信效度进行检验。总量表 Cronbach′s α 系数为 0.94，其中《教材使用意向量表》《教材使用态度量表》《教材使用主观规范量表》的 Cronbach′s α 系数分别为 0.87，0.86，0.88。问卷信度良好。探索性因子分析结果显示初测问卷的因子分析结构与问卷编制时所设计的结构基本一致，效度良好。

(三)抽样设计

对西南大学开设文史类专业的 11 个学院(部)，大二、大三、大四年级学生进行抽样。本次调查共发放问卷 300 份，有效回收 278 份，有效回收率为 92.67%。其中男生 43 名，女生 235 名；大二学生 124 名，大三学生 122 名，大四学生 31 名；户籍所在地为农村的学生 143 名，城镇学生 135 名。

(四)研究方法

运用 SPSS21.0 进行探索性因子分析、差异性检验、回归分析等；使用 AMOS21.0 构建结构方程模型；使用 NVIVO11.0 对访谈材料进行编码分析。

三、研究结果

(一)量化数据分析

1.教材使用的描述性统计分析

(1)教材使用状况

A.教材使用频率

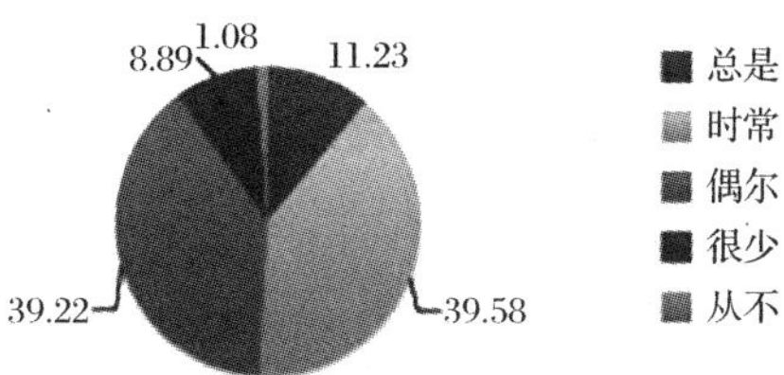

图3 教材使用频率分布(%)

由图3可知,就教材总体使用情况而言,教材使用频率为"时常""总是"的学生占50.81%,而"偶尔""很少""从不"的学生占49.19%。

B.教材使用时间

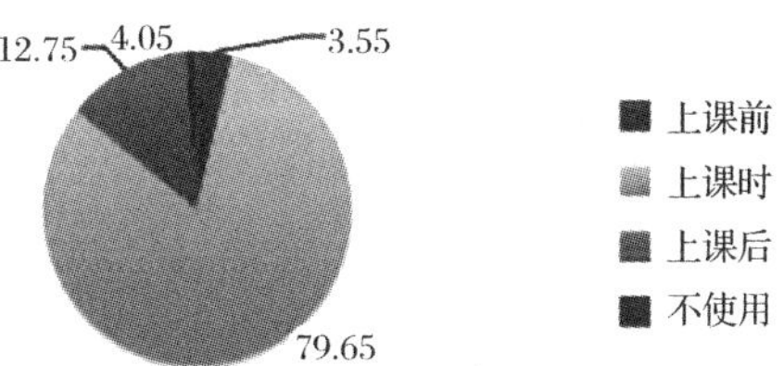

图4 教材使用时间分布(%)

由图4可知,学生使用教材多集中在上课时,占79.65%;在课前及课后使用,甚至不使用的占20.35%。

C.教材使用原因

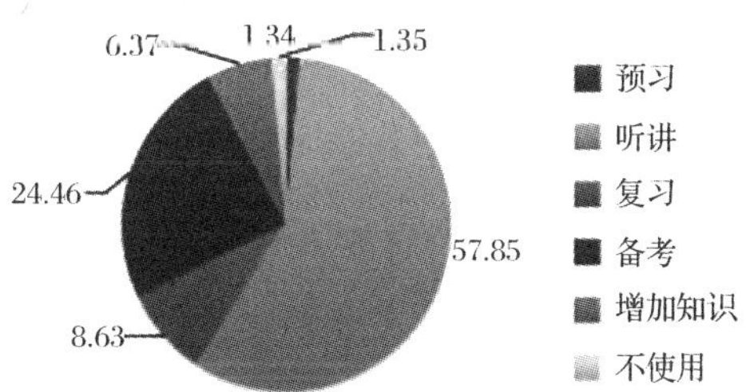

图5 教材使用原因分布(%)

由图5可知,57.85%的学生使用教材是为了听讲,24.46%的学生使用教材是为了备考,仅有1.35%的学生使用教材是为了增加知识。

(2)教材使用意向、态度及主观规范

A.均值分析

学生教材使用意向、使用态度及主观规范得分情况,如表1所示:

表1　各变量得分情况

	平均分(分)	标准差	每题平均分(分)	最小值	最大值
使用意向	25.33	5.98	3.16	8.00	47.00
使用态度	56.07	9.99	3.30	17.00	83.00
主观规范	46.36	8.65	3.31	18.00	70.00

B.分组分析

学生教材使用意向、态度及主观规范的水平,满分为5分,分为四个水平组:高水平组(4～5分),中高水平组(3～4分),中低水平组(2～3分),低水平组(1～2分)。

表2　各变量不同水平人数百分比(%)

	使用意向	使用态度	主观规范
高水平组	7.21	7.86	9.66
中高水平组	51.83	64.15	59.12
中低水平组	34.47	25.54	28.36
低水平组	6.49	2.45	2.86
合计	100	100	100

由表2可知,就教材使用意向而言,中高水平及以上组的学生占59.04%,大部分学生倾向于使用教材,但也有40.96%的学生不太愿意使用教材。大部分学生教材使用态度积极,大部分学生感受到的主观规范较强。

2.教材使用的差异性分析

(1)年级差异性分析

表3　年级差异性分析

	大二		大三		大四		F
	平均值	标准差	平均值	标准差	平均值	标准差	
使用态度	3.40	0.54	3.23	0.61	3.24	0.63	2.79
主观规范	3.41	0.58	3.29	0.62	3.03	0.68	4.91**
使用意向	4.31	0.69	3.05	0.76	2.99	0.66	4.94**

注:* $p<0.05$;** $p<0.01$;*** $p<0.001$

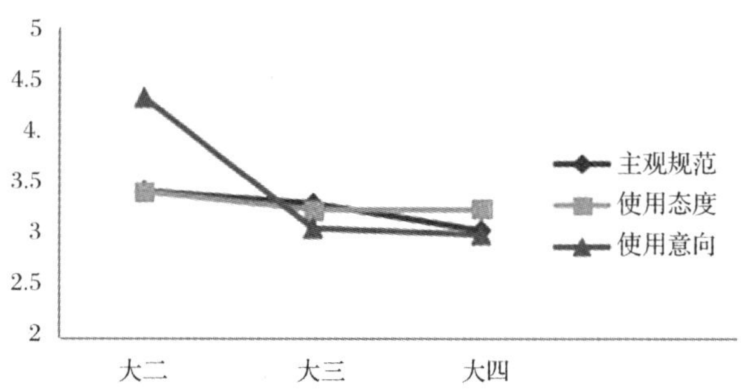

图 6　使用意向、态度、主观规范的年级变化

运用单因素方差分析探析各变量在年级间的差异，由表 3 及图 6 可知，大学生教材使用意向（$F=4.94$，$p<0.01$）与主观规范（$F=4.91$，$p<0.01$）存在极其显著的年级差异，且随年级上升逐步下降。在教材使用态度上（$F=2.79$，$p>0.05$）不存在显著性差异。

（2）性别差异性分析

表 4　性别差异性分析

	男		女		t
	平均值	标准差	平均值	标准差	
使用态度	3.37	0.77	3.29	0.55	0.72
主观规范	3.36	0.71	3.30	0.60	0.57
使用意向	3.19	0.93	3.15	0.69	0.25

运用独立样本 t 检验探析各变量在性别间的差异。由表 4 可知，教材使用意向（$t=0.25$，$p>0.05$）、使用态度（$t=0.72$，$p>0.05$）及主观规范（$t=0.57$，$p>0.05$）均不存在显著的性别差异。

（3）成绩差异性分析

表 5　成绩差异性分析

	优秀		良好		中等		较差		F
	均值	标准差	均值	标准差	均值	标准差	均值	标准差	
主观规范	45.68	7.54	46.63	8.91	45.74	8.44	48.06	9.65	0.68
使用态度	57.54	7.83	56.73	10.38	55.32	9.59	54.28	11.83	0.94
使用意向	25.48	5.06	25.59	5.89	24.81	5.63	25.05	7.21	0.33

应用单因素方差分析探析了不同成绩水平学生在各变量上的差异。由表5所示，不同成绩水平的学生在教材使用意向（$F=0.33, p>0.05$）、使用态度（$F=0.94, p>0.05$）及主观规范（$F=0.68, p>0.05$）间均不存在显著性差异。

3.教材使用的相关性分析

（1）教材使用意向、态度、主观规范的相关性分析

表6　使用意向、使用态度、主观规范的相关性分析

	使用意向	使用态度	主观规范
使用意向	1.00		
使用态度	0.81**	1.00	
主观规范	0.61**	0.63**	1.00

注：* $p<0.05$；** $p<0.01$

由表6可知，使用意向与使用态度、主观规范呈显著正相关，相关系数分别为0.81、0.61。使用态度与主观规范呈显著的正相关关系，相关系数为0.63。

（2）教材使用意向、态度、主观规范与实际使用的相关性分析

表7　实际使用与使用意向、使用态度、主观规范的相关性分析

	使用意向	使用态度	主观规范
实际使用	0.35**	0.36**	0.14*

注：* $p<0.05$；** $p<0.01$

将五点计分的实际使用频率进行赋值处理与相关性分析，如表7所示：学生教材使用意向、使用态度及主观规范均与实际教材使用呈显著正相关，相关系数分别为0.35，0.36，0.14。

4.教材使用的回归分析

为进一步探究各变量间影响程度，运用了线性回归分析法进行测量。

（1）回归模型的建立

将教材使用意向作为因变量，学生教材使用态度、主观规范作为自变量，建立回归方程：

$$y=\beta_0+\beta_1 x_1+\beta_2 x_2 \cdots\cdots$$

上式中，x_1 代表学生教材使用态度，x_2 代表主观规范。

通过 SPSS 进行计算，得出相关数据结果，如表8所示：

表 8 模型系数计算结果

模型	变量	非标准化系数		标准化系数		sig.
		B	标准误差	Beta	t	
模型 2	常量	−3.07	1.25		−2.45	0.02
	使用态度	0.41	0.03	0.70	15.69	0.00
	主观规范	0.12	0.03	0.17	3.89	0.00

由以上分析可得多元回归方程为：

$$y=-3.07+0.41x_1+0.12x_2$$

(2)回归模型的检验

模型的拟合优度 R^2 达到 66.60%，表明预测变量可解释 66.80%的变异，模型拟合优度较好。F 统计量对应的 p 值说明该模型整体上极其显著。

(3)模型结果分析

学生教材使用态度、主观规范对教材使用意向具有显著正预测作用。学生教材使用态度相关系数大于主观规范，学生自身态度对使用意向的影响程度最大。

5.教材使用的结构方程模型构建

(1)理论模型的构建

基于 TRA 理性行为理论模型，初步建立大学生教材使用影响因素模型，如图 7 所示：

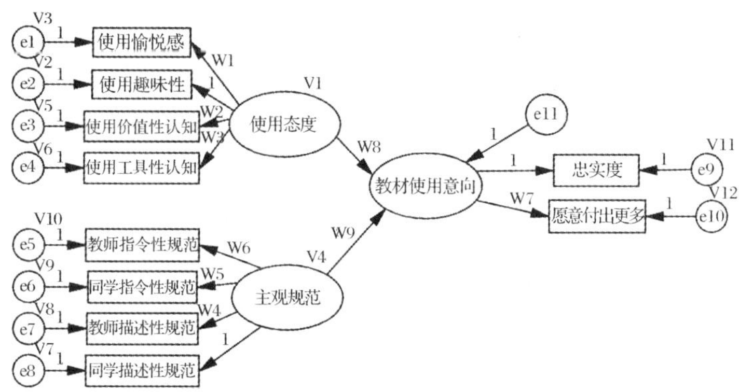

图 7 大学生教材使用影响因素模型图

(2)模型的修正

依据 AMOS 修正指标数据对初始模型进行修正，由此得到新的大学生教材使用意向影响因素结构方程模型，如图 8 所示：

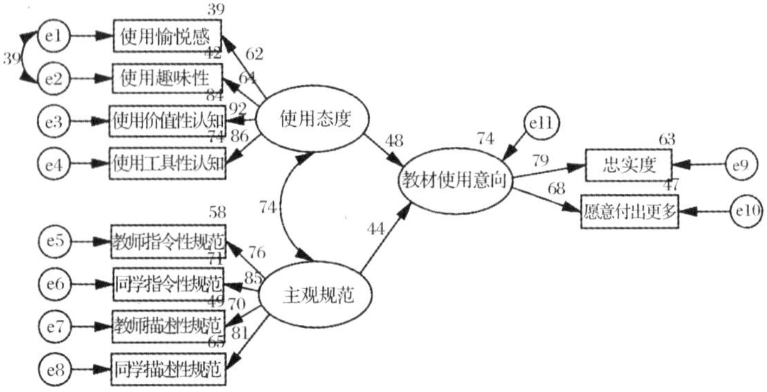

图 8　大学生教材使用影响因素修正模型图

(3)模型的检验

将样本数据代入修正模型，得到如表 9 所示结果。修正模型的各适配度指数达到判别指标，说明修正后模型与实际数据有良好的适配度。

表 9　大学生教材使用影响因素修正模型评价参数

MODEL	CMIN/DF	CFI	GFI	AGFI	RMSEA
Default model	1.88	0.98	0.97	0.93	0.03
适配标准	<2.00	>0.90	>0.90	>0.90	<0.05

(4)模型结果分析

结构方程模型数据显示：学生教材使用态度、主观规范等潜变量对学生教材使用意向潜变量影响的路径系数值为正，且均在 1%的统计水平下显著。其中学生教材使用态度路径系数大于主观规范，说明学生教材使用态度影响程度更大。

(二)质性数据分析

为进一步探究教材使用态度及主观规范对教材使用的影响机制，本研究选取 10 位大学一线教师及课程与教学论专家，通过网络调查 102 名文史类专业大学生，运用 NVIVO11.0 对访谈材料进行了编码分析，分析结果如下：

1.教师访谈

(1)教师对大学教材地位的认识

表 10　教师对大学教材地位认识的编码分析表

认识	材料来源	参考点	参考点举例
基础学习材料	8	12	教材是众多材料中最好的材料;教材有一个纲,有一个本;教材比其他资料更系统
普通学习材料	4	6	教材参考书化;教材只是学习的一个渠道;思维、能力训练材料的一种

由表 10 可知,教师就教材在大学教学与学习中的地位,来自 8 位教师的 12 个参考点信息表明高校教材是基础学习材料,强调了教材的不可替代性;来自 4 位教师的 6 个参考点信息表明高校教材是普通学习材料,其功能应趋于参考书化。

(2)教师对学生使用教材的态度

表 11　教师对学生使用教材态度的编码分析表

态度	材料来源	参考点	参考点举例
有必要使用	9	21	教师只是讲的方式不同,但内容、实质、基本立场还是和教材一样;看教材学得更扎实
可用可不用	3	3	要有学习材料,是不是教材没有特别要求;课外读物比教材更受学生喜爱

由表 11 可知,教师就学生使用教材的态度,来自 9 位教师的 21 个参考点信息表明学生有必要使用教材;来自 3 位教师的 3 个参考点信息表明学生可用也可以不用教材。

(3)教师的教材使用情况

表 12　教师使用教材情况的编码分析表

使用方面		材料来源	参考点	参考点举例
教学内容	提炼加工	2	3	对教材提炼;不用教材原话,重新组织语言
	拓展延伸	5	5	教材基础上添新东西,增加前沿知识
	重新建构	6	7	小部分不适宜的取掉,再加上认为有价值的;太难的弄掉,不重要的不讲
	明显差异	1	1	教材中观点不完全为教师所接受

续表

使用方面		材料来源	参考点	参考点举例
教学要求	明确要求	2	2	要求带教材，布置看教材；写教材读书笔记
	加以引导	2	4	课前问教材上的问题，提示这本书上有
	不做要求	2	2	自己看然后讲，对低年级学生难度有点大

由表12可知，几乎全部受访教师表示自己在备课与授课中使用了教材，但此种使用是“活用”而非“死用”，是对教材的二次开发，具体表现在教师会对教材进行提炼加工、拓展延伸以及重新建构。但同时教师对于学生使用教材的要求与引导不足。

(4)教师视角影响学生教材使用的因素

表13　教师认为的学生教材使用影响因素编码分析表

因素	材料来源	参考点	参考点举例
教材本身	8	12	偏深，偏厚；不接地气；与学术界与社会生活都有一定距离
教师教学	5	8	教学与考试内容和教材关联性不够，教师忽略引导学生看书的环节
学生自身	8	14	功利心强，考试过了就行；课下没时间；知识储备不够，理解教材有问题
考评方式	4	4	考试的问题不容易直接在书上找到现成的答案，考前辅导(划重点)

由表13可知，大部分受访教师认为影响学生教材使用的因素主要在于学生自身，学生功利性较强，使用教材只为应考；其次可能在于教材本身，并提出了如不接地气、偏深、偏厚、知识更新慢等现今教材存在的缺陷；部分教师认为在于教师教学，少部分在于考评方式。

2.学生访谈

表14　学生使用或不使用教材原因编码分析表

	因素	材料来源	参考点	参考点举例
不使用原因	教材本身	18	18	枯燥乏味，内容太多，理论性太强，过时了
	教师教学	24	24	教师不按教材讲，教师对教材要求低

续表

因素		材料来源	参考点	参考点举例
	学生自身	8	8	懒,态度不够重视,没时间
	考评方式	1	1	考试内容很少是教材内容
使用原因	教材本身	15	15	知识体系化,教材比较精炼
	教师教学	4	5	教师要求,学院要求,教师上课要讲教材
	学生自身	7	7	获取知识,充实自己,更容易理解教师讲解
	考评方式	12	12	教师在书上勾考试重点,题型出自教材

由表 14 可知,学生使用与不使用教材的原因同样可归结在教材、教师、学生、考试四方面。学生认为影响其教材使用的因素主要在于教材及教师教学,其次为学生自身与考评方式。

3.学生访谈与教师访谈对比

(1)基于访谈的模型检验与丰富

教师与学生视角的影响因素都可归结于教材、教师、学生、考试四方面。其中,学生教材使用态度与主观规范是影响学生教材使用行为的主要因素。访谈结果验证了构建模型的科学性。

同时发现,教材质量与考评方式以学生教材使用态度与主观规范为中介变量会间接影响学生的教材使用意向,从而影响其使用行为。在访谈基础上,对构建模型进行了丰富,如图 9 所示:

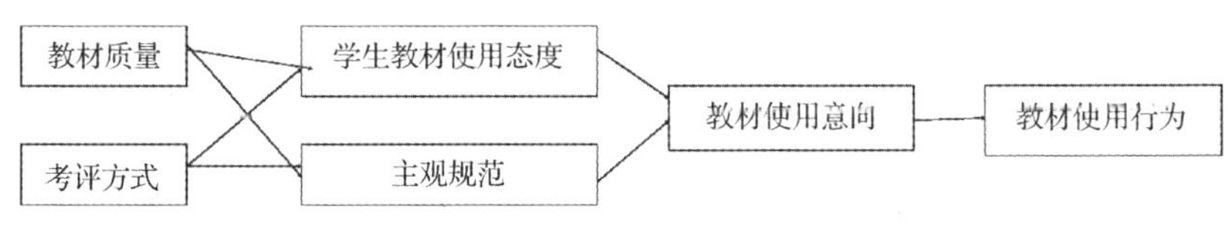

图 9　丰富后的构建模型示意图

(2)教师访谈与学生访谈结果存在的差异

教师访谈结果表明教师更易对学生教材使用产生正向规范作用。但学生访谈表明教师更倾向于对学生教材使用产生实质上的负向规范作用。

四、讨论与思考

(一)教材使用频率总体较高,但使用效果不佳

多数文史类专业的学生在考试前使用专业课教材的频率最高,而在平常的课程学习中使用较少,在学期结束后,有的学生的教材甚至仍然是崭新的。教师支持并使用教材,学生肯定但使用不好教材,使得当前文史类专业课教材陷入了尴尬境地。

(二)学生自身态度是影响教材使用的主因

在TRA模型里,存在解释教材使用状况的两大因素:使用态度和主观规范。学生的使用态度是影响文史类专业课教材使用的主要因素。在访谈中,有学生直截了当地回答“自己比较懒”“不够重视”,也有教师说感觉是学生的价值取向出了问题:“(学生)不知道知识装在哪里。”

(三)教材存在的问题影响了师生的使用意愿

教材是学生学习、教师教学的重要载体,也是学生和教师间的联系纽带。一旦文史类专业课教材出了问题,学生对专业课教材的使用不可能不受影响。鉴于教材在实际教学中存在如更新滞后、框架结构混乱、说法表述欠妥等问题,教师不得不调整自己使用教材的方式,进而影响到学生使用教材。同时,学生也觉得专业课教材又厚又重,枯燥乏味,这就很难让师生对教材的使用充满热情。

(四)主观规范对教材使用有重要影响

文史类专业课教材使用的主观规范来自学生的周围群体,其中教师和身边的同学是两大主要群体。教师或学院如果没有引导或要求学生使用教材,学生对教材的使用也往往只是停留在“上课用一用”“考试看一看”的层面。这样即便教师对教材有充分的再加工,由于学生没有比较扎实的知识储备,也很难完全消化提炼,教学效果很可能会大打折扣。

(五)认知差距致使学生难以理解教师的“活用”教材

学生认为其不使用教材的原因主要在于教师,教师规范倾向于负向规范。多数学生表示,教师在课堂上不怎么使用教材,上课只讲自己的PPT,讲课内容甚至与教材存在“出入”,有学生直言“老师都不用,我们为什么要用”?实际

上，教师确实是在使用教材，只不过是“用活了”教材。师生认知水平差距致使学生无法理解教师的“活用”教材。

（六）教材为主，其他学习资料为辅

调查表明，学生及教师的教材使用态度较好，但对于教材的地位，教师与学生们的看法不一。教学与学习应是以教材内容为基础的进一步拓展与延伸，应以教材为主，其他学习材料为辅。没有规范教材的引导和奠基，就难以建构学生专业知识、专业方法和专业能力的系统，对其持续深入的学习与探究将带来深层的麻烦和混乱。

五、对策与建议

（一）根据学生的专业需求选编教材

首先，教材应尽可能做到纳入最近的研究成果，补充、丰富前沿知识。其次，教材要注重组织和表达的方式，要吸引学生读教材，用教材。再次，多种方式结合，循环利用教材，避免强制学生使用教材。最后，教师可以考虑使用定制教材，将学生们的注意力从多媒体幻灯片（PPT）转移到课堂内容上来。

（二）学生要正确认识教材，关注教材的潜在价值

学生需要进行反思，端正自己对学习、对教材使用的态度。扎实的学识积淀和学问功底才是当代大学生的核心竞争力，学生应自觉在学好教材的基础上，通过阅读课外读物、查阅相关文献、参加学术讲座等进行拓展学习，了解学术前沿，开阔胸襟视野。

（三）师生之间多加沟通，教师对学生加以引导

学生使用不好教材，也有教师的原因。由此，学院可以在入学给新生答疑解惑时，组织开展关于教材使用的导入课或是讲座，让学生了解大学与中学的区别，大学教材与中学教材的不同，增进学生对教材使用的意识。

教师也可在日常教学活动中进行暗示，引导学生发现教材信息。如“我讲的知识在教材第几章第几节涉及”，把教学内容与教材内容很好地结合，让学生能借助教师所讲知识，掌握教材蕴含的丰富信息，并从中把握使用教材的“秘诀”。

(四)倡导教材学材化,让教材成为“活教材”

使用好一本教材,必须要有正确的教材使用观。大学教材已然不同于中学时所用的教材,学生以过去的认识对待大学教材必然遇挫。因此,学生应认识到教材已经“学材化”,教材只是学习材料之一,教师也应及时告知学生,使其有一个心理准备,“照本宣科”使用教材的学习方式已不复存在了。

(五)有序安排教学进度,合理规划日常作息

访谈过程中,学生反映使用不好教材也是因为自己“时间不够”。因此,学院或教师在安排课程或布置任务时需遵循适度和循序渐进的原则。此外,学生也须学会自我管理,形成自觉意识,规划好自己的时间,合理安排自己的课余生活。

参考文献

[1]焦新.教育部启动全国大中小学教材建设五年规划和管理办法研制工作[N].中国教育报,2017/5/22.

[2]吴明隆.问卷统计分析务实:SPSS 操作与应用[M].重庆:重庆大学出版社,2010.

[3]卢海燕.近 25 年国内大学英语教材研究评述[J].中国教育学刊,2013(S1).

[4]张怡玲.试论《新编大学英语》在普通三本高校的适用性[J].考试周刊,2007(13).

[5]朱洁.中职英语教材“学材化”的必要性和可能性探究[J].当代教育理论与实践,2016(2).

[6]俞红珍.教材选用取向与不同的教材观[J].教育理论与实践,2005(16).

[7]吴晓.走向新教材:重构新的教材观[J].语文教学通讯,2004(6).

[8]赵明.计划行为理论相关变量测量研究[J].湖北第二师范学院学报,2012(4).

[9]吕筠.教材使用问题研究——以人教版小学语文实验教科书为例[D].兰州:西北师范大学硕士学位论文,2008.

[10]程志红.高校思想政治理论课教学实效性探索[D].焦作:河南理工大学硕士学位论文,2011.

[11]周文惠.吉林市中职英语教材实用性调查研究[D].长春:东北师范大学硕士学位论文,2008.

[12]李艳辉.湖南省高职公共英语教材适用性调查研究[D].长沙:湖南师范大学硕士学位论文,2011.

[13]胡瑞明.基于 TRA 模型的生态旅游景区游客行为研究——以浙江天目山景区为例[D].上海:华东师范大学硕士学位论文,2012.

[14]庄智象.外语教材编写出版的探讨与研究[N].文汇报,2008/6/23.

[15] Yuwen Chen, Frank Q. Fu. The Behavioral Consequences of Service Quality: An Empirical Study in the Chinese Retail Pharmacy Industry[J]. Health Marketing Quarterly, 2015(1).

大学生参与分组合作学习现状及影响因素研究

——以西南大学为例

李佳仪　刘昊　杨鹭　张晓琦　周玉洁①

摘　要:分组合作学习作为大学生学习的有效途径,越来越多地受到人们的关注。可以说,大学生分组合作学习适应了社会对复合型人才的需要,有助于大学生有效地学习和研究,有利于信息的交流,也有利于高校管理制度的不断推进。经过几十年的研究和探索,无论是理论上还是实践上都取得了一些研究成果,但是分组合作学习在实施过程中仍存在一些问题。为了更好地进行分组合作学习,就必须具体分析这些问题,找出影响大学生分组合作学习的因素,有针对性地提出具体的措施,进一步完善大学生分组合作学习机制。

关键词:大学生;分组合作;影响因素

在当代教育体制改革的宏观背景下,分组合作学习作为一种大学生的有效学习途径,在高校教育中应用越来越广泛。但在实践过程中,出现的"搭便车""一人完成,多人受益"以及"分工不均"等问题严重削弱了合作学习的效益。本课题基于此现象的社会调查结果,运用斯莱文的学生团队学习模式和伯里顿的促进合作方法模式,旨在探讨分组合作学习问题存在的原因及解决对策。

一、文献回顾

合作学习是一种教学形式,它要求学生在2～6人组成的异质性小组中一起从事学习活动,共同完成教师分配的学习任务。[1]目前关于合作学习的研究主要集中在"大学生合作学习"的本质和结构、实践状况和水平、实施的原因和条件三个方面。

本质和结构方面。在理论层面上,从多个维度对"合作学习"的内涵和意义进行了阐述加解释,包括教学模式、接受方式等,对于"大学生合作学习"的理解及其影响因素有了一定的认识,但是对于什么是合作学习尚未达成统一的意见。

---

①李佳仪、刘昊、杨鹭、张晓琦、周玉洁:西南大学教育学部本科2016级学前教育专业学生。

实践状况及水平方面。目前我国关于大学生合作学习的研究还处于起步阶段，许多方面的探讨还不充分，或者还未涉及。如合作学习与个体学习的区别与联系是什么；大学生的合作学习与中小学生的合作学习有什么不同；合作学习过程中，团体的认知过程是怎样的，情意功能又如何体现；大学生的合作学习小组应如何组建，其管理运作的模式如何；合作学习的效果如何评估；等等。[2]

实施的原因和条件方面。对“大学生分组合作学习影响因素”进行主观和客观原因及其他方面的分析，深入地探讨了其背景原因并对其发展趋势进行了一定的研究。但是由于国内的合作学习研究起步较晚，现有的学科合作学习教学模式的研究，往往停留在教学过程中插入合作学习小组讨论的环节——单取教学程序而舍弃合作学习思想的水平，此类“教学模式”研究缺少教学变量的量化实证，在教学模式的完整性、针对性、有效性上有明显的缺失。[3]

通过文献检索我们发现，国内外对分组合作学习的已有研究较少，认识不全面，可供实践参考的分组与评价标准等较少。理论上缺乏可操作化的分组依据、合作学习成绩评价考核标准，实践范式的稀缺进一步限制合作学习效益的发挥。因此，对大学生参与分组合作学习的现状及影响因素进行研究以期克服当前分组学习中存在的问题，提升大学生学习效率与团队合作能力。

二、研究设计

(一)研究目的

本研究基于斯莱文的学生团队学习模式和伯里顿的促进合作方法模式，通过对大学生课后分组反馈现状的调查，旨在解决合作学习中存在的问题，使合作学习效率达到最大化，以期为实践教学提供指导和操作的范式。

(二)研究对象

第一，问卷调查对象。本研究以重庆市某大学大一至大四4个年级的学生为调查对象，采取方便抽样和配额抽样相结合的方式，向每个年级各发放问卷70份，共计280份，回收270份，回收率为96.400％，剔除无效问卷5份，最终获取有效问卷265份，问卷有效率为94.600％。调查对象分布情况见表1：

表 1 被试基本信息构成表

项目	人数(人)	百分比(%)
大一	61	23.020%
大二	173	65.280%
大三	23	8.680%
大四	8	3.020%
男	82	30.940%
女	183	69.060%

第二,访谈对象。在问卷调查及数据分析之后拟定了访谈提纲,按照年级和性别变量进行配额抽样,选择 4 个年级的学生女生各 1 名,男生各 1 名,共 8 人进行深入访谈。

(三)研究工具

1.调查问卷

采取自编《有关大学生分组合作学习参与情况调查问卷》。根据现有文献、初步访谈和亲身经历,形成问卷初稿,发放 50 份问卷进行预调查。首先,通过内部一致性系数,即 Cronbach'a 系数对初测问卷信度进行检测,所得一致性系数为 0.654,信度水平较低。随后,采取极端值检验的方法进行项目分析,先按照总分将前 27%(>86 分)作为高分组,后 27%(<77 分)作为低分组,然后采用独立样本 t 检验的方式检验两组被试在各题上作答的差异,据此删除不合格的项目。根据检验结果对问卷进行第二次修订,修订问卷中 21 道题均通过项目分析,内部一致性信度为 0.758,较问卷初稿有所提高。最终形成了《大学生小组作业参与程度调查问卷》,共 18 道选择题以及 3 道排序题。

2.访谈提纲

在问卷调查结果初步分析的基础上,形成了《有关大学生分组合作学习参与程度访谈提纲》。

三、研究结果

(一)大学生小组作业参与程度整体描述

参与程度是指大学生在合作学习过程中的投入程度和合作程度,可根据学生在合作学习开展过程中是否参与以及互动水平进行评价。

第一,大学生合作学习中"搭便车"现象较为严重,有76%的被试认为"搭便车"在合作学习中"非常普遍"或"普遍",且接受访谈的8名同学,除1人表明从未遇到过"搭便车"的成员,也从未听其他小组提过类似问题外,其余7人均有相关经历,并且有2名受访者明确指出自己就曾"搭过便车"。

第二,男女生在合作学习中参与程度不存在显著性差异。对男女生在合作学习中的参与程度进行差异显著性检验,发现虽然女生的参与程度均值为83.110,略高于男生的81.470,但二者并不存在显著性差异($p=0.373>0.050$)。

第三,大一年级学生的合作学习参与程度显著低于其他三个年级,大二年级学生的合作学习参与程度最高。为进一步明确不同年级之间的差别,采用LSD事后检验。结果显示,大一学生合作学习的参与程度与大二、大三年级均存在显著性差异,且大一学生的参与程度低于其他两个年级。大二和大三年级学生的合作学习参与程度虽不存在显著性差异,但大二的参与程度优于大三,结果见表2:

表2　不同年级学生合作学习参与程度差异表

维度	大一(M/SD)	大二(M/SD)	大三(M/SD)	F	Post hoc
参与程度	3.730/1.780	4.160/1.790	3.730/1.780	3.29***	b>a,c>a,b>c

第四,成绩越好的学生,合作学习参与程度越高。对参与程度与成绩区间进行等级相关分析,结果如表3:

表3　成绩水平与参与程度相关检验表

项目	相关系数	sig(双侧)	总数(N)
成绩—参与程度	0.123*	0.017	265

由表3数据可知,大学生成绩分布区间与合作学习参与程度呈现显著性正相关,即学生成绩越好,其参与程度越高。

(二)大学生合作学习参与程度的影响因素

1.阻碍因素的整体情况

利用3道排序题分别测算阻碍大学生参与合作学习的主、客观原因,并运用心理学中的等级排列法进行数据处理。具体方法如下:按照每份问卷对原因重要性排序情况赋予等级,最不重要者为1,第二不重要者为2,对于未入选的选项,则用它们所占等级位置的平均数作为其等级;本问卷共设有15个选项,则未被选中选项的等级位置均为9。每份问卷照此录入后,最后计算出每个选项的平均分,平均分越高表明等级越高,即该原因越重要,见表4:

表4　阻碍大学生参与合作学习的主观原因排序表

选项	平均分(分)
有惰性,寄希望于其他小组成员	3.870
对合作任务本身不感兴趣	3.350
若时间发生冲突,会选择对个人更重要的事,而放弃小组合作	3.130
不善于沟通交流,合作学习方式不适合自己	2.450
对合作学习方式表示质疑	2.210

表4数据表明,阻碍大学生参与合作学习最重要的三个主观原因依次为"有惰性,寄希望于其他小组成员""对合作任务本身不感兴趣"以及"若时间发生冲突,会选择对个人更重要的事,而放弃小组合作"。可见,除第二条原因以外,阻碍大学生参与合作学习的因素多为对待合作学习的态度,表示大学生合作学习中的个体责任感尚需加强。此外,值得注意的是,"对合作学习方式表示质疑"仅次于以上四个原因,访谈结果和测试阶段的主观题填答情况也反映了这一问题。不少被调查者表示合作学习不仅限制了自己想法的实现,浪费了时间,更让人无奈的是,还要帮助别人"搭便车",提出希望能够减少,甚至取消合作学习任务。

表5　阻碍大学生参与合作学习的客观原因排序表

选项	平均分(分)
小组任务分配不合理或不明确	3.780
对于合作学习的评价方式简单,做多做少都一样	3.370
受其他组员消极参与行为的影响	3.310
少数服从多数的原则,迫使自己放弃一些想法	2.680
小组成员关系紧张	1.870

表5数据表明,在客观因素方面,对大学生合作学习阻碍作用最大的三个原因依次是“小组任务分配不合理或不明确”“对于合作学习的评价方式简单,做多做少都一样”,以及“受其他组员消极参与行为的影响”。需要注意的是,除第三个原因纯粹是小组内部问题外,第一、第二个原因都可以通过制度变革加以改善。

2.小组规模

参与程度与小组规模访谈中被调查者普遍提出,合作学习的参与程度与小组人数密切相关,规模太大的小组难免出现“搭便车”的现象,而且这种“搭便车”更多是由于任务量相对较小,无法分割出与人数相应的作业量,且联系起来也较为麻烦,一些组员被动地排除在作业之外了。而小组人数过少,虽然可以保证每个人都参与其中,却无法产生合作的效果。

3.参与程度与任务类型

调查结果显示并非所有学习任务都适合通过合作学习的方式完成,小组作业本身的不适合性是导致“伪合作”问题出现的主要原因。而适合小组完成的作业应至少同时具备实践性强、任务量大、涉及面广和任务可分割为相对独立部分这四个特征中的两个及以上。此外,被试还明确指出个人观点陈述类,如对某本书或某个观点发表看法的题目更适合通过独立学习的方式完成。

4.参与程度与评价方式

根据预访谈结果和文献资料,调查者总结了大学阶段常用的五种合作学习评价方式,并对其有效性进行调查,结果见表6:

表6　有利于改善合作学习参与程度的评价方式表

选项	小计	比例(%)
以合作学习的最终成果给小组统一打分	81	30.570%
分出不同等级,由组内成员相互协商,按照贡献率授予不同分数	59	22.260%
上交小组内每个人完成的任务明细,由教师按照贡献情况授予不同分数	87	32.830%
组长或汇报人的成绩略高于其他组员	14	5.280%
随机抽取一个组员进行汇报,将其展示内容及表现作为全组成绩	24	9.060%

由表6可知,有87位认为自己在“上交小组内每个人完成的任务明细,由教师按照贡献情况授予不同分数”的评价方式下,小组作业的参与情况最好,占到了总人数的32.830%,因为该种方式可以激发小组每个人的斗志以及团队意识。紧随其后的是“以合作学习的最终成果给小组统一打分”,选择此项的有81人,占总人数的30.570%。除了以上两种评价方式外,还有59人倾向于“分

出不同等级，由组内成员相互协商，按照贡献率授予不同分数"，占总人数的22.26％。至于"组长或汇报人的成绩略高于其他组员"和"随机抽取一个组员进行汇报，将其展示内容及表现作为全组成绩"的评价方式则少有人选择，且有不少受访者明确指出了反对这两种评价方式的原因。

四、对策与建议

(一)设计适合通过合作学习完成的学习任务

合作学习较个人学习有其独特优势，但这并不意味着每项学习任务都适合通过合作完成。合作学习任务需要具备两方面的特点。一是具有团体性质，即任务所要求的资源最好是单个学习者不能完全具有的，需要通过组员的共享、配合获得。二是学习任务最好是那些结构不良的问题，这些问题需要通过小组间的相互激发，引起更深层次的思考，更全面的认识。[4]本次调查得出的在大学生眼中适合通过小组合作学习完成的任务特点如下：第一，实践性较强，需要组员负责不同类型的工作，通过协调配合完成；第二，工作量大，个人难以在短时间内独立完成，但总任务可以拆分成相对独立的部分；第三，问题开放性强或较为复杂，需要通过综合不同视角的观点获得答案；第四，作业任务应是小组内每名成员通过努力都能完成的，组内成员需要拥有均等的成功机会。

(二)控制小组规模，适当放开人数下限

小组人数过多造成的"责任扩散"是阻碍大学生参与合作学习的重要因素，所以，保证大学生参与到小组作业中最便捷的方式就是控制小组人数。[5]被调查者普遍认为，4～6人的小组规模是最适宜的。这样的小组既能保证每个人都承担任务，又能产生较为充分的讨论；若小组人数过多，会导致任务过于分散；若小组人数过少，会导致任务难度增加。而且，这一小组规模也是基于小组作业中必备的几个角色提出的，即组织者、新观点提出者、争论者、协调者和控制者。至于小组人数的下限，一般以3人为宜。[6]

(三)针对不同年级，采用不同的组队方式

问卷调查显示，不同年级的大学生参与合作学习的程度存在较大差异。为了提高大一年级的参与程度，可以采取自由结合的方式，该方式又可具体分为异质小组分组法和共同兴趣分组法。[7]异质小组分组法适合可分割为不同任务类型的小组作业。如在一次调查中，学生可以报名自己擅长的工作，包括文献

综述、数据分析等,教师可以在每个任务类型下随机抽取几名学生组成小组,这样就能保证小组成员各有所长,都能发挥各自的优势。共同兴趣分组法主要针对开放性话题型的题目,教师可以先给定一些选题范围,学生根据自己的兴趣选择主题,再调配成小组。

(四)完善评价方式,监控组员贡献

本研究认为可以将“统一打分”与“上交小组内每个成员完成的任务明细”两种方法相结合。教师可以让各组上交每次讨论参与的大致情况以及组员完成的任务明细,再根据以上记录酌情打分。若未出现参与程度相差很多的情况,小组仍给予统一分数;若出现明显的“搭便车”行为,则对部分学生进行差异打分。其实,这种评价方式中教师的监督是次要的,更主要的是通过记录参与情况的方式,提醒参与程度低的同学,也避免了组员不好意思向“搭便车”者表示不满的尴尬,以便更好地发挥组内监督和组员自我监督的作用。[8]

(五)教师在合作学习中的指导和评价作用

除了设计适合小组完成的作业外,为使大学生更好地参与到合作学习中,教师还应当适当引导、及时评价。[9]引导方面,教师首先要讲清题目要求,尤其要对题目中比较抽象的知识体系和关键概念进行解读,这样可以帮助小组更快地抓住核心内容,减少跑题现象,提高参与效率。评价方面,除了要完善评价方式外,教师还应该及时给予各小组反馈意见,最好能够给小组一次修改的机会。这种做法,可以使学生感到自己确实能够从合作学习中获得提高,从而增强其对合作学习方式的信心。[10]

参考文献

[1]王坦.合作学习评述[J].山东教育科研,1997(5).

[2]曾琦.合作学习研究的反思与展望[J].教育理论与实践,2002(3).

[3]徐小洲,王天嫱.论研究型大学本科教学的小组合作学习[J].中国高教研究,2002(5).

[4]吴飞,吴坚.谈谈在大学生中开展协作型学习模式的重要性[J].中国地质教育,2003(2).

[5]张亲霞.儒家的群体精神和大学生团队意识的培养[J].陕西教育学院学报,2001(01).

[6]马兰.合作学习的价值内涵[J].课程·教材·教法,2004(4).

[7]崔荣佳.合作学习法在课外学习中的应用[J].清华大学教育研究,2003(S1).

[8]王秀丽.我国大学生合作学习研究现状与展望[J].现代教育科学,2006,1(6).

[9]凌晓明,王娟娟,蒋研川.基于大学生合作学习视角下本科教育质量研究[J].现代大学教育,2011(1).

[10]贾彦琪,汪明,陈婷婷,王迪.大学生合作学习参与程度调查研究[J].高等理科教育,2015(4).

创新实验班学生学习力现状调查研究

——以西南大学教育学部晏阳初创新实验班为例

王红月　李玲玲　田雪雨①

指导教师：王丹

摘　要：创新实验班旨在为国家、社会培养精英人才，提高他们的学习力以保证人才的高质量输出。本研究以西南大学晏阳初创新实验班学生为研究对象，采用问卷调查法、访谈法和文献法相结合的方式，从学习力的三大要素：学习动力、学习毅力、学习能力及各要素的诸多子指标来进行现状调查研究。调查发现，晏阳初创新实验班学生学习力存在一些问题。本研究就这些问题进行分析，最终为提高创新实验班学生学习力提供参考性建议。

关键词：创新实验班；学习力；现状

随着社会的发展，学习力已被越来越多的人关注和重视。提升学习力，实现终身学习是时代发展对人才的要求。而大学生群体是国家人才培养的关键，创新实验班大学生更是国家培养的重中之重。学习力的高低直接影响人才培养的质量，又在很大程度上决定着学生的学习效率和学习质量。为了培养出高质量的创新实验班人才，必须注重学生学习力的提升。然而，当今大学生存在着诸多的学习力问题，影响了学习效果，创新实验班学生也不例外。基于此，本研究采用现状调查，聚焦于创新实验班学生的学习力问题，旨在为提高创新实验班学生的学习力提供参考性建议。

一、问题提出

在21世纪这个终身学习的知识型社会背景下，学习力成为衡量大学生综合素质和竞争力强弱的真正标尺。大学生是学习的重要主体，是国家创新型人才培养的关键，创新实验班更是要培养人才中的精英。为了使培养的人在明天依然是一个货真价实的人才，一定要有强大的学习力作为坚实的引言。

① 王红月、李玲玲、田雪雨：西南大学教育学部本科2014级学前教育专业学生。

当今一些大学生存在着学习动力不足、缺乏学习毅力、学习能力不强的问题，严重影响了学习效果，即便是学习基础好的创新实验班学生，也不例外。基于此，本研究进行现状调查，揭示晏阳初创新实验班学生学习力存在的问题，并提出针对性建议。可见，对创新实验班学生学习力现状进行调查研究是必要的。

二、概念解释

(一)学习力

学习力最初是企业领域的一个概念，最早由佛睿斯特提出，后又经历了从管理学向教育学的迁移过程。W.C.科比在《学习力》中认为，学习力是由学习方式、学习效率、学习态度、创新能力、学习毅力组成的。陈满林《关于提升学习力的几点思考》中认为学习力从构成要素来看，应当包括学习动力、学习毅力、学习能力、学习效率和学习转化能力等要素。

总之，目前关于学习力的定义仍是众说纷纭。综合各学者定义，本研究将学习力定义为：一个人或一个组织学习的动力、毅力和能力的综合体现。[1]

(二)创新实验班

本科创新实验班是在“少年班”基础上，为尊重学生个体差异，满足国家对创新型人才的需求以及各大高校自身发展的需求，逐步建立起来的一种新型人才培养模式。在培养目标上，本科创新实验班突出了“高素质”“厚基础”“宽口径”“创新型”“复合型”等人才特性，培养方针强调“加强基础、淡化专业、因材施教、分流培养”。

目前对于本科创新实验班的定义并不明晰。本研究将高校创新实验班定义为：在高等教育大众化背景下，以培养本科创新人才为导向，集中优势教学资源，通过“厚基础、宽专业、因材施教、分流培养”的教育理念，采用导师制、学分制、小班制教学等培养模式的一种探索性组织。目前实验班的种类主要有校级实验班、院级实验班、国际班等。本研究中的晏阳初创新实验班属于院级实验班。

三、国内外研究概况

(一)国外研究现状

1.关于学习力内涵的研究

对学习力内涵的研究,国外主要集中于两个观点:学习力内涵的能量观和品性观。学习力内涵的能量观认为,学习力存在于人类自身,直接影响人类的生命能量。品性观认为,人的学习力是在学习活动中起作用的,是心理结构和身心能量组成的个性心理品质。国外对于学习力内涵的不同观点,说明了学习力本身的复杂性。从国外对学习力内涵的研究上,我们能发现学习力内涵的共同点:学习力客观存在,与学习活动密切相关。

2.关于学习力提升策略的研究

国外对于学习力提升策略的研究主要是在实践层面上探讨如何构建和发展学习者的学习力,具有代表性的有:美国诺埃尔·兰迪博士从学习的技巧、学习的方法、应付考试等方面阐述了如何提升学习力;英国教授 Claxton 等人发起了有效终身学习的项目,提出了课堂上提升学习力的七种技术。

3.关于学习力评估方法的研究

国外对教育领域学习力的评估研究很少。就现有文献看,只有英国的 ELLI 项目探索了一种称为"蜘蛛图"的学习力的动态评估方法,值得关注和借鉴。该项目认为学习力的动态评估承担三大教学目的:向学习者反馈个人的学习力信息,向教师反馈学生个体和群体的学习力数据,为学生学习正规课程内容提供学习支架。

总之,国外在学习力研究上的开创性成果值得我们借鉴。国外教育领域对学习力的研究大多采用定性和定量结合的研究方法,研究方法多样,研究较为科学,但在实践领域还未形成完善的学习力提升的策略和评估体系。而本研究将在借鉴国外相关理论的基础上,结合晏阳初创新实验班的实际情况,更加深入地探讨学习力的培养途径,进一步完善学习力提升的策略体系以丰富教育领域学习力的研究。

(二)国内研究现状

1.关于学习力概念的研究

关于学习力的概念,国内研究者大致有以下几种观点:陈满林在《关于提升学习力的几点思考》中认为,学习力从构成要素来看,应包括学习动力、学习毅力、学习能力、学习效率和学习转化能力等要素。曾小军、刘娟在《大学生学习力现状及培育途径探析》中说道:“学习力可分解为学习生理基础、学习能力与学习态度三部分。”[2]

目前我国学者对学习力含义并未形成统一的、精确的定义,学习力内涵与构成要素混为一谈,对学习力的进一步研究与发展造成了阻碍。虽然众多研究者各执一词,但还是在某些方面达成了共识,为本研究提供了借鉴。

2.关于学习力水平发展现状的研究

相关研究中,大多为对小学生、中学生、大学生学习力现状的研究。研究的现状基本可归纳为:中小学生、大学生学习力的整体水平一般,学习力存在年级差异,随着年龄增长呈上升趋势。

由此可见,提高学生学习力是社会的需求,对学习力的研究是必要的。但对于学习力水平发展现状的研究仍较少,还需要我们继续探索。而本研究将结合西南大学晏阳初创新实验班实际情况,研究其学生学习力现状,发现存在的学习力问题,这有利于进一步推动创新人才的培养,填补教育领域学习力研究的空白。

3.关于学习力培育途径的研究

相关研究中,提出的观点主要可归纳为:从学校、教师、学生方面来提高学习力,研究大多更集中于对学生自身提出要求。陆彤焜、吉斌在《大学生学习力提升策略》中认为,应通过学习动力、学习能力、学习毅力来提高学生的学习力;[3]曾小军、刘娟在《大学生学习力现状及培育途径探析》中认为,学习力的培育途径可以从完善学习生理基础、改善学习能力、树立正确的学习态度方面来进行。[4]

随着对学习力培育途径的研究越来越深入,研究者不再仅仅局限于外界条件,而是越来越意识到学生自身的主观能动性,但对学习力培育途径的研究仍停留在理论层面。而本研究以西南大学晏阳初创新实验班为例,实地调查,提出的提高学习力培育途径的建议更具针对性和可行性。

总之,国内对于教育领域学习力的研究仍处在初步探索阶段,研究成果深受国外研究影响。在相关研究文献中,教育领域学习力的研究对象主要为学生和教师,而在对于学生学习力的研究中,研究年龄层大多集中于小学生和中学生,对于大学生学习力的研究相对较少。在研究方法上,研究方法多样,局限于理论层次,但仍缺乏实证研究。由此看来,在国内已有研究中,学习力的研究对象还不够全面,研究还不够成熟。而我们以本科创新实验班学生为研究对象,加入实证研究,更具科学性和说服力。

四、研究设计

(一)研究对象

如表 1 所示,在问卷调查中针对创新实验班在读大学生——西南大学晏阳初创新实验班学生进行问卷发放,共发放 90 份问卷,有效回收问卷 88 份,有效回收率 97.78%。

表 1　问卷调查人数分布情况表(单位:人)

性别		年级				合计
男	女	大一	大二	大三	大四	88
10	78	20	15	33	20	

(二)研究方法

1.问卷调查法

(1)调查设计

本次调查采用问卷调查法。调查工具为自编的《创新实验班学生学习力现状调查问卷》。本问卷分为两部分,共 21 道题目,答案设置采用 5 级等级制。第一部分为学生的个人基本资料,包括性别和年级 2 个题目。第二部分为问卷的主体部分,主要从学习动力、学习毅力、学习能力三大维度来进行设置,共 19 道题目。如表 2 所示:

表 2　问卷指标及子指标情况表

指标	子指标
学习动力	自我学习动力程度评估
	学习动力的主要来源
学习毅力	自我学习毅力程度评估
	坚持性
	自控力

续表

指标	子指标
学习能力	吸收知识能力
	运用实践的能力
	自主学习能力
	合作学习能力
	表达能力
	反思能力

(2)信效度检验

表 3　问卷可靠性分析表

维　度	Cronbach's Alpha	项　数
学习动力	0.66	7
学习毅力	0.74	4
学习能力	0.81	8
整　体	0.87	19

表 4　KMO 和 Bartlett 检验表

维度	项数
取样足够度的 Kaiser-Meyer-Olkin 度量	0.82
Bartlett 的球形度检验近似卡方	578.29
df	171
sig	0.00

利用 SPSS 19.0 软件测得 Cronbach's Alpha 值为 0.87(见表 3),说明本问卷是比较稳定和可靠的。KMO 值为 0.82,Bartlett 的球形度检验值为 578.29,自由度 df=171,$p<0.001$,说明本问卷结构效度良好(见表 4)。

2.访谈法

为更加深入了解晏阳初创新实验班学生学习力现状，我们还采用访谈法与问卷法相结合，更加深入地了解创新实验班培养目标、课程设置、课程难度等问题。

3.文献法

通过查阅与学习力有关的期刊、论文、书籍，界定学习力的概念，了解创新实验班培养目标，并在此基础上编制问卷及访谈大纲。

(三)统计工具

利用 SPSS 19.0 软件对本次调查问卷进行可靠性检验，利用 EXCEL 对问卷数据进行分析统计。

五、结果与分析

(一)晏阳初创新实验班学生学习力现状

1.学习动力调查结果分析

(1)本次调查结果显示，实验班学生学习动力大体上较强，但仍有一小部分学生缺乏学习动力。如表 5 所示：

表 5　晏阳初创新实验班学生学习动力程度评估表

选项	小计	比例(%)
A 很强	4	4.55%
B 比较强	37	42.05%
C 一般	33	37.50%
D 比较弱	10	11.36%
E 非常弱	4	4.55%
有效填写人次	88	

(2)在学习动力来源认知上，几乎超过一半的学生表示对专业的兴趣、教师的教学方法和态度、父母教师的期望、自我实现的需要、专业的社会认可度、学习环境对自己有非常大的影响或比较有影响。

2.学习毅力调查结果分析

(1)学习毅力

本次调查结果如表5所示,实验班学生自我学习毅力得分很强的比例为0,比较强的学生仅占35.23%,一般及以下占64.77%。由此可以看出实验班学生的学习毅力一般。

表6 晏阳初创新实验班学生学习毅力程度评估表

选项	小计	比例(%)
A 很强	0	0
B 比较强	31	35.23%
C 一般	40	45.45%
D 比较弱	15	17.05%
E 非常弱	2	2.27%
有效填写人次	88	

(2)自控力

如图1,实验班学生的自控力大体上较弱。

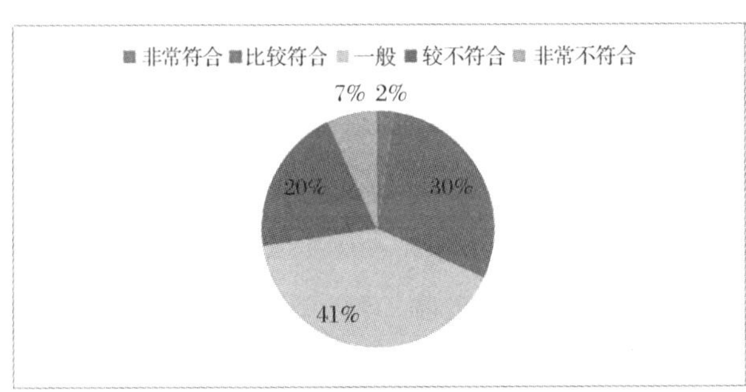

图1 晏阳初创新实验班学生自控力程度评估图

(3)在坚持性方面

从表7可见,实验班学生对学习的坚持性较强,但仍有小部分学生的坚持性较弱。

表 7　晏阳初创新实验班学生坚持性程度评估表

选项	小计	比例(%)
A 非常符合	4	4.55%
B 比较符合	31	35.23%
C 一般	40	45.45%
D 比较不符合	11	12.50%
E 非常不符合	2	2.27%
本题有效填写人次	88	

3.学习能力调查结果分析

晏阳初创新实验班学生学习能力程度评估如图 2 和图 3 所示:实验班学生的合作学习能力和反思能力整体上相比其余四个能力强。实验班学生合作能力最强,反思能力次之,应用实践能力和自主学习能力较强,吸收知识能力和表达能力较弱。

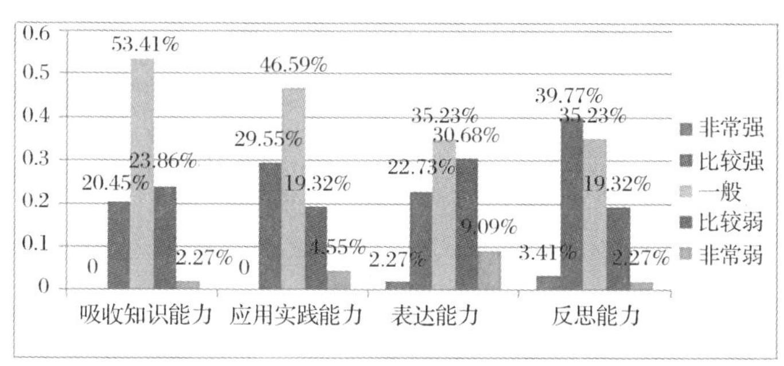

图 2　晏阳初创新实验班学生学习能力程度评估图(一)

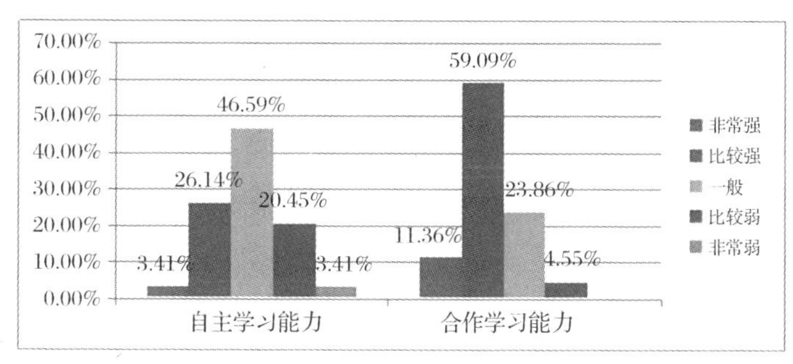

图 3　晏阳初创新实验班学生学习能力程度评估图(二)

(二)不同年级学生学习力的差异分析

1.学习动力差异分析

调查数据显示,实验班不同年级学生学习动力有较大差异。总体来看,大二年级学生学习动力相比其他三个年级弱,如图 4 所示:

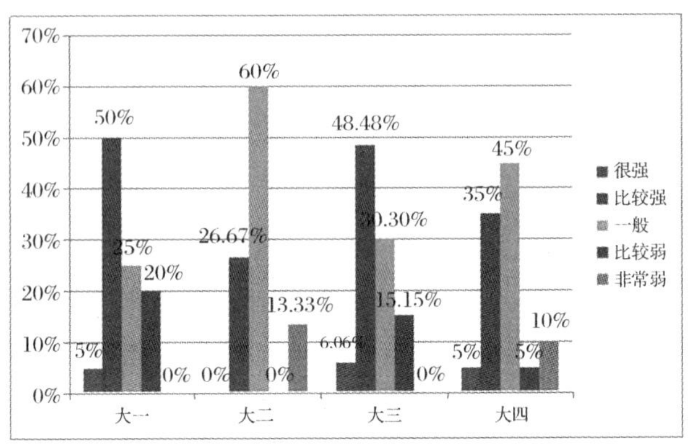

图 4　不同年级学生学习动力程度评估图

2.学习毅力差异分析

调查数据显示,实验班不同年级学生学习毅力有较大差异。总体来看,大二年级学习毅力相比其他三个年级弱,如图 5 所示:

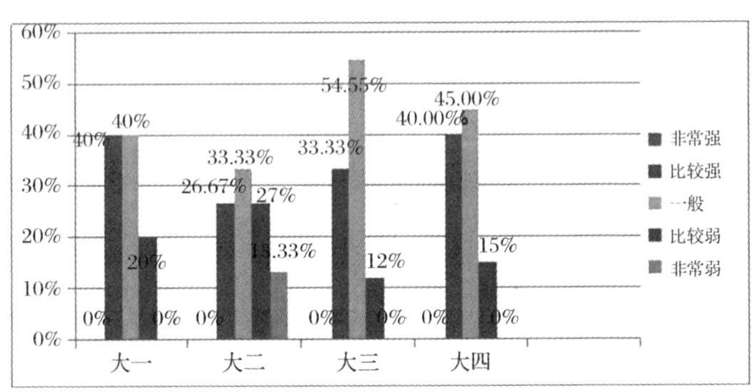

图 5　不同年级学生学习毅力程度评估图

3.学习能力差异分析

从图 6、图 7 可知,实验班不同年级学生学习能力存在差异。总体来看,大一年级学生的自主学习能力相对于其他三个年级来说最强,表达能力最弱;大二年级学生的表达能力最强,吸收知识能力最弱;大三年级学生反思能力最强,自主学习能力和实践能力最弱;大四年级学生的各种能力都相对较强,合作能力最强。

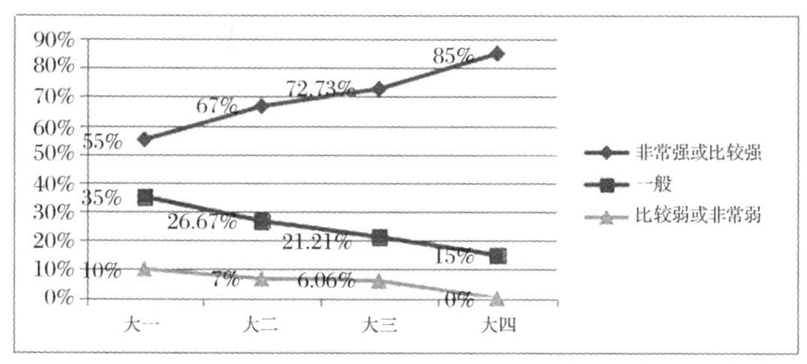

图 6 不同年级学生合作学习能力程度评估图

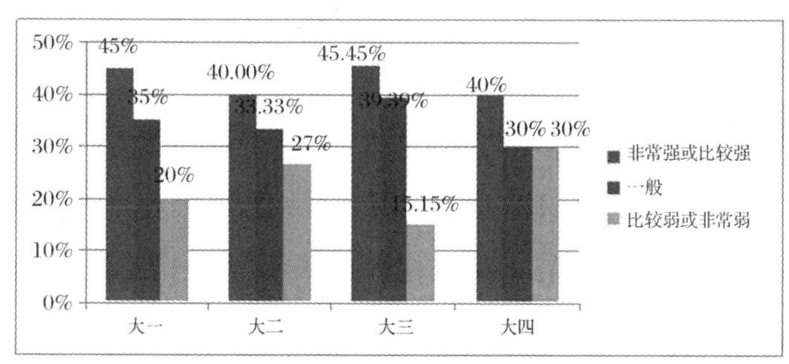

图 7 不同年级学生反思能力程度评估图

六、晏阳初创新实验班学生学习力现状的归因分析

结合访谈结果与问卷调查结果,从中归纳出影响晏阳初创新实验班学生学习力的因素:课程设置、师资、学习环境、自身因素。分析如下:

(一)课程设置因素

晏阳初创新实验班所开课程基础性、理论性、综合性强,关注领域广泛,易使学生感到枯燥,在一定程度上抑制了学生的学习毅力和动力。大二课程包括外国教育史、教育科学研究方法、教育管理学等,学生缺乏相关理论基础,再加上这些课程偏重于理论层面,学生难以通过直接经验内化知识、运用知识,导致吸收知识的效果差。大三学生在专业课程学习中,并未得到相关的实践能力的培养。专业人才培养的目标是培养研究型人才和教研型学科教师,并未关注学

生任教能力。大三学生实习阶段是去一线的教师岗位,需要一定的任教能力,但课程设置中并未有意识地培养这种能力,因而造成大三学生实践能力不高的现象。

(二)师资因素

创新实验班拥有国内一流教育学师资团队,教师的知识水平和教学能力都比较高,从外部上激励了学生的学习动力。虽然晏阳初创新实验班为特色专业,但在日常教学中,教师的教学方式仍以讲授式和灌输式为主,学生在课堂上习惯接受式学习,相对比较缺乏主动发表观点的表达能力,这种教学方式也导致了学生吸收知识的效果差。

(三)学习环境因素

实验班学习氛围浓厚,学生的学习动力得到了有效提高。从高中到大学学习环境发生变化,可支配时间多,但大一学生适应大学的学习有一过程,在课堂上主动发表观点的意识不强,表达能力有待提升。大二学生相比大一学生,更为适应学习生活和环境,一年大学的学习经验,使其对自身的发展有了更深的认识,驱使大二学生能在课堂上更为主动地表达观点,表达能力有了明显的增强。

(四)学生自身因素

在一定程度上,晏阳初创新实验班学生学习目标比较明确清晰,自身内部学习动力较强。但娱乐和学习的矛盾让学生难以专心持久地学习,学生对于手机的依赖越来越强,手机的存在也成为阻碍学生学习的重要因素。从这个角度来说,娱乐在一定程度上对学生的学习毅力产生了不利的影响。大四处于大学学习的成熟阶段,经过三年的学习,学生对自己有了较全面的认识,积累了一定的知识与技能,对自己的发展做了大致规划,因此大四学生的各种能力整体较强。

七、结论与建议

(一)结论

1.总的来说,晏阳初创新实验班学生的学习力情况并不乐观。

2.晏阳初创新实验班学生学习动力大体上较强,但学习动机结构不良。

3.晏阳初创新实验班学生学习毅力总体上不强,自控力较弱,坚持性稍好,仍有较大提升空间。

4.晏阳初创新实验班学生学习能力中的各方面能力不均衡，合作能力最强，反思能力次之，应用实践能力和自主学习能力较强，吸收知识能力和表达能力较弱。

5.不同年级学生学习能力存在显著差异。学习动力、学习毅力均在大二年级出现低谷。

（二）建议

1.学生层面

（1）增强学习动力

学习动力是学习力的基础。学习动力分为外部诱发动力和内部动力。首先要保持良好的内部动力。认真的态度是培养兴趣的良好开端，正确认识专业，增强学习责任和专业信任感，培养对所学专业的兴趣；确立适当的学习目标，使自己爱上学习，不断激励自己，满足自我实现的需要；找准内外动力的结合点，实现内外动力的转换，为学习提供源源不断的动力。

（2）增强学习毅力

明确学习目标，制订严格的计划，在各个阶段强化学习毅力。认识到学习是一个坚持不懈的过程，应正确对待困难，培养良好的学习习惯，合理安排娱乐和学习的时间，排除干扰，有意识地提高自控力和坚持性。比如，在学习的时候不带手机，找一个志同道合的同伴，在学习的时候互相监督。

（3）提高学习能力

首先，注重对知识的理解与吸收并自主学习。在课堂上学会思考，形成自己的思想。在课余时间，主动看一些书籍，更好地内化成自己的知识。第二，培养表达能力。主动发表自己的观点，与教师、同学进行思想交流。第三，加强实践。比如多利用学部提供的平台，参加演讲、讲课比赛等活动。第四，反思自己。客观看待学习情况，找出不足之处，寻求方法并改正，比如写反思日记。第五，培养合作学习能力。学会合作，互相交流与进步，有利于更好掌握知识。

2.教师层面

（1）创新教学方法

改变传统“灌输式”教学的方法，发挥教师主导和学生主体结合的作用。教师应作为学生学习的辅导者，采取适当的教学方法，调动学生参与课堂的积极性，营造和谐、开放的课堂气氛，鼓励学生思考和积极地表达观点，提高学生的表达能力，促进学生对知识的吸收。

(2)采取针对性措施

教师应采取针对性的措施来强化学生学习动力、学习毅力和学习能力。比如,教师可抽出时间让学生提出自己感兴趣并与专业相联系的问题,或使教学与实践相结合,使教学内容更丰富。教师应适当开展研讨课程,安排讨论计划,组织学生进行讨论,让学生成为主角。

3.学部层面

学部要根据晏阳初创新实验班学生学习的特点,合理调整专业课程设置及培养方案。在对课程设置和培养方案修订时,了解学生意见。在课程设置方面,如通过调整专业课程在四个年级的分布及部分课程开设顺序等,改善大二年级出现的学习力的低谷状态;通过调整学生培养方案,如提供更多的实践机会,改善专业理论与实践略显脱节的问题,提升学生将所学知识运用到实践的能力。学部要积极引导,通过各种方式提升学生的实践能力,比如举办一些支教活动,让学生在支教中运用学到的知识;举办新老生交流会,邀请已就业的前辈和学生交流,增强学生专业认同感。

参考文献

[1]陈满林,曹卫秋.关于提升学习力的几点思考[J].唯实,2003(11).

[2][4]曾小军,刘娟.大学生学习力现状及培育途径探析[J].民办教育研究,2008(4).

[3]陆彤焜,吉斌,王树彪.大学生学习力提升策略[J].南京工程学院学报(社会科学版),2009(2).

[5]贺武华."以学习者为中心"理念下的大学生学习力培养[J].教育研究,2013(3).

[6]黄自团,袁顶国.教学力与学习力:要素、共生与培养路径[J].教育理论与实践,2014(5).

[7]吴也显,刁培萼.课堂文化重建的研究重心:学习力生成的探索[J].课程,教材,教法,2005(1).

“看不见”的教育

——小学思想品德教材中的职业观研究

刘璐璐　刘超君①

指导教师：林克松

摘　要：让学生们从小了解职业，培养职业兴趣，规划职业生涯，是教育工作的重中之重，而品德教材正是为学生塑造职业观的重要材料。因此本文以现行国内最具代表性的人教版品德教材为例，从职业类别、职业形象、职业阶层、职业性别四个维度出发，寻找小学思想品德教材中可能存在的、未被教材编写者意识到的与职业观有关的隐性影响，并对教材职业选取的偏失提出建议。

关键词：职业观教育；隐性影响；思想品德教材

基础教育阶段是学生人生观、价值观、世界观形成和发展的重要时期，也是职业意识萌芽、职业启蒙教育的关键阶段。同时教材是学生社会化过程的重要影响源，学生对于世界、社会以及人的认识往往始于教材。然而教材不与职业观相结合，百业难以进步，只有两者相辅相成、供需相济才能使事事得人，人人得事，使百业效能赖以增进，使人人获得职业的真乐。

一、问题提出

让学生们从小了解职业，培养职业兴趣，规划职业生涯，是教育工作的重中之重。小学正是学生世界观的初步形成阶段，此时的职业观教育会对孩子的社会认知、处事态度、人生规划产生举足轻重的影响。所以，小学职业观教育需要得到社会和国家的重视。学生对于世界、社会以及人的认识往往始于教材。然而教材不与职业观相结合，百业难以进步，只有两者相辅相成、供需相济才能使事事得人，人人得事，使百业效能赖以增进，使人人获得职业的真乐。思想品德教材正是为学生塑造职业观的重要材料。在此背景下，本文选取了国内品德教材中最具代表性的人教版品德教材中的职业观作为研究对象。

①刘璐璐、刘超君：西南大学教育学部本科2016级晏阳初创新实验班学生。

二、研究设计

本研究主要采用的研究方法为内容分析法，笔者希望通过设计合适的分析维度，发现现行小学思想品德教材中呈现出来的职业特征，并通过这些特征分析教材可能对学生职业观教育带来的“看不见”的隐性影响。根据研究目标并参考以往研究，笔者将“教材职业观”划分为职业类别、职业形象、职业阶层、职业性别四个维度进行分析。在研究样本的选取上，中国现有人教版、教科版、北师大版、粤教版等17个思想品德教材版本，人民教育出版社在中国的出版社中具有举足轻重的地位，大多数省份都有使用人教版思想品德教材，因此笔者选择了人教版小学思想品德教材作为主要研究样本。

本研究的所有统计标准，皆为两位研究者及指导教师共同评判得出。

(1)以下简写小组成员刘璐璐为“A”，刘超君为“B”。

(2)人教版缩写为“RJ”，教科版缩写为“JK”。

(3)用短划线“—”连接版本、年级、上下册、页码。上册编写为“01”，下册编写为“02”。如：在人教版五年级上册54页中出现的职业，编写为RJ—05—01—54。

(4)职业类别在统计中写为“LB”，职业形象在统计中写为“XX”，职业阶层在统计中写为“JC”，职业性别在编写中写为“XB”，职业国别在编写中写为“GB”。

(5)先由小组两位成员进行评判，如出现分歧时，先记录再共同讨论，说出各自的想法及思考。若在讨论后仍然得不到统一信服的结果，将由指导教师进行最后评判。“A”则为刘璐璐评判得出，“B”则为刘超君评判得出，而“总”则是讨论后得出的总结果。

(6)在此截取一部分统计数据做演示，如教科版一年级上册的两个示例。如表1所示：

表1 评判统计样表

页数	LB(A)	LB(B)	LB(总)	XX(A)	XX(B)	XX(总)	JC(A)	JC(B)	JC(总)	XB(A)	XB(B)	XB(总)	GB(A)	GB(B)	GB(总)
JK—01—01—03	二类	二类	二类	中	褒	中	普通	普通	普通	男	男	男	中国	中国	中国
JK—01—01—07	三类	三类	三类	中	中	中	普通	普通	普通	男	男	男	中国	中国	中国

三、研究结果与分析

(一)小学思想品德教材中的职业类别分析

互联网时代，职业种类更加繁多，选择难度更大。在此背景下，无疑需要一个更长远、更系统的职业观。《中华人民共和国职业分类大典》将我国职业归为8个大类，66个中类，413个小类，1838个细类(职业)。笔者将教材中出现的职业归入到8个大类进行统计。

第一大类：国家机关、党群组织、企业、事业单位负责人

第二大类：专业技术人员

第三大类：办事人员和有关人员

第四大类：商业、服务业人员

第五大类：农、林、牧、渔、水利业生产人员

第六大类：生产、运输设备操作人员及有关人员

第七大类：军人

第八大类：不便分类的其他从业人员

表2　职业类别(大类)统计表

类别	数量(次/篇幅)	所占比例(%)
第一类	12	4.7
第二类	116	45.5
第三类	14	5.5
第四类	48	18.8
第五类	21	8.2
第六类	29	11.4
第七类	13	5.0
第八类	2	0.8

根据表2统计结果看出，教材对8大类职业都有涉及，但第二类最多，第四类次之，并且很多职业不曾涉及。说明教材中出现的职业种类较为单一，偏于固定化。

笔者认为在小学的职业观教育中，一方面应该更多地涉及社会上被漠视的"低等职业"，如一线技术人员。让学生了解这些职业的工作流程、方法技术，不至于使这些职业成为众人眼中的"低等职业"被歧视，从而造成社会职业分布不

平衡——急缺技术职业人才的现象。如学者沈琳指出，按经济学原理来说，本来影响最大的是工资率，然而现在即使在高工资的影响下，很多职业还是无人问津，究其原因还是工作产生的无力感和自卑感使他们不愿意在这个岗位上工作，导致这个岗位频频流失人才。而新踏入职业生涯的多数学子们因为在乎"面子"也不会成为这些职业的新鲜血液。

在小学品德教材中，对某些职业大幅度的描绘，如教师、医生、管理人员等，而对于其他职业，则涉及较少。这样"偏心"的职业观教育，将会继续给学生形成不平衡的职业观，在以后的专业或工作选择时，则会出现"用工荒"和"就业难"的问题，这对我国的发展是极其不利的。

中国是一个农业大国。第五大类：农、林、牧、渔、水利业生产人员应该是中国职业比例最重的一个职业类别，而在两版教材中提及的关于第五类的职业都很少，涉及基础生产业的知识不够，学生对于基础农业的了解就偏少，造成了小学生对基础生产知识的漠视。如前段时间出现的问题，大米从哪儿来？小学生的答案令人忍俊不禁：从超市来，从厨房来。这现象的背后，正是笔者对现行基础生产教育的反思。不仅如此，对于生产方面的职业描述和出现的频率也较低，不能给予学生全面的职业观教育，导致学生成为职业不平等观念的受害者，对以后中国的基础生产发展造成危害。

(二)小学思想品德教材中的职业形象分析

1.职业形象的数量比较

通过统计教材中褒、中、贬三种职业形象的数量可以大致得出教材对这三种形象的关注对比。统计结果如图1所示：

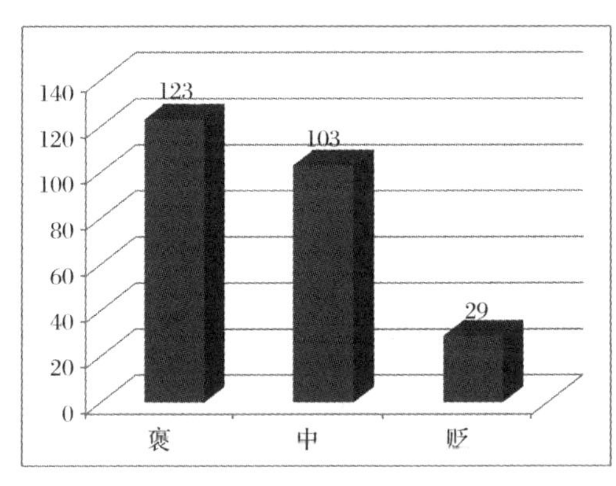

图1　人教版各职业形象数量统计图

通过所呈现结果，笔者发现：

教材中职业形象基本上是褒义或中性，对职业态度是积极的，很少贬低某个职业。但是如果总给某些职业以褒义，也不利于学生的职业观平等发展。因为一直展现某些职业的优势面，学生会盲目趋从这些职业。

如果对于不同的职业，学生从小就有褒贬意识，将会形成惯性思维，对某个职业过于崇拜，对某个职业过分看低。学者许欣欣在调查中发现：“中国城市居民对某些职业的共识很高。概括这一组职业的特征，可以看到几个很明显的标志：即政治权威、科学知识、复杂的职业技能和较高的收入，分数均在80分以上(满分100)，远高于其他职业。”[1]这样不平衡的职业观不利于学生未来职业生涯的发展，也不利于我国各个岗位都需要精英的发展要求。

职业无好坏之分，对待职业的态度也应该是平等的。平凡的岗位也有突出贡献者，有区别的一直都是工作者而不是职业本身。职业不仅是社会分工的产物，也是社会发展的需要，不同的职业有不同的社会功能和特点。职业本身并无高低贵贱之分，都是社会不可缺少的，既有区别又相互依赖。学生只有从小就树立平等的职业观，才能对未来就业做出正确的选择。

2.职业形象的国别比较

国别指的是教材中描述职业中所涉及的国籍信息，本研究将国别分为欧美、中国、亚非(除中国外)三种。若描写职业的篇幅中没有具体指明国别的则默认为中国。由于亚非国家(除中国外)涉及的不多，本研究以中国和欧美国家的统计分析为主。统计数据如图2所示：

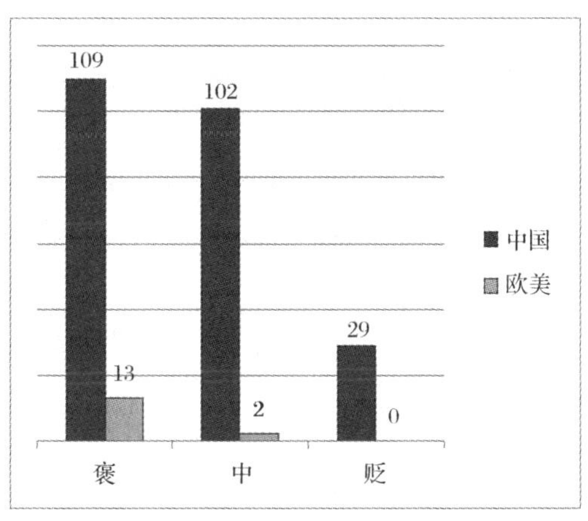

图2 人教版国别的职业形象对比图

由统计结果可以看到：小学思想品德教材中，欧美国家中褒性形象占有很大比例，高达 80%以上，换句话说，贬性形象在欧美国家中所占比例非常小，甚至没有。值得关注的是，虽然职业直接涉及欧美国家的不多，但几乎全部是正面的形象。而中国的职业形象则良莠不齐，甚至几乎所有的贬性形象都属于中国。欧美发达国家在很多领域确实领先中国，但是经济上的领先是否等于所有领域都领先，这个问题还有待商讨。结合现实状况，教材应该选择性地揭露欧美社会职业的缺陷，而不是这样片面地褒奖。

爱国教育应该从小学就开始，如果小学品德教材对同样的职业的描写总存在中国不如欧美国家的倾向，会让学生潜移默化地形成以出国为荣，以在欧美国家工作为荣的思想。如果中国的孩子们从小就接受这种“崇洋媚外”的职业观教育，何以谈对小学生爱国主义的培养。

(三)小学思想品德教材中的职业阶层分析

1.职业阶层的数量分析

如图 3 中数据显示，这两套教材在阶层关注度上，都表现出与社会不良风气合拍的“官本位”现象，而对大多数的底层阶层职业则缺乏关注。对国家领导、官员等精英阶层和农民等底层阶层关注度的反差，十分不符合我国职业人口现实，这种“官本位”的现象不利于学生健康职业观的养成，容易潜移默化地使学生对底层职业产生偏见，催生职业不平等观念，产生盲目崇拜官员等职业，歧视农民等底层阶层职业的思想。

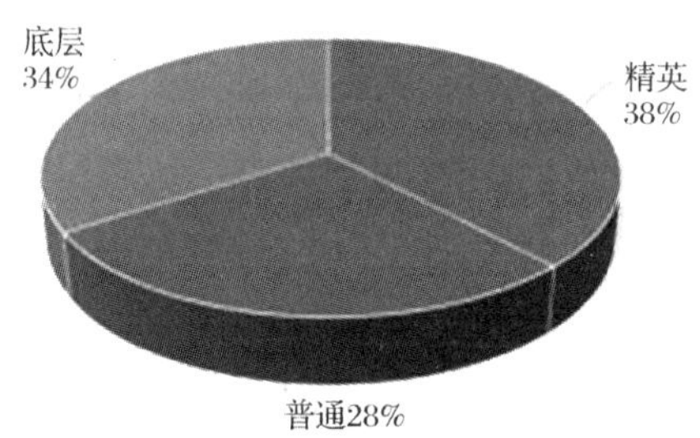

图 3　人教版职业阶层比例图

教材还不自觉地流露出中国现实社会中严重的职业歧视现象，如教科版三年级下册 56 页中的描写：“一个小女孩趾高气扬地说：‘养鸡没出息，我要学电脑，做“软件大王”。’”这样的文字描写体现了很大的职业歧视和偏见，并且教材后面仅是描写了其他几位学生的“梦想”，并没有对这个女生的错误观念进行矫正。难怪很多学生从小树立“要当官”“要做大老板”等盲目和不切实际的目标。家长和教师也经常以“不好好学习只能去当农民”或“只能去扫马路”等话语训导孩子。

底层关怀是当代中国一个特殊的社会问题。学者李尚群将其界定为：“所谓底层关怀就是关怀社会阶层结构中处于底层的群体，其基本内涵是指社会物品的分配要有利于底层群体，并以此来提升其生存与发展的能力。”[2]职业教育是一种培养技术技能型人才的教育实践形态，它与底层群体有着天然的联系，通过职业教育来实施底层关怀具有鲜明的现实意义。然而，现行的小学思想品德教材却存在贬低底层阶层的倾向，这无疑是与“底层关怀”背道而驰了。

2.职业阶层的形象分析

研究分别统计精英、普通、底层三个阶层的职业形象，结果如图4所示：

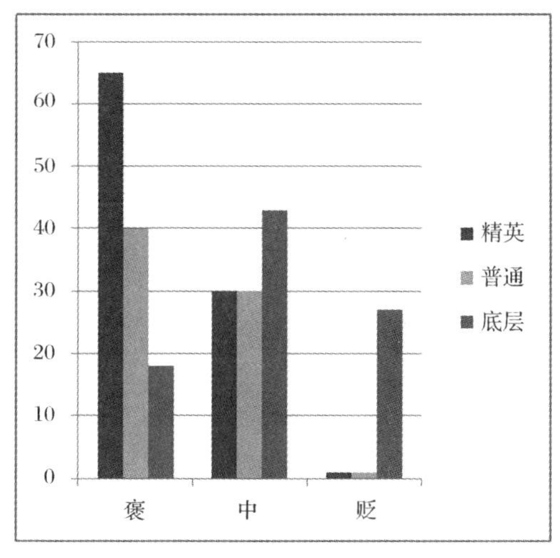

图4　人教版职业形象数量统计图

研究发现：

(1)教材中褒性职业形象大多出现于精英阶层，普通阶层次之，底层最末。强烈地表达了对精英阶层的赞美。

(2)而贬得最多的是底层工作者。虽然有些事例不是直接贬义，但是从整体效果来看是贬义的。比如说环卫工人不能回家过春节的辛苦，农民辛苦的种植被天灾毁于一旦，表面上是赞扬他们工作的辛劳，但是没有人会愿意得到低微的工资和收获，却依然不能与家人团聚。所以这种描写，很容易让学生对这些底层的工作者产生不好的印象，对这些底层的工作产生抵触情绪。

思想品德教材需要一方面赞颂为国家做出杰出贡献的职业群体，如科学家、工程师等，使之成为学生的榜样，让他们从小树立比较远大的理想，从而增加他们的学习动力；另一方面要把目光投给贴近人们生活的职业，如教师、护士、工人、农民，因为这些才是大多数人所能接触到的职业，比较符合实际。但现行小学思想品德教材体现出很大的职业偏见，对底层阶层的忽视等于潜在宣扬了职业不平等观念，会潜移默化地使学生形成不平等的职业价值观。这种现状正如著名教育家陶行知先生批评旧教育时所说的："中国向来所办的教育，完全走错了路，他教人离开乡下向城里跑，他教人吃饭不种稻，穿衣不种棉，盖房子不造林。他教人羡慕繁华，看不起务农。"[3]

（四）小学思想品德教材中的职业性别分析

性别平等的观念并非天生就能形成，需要通过教育来培养。思想引导性较强的品德教材是学生形成性别特征认识的重要渠道，弥漫在教材中的社会性别观念无时不在塑造着受教育者的性别文化和性别特征。小学时期又是青少年性别特征认识形成的关键时期，这段时期所接受的性别文化对他们的一生都会产生深刻影响。教材中社会职业人物选取存在的性别失衡现象，不利于学生平等性别观的养成。

笔者对人教版中以明确的形式（如：文字、插画）呈现的男女职业性别进行了统计：

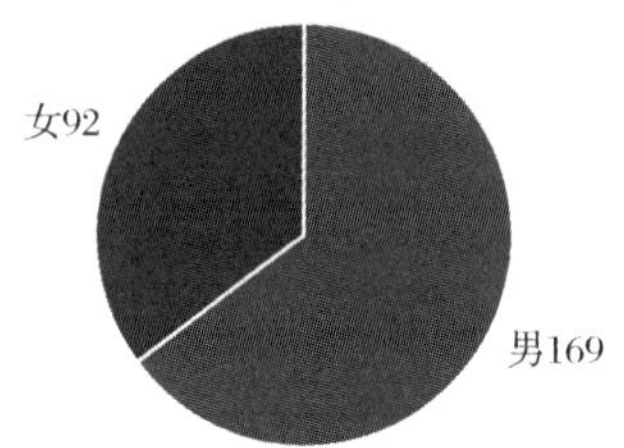

图 5　人教版职业性别选取数量图

从图 5 得到的数据来看，教材在职业性别选取上面，男性职业性别选取明显多于女性。

从表 3 统计结果看来，底层职业形象选取男性多于女性，普通阶层女性多于男性，而精英阶层男性多于女性。底层职业一般以劳动力输出居多，所以男性偏多较为正常。而普通阶层，在统计中出现教师、护士等普通职业较多，而这些职业又被冠以"女性职业"，出现了女性多于男性的情况。在精英阶层中，明显是男性多于女性，一定程度上表明在政治、经济、知识，甚至军事领域，女性在工作中都不如男性。这是严重的性别不平等观念，不利于学生形成健康的职业观和性别观。这种职业性别隔离现象在各国家普遍存在。

表 3　各阶层男女数量统计表

	男(人教版)	比例(%)	女(人教版)	比例(%)
底层	60	39.0	27	29.3
普通	17	11.0	51	55.4
精英	77	50.0	14	15.2

学者刘德中在研究中指出："女性虽然在一些传统的'男性'职业中展开了与男性劳动者的竞争，例如在国家机关、党群组织、企事业单位负责人和办事人员中的比例有所上升，但是仍然只是男性的 1/6，仍然远远低于其在传统'女性'职业中的比例。"[4]性别偏见作为社会偏见的一种表现形式，同政治、经济、历史和心理等各种因素复杂地交织在一起，并深深地扎根于社会生活之中，进而对社会、政治、经济和人们心理带来许多消极影响。教材中存在的性别偏见不但巩固加深了学生的性别偏见，并对小学生性别文化观念的形成产生了不良影响，使学生无形中形成关注男性的思维定式。这不但使女生在成就动机等方面受到自我期待因素的限制，而且使所有学生在男女两性关系的看法上停滞于传统观念，忽视女性在历史上的客观存在，无形中藐视女性在社会发展中的重要性。同时，也强化了社会对两性的定型看法，引起社会意识不平衡。在这种思维方式的影响和支配下，男女之间的原有不平等不断加剧，由此进而强化社会的性别偏见。

四、研究结论与建议

经过研究，笔者得出以下结论：(1)小学思想品德教材在职业多样性方面，出现的职业类别少且各类职业出现的篇次差距大；(2)在职业阶层方面，教材出现的职业多集中在社会精英阶层，缺乏对底层阶层职业的关注；(3)在职业形象方面，过多涉及对精英阶层正面形象的宣扬，对一些原本在教材中就出现较少的底层阶层的职业(如农民)却以贬性形象出现；(4)对职业性别方面，存在精英、底层阶层去女性化倾向，普通阶层偏女性化倾向。

根据本次研究的研究结论，也为了推动我国职业教育的发展，笔者提出以下几条建议：

第一，考量小学思想品德教材职业人物选取的内在均衡。任何人编写教科书内容时，都会带有一定的主观性，教科书编写者个人的学术背景和人生经历、各类主观倾向会有意无意地在教科书文本中流露出来。因此，教材编写者应力图摒弃陈见，树立平等的职业、国别、性别观。可以将优秀的农民形象、工人形象等以及精英阶层中的女性职业形象编入教材。并且，在编写关于外籍人士的形象时，也应该一视同仁，不要一味地将其写为精英阶层或只褒扬，避免学生产生崇洋媚外的心态。另一方面，可以根据职业分类，有意识地将一些较冷门的职业形象选入教材。

第二，完善小学思想品德教材的编、审、选制度。目前，我国已经形成了一套教材编写制度。但是，很多地方仍然不完善，出现了类别不均，性别、形象、阶层偏失的问题。笔者认为，出版社在编写教材时，应该考虑到教材对职业观影响的各方面因素，将人物的选取细化，最终制订为明确的硬性标准。统稿时应邀请专家共同参与，保证编写方案得以落实在教材中。在教材审查时，应有意识地审查每本教材中选取人物的各方面倾向。教材的最终使用者是小学生，但是学生没有评定教材的意识，故应该更多地倾听家长的建议。

第三，加强职业观启蒙研究。职业是每个人踏入社会后必将选择的，现当代社会的职业分布不均，虽然一部分是受工资的影响，但是也有很多高工资无人才的职业，比如现在的技术类职业工资急剧上涨，就是因为这方面急缺人才造成的。很多人没有树立正确的职业观念，对一些“丢面子”的职业避之不及，致使社会某些职业出现人才稀缺的问题。小学生正是初步形成世界观的年龄，在启蒙阶段对其进行职业观教育，不须纠正其错误的职业观，只需引导形成正确的即可，效果将会事半功倍。所以，应该加强对职业观启蒙的关注。

参考文献

[1]许欣欣.从职业评价与择业取向看中国社会结构变迁[J].社会学研究，2000(3).

[2]李尚群.底层关怀视角下的职业教育问题[J].中国人民大学教育学刊，2012(03).

[3]陶行知.中国乡村教育之根本改造——在上海青年会的演讲.见：陶行知全集(第二卷)[C].成都：四川教育出版社，1991.

[4]刘德中，牛变秀.中国的职业性别隔离与女性就业[J].妇女研究论丛，2000(04).

3～6岁幼儿家庭早期阅读现状的调查与分析

——基于城乡比较的视角

李紫卉 王丽娟 申夏凝①

指导教师：刘云艳

摘 要：家庭是生命的摇篮，家庭教育作为孩子教育的基础贯穿孩子一生，早期阅读是家庭教育的一种重要形式。本研究从家长对幼儿早期阅读的观念与态度、家庭早期阅读的环境与氛围、家庭早期阅读材料的情况以及家长的指导策略四个方面来考察农村与城市幼儿家庭早期阅读教育的现状，提出了有效措施与建议。

关键词：家庭早期阅读；阅读环境；阅读材料；指导策略

美国人类潜能开发研究所所长格伦·多曼说过："如果要用最简单的词来表述早期教育的奥秘，那就是两个字：阅读。"早期阅读对于学前儿童各种能力的习得及良好习惯和品质的养成具有重要意义，对学前儿童一生的发展具有持续的支撑力。家庭早期阅读状况和效果直接影响学前儿童早期阅读质量，影响学前教育的质量。城乡家庭早期阅读实施的现状如何，怎样提高家庭早期阅读质量，已成为早期教育中的重大课题。

一、问题提出

阅读能力是当今社会个体的一项基本学习能力。然而幼儿的阅读能力并不是天生的，它是个体后天在成人有意识的培养下主动学习的结果。家长是孩子的第一任老师，家长对孩子阅读能力的培养担负着很重要的职责，其重要性是其他任何人不能替代的。

从目前国内的研究来看，学前儿童早期阅读的研究更多的只是针对城市或农村其中一方开展的，缺乏比较研究。此外，我国城乡在家庭早期阅读教育方面体现出显著的差异。基于此，本研究在借鉴国内外家庭早期阅读研究成果的基础上，以城市与农村3～6岁幼儿家庭早期阅读教育为视角，关注城乡家庭早

①李紫卉、王丽娟、申夏凝：西南大学教育学部本科2015级学前教育专业学生。

期阅读现状的差异，并有针对性地提出科学合理的指导。

对学前儿童家庭早期阅读进行研究，可以发现问题存在的原因，帮助家长树立正确的阅读观，有利于家庭教育质量的提高。

二、已有研究评述

（一）国外关于早期阅读的研究

笔者通过网络和图书馆资源搜集早期阅读相关文献，主要有以下几个方面的研究：

1.对早期阅读价值的研究

早期阅读具有发展价值。1998年，美国国家研究院（National Research Council）提交的《在早期预防儿童阅读困难》的研究报告中指出，儿童早期阅读对于发展他们的语言理解能力和读写能力起着至关重要的作用。此外，研究指出早期阅读还具有情感价值。[1]

2.对早期阅读教育目标的研究

近年来，美国最有影响的早期阅读研究项目"开端正确：培养成功的阅读者"，提出了"早期儿童阅读教育目标"。[2]

3.对早期阅读方式方法的研究

在20世纪60年代，新西兰教育家赫法维（Holdaway）提出分享阅读法（shared-book reading）。在欧美发达国家，早期阅读逐渐传播到广大普通家庭中，得到国家、社会的承认和支持。1997年，克林顿提出一项名为"美国阅读挑战"（America Reads Challenge）的运动，该运动的主要任务就是协助父母成为孩子的启蒙老师。

（二）国内关于早期阅读的研究

在20世纪90年代，我国幼儿教育者在介绍国外早期阅读研究成果的基础上，开始了对幼儿阅读教育的研究，主要有以下几个方面：

1.对早期阅读材料选择的研究

阅读材料的选择对儿童的早期阅读具有重要意义。朱润鱼、袁宝英认为教师应根据幼儿的不同年龄特征选择适宜的阅读材料。[3]张明红认为教育者应根据儿童的年龄特点有选择性地引导儿童阅读创意阅读材料。[4]总体来说，国内关于儿童阅读材料方面的研究还不够深入，儿童图书市场还比较混乱，这一领域的研究亟须深入。

2.对早期阅读环境创设和利用的研究

创设一个适宜儿童身心的阅读环境，对儿童早期阅读能力的发展也有重要作用。周兢《早期阅读发展与教育研究》认为，要创设有利于儿童早期读写能力发展的环境，如创设有实际意义的文字环境，让幼儿经常使用环境中的文字。[5]

3.对早期阅读指导策略的研究

王崇丽对幼儿早期阅读提出了四点家庭指导，即树立正确的阅读观念、创造良好的阅读氛围、选择适合年龄特点的图书、培养良好的阅读习惯。[6]

4.对家庭早期阅读教育的研究

陈楷红对重庆市城区幼儿家庭早期阅读进行调查，发现大多数父母能肯定亲子共读对幼儿发展的价值，并且对亲子共读持积极态度，同时为实施亲子共读创设了一定的条件，但在观念上仍把亲子共读等同于早期识字，等同于早期智力开发，忽视幼儿学习主体性等问题。[7]

在实践研究中，影响较深的有北京师范大学的舒华教授、伍新春教授，他们从 20 世纪 90 年代开始在中国开展儿童的汉语早期阅读系统研究和实践研究。

综上所述，西方发达国家早于我国研究儿童早期阅读。我国对早期阅读教育的研究侧重于早期阅读教学研究；对幼儿园开展早期阅读活动有许多相关研究，但从家庭角度来开展早期阅读的研究相对较少；且关于城市与农村家庭早期阅读情况比较的研究不多。

三、研究设计

(一)概念界定

1.阅读

在本研究中，笔者认为所谓阅读，就是读者从阅读材料中获取信息并影响其非智力因素的过程。

2.早期阅读

早期阅读并不仅仅是读书、写字，应具有更广泛的内涵和外延，早期阅读主要是成人根据儿童心理发展的特点，通过对儿童提供与视觉刺激有关的阅读材料[8]，让儿童凭借变化的色彩、图像和成人的形象描述来理解阅读材料，引导儿童对阅读产生兴趣，培养自主阅读能力的一种认知活动。

3.家庭早期阅读

在本研究中，家庭早期阅读界定为：在家庭轻松而愉快的气氛中，父母和孩子一起通过诵读、游戏、讨论、提问、表演等各种方法，围绕儿童图书进行共同交流的一种阅读活动。

(二)研究对象

本研究选取重庆、山西、湖北三个省市的部分城市和乡村 3～6 岁的幼儿家庭作为研究的样本。

(三)研究内容

本研究从城市与农村比较的视角了解城乡 3～6 岁幼儿家庭早期阅读现状,发现其中反映的问题与差异,分析影响因素,并根据两者的差异与其中的问题有针对性地提出对策与建议。

(四)研究思路

结合理论与实际,对核心概念进行定义,其次通过问卷调查来了解城乡幼儿家庭早期阅读现状,从而深入剖析城市与农村的差异及差异产生的原因,最终有针对性地提出相应建议。

(五)研究方法

1.文献法

文献法是笔者所采用的基础研究方法,贯穿整个研究的始终。通过文献研究搜集关于早期阅读、家庭早期阅读研究等相关资料,在对资料总结归纳的基础上进行述评。在分析已有文献关于 3～6 岁幼儿家庭早期阅读现状的基础上,引入城市与农村的对比,加深对此问题的探索。

2.调查研究法

调查研究法是笔者所采用的重要研究方法,为笔者提供坚实的实证支撑和数据支持。调查研究法了解城市与农村幼儿家庭早期阅读的基本现状,了解城乡幼儿家庭早期阅读情况的差异,剖析城乡幼儿家庭早期阅读中差异产生的原因及存在的问题。

3.访谈法

访谈法是对调查研究法的补充和完善,具体的访谈设计方案如下:

(1)访谈目的

了解城市与农村 3～6 岁幼儿家庭早期阅读的现状。

(2)访谈对象

城市与农村各 4 组 3～6 岁幼儿家庭。

(3)访谈工具

自编《3～6 岁幼儿家庭早期阅读现状的分析与调查——基于城乡比较视角访谈提纲》。

四、研究过程

(一)研究假设

假设城乡家庭早期阅读观念存在很大差异,假设城乡家庭早期阅读环境差异显著;假设城乡家庭早期阅读材料选择差异明显。

(二)问卷设计与回收情况

初测分析后,调整题项。最终,面向重庆、山西、湖北的 3 个城市和 2 个乡县发放问卷。共发放问卷 240 份,有效回收 228 份,有效回收率 95%。其中城市家庭回收问卷 122 份,农村家庭回收问卷 106 份。

五、研究结果

(一)总体状况

城乡家长对早期阅读的认识和理解,较之十年前已经有了显著的提升。大部分家庭对早期阅读已经有了初步的认识和了解,但认识仍然不够深刻和具体。总体来说,农村家庭受家长文化水平、家庭经济状况等因素限制,问题更为突出。

(二)城乡家庭早期阅读差异分析

1.城乡家庭早期阅读家长观念上的异同

在"您是否接触过家庭早期阅读这个概念"这个问题中,所有的家长都选择"是",可见无论城市还是农村家长都对家庭早期阅读这个概念有所接触和了解。但在对家庭早期阅读的作用上,城市和农村家庭的观念体现出了明显差异。问卷调查结果显示,多数农村家庭仍将家庭早期阅读的重点放在识字、智力开发等知识性的增长上,且忽视了其在幼儿良好品质的培养、促进良好亲子关系形成上的作用。

表 1　城市及农村家长对幼儿早期阅读喜爱程度

	城市(%)	农村(%)
非常喜欢	18.03	7.27
喜欢	50.82	49.09
一般	27.87	41.82
不喜欢	3.28	1.82
非常不喜欢	0	0

如表 1 所示，多数家长（城市 68.85%，农村 56.36%）都喜欢或非常喜欢与幼儿一起阅读，但还有相当一部分家长，特别是农村家长选择了“一般”（城市 27.87%，农村 41.82%）。通过进一步深入访谈，我们了解到选择“一般”的家长主要是因为自身对阅读没有什么兴趣，但由于认识到了幼儿家庭早期阅读的重要性，有时出于幼儿园老师的要求，还是会与幼儿一起阅读。

2.城乡家庭早期阅读环境方面的异同

表 2　是否有固定阅读空间

	城市(%)	农村(%)
专门为孩子准备的书房	9.84	12.73
客厅等非单独的房间	24.59	14.55
无单独的房间但有相对固定的角落	42.62	25.45
没有固定的阅读空间	22.95	47.27

表 3　幼儿拥有图书量

	城市(%)	农村(%)
100 册以上	11.48	1.82
50～100 册	37.70	12.73
20～50 册	26.23	38.18
20 册以下	24.59	47.27

家庭早期阅读环境包括了物理环境和人文环境。如表 2 所示，在物理环境方面，农村家庭中学前儿童开展家庭早期阅读无固定的空间的达到 47.27%，而城市家庭中大多数(77.05%)都有意识地为幼儿准备了书房、书橱、书桌等固定空间或角落。访谈发现，在不少没有固定阅读空间的家庭里，幼儿虽拥有一定数量的图书，却没有固定收纳的地方，图书扔得满地都是，破坏严重，阅读率低。另外，在幼儿拥有的图书数量方面差异显著。如表 3 所示，城市中有 11.48%的家庭表示幼儿拥有 100 册以上的图书，而农村仅 1.82%；47.27%的农村家庭幼儿拥有的图书量不足 20 册，而 75.41%的城市家庭幼儿拥有的图数量在 20 册以上。

表 4　家庭每月用于书籍报刊的支出

	城市(%)	农村(%)
100～200 元	24.59	7.27
50～100 元	39.34	20.00
30～50 元	24.59	36.36
30 元以下	11.48	36.36

表 5　亲子共读频率

	城市(%)	农村(%)
每天进行	26.23	12.73
一周 3～4 次	47.54	32.73
一周 1～2 次	13.11	23.64
一周不足 1 次	13.11	30.91

在人文环境方面，农村和城市家庭在提供的阅读氛围方面有明显差异。如表 4 所示，农村家庭中 72.72%的家庭每月用于书籍报刊的开销低于 50 元，而城市家庭中有 63.93%每月开销在 50 元以上。这体现了家庭的阅读氛围是否浓厚，对幼儿能否形成良好的阅读习惯有着巨大的影响。此外，在亲子阅读方面，如表 5 所示，城市有 73.77%的家庭每周能提供 3 次及 3 次以上的亲子共读，而农村家庭能达到 3 次的仅 45.46%，30.91%不足 1 次。

因此,无论是物质环境方面还是人文环境方面,城乡家庭展开亲子共读方面都存在明显的差异性。

3.城乡家庭早期阅读材料选择上的异同

在阅读材料的选择上,城乡差异并不显著,存在许多共同问题。

表 6 幼儿读物较少的原因

	城市(%)	农村(%)
书太贵	22.95	29.09
孩子对书不感兴趣	37.70	40.00
买书不方便	9.84	14.55
不知道该买什么书	52.46	65.45
幼儿读物质量太低	39.34	20.00

在选择阅读材料时,如表 6 所示,有 52.46%的城市家庭和 64.45%的农村家庭不知道要给幼儿选择怎样的阅读材料。这个问题农村家庭更严重。

表 7 家长认为孩子应该看什么类型的书

	城市(%)	农村(%)
卡通动漫类	70.49	84.91
科学知识类	77.05	58.49
益智趣味类	77.05	58.18
文字阅读类	11.48	9.43
心理健康类	6.56	1.89
情绪情感类	5.89	3.24

表 8 家长为孩子购买图书类别

	城市(%)	农村(%)
卡通动漫类	70.49	84.91
科学知识类	77.05	58.49

续表

	城市(%)	农村(%)
益智趣味类	77.05	58.18
文字阅读类	11.48	9.43
心理健康类	6.56	1.89
情绪情感类	5.89	3.24

在阅读材料类型的选择上,“您认为孩子应该看什么类型的书”一题,如表7所示,各个选项分布较为平均。而“您给孩子购买的图书包括”一题,如表8所示,以卡通动漫类和益智趣味类居多,心理健康类、情绪情感类极少。反映出家长虽具备一定的意识,但在实际购买时仍然严重受到传统观念影响,对于绘本的选择比较单一。

在选择阅读材料的标准和依据一题中,排第一位的是“对孩子知识能力的提升程度”。一味地追求对幼儿知识能力的提升会将家庭早期阅读变得过于功利,家长在进行绘本的选择和应用时,要考虑到幼儿的身心发展的特点,从幼儿的兴趣和需要出发。

4.城乡家庭早期阅读教育策略上的异同

城市和农村家庭在选择早期阅读教育策略上有极大的差异性。

表9　早期共读常采用方法

	城市(%)	农村(%)
诵读法	56.78	66.18
点读法	43.72	73.60
图读法	64.90	54.21
角色扮演	37.49	18.74
创编故事	6.21	2.55

如表9所示,城乡家庭亲子共读时多采用亲子互动阅读和家长讲述阅读,农村家庭采用的阅读方法比较单一,诵读法和点读法占比较大。城市家庭早期阅读教育方法比较多元化,并且往往会改变语气、语速、语调,有时还模仿故事中的角色,同时联系生活实际来给幼儿讲解。农村家庭这方面则还有较大可学

习提升的空间。在提问技巧方面,大部分家长很少提问,能经常或偶尔停下来向幼儿提问的城市家庭占比较农村家庭高。在创新性培养方面,城市家长和农村家长都较多关注阅读材料本身,很少引导幼儿进行故事的续写和创编。

(三)城乡家庭差异的原因分析

1.社会支持

城市的社会支持较农村更为丰富和完善,不仅政府开展早期阅读计划,社区儿童图书馆也开展丰富多彩的阅读活动,如阅读月、阅读周活动的开展、亲子故事会、故事剧团等。除此之外,城市经常会开展关于家庭早期阅读的讲座活动。此类活动和讲座的开展,有利于城市家庭家长接收更多的关于早期家庭阅读方面的理念和信息,了解更多的关于开展家庭早期阅读的知识。

2.家庭经济状况

55.74%的城市家长平均月收入在6000元以上,而农村家长仅25.45%达到这一收入水平。家庭的经济状况会影响对幼儿家庭早期阅读提供的物质支持,家庭经济状况较差的家庭有较大可能会存在无力购买图书、无法为幼儿提供固定阅读空间等问题。内华达大学研究人员麦坎举例表示,位于亚洲的中国,家庭藏书超过500册的家庭,其孩童接受教育时间比没有的家庭孩童平均多出6.6年。

3.家长文化水平

城市家长的文化程度普遍较高,其中大学本科以上占63.93%。而农村家长的文化程度在大学本科以上的仅占5.45%。家长的文化程度会影响其看待早期阅读的观念。一般说来,文化程度越高越重视早期阅读教育。此外,家长的文化程度还会影响其在进行家庭早期阅读活动中的行为。文化程度高的家长,有更大的可能会有意识地为幼儿选择优质的阅读材料,提供良好的阅读环境与氛围,在阅读过程中也能够提供一定的引导。

六、对策建议

(一)正确引导

1.幼儿园、社区与家庭合作,帮助家长树立正确的早期阅读教育观念

无论是城市还是农村,要提高对家庭早期阅读教育的认识,仅仅依靠家庭成员是不够的。幼儿园、社区与家庭之间要建立多元的合作关系。城市社区可与早教机构和社区幼儿园合作,对家长进行宣传指导;农村幼儿园可举办读书

节活动，举办幼儿早期阅读专场研讨会和专家讲座，开展家庭早期阅读问题咨询活动，进一步深入普及开展家庭早期阅读的理念和方法。

2.支持引导家长进行学习，提升家庭早期阅读指导策略

幼儿园应做好家园合作，让家长掌握一定的亲子阅读指导方法。亲子阅读过程中，家长可以提一些开放性问题，让幼儿多观察、多猜想，拓展幼儿思维。幼儿无意注意多于有意注意，他们很容易被一些有趣的声音所吸引。家长在讲述故事时，应用生动的语言、适度夸张的神态来吸引幼儿的注意。亲子阅读活动应以轻松、温馨的方式进行，这会使幼儿产生积极的情感体验，从而满足幼儿爱与归属的需要。[9]

（二）加大投入

1.经济投入

政府、家庭合力，加大家庭早期阅读教育投入。目前，政府层面较多地对城市的图书馆进行经费投入，农村此项投入较少。政府可以加大经济投入，在每个城市和每个乡设立儿童读书屋，结合3～6岁幼儿的身心特点和发展需要，选择适合该年龄阶段的优质阅读材料。而家庭也应在力所能及的范围内增加家庭早期阅读方面的经济投入，适当购买适合幼儿的阅读材料。

2.时间投入

除此之外，城市家庭和农村家庭都应该注意在幼儿家庭早期阅读方面的时间和精力投入，制订合理的亲子阅读计划，比如每天花20分钟时间和幼儿一起进行亲子共读，必要时可以和幼儿一起表演绘本、制作绘本。这样不仅能激发幼儿的阅读兴趣，发展幼儿各方面能力，而且还能增进亲子感情，有利于良好的亲子关系的建立。

（三）正确实施

1.营造家庭阅读氛围，创设适宜的早期阅读教育环境

家庭早期阅读环境的创设在一定程度上会影响到幼儿阅读兴趣的激发和阅读习惯的培养，好的阅读氛围能激发幼儿的阅读兴趣，调动阅读的主动性。因此，家庭应该给幼儿创设一种良好、舒适、符合幼儿身心发展特点的阅读环境。

物质环境方面，首先，要为幼儿创设温馨的阅读场所，摆放适合幼儿年龄发展特点和兴趣的书架、座椅等，激发他们的阅读兴趣。其次，要尽力根据幼儿的年龄发展特点和兴趣来选择丰富、充足的阅读材料。

精神环境层面，家长是家庭早期阅读教育精神环境的核心，早期阅读是家长和儿童相互作用的“结果”，是一个令人满意的人际关系经历的必然结果。家长要给幼儿营造一种温馨的阅读环境，有计划地与幼儿进行亲子共读，共读过程中要密切观察他们的反映并及时做出回应。

2.依据幼儿年龄特点，选择适合幼儿的多样化阅读材料

阅读材料的选择至关重要，家长要根据幼儿的年龄特点来选择适合他们的阅读材料。家长在选择材料时应注意：具体形象性是幼儿思维的主要特点。色彩鲜明、形象逼真的画面易引起幼儿的好奇心，激发阅读欲望和兴趣，给幼儿发挥创造力和想象力的机会；贴近日常生活的阅读内容易引起幼儿情感的共鸣。[10]此外，幼儿早期阅读材料不应局限于绘本，随着幼儿阅读兴趣的增强及认知能力的提高，可逐步扩大幼儿的阅读范围，比如儿童连环画、儿童百科全书、儿童文学作品、经典的童话等。

参考文献

[1]Snow，C.E，Burn，M.S，Griffin.p.(Eds.)NationalResearchCouncil.Preventing reading difficulties in yang children[M].Washington，DC：National Academy Press，1998.

[2]周兢.造就成功阅读者的培养目标——美国儿童早期阅读教育目标的评述[J].早期教育，2002(7).

[3]朱润鱼，袁宝英.3～5岁幼儿早期阅读材料的选择与指导实验研究[J].教育理论与实践，2005，25(2).

[4]张明红.早期阅读材料的选择[J].幼儿教育，2007(18).

[5]周兢.早期阅读发展与教育研究[M].北京：教育科学出版社，2007.

[6]王崇丽.幼儿早期阅读的家庭指导[J].贵州教育，2005(5).

[7]陈楷红.重庆市主城区幼儿家庭亲子共读现状研究[D].重庆：西南师范大学硕士学位论文，2005.

[8]王崇丽.家庭早期阅读教育的误区及改善措施研究[D].山东：鲁东大学硕士学位论文，2006.

[9]张必隐.读心理学[M].北京：北京师范大学出版社，2003.

[10]余珍有，周兢.走出“幼儿早期阅读教育”的误区[J].早期教育，2003(7).

高中生职业教育选择动机的社会学考量

——基于现代职业教育体系构建的战略背景

党倩 焦月蕊 贾舒婷①
指导教师:朱德全

摘 要:为促进职业教育尤其是高职教育的发展,国家不断完善教育制度并出台相关政策。大众对职业教育的冷淡态度不仅制约了各项政策的有效实施及理论效用的发挥,甚至严重影响到了职业教育的生存。其中影响最为直接的是生源问题。研究将从高等职业教育生源问题入手,从招生的对象普通高级中学的学生的角度出发,调查面临本科和高职选择的高中生选择动机现状,分析其影响因素所在。社会认同和就业前景,以及学生自身的学情是影响职业教育选择的重要因素,家庭经济因素在质性研究中没有体现过于显著的差异性。基于霍兰德的态度转变模型,要解决生源问题,关键还是在于高等职业教育院校自身的教育质量。研究从现代职业教育体系的建设角度出发,提出了创新高等职业教育院校贫困学生的教育资助体系、扩大高等职业教育社会影响力等政策建议,以期通过提高高等职业教育的教育品质来缓解生源问题。

关键词:高等职业教育;高中生;选择动机;现代职业教育体系

在"中国制造2025"、全力构建现代职业教育体系的战略背景之下,职业教育在发展中却遇到了不可忽视的现实阻力——大众对职业教育的冷淡态度。这一现象不仅制约了各项政策的有效实施及理论效用的发挥,甚至严重影响到了职业教育的生存。近几年高职院校普遍存在的招生难便是高职教育生存危机的一个突出反映。基于此,本研究从高等职业教育生源问题入手,从招生的对象普通高级中学的学生的角度出发,调查面临本科和高职选择的高中生的选择动机现状,分析探索其原因所在,着重探索高等职业教育生源紧张的问题根源,并结合社会学视角寻找相应解释与解决措施。

①党倩、焦月蕊、贾舒婷:西南大学教育学部本科2015级晏阳初创新实验班学生。

一、相关研究

(一)国内相关研究

在学术领域,我国对高等职业教育的研究出现于20世纪90年代,有关研究也被学者们所重视,在CNKI中国知网中搜索篇名中含有“高等职业教育”或含“高职”的文献,共有333,180条检索结果,可见有关高等职业教育的相关研究已然成为热点。在有关高职的研究数不胜数的情况下,将高等职业教育与高中生结合在一起的研究却是寥寥无几。在CNKI的搜索中,篇名包含“高职”与“高中生”的仅有5条,其中与本次研究最为相关的是2015年《职教论坛》张胜兵的《高中生报考高职教育动因分析》。

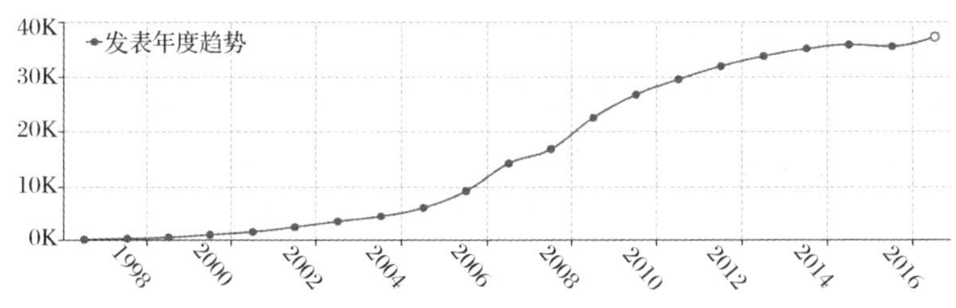

图1 1997年至今高职相关文献的数量变化趋势图

(二)国外相关研究

1.外文相关文献计量分析

笔者使用CiteSpace信息可视化软件,将245份外文文献的数据导入软件中,以1990年至2017年为时间切片,以作者和关键词为节点类型进行共现分析,经过了一系列操作,呈现如图2、图3的结果:

图 2　关键词计量可视化分析图

图 3　关键词计量聚类可视化分析图

将软件计算分析出的科学知识图谱进行聚类后，从施引的文献中提取聚类命名术语，可以从图中得知 245 篇相关外文文献中大致可以分为几大不同的聚类，其中包括“resisting consumerist rationalities”“rational emotional model”“vocational high school”等聚类，由此图谱可知国外对于高等职业教育相关方面的研究方向是相对更加多元和开放的，其聚焦呈现出相对不规律的变化和发展方向，相关研究的重点集中于高等教育和职业教育整体上，对于本次研究有直接借鉴的相关外文文献数量较少。

2.国外典型经验分析

根据国外现代职业教育体系发展现状，选取具有代表性的国家的职业教育和高等职业教育典型经验简要分析，例如芬兰的“优先发展战略”，德国的“双元制”模式，日本的“多元办学体制”，以对我国建设现代化职业教育体系提供借鉴。

二、调研过程

(一)调研设计

1.研究对象

以重庆市部分地区为研究范围,选取潼南区、璧山区、合川区、北碚区、南岸区、万州区、黔江区、彭水苗族土家族自治县、秀山土家族苗族自治县、酉阳土家族苗族自治县共10个区(自治县)为考察区域。向考察区域高中生发放问卷1332份,有效问卷999份,有效回收率为75.000%。调查对象信息如表1所示:

表1 调查对象信息表

变量		有效样本人数(人)	有效样本百分比(%)
性别	男	499	49.950
	女	500	50.050
年级	高二	287	28.729
	高三	712	71.271
民族	汉族	456	45.646
	少数民族	543	54.354
学校类型	普通高中	731	73.173
	重点高中	268	26.827

2.研究工具

(1)Citespace科学知识图谱计量分析软件

国际著名的信息可视化专家陈超美教授用Java语言开发的、基于引文分析理论的信息可视化软件CiteSpace。

(2)问卷设计

第一,确定初始维度及具体题目。依据前期访谈设计针对部分在读高中生进行前期探索性访谈,构建问卷框架。本问卷主体分为AB两个版本,A卷为“会考虑选择职业教育”,B卷为“不会考虑选择职业教育”。

第二,进行初始问卷的试测。首先在重庆市北碚区的中学抽取部分高中生发放问卷。回收后用SPSS22.0对初测问卷进行信效度检测和探索性因子分析，最后得出筛选结果如表 2：

表 2　AB 问卷信效度

问卷	项目数	KMO	χ^2	Cronbach′s α
A	19	0.535	424.302	0.919
B	19	0.779	495.641	0.902

通过统计检验发现 A 版和 B 版各维度内部一致性较好，总体信度属于高信度。

第三，正式问卷的形成。在问卷发放过程中发现 AB 两版问卷实际执行过程难度较大，因此将 AB 两版问卷合并。主观题部分简化题目，降低题目难度。最终形成如表 3 所示包含四个一级维度的 33 个题目。

表 3　高中生职业教育选择动机的维度划分

一级维度	二级方向	三级指标
个人	客观	知识
		技能
	主观	职业技术和学习职业技术
		未来学习的预估
家庭	客观	家庭经济情况
		家庭经验情况（亲属经历和反馈）
	主观	父母的干预度
		父母的认可度
学校	客观	宣传的实际情况
	主观	学校的态度（包括老师和同学）
社会	客观	国家政策的了解程度
		个人的实际
	主观	他人的看法
		高职和普高社会地位的比较
		未来估计

第四，运用 SPSS22.0 对问卷进行信效度检验。得出问卷总体 Cronbach's Alpha 系数为 0.806，表明问卷具有较高的信度。

表 4　内部一致性分析

	个人维度	家庭维度	学校维度	社会维度	总数
项目数	10	7	7	9	33
Cronbach's α	0.666	0.488	0.557	0.673	0.806

(3)访谈纲要

访谈纲要主体分为基本信息和问题方向两个板块，并根据不同的调查对象设计相应的问题。

(二)调研结果

1.量化研究部分

为不影响统计结果，本研究将缺失值记为 0，其中缺失最多的题项为“家庭月收入”，缺失比例为 2.800%。

(1)重庆市高中生高等职业教育选择动机的总体情况

问卷的第二部分对高中生的选择动机情况进行测量，选择动机的影响因素按照个人、家庭、学校和社会四个维度分类。根据五点评分标准进行学生得分的求和，汇总求得各分类的总分，总体情况见表 5：

表 5　重庆市高中生的高等职业选择动机现状总体情况分析

选择动机维度	个人	家庭	学校	社会
均值	3.219	2.690	3.104	3.009
标准差	1.145	1.124	1.068	1.046

由表可知，现阶段重庆市高中生的高等职业教育选择动机受个人维度影响最大，最低的是家庭对学生选择动机的影响。各维度的平均分都在 3 分左右，说明各因素对选择动机结果影响程度一般。

(2)人口变量与高中生选择动机的平均数差异检验

为进一步了解高中生群体与选择动机的关系，将问卷第一部分个人信息中的人口变量与选择动机进行平均数差异检验。

第一,学校类型与高中生选择动机水平的关系。由表6可知,学校类型和选择动机的差异显著,普通高中学生对高等职业教育的选择动机比重点高中学生强。

表6 不同学校类型与选择动机的平均数差异检验

学校类型	均值	标准差	F	sig
重点高中	2.873	1.076	6.774***	0.000
普通高中	3.080	1.119		

注:$p<0.05$,有显著性差异,下同。

第二,高中生选择动机水平与是否独生子女的关系。由表7可知,是否独生子女与选择动机差异显著,非独生子女对高等职业教育的选择动机比独生子女强。

表7 是否独生子女与选择动机的平均数差异检验

是否独生子女	均值	标准差	F	sig
是	2.901	1.039	2.283***	0.000
否	3.077	1.088		

(3)学生家庭状况和选择动机的变异数分析

为了解学生家庭情况与选择动机水平的关系,且降低犯第一类型的错误,对样本进行单因子变异数分析。由于本研究样本数量较大,需要进一步探求关联强度指数,以补充说明假设检验的结果,并了解变量间的关系程度。

第一,家庭所在地与高中生选择动机水平的关系。在变异数同质性检验中,由表8可以得知$p=0.066>0.05$,同质性检验未达到显著,符合变异数分析时的重要假定——变异数同质。

表8 变异数同质性检验

	Levene 统计	df1	df2	sig
选择动机	2.409	3	995	0.066

表 9 事后比较检验

	家庭所在地 I	家庭所在地 J	平均差异 I—J	显著性
选择动机	1	2	−7.063	0.000***
		3	−9.943	0.000***
	2	1	7.063	0.000***
		3	−2.880	0.037*

如表 9 所示，由事后比较检验得知，第 1 组与第 2 组、第 2 组与第 3 组在高等职业教育选择动机有显著差异，呈负相关。即家在城市的高中生相比家在乡镇和农村的学生更不愿意读高职学校，且家住在乡镇的高中生比家在农村的高中生更不愿意读高职学校。

第二，家庭月收入与高中生选择动机水平的关系。问卷中家庭月收入包括不足 1000 到超过 20000 的跨度。由于回收的数据差距过大，所以进行组别的整并，以减小统计上的误差。

表 10 家庭月收入描述统计

有效(元)	次数	百分比(%)	累计百分比(%)
<1000	73	7.307	7.307
1000～3000	311	31.131	38.438
3000～5000	296	29.630	68.068
5000～10000	206	20.620	88.688
10000～20000	68	6.807	95.495
>20000	17	1.702	100
总计	999	100	

如表 10 所示，将家庭月收入按频次分组：第 1 组为收入不足 1000 和 1000～3000，第 2 组为 3000～5000，第 3 组为 5000～10000、10000～20000 和 20000 以上。

表 11　变异数同质性检验

	Levene 统计	df1	df2	sig
选择动机	2.316	2	996	0.099

变异数同质性检验由表 11 可以得知，同质性检验未达到显著，符合变异数分析时的重要假定——变异数同质。

表 12　事后比较检验

	家庭月收入 I	家庭月收入 J	平均差异 I—J	显著性
选择动机	1	2	1.872	0.180
		3	6.304	0.000***
	2	1	−1.872	0.180
		3	4.431	0.000***

如表 12 所示，由事后比较检验得知，第 1 组与第 3 组、第 2 组与第 3 组在高等职业教育选择动机上有显著差异，呈正相关。即家庭月收入不足 3000 的高中生相比家庭月收入大于 5000 的学生更愿意读高职学校，且家庭月收入为 3000～5000 的高中生比家庭月收入大于 5000 的高中生更愿意读高职学校。

2.质性研究部分

(1)量化结果印证部分

在质性研究结果得到呈现后，研究者得到以下相关发现是与量化研究结果存在相互印证的：

第一，经济因素。量化分析中显示家庭月收入对学生选择动机的解释变量较小，在质性中也有多位被调查者认为“没有影响”。多数被访谈者却提到不管是多高的学费，父母方面依然是给予很高的支持，父母较为强烈的支持意愿体现出了高度的一致性。就此问题详细调查，在家庭经济条件较为贫困的情况下，首先高中生会更倾向于选择收费较低的学校。再次，高中生表示家长无论如何还是会在经济上提供保障。由此得出结论为，家庭经济水平只作为同类学校选择时的考虑因素，并不能作为其选择职业教育的决定性因素。

第二，社会认同与就业前景。问卷调查社会维度中的平均得分为 3，整体情况趋向一般。在质性研究中，已选择高职的在读学生表示，最渴望的改变是

“提升高职的社会认可度”。印证结论为,高中生不选择职业教育的最主要因素是其社会认可度低、就业前景不乐观、提升空间不高。

第三,成绩因素。量化数据学习成绩与选择动机显著相关,成绩因素的重要地位在质性研究中同样得到印证。被访谈对象大多高考成绩并不理想,因此会有被动的选择情况——想要继续接受教育,只能通过就读高等职业教育院校。然而当问及如果分数刚够选择普通本科的程度,是否依然会选择高职,被访谈的学生都表示肯定,理由是宁愿选择最好的高职,不愿就读较差的本科。

(2)质性研究深入探讨部分

第一,学校办学质量。要解决社会认同度低、就业前景不乐观以及面对高昂学费的“教育致贫”的问题,其原因还是学校办学质量低,开设课程不具专业性与特色,无法培养出劳动市场需要的人才。在访谈中有被调查者表示,“学校学的没用,在外面也能学到”,就明确反映出学校的专业开设与技术技能教学存在问题。

第二,主动选择倾向。社会大众心态中对高职存在着一种模糊的印象,认为职业教育多数是基于高中生成绩因素、家庭因素等的被迫无奈的选择。但在访谈中却了解到,大多数徘徊在普通大学与高职两难选择中的高中生是经过反复思考后,才主动选择了职业教育。通常是在综合考虑客观环境和主观情况权衡后进行的理性选择。

第三,对高职感到乐观是基于认知中的自信。在量化中有所显示,高中生对职业教育未来发展基本是乐观的。当被问及是否会因为选择高职而影响到自身发展时,大部分学生表示“主要还是看自己学不学”,其更注重自己能力的培养,认为自身实际能力与发展的关系更为直接。他们中普遍对高等职业教育的发展前景表示乐观,也对自身即将具备的职业能力充满信心。

三、讨论与分析

基于社会学考量,从本次研究主题出发,接受高等职业教育的主体内部能够明显地感受到社会阶级、社会地位上的差距。以下将通过社会心态、社会互动、资本理论、理性选择以及“垂直流动”等视角进行论述。

(一)社会心态的正向引导

量化研究的结果中,通过家庭维度父母表现出不倾向于职业教育、普通高中学生相较于重点高中学生更倾向于选择职业教育等现象,可判断出我国大众的社会心态已经成为高职教育发展的巨大阻力。此结论在质性的访谈中也有所体现，有学生表示专科文凭与本科文凭相比，“层次上就低了一个层次”，这同时也是无数家长心中的担忧，认为专科学历低，就业难。这与彭慧等人的研究结果一致，“目前社会对高职的社会心态已影响到高职教育的健康良性发展”。

一方面社会心态反映出社会大众对高等职业教育30年发展成果支持与认同程度还是不充分的；另一方面，由于社会心态具有动态性的特征，通过改变外部的某些社会条件就能将心理阻力转化为心理推动力，推动高等职业教育的健康持续发展。

（二）态度转变模型的运用

量化结果表示目前对高职选择预测力最强的维度是学校宣传情况，考察的指标为是否来宣传过、同学反应如何等，很大程度上可以反映出宣传是有效的。但在实地考察过程中，发现部分高职院校为招生而不择手段，对职业教育市场产生极其恶劣的影响。可靠数据显示，高职院校的就业率已高于普通本科，但真实信息和情况无法流通，不能真正让学生和家长认识到高职院校优势而保持原有的偏见。

根据霍夫兰德的态度改变—说服模型，说服大众改变对高等职业教育的态度，最重要的环节就是说服者的公信程度以及信息的真实可靠。尽量掌握被说服者的原有态度，并结合说服的情境特点来组织信息，真正改变大众的心态。

（三）社会互动的顺应和同化

高职教育的选择动机是在四个维度共同作用之下形成的。四个维度独立又相关，共同影响高中生对职业教育的选择。“社会互动”指人与人或团体与团体在行动或心理上的交互影响。可以说，社会互动是一个社会行动及其所引起的反应，即社会相互作用，是一个实现社会化的动态过程，人们在社会交往中通过互动感知对方对自身的反馈，从而形成自我意识，确定自身角色。学生在数年的与人互动中，通过接触社会、家庭与学校，获得自己对于高等职业教育的认识，定位自己的角色，从而逐渐形成对于高职的认同，并进一步决定自己的行为。

（四）社会资本的均衡配置

布迪厄认为资本之间可以相互转换。在量化分析的过程中发现，非独生子女、农村地区、家庭月收入较低、监护人受教育程度较低的学生相较于其他学生均更倾向于选择职业教育，这就涉及资本转换的问题。家庭的经济资源越丰富，足以提供子女越佳的学习环境。家庭文化资本以及父母的教育方式，父母与子女的互动，造成所建构的环境刺激上的差异，影响子女的教育发展。例如家庭所在地，相较发达的城市与乡镇地区而言，农村地区经济收入较低，教育资源相对薄弱，信息滞涩不够流通，低质量的经济资本与文化资本转化极大地限制了学生发展。

(五)社会理性选择的利益最大化

科尔曼的理性选择理论兴起于20世纪90年代，不同于经济学主张的“理性”，它是指“为了达到一定目的而通过人际交往或社会交换所表现出来的社会行动，这种行动需要理性地考虑对其目的有影响的各种因素”，主要强调一种目的性行为。该理论应用于高职教育，高中生选择职业教育时，作为采取目的性行动的理性人不仅追求物质利益的最大化，而且顾忌个人爱好、发展空间、学业成就和社会地位等非经济因素，并且这些非经济因素也是作为理性人追求效益最大化的内容和目标。

将选择高等职业教育的学生进行“理性人”的基本假设，理性是学生选择高职行为的行动基础，行动者的行动原则是最大限度地获取效益。量化结果显示学生在进行职业教育的选择时会综合来自各方面的因素进行考虑，这一点在质性研究中同样有所体现。通过个体考证者的理性化选择来深入分析，高中生选择高职的行为是理性的，理性投向学生选择高职行为的客观行动事实上，会引导他们对职业规划与个人发展进行深入考虑。

(六)“垂直流动”的困境

实现社会流动的主要途径之一是教育，较高层次的教育通常具有较好的生活机会。但是垂直流动的发生往往是因为职业结构变迁的结果，而非因为社会具有高度的机会平等。高阶社会位置稀少，要向金字塔顶上流动本身就存在困难，而占有财富与权力地位的既得利益者其子女的生命机会优于他人，社会流动难以形成。接受高等职业教育的学生表示，父母期望子女能够改变家庭原有的社会阶层，但家庭经济条件极其有限的学生首先面临昂贵的学费与家庭窘迫的经济冲突。其次，即便有了进一步受教育的机会，仍面临巨大生存压力与父母给予的精神负担。因此，通过高等职业教育实现社会阶层的升迁，改变现有的生活状况，仍有很长的路要走。

四、研究思考与建议

习近平同志在十九大报告中明确提出要建设现代化经济体系，加快发展先进制造业，建设知识型、技能型、创新型劳动者大军。结合本次研究结果来看，可以延伸的政策咨询建议方向如下：

(一)完善高等职业教育院校贫困学生教育资助模式

目前高职院校的学费与普通高校的学费存在巨大落差，但是与普通高校学生却享有同样的资助补贴政策，即国家助学金、奖学金等。经济问题虽并未与选择动机构成强关联联系，但质性结果中显示，高额的学费仍然是难以承受的重担，教育本应“治”贫，无奈却成为教育“致”贫。提供恰当合适的经济资助，完善学生资助的制度体系与监督管理系统，让高职学生的教育资助更具有针对性，教育意义大于资助意义，让国家政策真正实现落地生根。

(二)扩大高职宣传力度，提升社会影响范围

通过大众传播媒介等主流媒体，努力改观大众的社会心态，在社会群众心中树立高职的正确定位和形象。坚持对高职教育成果的宣传，深入发掘高职教育的生命力和竞争力价值，以正面的信息引导大众和树立高职教育的良好形象，从而改变大众消极的社会心态，促进其可持续发展。例如，我国自 2007 年开始举办的“国家示范性高职院校建设成果展示会”，目的是通过成果展示，扩大其影响力。当前我国有对技术人才的巨大需求，这会为高职院校提供强大的发展动力，要加强对社会需求的宣传，帮助大众清楚地认识到大力发展高职教育是时代发展的必然要求。

(三)高等职业教育自身教育质量得到保障

从研究结果来看，高等职业院校的办学质量对高中生选择职业教育的动机有着极大的影响。高职院校必须明确自己的定位，理清办学思路，形成以重点专业为首、相关专业为辅的特色专业群，打造适合自身发展的品牌，增强学院的吸引力，要做到“人无我有，人有我优，人优我特”，而不能看其他院校专业发展势头好而“千篇一律”。以市场为依托，以服务地方经济和社会发展为目标，紧密联系政府相关部门，了解就业现状，优化专业结构，提高专业的吻合度，在提高就业率的同时让高职学生“就好业”，“出口”畅通了，“进口”才能有活力。

（四）进一步在义务教育中加强职业教育的融合

例如芬兰，为了推进普教和职教的衔接，对普通教育和职业教育实行联合申请的制度。学生通过国家联合申请系统来申请更高一级的教育。此外，韩国还规定小学四年级到初中三年级的学生都要自学一门技术课程，考试通过后，授予一级至三级技能证章，免交或少交学费，升学时享受一定程度的优待。为了不让职业教育与普通教育形成脱轨甚至是对立的局面，须在体制层面与普通教育取得相同的重视。这样一来，高等职业教育的扩大和推广就相对降低了阻碍。

（五）加快建设国家职业标准为基础的职业资格体系

完善的国家职业资格体系具有很强的生命力，以此为依托的高等职业教育培养出来的学生在很大程度上才能保证与用人单位的需求相衔接，保证学生具有全面且均衡的素质，减少技能供需不匹配，高等职业教育从而拥有就业优势，从而扩大自身的社会积累，对于高等职业教育不论是招生还是其他都具有重要的意义。

参考文献

[1]李雪梅.高等职业教育就业导向的异化与矫正[J].高等教育研究，2013(10).

[2]李兴洲.我国高等职业教育投入探析[J].教育研究，2012(2).

[3]段致平，王升，贾树生.论现代职业教育体系下高等职业教育人才培养目标[J].职教论坛，2015(22).

[4]周建松.系统论视角下的国家高等职业教育发展政策研究[J].中国高教研究，2014(4).

[5]庞丽.我国高等职业教育政策的演变及其价值取向[D].桂林：广西师范大学硕士学位论文，2008.

[6]张晨，马树超.分类指导 推进高等职业教育区域均衡发展研究[J].中国高教研究，2010(12).

[7]罗林刚.重庆市高等职业教育发展中存在的问题及对策研究[D].重庆：西南大学硕士学位论文，2008.

[8]赵金昭.我国高等职业教育体系与培养模式研究[D].天津：天津大学博士学位论文，2006.

[9]易元祥.中国高等职业教育的发展研究[D].武汉：华中科技大学博士学位论文，2004.

[10]顾明远.教育大辞典(第3卷)[Z].上海：上海教育出版社，1991.

[11]鲍泓.高等职业教育研究报告[J].北京联合大学学报：自然科学版，1998(S1).

[12]俞克新.推进高职教育人才培养模式改革的认识与实践[J].宁波职业技术学院学报，2003,7(6).

[13]张海峰.高等职业教育概念的歧见分析与逻辑认证[J].职教通讯,2002(1).

[14]吕鑫祥.高等职业技术教育研究[M].上海:上海教育出版社,1998.

[15]匡瑛.比较高等职业教育:发展与变革[M].上海:上海教育出版社,2006.

[16]王明伦.高等职业教育发展论[M].北京:教育科学出版社,2004.

[17]俞克新.高等职业教育学制改革对策的思考[J].教育与职业,2005(9).

[18]朱光应.对高职教育体制"三改二"的理性思考[J].安徽商贸职业技术学院学报(社会科学版),2005,4(1).

[19]周国平.对"专升本"政策调整的思考[J].高校教育管理,2007,1(4).

[20] Hanushek, EricA. GeneralEducation, VocationalEducation, andLabor-Market outcomes over the Lifecycle[J].OURNALOFHUMAN RESOURCES,2017(52).

[21]Bakke, H. K. First-aidtraininginschool: amount, contentand hindrances[J]. ACTA ANAESTHESIOLOGICASCANDINAVICA,2017(61).

[22]Goglio Valentina. Processes and stages of differentiation in European highereducation [J].HIGHER EDUCATION QUARTERLY,2017(71).

第五篇
心理健康与教育

自我复杂性对大学生亲社会行为的影响

——社会智力的中介效应假设

蔚紫妍　赵鑫　赵懿璇①

指导教师：阳泽

摘　要：本研究以重庆市某高校的187名在读本科生为研究对象，借鉴成熟量表对大学生的自我复杂性、社会智力和亲社会行为进行测量。以社会智力作为中介变量，探讨自我复杂性与大学生亲社会行为之间的关系。研究得出：人口学统计变量对大学生的自我复杂性、社会智力、亲社会行为具有一定的影响；大学生的自我复杂性维持在一个适当的程度，社会智力水平较高，亲社会行为整体较稳定；社会智力在自我复杂性和大学生亲社会行为之间具有显著的中介作用，即大学生的自我复杂性通过社会智力对其亲社会行为存在显著的影响。

关键词：大学生；亲社会行为；社会智力；自我复杂性

随着经济全球化发展，中国的社会结构日益复杂，致使现实的道德情境也日趋复杂。近年来，"大学生扶起老太反被讹"等类似事件引发了不少人对当今社会道德现状的思考。大学生作为我国人力资源的重要组成部分，其道德行为的选择关系重大，而亲社会行为是一种对他人有益的行为，深入探究大学生亲社会行为的影响因素是时代要求，当务之急。

一、文献综述

对于亲社会行为的研究自19世纪70年代广泛开展以来，由最初的以研究培养、发展亲社会行为逐步发展到研究亲社会行为的影响因素。近代以来，国外比较著名的亲社会行为研究理论有以威尔逊为代表的单一因素理论、

①蔚紫妍、赵鑫：西南大学教育学部本科2014级晏阳初创新实验班学生。赵懿璇：西南大学教育学部本科2013级晏阳初创新实验班学生。

Eisenberg等提出的亲社会行为理论模式以及19世纪90年代后出现的,现在被广泛运用的能够更准确预测和解释亲社会行为的发生的多变量测量法。[1]国内的相关理论则是在介绍西方理论的基础上得以发展的,包括王美芳、庞维国在介绍Eisenberg的亲社会行为理论模式的基础上,加强对作用机制的分析,开辟了国内探究亲社会行为复杂心理机制的道路。同时学者俞国良对认知学派的剖析进一步深化了个体年龄、认知与亲社会行为之间的关系。甘琳琳、佐斌的研究指出了利他取向的亲社会动机理论与利己取向的社会交换理论是目前国内较为典型和有代表性的理论。

目前国内专门针对大学生亲社会行为的研究并没有从人格结构和内容进一步深入,并未从根本上解决大学生亲社会行为表现不佳的局面。因此,从人格结构层面入手探究大学生亲社会行为的影响因素具有较强的现实诉求。在人格结构层面的研究中,本研究选取当前影响最为深远的自我结构理论模型——Linville的自我复杂性模型,通过对这一理论的借鉴进一步探究自我复杂性(人格结构)与大学生亲社会行为的关系。Linville的自我复杂性模型认为:自我复杂性是个体的认知结构由多个自成一体的自我维度构成。自我维度是个体根据对自身有意义的方式对自我知识进行组织的结果(包括角色、特质、关系、目标、能力等方面),每个维度具有不同的特征、命题、情感。[2]由此,可以得出:自我维度数量较多且各维度之间关联程度较低的个体的自我复杂性程度就越高。同时,Linville的情绪扩散理论也证明了自我维度越高且自我维度间相似性越低,某一自我维度受影响所产生的情绪就越不会扩散的结论。[3]同时,通过Brown和McConnell的实验得出:自我复杂性对内在的心理和个体的外在行为都具有调节作用,且高自我复杂性的人具有更好的心理健康状态。[4]从而支持了复杂的自我结构有利于心理健康的观点。在自我复杂性的测量上,Linville的自我复杂性模型采用特质词归类于选取的方式,通过被试按照对自己生活有意义的维度进行分类的方式进行测量。为进一步探讨自我复杂性对亲社会行为产生直接或间接的影响,本研究引入社会智力这一种主体能够与社会环境、他人和谐相处并能够通过其达成自我目标的能力,作为中介变量进行探究。综合以往量表编制的经验采取问卷测量的方式,对大学生社会智力进行测量。同时结合社会智力的特征与结构,把握其情境性、阶段性、目标性和适应性,[5]从而更好地揭示自我复杂性与大学生亲社会行为之间的关系。

二、研究结果

(一)信效度检验

本研究使用的研究工具可靠性系数均高于 0.7,因而其符合本研究所需数据的信度标准,故正式问卷通过信度检验。效度方面,对问卷进行探索性因子分析,Bartlett 球形检验卡方值为 1285.01($p<0.000$),表明适合进行因子分析。

(二)描述性统计分析

1. 总体数据分析

由表 1 可以看出,大学生的自我复杂性维持在一个适当的程度。由表 2 可以看出,无论是从全量表上看,还是从各分量表上看,各平均值均高于其中间值,且达到显著性程度($p<0.001$),由此可以看出大学生的亲社会行为整体较稳。由表 3 可以看出,无论是从全量表上看,还是从各分量表上看,各平均值均高于其中间值,且达到显著性程度($p<0.001$),由此可以看出大学生的社会智力水平较高。

表 1 大学生自我复杂性的描述性统计分析

	样本数	M±SD
H 值	186	1.55±0.63

表 2 大学生亲社会行为总体状况及差异性检验

	样本数	M±SD
公开	186	3.10±0.89
利他	186	2.85±0.95
情绪	186	3.29±0.72
匿名	186	3.66±0.71
紧张	186	3.84±0.71
全量表	186	16.73±2.55

表3　大学生社会智力总体状况及差异性检验

	样本数	M±SD
自主性	186	3.53±0.53
亲和力	186	3.60±0.53
社会交往	186	3.22±1.04
信息获取	186	3.20±0.89
他人情绪认知	186	3.58±0.73
社会阅历	186	3.20±1.04
全量表	186	20.34±2.99

2.人口学变量与自我复杂性、亲社会行为、社会智力关系检验

根据分析，可以得出以下结论：无论是在社会智力方面、自我复杂性方面或是亲社会行为方面，年级之间的差异并不显著。在社会智力方面，性别差异显著，男生总体上高于女生。在是否是独生子女上，独生子女大学生的得分高于非独生子女大学生的得分，差异十分显著。但在生源地和文理科差异上不显著。在自我复杂性方面，性别差异十分显著。在生源地差异上，农村大学生没有城市大学生复杂，且整体上差异显著。在文理科上，文科大学生没有理工科大学生复杂，且差异显著。在亲社会行为方面，性别差异与是否是独生子女差异不显著，在生源地上差异显著。亲社会行为方面，除利他、紧张外，文科大学生的人际关系总分和其他维度的得分都低于理科大学生的得分，但差异都不显著。

(三)相关性分析

在自我复杂性与亲社会行为相关分析上，由表4可以看出，在情绪与紧张这两个维度上，自我复杂性与亲社会行为呈显著相关($p<0.01$)。

表4　自我复杂性与亲社会行为的相关分析

	公开	利他	情绪	匿名	紧张	亲社会行为
H值	−0.04	−0.07	0.12	0.05	0.15*	0.05
组数	−0.12	0.02	0.21**	−0.01	0.19**	0.08

在社会智力与亲社会行为相关分析上，由表5可以看出，社会智力与亲社会行为中，除情绪维度外，社会智力与亲社会行为无论在总分还是各维度上呈显著相关($p<0.05$)。除信息获取和社会阅历维度外，社会智力与亲社会行为无论在总分还是各维度上呈显著相关($p<0.05$)。

表5 社会智力与亲社会行为相关分析

	自主性	亲和力	社会交往	信息获取	他人情绪认知	社会阅历	社会智力
公开	0.15**	0.12	0.11	0.05	0.14	0.03	0.15*
利他	0.20**	0.07	0.13	0.04	0.12	0.21**	0.21**
情绪	0.08	0.10	0.19**	−0.05	0.15*	−0.02	0.11
匿名	0.23**	0.17*	0.21**	0.15*	0.16*	0.02	0.24**
紧张	0.29**	0.29**	0.32**	0.16*	0.22**	0.19*	0.38**
亲社会行为	0.29**	0.23**	0.29**	0.10	0.24**	0.14	0.33**

根据前文中对大学生社会智力、自我复杂性和大学生亲社会行为的关系综述，同时结合对本研究数据的分析，我们发现，社会智力和自我复杂性是大学生亲社会行为的两个重要预测因素。为了进一步探索社会智力是否在自我复杂性和亲社会行为之间起到中介作用，本研究以社会智力和自我复杂性为自变量，以大学生亲社会行为为因变量，具体采用的是温忠麟等人提出的中介效应检验方法，进行多阶段回归分析。

(四)大学生社会智力在自我复杂性与亲社会行为之间的中介效应分析

在自我复杂性与亲社会行为之间的回归分析中，由下表6可知，c=0.25，SE=0.02，$t=3.53$，sig.=0.001<0.05，遂通过检验。

表6 自我复杂性与亲社会行为的回归分析

模型	B	SE	c	t	sig.
(常量)	3.29	0.09		37.79	0.000
自我复杂性(组数)	0.05	0.02	0.25	3.53	0.001

在自我复杂性与社会智力的回归分析中，由表7可知，a＝0.22，SE＝0.02，t＝3.01，sig.＝0.003＜0.05。（a为因变量：社会智力）

表7　自我复杂性与社会智力的回归分析

模型	B	SE	c	t	sig.
（常量）	3.29	0.11		29.58	0.000
自我复杂性（组数）	0.06	0.02	0.22	3.01	0.003

在自我复杂性、社会智力与亲社会行为之间的回归分析中，由表8可知，c＝0.21，SE＝0.02，t＝2.96，sig.＝0.013＜0.05，b＝0.18，SE＝0.06，t＝2.51，sig.＝0.013＜0.05，遂中介效应显著。

表8　自我复杂性、社会智力与亲社会行为的回归分析

模型	B	SE	c	t	sig.
（常量）	2.83	0.21		13.73	0.000
自我复杂性（组数）	0.05	0.02	0.21	2.96	0.004
社会智力（他人情绪认知）	0.14	0.06	0.18	2.51	0.013

表9　社会智力在自我复杂性和大学生亲社会行为之间的中介效应分析

标准化回归方程		回归系数检验		
		SE	t	p
第一步	Y＝0.251X	0.02	3.53	0.001
第二步	M＝0.216X	0.02	3.01	0.003
第三步	Y＝0.212X	0.02	2.96	0.004
	＋0.180M	0.06	2.51	0.013

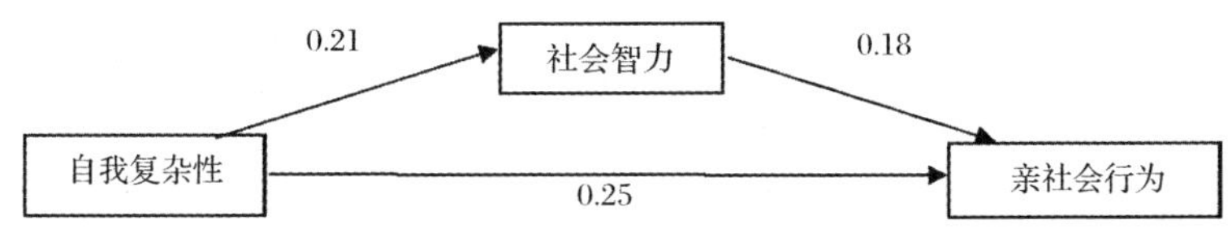

图1　社会智力在自我复杂性和亲社会行为之间的中介效应图

三、结论与分析

(一)大学生自我复杂性的基本特征

研究结果表明,大学生的自我复杂性维持在一个适当的程度。其中在性别、是否是独生子女和学科上差异显著。在年级和生源地上差异不显著。从原因分析来看,存在显著差异与不同的生理特征、成长的家庭社会环境和传统观念相关,也与不同学科的知识体系和学科思维有密切的关系。现今大学生整体处于统一发展阶段,且大学生三观趋于成熟稳定使得在一些因素上不同大学生之间差异并不显著。[6]

(二)大学生社会智力的基本特征

1.整体水平

研究结果表明,当前大学生的社会智力水平较高。这与已有研究相符,即大学生社会智力总体水平较高且个体间发展基本平衡,总体水平处于中等偏上水平,并在总体上呈现积极发展趋势。

2.差异性水平

在性别、是否是独生子女上存在显著差异,年级、学科和生源地虽然总分之间存在差异,但差异都不显著。由此可以进一步说明,男女社会认知水平、城乡差异和不同的家庭教养方式对社会智力产生影响。现阶段大学生所接受的教育使其自身发展已经大体趋于稳定,[7]不同的年级与学科背景对社会智力影响也较小,因而差异不显著。城乡差异的影响在大学生身上并不明显,但是仍然存在差距。

(三)大学生亲社会行为的基本特征

1.整体水平

研究结果表明,当前大学生亲社会行为的发展水平整体较稳定,水平较高,且情绪和紧张两个维度得分最高,与已有研究一致。杨静认为,大学生的总体亲社会行为均处于较高水平。[8]

2.差异性水平

在生源地一项上,农村大学生整体总分低于城市大学生,存在显著差异。在性别、年级、是否是独生子女和学科上总分有差距,但是差异都不显著。其中,性别存在差异但不显著,可能与男女同情和移情发生的差异相关。同时有研究表明:女生更易受情绪和外界环境影响,在紧急与情绪性情况下更易产生亲社会行为。

(四)自我复杂性、社会智力与亲社会行为的相关分析

1.自我复杂性与亲社会行为的关系

研究结果表明在情绪与紧张这两个维度上,自我复杂性与亲社会行为呈显著相关。这说明大学生的自我复杂性与亲社会行为之间具有显著的相关关系,这与已有研究结果一致。

2.社会智力与亲社会行为的关系

研究结果表明,在社会智力与亲社会行为中,除情绪维度外,社会智力与亲社会行为无论在总分还是各维度上呈显著相关。除信息获取和社会阅历维度外,社会智力与亲社会行为无论在总分还是各维度上呈显著相关,即社会智力对亲社会行为是一个很好的预测指标。这与已有研究结果一致。已有研究表明情绪对行为具有非常显著影响,会影响人们认知活动的心理倾向性。[9]且社会智力高的人更能够准确理解他人的思想和观点,更能够准确加工社会信息;移情能力更高,更能站在他人的角度理解问题;社会技能策略更多,能用多种方式解决问题。[10]由此可知,社会智力高的人,其对社会性信息加工的技能越高,所表现出来的社会性技能也越高,从而亲社会行为产生的可能性也会提高。

3.自我复杂性与社会智力的关系

研究结果表明:除他人情绪认知外,社会智力总分及各维度得分和自我复

杂性的相关性并不十分显著。即大学生的自我复杂性与他人情绪认知这一社会智力之间具有关系。当个体拥有稳定的自我复杂性水平时，就可能正确认识到他人情绪的变化，进而调整自己与他人相处的方式，进而调整自己的行为。[11]

（五）社会智力在自我复杂性、亲社会行为之间的中介效应分析

在中介效应方面，本研究结果显示，社会智力中的他人情绪认知在自我复杂性和大学生的在情绪和紧张两种情境下产生的亲社会行为之间具有显著的中介作用，即大学生的自我复杂性通过社会智力这一中介变量对其亲社会行为存在显著的影响。且自我复杂性与亲社会行为中的情绪、紧张两个维度显著相关，与社会智力中的他人情绪认知维度显著相关。因此，大学生的自我复杂性能够通过社会智力预测其亲社会行为。具体来说，即大学生的自我复杂性能够通过社会智力中的他人情绪认知对于在情绪、紧张情景下产生的亲社会行为产生预测作用。

大量研究表明，自我复杂性能够影响个体的情绪体验，情绪会影响人们对自我相关反馈的加工，而自我复杂性则会调节此情绪的效应。[12]且自我复杂性和应对之间存在正相关，高复杂性的人在消极情绪状态下，能够主动搜索并加工积极的信息，来缓解消极情绪的影响，表现出更高的管理情绪和应对压力的能力，即自我复杂性对压力具有缓冲作用。[13]由此我们可以推论自我复杂性可对亲社会行为中产生的道德沮丧感起缓冲作用，即在情绪、紧急的亲社会行为中，若产生道德沮丧感，高复杂性的人能够主动搜索并加工积极的信息，更为客观理性地分析当下的现状来缓解当下可能会产生的消极情绪，以此来缓解其可能在亲社会行为中产生的道德沮丧感。与此同时，有研究依据 Rubin 等人的社会问题解决模型指出，个体会对情境中的各方面信息进行加工，然后形成解决问题的策略，最后再评估和选择某种策略来实施行动。即社会智力高的人所能提供的策略较多，且更倾向于选择危险系数较低的方式。[14]由此可以推论，社会智力高的大学生会选择适当的解决方式调整他人与自己之间的关系，进而调整自己的行为，可更好地在情绪、紧急情况下实施亲社会行为。

由此可知，通过提高大学生对于他人情绪智力的认知，保持适度的自我复杂性水平，可以提高大学生的亲社会行为。

四、对策与建议

(一)关注现实困境,形成正确引导

1.关注大学生思想道德现状,构建"三位一体"的引导模式

本研究结果得出:大学生的自我复杂性通过社会智力对其亲社会行为存在显著影响。呼吁高校、家庭与社会应密切关注大学生的思想道德现状,对其进行有目的、有计划、系统的、正规的思想品德教育。同时,充分发挥社会教育的补充作用,鼓励学生在社会实践中积极探索与学习,增加社会阅历,促进社会交往。家庭也应积极配合学校教育,营造良好的家庭氛围,对学生进行正确价值观念的引导,培养健全人格。

2.关注大学生心理健康状态,完善心理咨询体系

呼吁在校园内开设心理教育课程,使学生了解心理健康知识,学会运用心理学知识进行自我调适,形成正确的交往观,塑造健康人格。通过心理咨询和对学生的心理问题进行有效疏导和矫正,缓解心理压力,消除心理障碍,促进心理健康发展。

(二)改善交往,加强社会智力培养

1.关注大学生社会交往需求,促进健康的交往方式

研究结果显示,大学生的社会智力水平较高,但是不同性别与地区的学生在社会智力上具有显著差异。学校及教师应该及时了解大学生的人际交往特点与需求,通过开展旨在促进大学生健康发展的课程与活动,注重对大学生社会信息认知能力和人际关系的培养和锻炼,提高其对社会以及他人的关注程度,促进不同性别、地区的学生交流,促进正确交往观的形成,促进亲社会行为的产生。

2.关注性别、学科差异,促进综合素质全面发展

本研究发现,在社会智力方面男女生性别差异显著,学科上文理生也存在差异。学校及教师应引导大学生积极交往,正确认识自己和异性的长处和不足,做到知己知彼,取长补短,共同发展。注重对不同学科学生综合素质的培养,加强逻辑思维的训练,同时促进学生感性与理性的提升,在现实生活中能够做出正确的价值判断,促进亲社会行为的产生。

(三)关注大学生自我复杂性水平,定期检测加强指导

由前文可知,大学生的自我复杂性水平与其自我维度的数量及不同自我维度之间的关联程度息息相关。基于此,高校可以在相关教育指导机构的指导与帮助下,定期进行学生自我复杂性水平的测量,建立大学生自我复杂性水平的动态监测机制。教师针对不同自我复杂性水平的学生,分别进行教育指导,帮助学生更好地处理生活、学习中出现的道德困境问题。

参考文献

[1]丛文君.大学生亲社会行为类型的研究[D].南京:南京师范大学硕士学位论文,2008.

[2]冯夏,高笑,陈红.自我复杂性与心理健康的关系:现状及展望[J].西南大学学报(社会科学版),2014,40(2).

[3]孙晓玲,李晓文,吴明证.青少年自我复杂性的测量及其压力缓冲作用探讨[J].心理学报,2006,38(5).

[4][12]McConnell A R, Rydell R J, Brown C M. On the Experience of Self-relevant Feedback: How Self-concept Organization Influences Affective Responses and Self-evaluations[J]. Journal of Experimental Social Psychology, 2009(4).

[5]罗清文.大学生社会智力、自我效能感与职业成熟度的关系研究[D].重庆:重庆师范大学,2015.

[6]王楠.大学生自我概念、亲社会行为与社会适应的关系研究[D].石家庄:河北师范大学硕士学位论文,2011.

[7][11]朱其志.高职生情绪智力发展现状及其与自我概念、社会支持的关系研究[D].扬州:扬州大学硕士学位论文,2012.

[8]杨静.大学生亲社会价值取向与亲社会行为研究[D].武汉:华中科技大学硕士学位论文,2006.

[9][13]陈艳丽.不同水平自我复杂性大学生的心境不一致效应研究[D].重庆:西南大学硕士学位论文,2012.

[10][14]李帅.大学生攻击行为与社会智力的关系研究[D].广州:广州大学硕士学位论文,2012.

心理资本、社会支持对大学生寝室人际关系的影响研究

——基于中介效应检验模型

袁姗姗 方晨阳 赵懿璇 龙芸[①]

指导教师：唐智松

摘 要：本研究采用《大学生寝室人际关系综合诊断量表》《积极心理资本问卷》《社会支持评定量表》对重庆市某高校大学生进行问卷调查，在分析社会支持、心理资本和寝室人际关系三者相互关系的基础上，对社会支持在心理资本和寝室人际关系之间的中介效应进行检验并通过对问卷的统计分析，提出改善大学生寝室人际关系的对策建议。

关键词：大学生；寝室人际关系；心理资本；社会支持

随着社会化程度不断加深，人际关系在个人的成长、成才、成功中扮演着越来越重要的角色，逐渐成为新时代评判人才的重要标准。大学是社会的缩影，是大学生完成社会化的重要过渡期，抓住这一关键时期对于大学生的个人发展十分重要。

一、问题提出

（一）查漏补缺，完善政策

前人对高校寝室管理的研究主要集中在“硬件设施”及“卫生安全”两方面，对寝室的“软设施”人文环境及人际关系叙述较少，忽略了寝室成员的情感个性与心理健康。

（二）时代要求，现实呼唤

在信息时代，处理好人际关系已然成为新时代大学生的必修功课和必备能

---

① 袁姗姗、方晨阳：西南大学教育学部本科2013级晏阳初创新实验班学生，现为西南大学教育学部硕士研究生。赵懿璇：西南大学教育学部本科2013级晏阳初创新实验班学生，现为天津大学职业技术教育研究院硕士研究生。龙芸：西南大学教育学部本科2013级晏阳初创新实验班学生，现为伦敦大学教育学院硕士研究生。

力。但是,当前大学生在人际关系上存在诸多问题,尤其表现在大学生寝室人际关系层面。

(三)另辟蹊径,理论创新

本研究将教育学、心理学及社会学融为一体,以实践调研为依托,为当前大学生寝室人际关系的改善寻找新的突破口,同时也为高校管理部门的管理工作建言献策。

二、研究设计

(一)研究假设

笔者基于对已有研究的整理分析,提出研究假设,设计研究框架及结构。本研究的研究假设为:

H_1:心理资本对人际关系有预测作用;

H_{1-1}:心理资本与人际关系呈显著正相关。

H_2:社会支持对人际关系有预测作用;

H_{2-1}:社会支持与人际关系呈显著正相关。

H_3:心理资本对社会支持有预测作用;

H_{3-1}:心理资本与社会支持呈显著正相关。

H_4:社会支持在心理资本与人际关系之间具有中介作用。

(二)研究思路

本研究主要以量化研究为主,综合采用问卷法、访谈法和数学统计法进行研究。在线性的研究思路设计下,考虑复杂的研究理路,采取不同研究策略。整体研究思路如下:

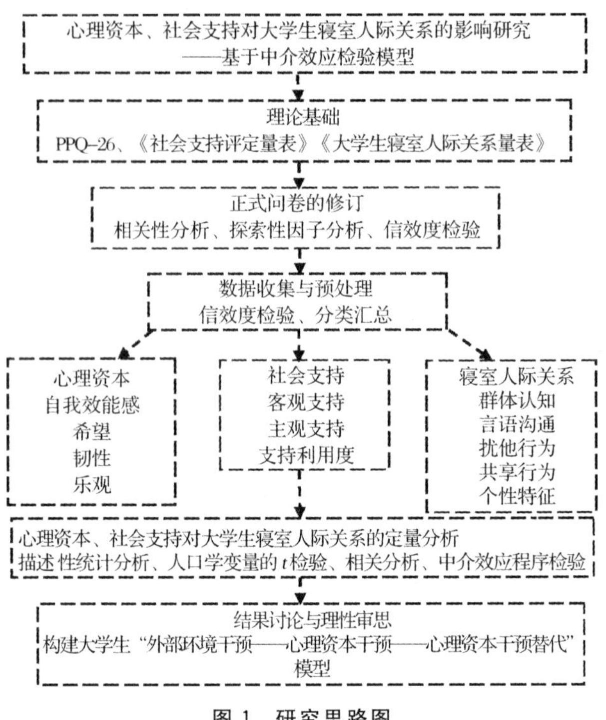

图 1　研究思路图

(三)研究过程

1.初始问卷的确立

本研究的初始问卷分为基本信息、积极心理资本、社会支持及大学生寝室人际关系四部分,共 12 个维度,包含 61 个题项。其中,心理资本部分的量表借鉴张阔、张赛和董颖红编制的《积极心理资本问卷》(Positive Psycap Questionnaire,PPQ)。[1]社会支持部分借鉴肖水源编制的《社会支持评定量表》。[2]大学生寝室人际关系部分借鉴的是郜静的《大学生宿舍人际关系调查问卷》。[3]

2.正式问卷的形成

本研究在重庆某高校随机取样进行初测,共发放 50 份问卷,回收问卷 47 份,其中有效问卷 47 份,问卷有效回收率 94%。通过题项相关性检验和探索性因子分析对初始问卷进行修改,并形成正式问卷。

3.问卷的发放与回收

本研究共发放问卷 400 份,回收有效问卷 386 份,问卷有效回收率为 96.5%。具体抽样结果统计如表 1 所示:

表 1　问卷的发放情况一览表

大类	学院	发放频数	发放百分比(%)	回收有效频数
文科	教育学部	100	25.00	93
	外国语学院	37	9.25	37
	文学院	15	3.75	15
理科	农学与生物科技学院	93	23.25	93
	数学与统计学院	75	18.75	71
	园艺园林学院	80	20.00	77
	合　计	400	100	386

三、研究统计与分析

(一)描述性统计分析

1.总体数据分析

(1)《积极心理资本问卷的描述统计》

表 2　大学生心理资本总体状况及差异性检验

	样本数	题目数	M±SD	p
自我效能	386	5	22.02±4.88	0.00
韧性	386	4	18.00±2.95	0.00
希望	386	3	14.87±3.17	0.00
乐观	386	3	14.77±2.82	0.00
全量表	386	15	69.66±10.50	0.00

由表 2 可以看出，无论是从全量表上看，还是从各分量表上看，各平均值均高于其中间值，且达到显著性程度，由此可以看出大学生的心理资本水平较高。

(2)《社会支持评定量表》描述性统计分析

表 3　大学生社会支持总体状况及差异性检验

	样本数	题目数	M±SD	p
客观支持度	386	3	9.15±2.33	0.00
主观支持度	386	4	20.60±3.90	0.00
支持利用度	386	3	8.06±1.63	0.00
全量表	386	10	37.80±5.64	0.00

由表 3 可以看出，全量表的平均值以及主观支持和支持利用这两个分量表的平均值都显著高于其中间值，而客观支持这一分量表的平均值则显著低于其中间值。总的来说，大学生社会支持的水平也较高。

(3)大学生寝室人际关系描述统计

表 4　大学生寝室人际关系总体状况及差异性检验

	样本数	题目数	M±SD	p
群体认知	386	6	21.70±3.42	0.00
言语沟通	386	3	9.62±1.79	0.00
扰他行为	386	3	5.48±2.55	0.00
共享行为	386	3	10.54±2.59	0.00
个性特征	386	2	4.93±1.61	0.00
全量表	386	17	52.27±6.92	0.00

由表 4 可以看出，全量表的平均值以及群体认知、言语沟通、共享行为其三个分量表的平均值都显著高于其中间值，扰他行为和个性特征的平均值都显著低于其中间值。此外，全量表的均值为 52.27，介于 51～85 分，说明被试与人相处的困扰较少，人际交往能力较好；在群体认知、言语沟通、共享行为等方面的均值都处于 3～5 分，说明被试在这些方面存在着较少的人际关系困扰；而扰他行为和个性特征则处于 1～2 分，说明被试在这些方面存在着一定程度的人际关系困扰。

2.人口学变量与心理资本、社会支持、寝室人际关系 t 检验

(1)不同性别大学生在心理资本、社会支持和寝室人际关系上的得分比较

表 5　不同性别大学生在心理资本、社会支持和寝室人际关系上的得分比较(M±SD)

		男生(N=93)	女生(N=292)	t	p
心理资本	自我效能	22.49±4.13	21.89±5.09	1.034	0.302
	韧性	18.22±3.24	17.94±2.86	0.817	0.414
	希望	14.47±3.80	15.01±2.95	−1.242	0.216
	乐观	14.58±2.91	14.84±2.78	−0.782	0.435
	总分(分)	69.77±11.05	69.68±10.32	0.074	0.941
社会支持	客观支持度	9.40±2.57	9.08±2.24	1.086	0.280
	主观支持度	20.73±3.25	20.57±4.09	0.350	0.727
	支持利用度	7.71±1.58	8.17±1.64	−2.410	0.016
	总分(分)	37.84±0.56	37.82±5.69	0.030	0.976
大学生寝室人际关系	群体认知	21.43±4.01	21.79±3.21	−0.798	0.426
	言语沟通	9.53±2.05	9.65±1.71	−0.543	0.588
	扰他行为	6.24±2.86	5.24±2.40	3.033	0.003
	共享行为	9.74±2.77	10.80±2.47	−3.494	0.001
	个性特征	5.42±1.70	4.77±1.55	3.438	0.001
	总分(分)	52.35±8.85	52.26±6.20	0.096	0.924

由表 5 可以看出,在心理资本方面,男生总体上高于女生,但在希望、乐观这两个维度上,女生得分高于男生,但无论是总分或是各个维度得分,男女生差异均不显著。在社会支持方面,男生的主观支持度、客观支持度以及社会支持总分均高于女生,但差异不显著。而女生对社会支持的利用度高于男生,且呈显著差异。在寝室人际关系方面,男生总体得分高于女生,但差异并不显著,男生在扰他行为以及个性特征上得分显著高于女生且差异显著,而女生在共享行为上得分显著高于男生且差异显著。

(2)独生子女大学生与非独生子女大学生在心理资本、社会支持和寝室人际关系的得分比较

表6 独生子女大学生与非独生子女大学生在心理资本、社会支持和寝室人际关系的得分比较(M±SD)

		独生(N=175)	非独生(N=209)	t	p
心理资本	自我效能	22.73±4.16	21.45±5.36	2.591	0.010
	韧性	18.02±2.96	18.00±2.96	0.041	0.968
	希望	15.13±2.98	14.65±3.32	1.480	0.140
	乐观	14.93±2.77	14.63±2.85	0.754	0.306
	总分(分)	70.81±10.12	68.74±10.73	1.936	0.054
社会支持	客观支持度	9.14±2.26	9.15±2.39	−0.043	0.966
	主观支持度	19.78±3.43	21.30±4.14	−3.867	0.000
	支持利用度	8.22±1.64	7.94±1.61	1.712	0.088
	总分(分)	37.14±5.24	38.39±5.90	−2.167	0.031
大学生寝室人际关系	群体认知	21.92±3.54	21.53±3.33	1.108	0.268
	言语沟通	9.69±1.72	9.57±1.86	0.606	0.545
	扰他行为	5.54±2.45	5.43±2.65	0.424	0.672
	共享行为	10.73±2.70	10.39±2.49	1.28	0.201
	个性特征	4.80±1.63	5.03±1.59	−1.389	0.166
	总分(分)	52.67±6.35	51.95±7.38	1.017	0.310

由表6可以看出,在心理资本方面,独生子女大学生的自我效能得分、希望得分及乐观得分均高于非独生子女大学生,但只在自我效能维度上差异显著;在社会支持方面,独生子女大学生的客观支持得分及主观支持得分均低于非独生子女大学生的得分,其中主观支持得分差异显著,而其社会支持总分高于非独生子女大学生的得分,并且在社会支持总分上存在显著差异;在人际关系方面,独生子女大学生在群体认知、共享行为等维度高于非独生子女,但差异都并不显著。

(3)不同学科大学生在心理资本、社会支持和寝室人际关系上的得分比较

表 7 不同学科大学生在心理资本、社会支持和寝室人际关系上的得分比较(M±SD)

		文科(N=143)	理工科(N=242)	t	p
心理资本	自我效能	21.87±3.85	22.10±5.41	−0.458	0.647
	韧性	18.08±2.67	17.96±3.11	0.380	0.704
	希望	15.20±3.05	14.66±3.24	1.621	0.106
	乐观	14.84±2.74	14.71±2.86	0.432	0.666
	总分(分)	69.99±9.50	69.44±11.08	0.514	0.608
社会支持	客观支持度	8.94±2.26	9.26±2.36	−1.327	0.185
	主观支持度	20.21±3.17	20.83±4.27	−1.502	0.134
	支持利用度	8.15±1.56	8.00±1.67	0.901	0.368
	总分(分)	37.31±4.91	38.10±6.03	−1.325	0.186
大学生寝室人际关系	群体认知	21.87±3.14	21.6±3.59	0.771	0.441
	言语沟通	9.74±1.77	9.55±1.81	1.054	0.292
	扰他行为	5.12±2.20	5.70±2.73	−2.28	0.023
	共享行为	10.48±2.48	10.57±2.66	−0.323	0.747
	个性特征	4.82±1.54	5.00±1.65	−1.034	0.302
	总分(分)	52.03±6.81	52.41±7.01	−0.513	0.608

由表 7 可以看出，在心理资本方面，希望与乐观这两个维度，文科大学生的心理资本总分高于理工科大学生的得分，但差异不显著($p>0.05$)；在社会支持方面，文科大学生的社会支持总分低于理工科大学生的得分，但差异并不显著($p>0.05$)；在人际关系方面，除言语沟通外，文科大学生的人际关系总分和其他维度的得分都低于理工科大学生的得分，其中差异显著的有扰他行为这一维度。

(4)不同生源地大学生在心理资本、社会支持和寝室人际关系上的差异性比较

表 8 不同生源地大学生在心理资本、社会支持和寝室人际关系上的得分比较(M±SD)

		农村(N＝195)	城市(N＝189)	t	p
心理资本	自我效能	21.37±5.40	22.71±4.19	－2.721	0.007
	韧性	17.86±3.04	18.16±2.86	－1.002	0.317
	希望	14.54±3.29	15.21±3.02	－2.086	0.038
	乐观	14.54±2.84	15.01±2.77	－1.650	0.100
	总分(分)	68.31±10.81	71.10±9.99	－2.627	0.009
社会支持	客观支持度	9.17±2.20	9.13±2.46	0.178	0.859
	主观支持度	21.13±4.20	20.06±3.50	2.720	0.007
	支持利用度	8.06±1.56	8.07±1.71	－0.075	0.940
	总分(分)	38.36±5.74	37.26±5.48	1.928	0.055
大学生寝室人际关系	群体认知	21.66±3.53	21.76±3.33	－0.272	0.786
	言语沟通	9.71±1.77	9.53±1.82	0.974	0.331
	扰他行为	5.49±2.59	5.47±2.53	0.083	0.934
	共享行为	10.57±2.46	10.52±2.72	0.211	0.833
	个性特征	4.95±1.54	4.89±1.68	0.363	0.717
	总分(分)	52.39±7.39	52.17±6.44	0.311	0.756

由表 8 可以看出,在心理资本方面,农村大学生在四个维度上的得分和总分都低于城市大学生的得分,但只在总分和自我效能上差异显著,其他各维度间的差异都不显著;在社会支持方面,农村大学生的社会支持总分高于城市大学生的得分;在人际关系方面,农村大学生的人际关系,在总分以及言语沟通、扰他行为等维度的得分上都高于城市大学生的得分,但差异都不显著。

3.大学生心理资本、社会支持和寝室人际关系的相关分析

(1)心理资本与寝室人际关系的相关分析

由表 9 可以看出,心理资本总分及各维度得分和寝室人际关系总分及各维度得分均呈显著的正相关。

表 9　心理资本和寝室人际关系的相关分析(r)

	自我效能	韧性	希望	乐观	心理资本
群体认知	0.169**	0.08	0.198**	0.198**	0.214**
言语沟通	0.136**	0.118*	0.192**	0.176**	0.201**
扰他行为	−0.144**	−0.045	−0.216**	−0.242**	−0.210**
共享行为	0.127*	0.055	0.235**	0.246**	0.211**
个性特征	−0.093	−0.025	−0.157**	−0.191**	−0.149**
寝室人际关系	0.092	0.068	0.120*	0.102*	0.125*

**.在 0.01 水平(双侧)上显著相关;*.在 0.05 水平(双侧)上显著相关

(2)社会支持与寝室人际关系的相关分析

由表 10 可以看出,社会支持总分及各维度得分和寝室人际关系总分及各维度得分均呈显著的正相关。

表 10　社会支持与寝室人际关系的相关分析(r)

	客观支持度	主观支持度	支持利用度	社会支持
群体认知	0.141**	0.232**	0.260**	0.273**
言语沟通	0.082	0.175**	0.327**	0.621**
扰他行为	−0.052	−0.046	−0.138**	0.311**
共享行为	0.059	0.204**	0.271**	0.230**
个性特征	−0.076	−0.163**	−0.287**	−0.227**
寝室人际关系	0.068	0.189**	0.181**	0.190**

**.在 0.01 水平(双侧)上显著相关;*.在 0.05 水平(双侧)上显著相关

(3)心理资本与社会支持关系的相关分析

由表 11 可以看出,心理资本在希望与乐观维度与社会支持显著相关,在自我效能维度与社会支持部分相关,在韧性维度与社会支持相关性不显著。

表 11 心理资本和社会支持的相关分析(r)

	自我效能	韧性	希望	乐观	心理资本
客观支持	0.035	0.075	0.109*	0.075	0.090
主观支持	0.044	0.034	0.066	0.107*	0.079
支持利用度	0.138**	−0.024	0.271**	0.208**	0.195**
社会支持	0.085	0.048	0.169**	0.165**	0.148**

**.在 0.01 水平(双侧)上显著相关;*.在 0.05 水平(双侧)上显著相关

(二)中介效应分析

本研究以心理资本和社会支持为自变量,以大学生寝室人际关系为因变量,采用温忠麟等人提出的中介效应检验方法[4],进行多阶段回归分析。

心理资本和社会支持都可以很好地预测大学生的寝室人际关系,但当同时考虑到心理资本和社会支持对大学生寝室人际关系的预测效果时,由于社会支持这一变量的引入,心理资本对大学生寝室人际关系的影响显著降低。如表12所示,其影响力由0.125降低为0.096,但心理资本仍对大学生寝室人际关系存在极其显著的影响,所以可以确定社会支持在心理资本和大学生人际关系之间起到了部分中介作用,其中介效应占总效应的22.97%,其结果如图2所示。

表 12 社会支持在心理资本和大学生人际关系之间的中介效应分析

	标准化回归方程	回归系数检验		
		SE	t	p
第一步	$Y=0.125X$	0.077	2.473	0.014
第二步	$M=0.148X$	0.027	2.937	0.004
第三步	$Y=0.096X$	0.033	1.917	0.056
	$+0.194\mathrm{M}$	0.062	3.862	0.000

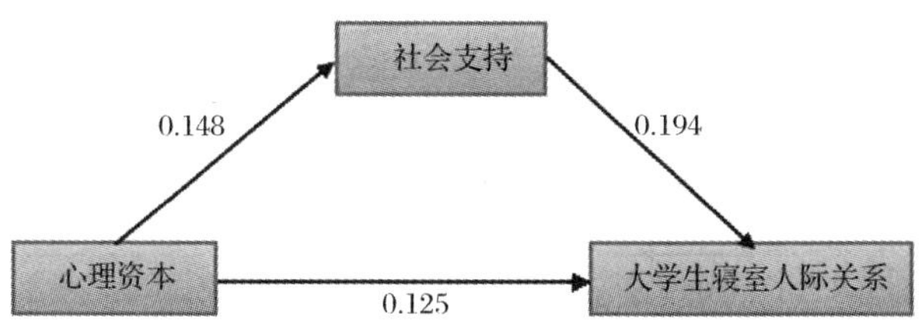

图2 社会支持在心理资本和人际关系之间的中介效应图

四、分析讨论

(一)总体状况

大学生的心理资本整体处于中等偏上水平,社会支持整体处于中等偏上水平,寝室人际关系整体处于中等偏上水平。

(二)人口统计学变量

人口统计学变量对大学生心理资本、社会支持和寝室人际关系具有一定的影响。

(三)心理资本、社会支持与大学生寝室人际关系的相关关系

大学生的心理资本和寝室人际关系呈现显著的正相关,社会支持和寝室人际关系呈现显著的正相关,心理资本和社会支持呈现显著的正相关。

(四)心理资本和社会支持对大学生寝室人际关系的中介效应

大学生的心理资本对寝室人际关系具有显著的预测作用,社会支持对寝室人际关系具有显著的预测作用,心理资本对社会支持具有显著的预测作用,社会支持在心理资本和寝室人际关系之间起到一定的中介作用,其中介效应占总效应的22.97%。

五、改善大学生寝室人际关系的对策建议

(一)重视心理资本的干预与开发

1.构建大学生"外部环境干预—心理资本干预—心理资本干预替代"模型

根据Luthans构建的心理资本干预模型(PCI)[5],同时结合张铭提出的企

业家心理资本开发 E-PCI-S 模型[6]，在对原有心理资本干预模型中微观性导致的不确定性、有限维度引发的不完整性及重视心理资本开发的直接性而忽视间接性等方面进行进一步反思的基础上，提出提高大学生心理资本的干预模型：外部环境干预—心理资本干预—心理资本干预替代。为了实现这一模型，需要优化外部环境模型，从宏观层面覆盖所有大学生，心理资本模型和心理资本干预替代模型则从微观层面兼顾所有大学生，并强化优化外部环境模型宏观层面的开发效果。

2.提高大学生心理资本的具体对策建议

(1)对大学生所处的外部环境进行积极干预

大学生所处的外部环境，包括政府、社会、高校和家庭四个层面。政府、社会应加强对外部环境的管控干预；高校要做好提升大学生心理资本的相关教育，为学生开设提高心理资本的教育课程；家庭应对大学生给予最大程度的引导与支持。

(2)对大学生的心理资本进行干预

干预大学生的心理资本主要针对的是教育学或心理学专家，应该从提高大学生的自我效能感、韧性、希望水平、乐观程度等角度入手。

(3)对大学生进行心理资本干预替代

对大学生的心理资本进行干预替代需要注重大学生智商、情商、逆商的协同开发。同时还需要注重对大学生的心理援助与职业发展指导，使其对未来有更加明确的希望预期，促进大学生个体乃至整个群体的良性发展。

(二)加强社会支持的干预与开发

1.建立和完善大学生的客观社会支持系统

大学生处理寝室人际关系的客观社会支持系统主要由政府和高校这两个层面来建立和完善。政府要加强促进大学生寝室人际关系的制度建设，高校要提供大学生处理寝室人际关系的教育空间和客观支持。

2.维持和改善大学生的主观社会支持系统

大学生的主观社会支持系统的支持来源主要包括朋友、同学、父母等身边的人，这种主观社会支持系统有利于大学生有效地得到更多有利的社会资源，发展自我，建立良好的人际关系。家庭成员间应加强沟通理解，大学生与朋友间应相互支持帮助。

3.大学生应主动加强其自身对社会支持的认知与利用

首先，大学生应提高对社会支持的认知程度，从领悟社会支持水平入手，加强对客观社会支持与主观社会支持的感受性。其次,大学生应积极参加各种各样的集体活动,学会主动扩大人际交往。最后,大学生应该自觉地认识到个体在社会支持系统中的双重身份,加强对社会支持的利用能力,全面发展自己。

4.竭力发挥社会支持系统的中介效应

大学生更应该学会将充分利用社会支持系统和提升自身心理资本相结合,在主动需求社会支持的同时,也要及时调整自己的心理状况,提升自身心理资本,以便更好地缓解寝室人际关系中产生的矛盾和冲突,解决寝室人际关系中产生的问题,促进寝室人际关系的和谐发展。

参考文献

[1]张阔,张赛,董颖红.积极心理资本:测量及其与心理健康的关系[J].心理与行为研究,2010,8(1).

[2]肖水源,杨德森.社会支持对身心健康的影响[J].中国心理卫生志,1987(4).

[3]郜静,欧居湖.大学生寝室人际关系与心理健康水平的关系研究[J].校园心理,2012(5).

[4]温忠麟,叶宝娟.有调节的中介模型检验方法:竞争还是替补?[J].心理学报,2014,46(5).

[5]Luthans, F., & Aney, J. B., & Patera, J. L. Experimental Analysis of a Web-Based Training Intervention to Develop Positive Psychological Capital[J]. Academy of Management Learning & Education,2008(2).

[6]张铭,胡祖光,谭江涛.企业家的心理资本开发:E-PCI-S 模型[J].中国工业经济,2012(12).

离异家庭儿童适应不良的个案研究

李静①

指导教师:刘云艳

摘　要:随着离异家庭的增多,儿童的适应性问题得到广泛关注。本研究采取个案研究的方式,以陕西省西安市莲湖区某离异家庭幼儿为研究对象,通过观察、访谈以及实验了解该幼儿家庭适应不良的表现,并分析这些适应不良产生的家庭原因。结果表明,该幼儿适应不良体现在情绪和行为两方面,具体表现为情绪不稳定、过分恐惧、神经敏感和易焦虑,同时存在习惯性不良行为和攻击性行为。从家庭角度分析,原因有:家庭结构——单亲家庭,依恋关系建立过程中遭到破坏;家庭环境——生活环境的转变幼儿适应困难;家庭教养方式——教养方式转变适应困难。为此,本研究将从建构新的依恋关系、鼓励幼儿亲社会行为及改善家庭教养方式三方面提出可行性建议。

关键词:离异家庭;适应不良;个案研究;家庭视角

儿童心理学家皮亚杰(Jean Piaget)认为,人的心理发展是一个渐进过程,而早期的心理发展决定着心理演进的整个过程。婴幼儿期和儿童期主要的生活环境是家庭,家庭对儿童心理行为发展必将产生重要的影响。随着社会的发展,离异家庭越来越多,父母离异儿童已经成为现代社会"弱势群体"的重要组成部分,并引起了众多学者的重视,离异家庭儿童的适应性问题更成为研究关注的焦点。[1]

一、问题提出

(一)研究意义

在这些离异家庭中,儿童的情感有时难以被充分满足,有的易形成个性孤僻、抑郁、自卑心理等。国外的一些心理学家发现成人的一些心理异常与婴幼儿期和儿童期的生长发育环境密切相关。[2]越来越多的研究表明,幼儿心理、行为等方面的问题与家庭之间联系密切。

---

① 李静:西南大学教育学部本科2014级学前教育专业学生。

本研究的意义在于选取情况较为特殊的离异家庭为个案，多角度对已有研究进行印证并获得启示。通过了解该个案适应不良问题表现以及个案家庭基本情况，分析造成该幼儿适应不良的家庭原因，并利用心理学、社会学等方面的知识提出可行性建议，以促进该幼儿更快适应新家庭生活。

（二）研究方法

本研究采取个案研究的范式，其主要研究方法有三种：

1.观察法

通过和该幼儿接触、沟通、交流与玩耍，进行为期半个多月的观察，以达到发现幼儿适应不良表现和了解幼儿家庭环境的目的。

2.测验法

采用《Achenbach 儿童行为量表》对儿童心理健康状况进行测查。该量表是众多儿童行为量表中运用较多、内容较为全面的一个测量工具。由于该幼儿年龄较小，所以该量表由其表姐（主要教养者）代为填写。通过量表，进一步发现并验证观察结果，并对该幼儿的适应不良表现做出一定的判断。

3.访谈法

通过对该幼儿的托养者进行访谈，了解幼儿在 0～3 岁的家庭环境和教养方式；再通过对该幼儿现居住家庭成员的访谈，对比分析该幼儿家庭环境转变与适应不良之间的关系。

（三）研究思路

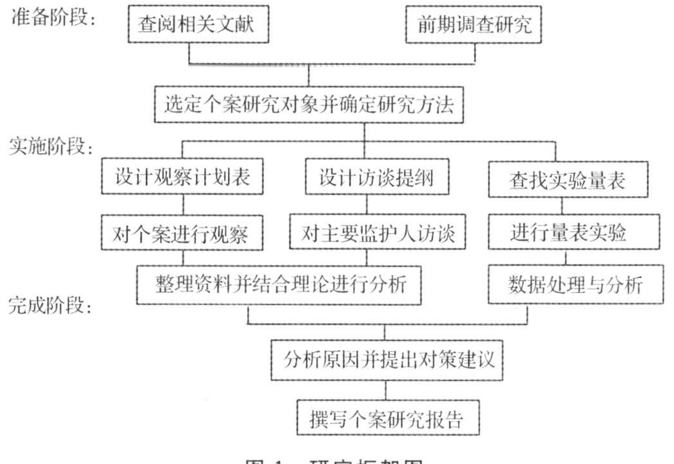

图 1　研究框架图

本研究共分为三个阶段。在准备阶段，通过查阅相关文献以及前期的调查研究，选定个案研究对象并确定研究方法；在实施阶段，观察、访谈和实验三条线并行，对收集到的资料进行整理和分析；在完成阶段，分析原因，提出对策建议并撰写研究报告。

(四)核心概念界定

1.离异家庭：离异家庭属于家庭结构概念范畴，是一种家庭内部的构造、组织方式。常见的家庭结构有以下几种：核心家庭；主干家庭；单亲家庭。其中单亲家庭指因死亡或离婚只剩下夫妻中的一方与未婚子女组成的家庭。离异家庭就是单亲家庭的一种，这种家庭结构直接影响到家庭成员的相互关系和家庭生活的质量。

2.适应不良：是指生活、学习或工作环境发生了重大改变，个体的心理、行为特征无法适应，出现异常。儿童适应不良是指在较长一段时间不能顺应环境变化，不能与环境保持和谐关系。适应不良儿童表现为忧虑、对人不信任、缺乏自信、回避现实、与周围人关系不和谐等。造成儿童适应不良的原因，有外在的因素，如环境变化、条件缺乏、挫折过多等，也有内在的因素，如心理承受能力差、能力缺乏、奢望过高等。[3]

二、个案幼儿的基本情况

(一)幼儿的基本情况

马××，女，3岁半，幼儿园小班小朋友，有一个同父异母的姐姐(10岁)。该幼儿出生后，父母离异，幼儿归父亲抚养，从未进行过哺乳，父亲将其交给熟人(有较为丰富的育儿经验)托养，0～3岁用奶粉代替母乳，每个月平均看望孩子2～3次，幼儿母亲3年间共看望孩子2次，由于幼儿从小没有母亲，所以凡见女性都叫“妈妈”。3岁后，父亲将其接回，寄养在幼儿姑妈家，每天看望幼儿，相处时间延长，与幼儿关系较为亲密。另外，幼儿主要由姑妈及其女儿(一名幼儿园保育员)进行教养，表姐与幼儿在同一所幼儿园。但由于生活环境的改变，教养方式的差异，导致幼儿经常大喊大叫、哭闹、抢占一切事物，甚至出现了晚上做噩梦的现象，安全感缺乏，加之对“妈妈”没有明确概念，出现一定程度上的关系混乱。

(二)适应不良表现

1.情绪障碍

在对该幼儿进行观察的过程中,发现其情绪变化突然、易怒、易激动或紧张。主要表现如下:

(1)情绪不稳定。观察中发现,该幼儿容易激惹,易发脾气,哭叫吵闹。只要有人反驳、不顺从她的要求,就会立马哭起来。例如游戏结束后,姑妈让其把玩具收起来,但她反驳道:"我不要装,不装,放那儿!"大声呵斥之后哇地大哭起来。姑妈很无奈,于是同意她的做法,此时哭声立即停止。再如有一次她说自己赢了,要上芭比学校,自己是芭比公主。表姐挑逗说她不是的时候,她便迅速跳下床,双手揪着自己的头发,同时猛烈地摇头,小跑几步后蹲在地上大声哭了起来,并喊道:"你们别再惹我生气了!"

(2)过分恐惧。该幼儿需要别人常常注意自己。例如在其玩玩具的过程中时不时地要问身旁的人在干什么,同时在量表测试中也发现这个因子条目是经常发生的。另外,该幼儿的表姐在量表中补充写道"怕独处、怕未见过的事物"。在观察过程中也发现该幼儿怕到新环境、胆小、行为退缩等。

(3)神经敏感,易焦虑。在与该幼儿表姐访谈过程中得知,她刚被接回来的时候半夜会做噩梦,大概持续一个星期,每天晚上都必须安抚后才能入睡。后来在上幼儿园的前一个星期还会出现类似的状况。每当环境发生变化的时候就会通过做噩梦表现出极度的焦虑。

2.行为障碍

(1)不良习惯性行为。在量表的测查过程中发现该幼儿常常会出现咬指甲、吮吸大拇指的习惯性行为。在观察过程中也会偶尔看到这些行为,不过并不严重。

(2)具有一定的攻击性。首先在观察过程中发现该幼儿有时会说出具有攻击性的言语。例如一次她一个人心满意足地哼着歌,姑妈开玩笑说:"你唱什么呢,不好听。"于是她瞪着我们喊道:"打死你们,闭嘴!"同时还出现了打表姐、姑妈的攻击性行为。其次从量表的测量结果看也印证了这一结论。

因现阶段该幼儿主要由其表姐进行教养,所以量表由其表姐填写。通过把行为问题的 113 个条目中所有选项得分相加除以总条目得分进行统计,呈现以下结果。在各个因子中,该幼儿"抑郁"占 34.21%、"社交退缩"占 33.33%、"体诉"占 13.33%、"分裂强迫"29.17%、"多动"占 33.33%、"性问题"21.43%、"违纪"占 7.14%、"攻击性"占 53.85%、"残忍"占 31.25%。量表各因子百分比如图 2 所示:

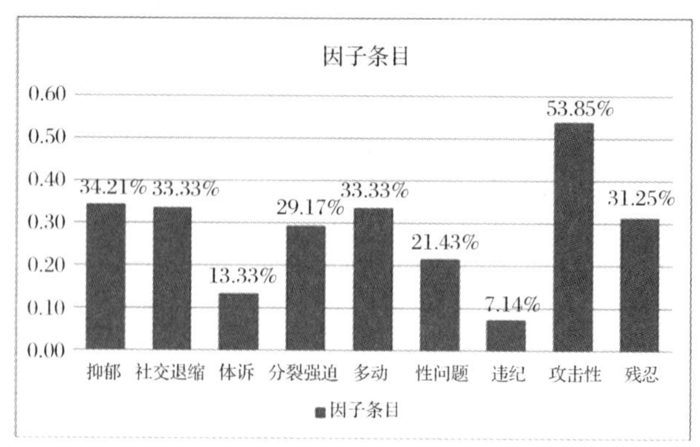

图 2 量表各因子得分占总因子百分比

为了进一步对测验结果进行量化分析，引入常模。由于常模实验量表版本较早，所以仅对因子条目相符的部分进行对比，结果显示攻击性和残忍因子均高于常模水平，表明攻击性是该幼儿最为突出的不良行为。如表 1 所示：

表 1 量表各因子得分情况

因子条目	抑郁	社交退缩	体诉	分裂强迫	多动	性问题	违纪	攻击性	残忍
因子总分（分）	38	24	30	24	30	14	14	52	16
被试得分（分）	13	8	4	7	10	3	1	28	5
常模均数		7.64 ±3.98	4.48 ±2.71				19.74 ±9.15	5.12 ±2.99	

从表 1 可知，该幼儿突出表现为攻击性强。本课题中该幼儿的攻击性行为分为以下两种情况：一种是在未受激惹的情况下发起的主动攻击行为，表现为物品的获取、欺负和控制同伴等；另一种是在受到他人攻击或激惹之后所做出的反应攻击行为，表现为愤怒、发脾气或失去控制等。[4]攻击性行为主要是由外界诱因引起的，包括家庭、学校、同伴群体和大众传媒的影响，而且随着自身的成长诱因在不断发生变化。由于该幼儿年龄较小，攻击性行为大都归因为家庭因素。在一项家庭观察分析研究中发现，父母或其他抚养者对 3～4 岁儿童进行强制性的良好日常生活习惯训练为儿童发脾气甚至产生攻击性行为的主要因素。所以该幼儿的攻击性行为与家庭因素有着密不可分的关系。

三、原因分析

通过系统的观察，再对该幼儿托养者和其表姐的系列访谈后，发现造成该幼儿适应不良的家庭原因有：

(一)家庭结构：单亲家庭，依恋关系遭到破坏

家庭结构分为核心家庭、主干家庭和单亲家庭三种。该幼儿一出生父母就离异，并且从未进行过哺乳。0～3 岁建立依恋关系的是该幼儿的托养者，代替了原本的母子关系。但是在 3 岁被接走后这种依恋关系遭到破坏。在与托养者访谈过程中了解到该幼儿在托养家庭的时候活力四射，每天情绪都很饱满，但是一接过去就蔫儿了，没有活力。幼儿的奶奶不想让托养者见孩子，但该幼儿不愿意待在姑妈家。托养者描述了这样一个场景：在接走后的一个月，她去看望幼儿，临走的时候幼儿哭得很伤心，想跟随托养者回家，从乞求的眼神中看出她待在这里好难过。走到门口的时候，托养者为了不让该幼儿看到她藏在汽车背后偷偷抹眼泪。可是幼儿开始号啕大哭，四处发疯似地找寻。从这件事中便可看出该幼儿出现了严重的分离焦虑。另外，在与其表姐的访谈中得知该幼儿刚被接回来的时候半夜会做噩梦，持续有一周之久。原有依恋关系的打破，导致该幼儿安全感缺失。幼儿的安全感是与父母特别是母亲的抚养方式相联系的，是一种主观心理感受和体验，而且非常敏感，需要通过一种有秩序的生活作为媒介，建立起来。[5]本案例中原本的单亲家庭就使得该幼儿失去了恒久稳定的母子关系，再加上有秩序的生活被打破，安全感严重缺失，便出现了一系列的不适应症。

(二)家庭环境：生活环境的转变使幼儿适应困难

这里的家庭环境是狭义的家庭的内部条件和周围环境。通过观察，对比两家生活环境，如表 2 所示：

表 2　家庭环境对比

	内部条件	外部环境
托养家庭	两室一厅，物品摆放随意，有些凌乱，卫生条件稍差，整体环境一般	小区里玩伴较多，外面是一个市场，人流量大。地处回坊周边，宗教影响较小
姑妈家	两室一厅，物品摆放整齐、干净，卫生条件较好，整体环境较好	小区里玩伴较少，环境较为安静。地处回坊，周边宗教气息浓

从表2可以看出，该幼儿托养前后的生活环境发生了巨大的变化。首先，托养家庭的内部环境稍差，物品随意摆放使该幼儿对物品摆放的秩序感没有建立起来，回到姑妈家一时间无法适应，所以经常出现搞破坏、随意丢弃物品而被骂的情况。其次，托养家庭周边有很多玩伴，而且受宗教影响较少。回到姑妈家玩伴减少，该幼儿原本的交际圈被打破，加之宗教的影响，无疑增加了适应难度。

另外，在与托养者的访谈中了解到该幼儿每天的生活轨迹是：夏天早上一般8～10点在楼下玩一会儿，并且该幼儿和别家大大小小的孩子都能玩在一起。晚上带她出去转转，一般去附近的环城公园。冬天一般不出门，让她看一会儿电视。总体而言玩伴较多，获得直接经验的途径也较多。对比与该幼儿表姐的访谈内容，发现该幼儿回到姑妈家后，每日的生活轨迹发生转变，姑妈听力不好，所以外出活动减少，该幼儿玩伴减少，获得直接经验的机会大幅度降低。

（三）家庭教养方式：教养方式转变使幼儿适应困难

家庭的教养方式是指父母在抚养、教育儿童的活动中通常使用的方法和形式，是父母各种教养行为的特征概括，是一种具有相对稳定性的行为风格。对孩子的情绪、情感和各种人格品质的发展有着极为重要的影响。[6]

1.托养家庭

从访谈中得知托养家庭对该幼儿不控制，不打骂，她提的要求只要不过分都会满足。例如给她买很多漂亮的裙子、很多玩具等。没有所谓的奖惩，只是规定了她应该做的和不该做的事情。托养者将这种教养定位为放养式教育。我们一程度上可以认为这种不加控制的方式有利于该幼儿的自然发展，给她营造了一种宽松、自由的空间，但是不加节制，就倾向于溺爱，产生的后果就是该幼儿始终以自我为中心，霸道任性。

2.姑妈家

在观察过程中发现，该家庭除表姐外没有人对该幼儿进行惩罚，表姐对其较为严厉，出现打骂该幼儿的情况，并且要求幼儿服从。该幼儿表现出焦虑、退缩等负面情绪和行为，但在幼儿园中有较好表现，比较听话、守纪律。该幼儿不断地进行反抗，实际上是在进行一种自我保护，因其安全感极度缺乏。

家庭教养方式的转变使该幼儿一时间无法适应，从一个宽松的环境到一个控制的环境，出现了一系列的争吵矛盾，在家中经常会出现紧张和情绪障碍，从而加重该幼儿的行为障碍，形成恶性循环。

四、对策建议

(一)建构新的依恋关系,获得安全感

依恋关系是婴幼儿在与照顾者交互的过程中,逐渐发展起一套关于自己和依恋对象的心理表征,是一种情感、认知性结构。随着儿童的成长,影响着个体在人际交往过程中的预期、感知、情感、策略、行为以及他人给予的回应和人际关系的性质。安全型依恋有助于儿童发展自主能力,对与父母良好关系的建立也有一定影响,儿童遇到应激时能运用父母作为支持源表现出探索和自主。由于该幼儿原有的依恋关系在3岁的时候被打破,在新环境中适应困难,出现了霸道、极其任性、半夜做噩梦等一系列的不适应症,在这种情况下就必须尽快在新的环境中(姑妈家)建构新的依恋关系。获得心理安全对于该幼儿是至关重要的,给予爱不等同于获得安全感。教养者要对该幼儿的情感需要具有敏感性,尤其是当孩子出现情绪激动、半夜做噩梦等反常行为时,积极地给予情感支撑,有助于建立安全型依恋。

(二)鼓励幼儿同伴交往,矫正攻击性行为

该幼儿攻击性行为问题突出,解决该问题的最佳途径是通过个体素质的完善以及道德水平的提高来实现。在该家庭系统中,教养者经常采用惩罚来压制和阻止该幼儿的攻击性行为,但这种被动的方式并没有解决实质性问题,反而对该幼儿造成了压迫感和紧张感,并且还使得安全型依恋迟迟无法建立起来。所以需要尽快转变被动的方式,积极鼓励幼儿的亲社会行为,尤其注重该幼儿的同伴交往,提供更多的机会让其与小伙伴玩耍、交流,并在这个过程中对幼儿表现出的良好行为进行表扬,进行正强化并使之固定。

(三)改善教养方式,帮助幼儿适应家庭生活

首先要保持养育者和该幼儿稳定的抚养关系,不能再次更换主要抚养者,以免引起幼儿的不安和焦虑。儿童的认识过程,是从感觉到思维一个不间断并逐步深入的过程。但由于该幼儿养育者的变更,导致该幼儿从“妈妈”形象的感知到“妈妈”概念的认知思维活动的过程出现混乱,直至今日依然没有固定的“妈妈”,甚至时常出现把身边的女性都叫“妈妈”的情况。其次要对教养方式进行改善:其一,放宽对幼儿各方面的限制,创设相对宽松民主的氛围;其二,“蹲下身”与幼儿进行情感交流,进行积极的家庭成员互动;其三,家庭成员态度一

致，教育统一。本个案家庭中表姐的教养态度较为严格，而其他成年人的态度宽松自由，导致该幼儿两面习惯的形成。所以教育态度的一致性和连续性，在整个家庭教育系统中是尤为重要的。

参考文献

[1]王永丽，俞国良.离异家庭儿童的适应性问题[J].心理科学进展，2005，13(3).

[2]谭英等.儿童行为问题与早期家庭生活环境关系的研究[J].中国学校卫生，1998(1).

[3]卢乐山等.中国学前教育百科全书·心理发展卷[M].沈阳：沈阳出版社，1995.

[4]詹方方.儿童攻击性行为研究[J].中国健康心理学杂志，2010，18(7).

[5]吴丽.0～3岁婴幼儿安全感缺失的后果及其对策研究[J].成都师范学院学报，2010，26(8).

[6]周晓平.家庭的教养方式对儿童心理健康的影响及教育对策[J].新课程学习(下)，2013(1).

父亲教养方式与幼儿攻击性行为的关系研究

林嘉慧　段雯洁　朱巧云①
指导教师：杨晓萍

摘　要：父亲作为向孩子呈现外在世界的关键性人物，对幼儿的发展有重要影响。本研究将父亲的教养方式与幼儿攻击性行为联系在一起进行假设猜想，探求父亲的教养方式与4～6岁幼儿攻击性行为的关系。本研究采用杨丽珠、杨春卿编制的《家长教养方式问卷》对父亲教养方式进行评估。同时采用《Achenbach儿童行为量表》——攻击性行为分量表的4～6岁家长用表，以幼儿攻击性行为常模分的第98百分位数为临界值来判断幼儿是否具有攻击性行为。通过数据进行分析，最终发现幼儿攻击性行为与父亲教养方式中的民主因子存在显著负相关，并提出了相应的教育建议。

关键词：父亲教养方式；幼儿；攻击性行为

攻击性行为是学前儿童常见的具有破坏性的社会行为。家庭是儿童早期成长和社会化的重要场所，家庭教养方式无疑是影响儿童社会行为的直接因素。随着社会经济的发展，越来越多女性进入社会，父亲从传统的养家者转变为幼儿成长的陪伴者、支持者和引导者，父亲教养方式对儿童攻击性行为的影响值得深入探究。

一、问题提出

攻击性行为是指他人不愿接受的，出于故意或工具性目的的伤害行为。儿童的攻击性行为有工具性侵犯和敌意性侵犯两种表现形式。婴儿在1岁左右开始出现攻击性行为。3～6岁是儿童攻击性行为出现频率最高的时期，且言语攻击取代身体攻击不断增多。家庭作为儿童最基本的生活和社会化场所，儿童早期的攻击性行为与各种家庭因素密切相关。

根据布朗芬布伦纳的生态系统理论，所有影响父母行为和儿童发展的因素组成了一个完整的生态系统。系统根据其对儿童发展的影响直接程度可分为

①林嘉慧、段雯洁、朱巧云：西南大学教育学部本科2016级学前教育专业学生。

微系统、中系统、外系统和宏系统四个层次。家庭作为对幼儿影响最大的微系统，国内外已有一些研究针对其进行了探讨。其中，Belsky 的理论模型具有较大的影响，该模型阐述了家庭系统内各个子系统之间的相互关系。“他将家庭看作一个相互作用的系统，家庭系统的任何两个部分之间的关系都是互相发生影响的双向关系。”[1]

此外，以往研究发现父亲是向孩子呈现外在世界的关键性人物。“不同于母亲为孩子提供食物、温暖、安全感等，幼儿时期父亲与孩子之间的互动更多地在游戏层面，父亲在这一关键期的表现对孩子社会性的发展有重要影响。”[2]父亲与孩子均作为家庭系统的一个部分，所以本研究猜想父亲教养方式与幼儿的攻击性行为存在相关关系。

二、文献综述

(一)父亲教养方式

“parenting styles”这一词首先被 Baumrind 提出，目前被广泛接受的译法是父母教养方式。国外部分学者认为父母教养方式是指父母同子女进行交流的一系列态度方式，它们组合在一起形成一种情感气氛，父母的教养行为在这种气氛中表现出来，并对孩子产生影响。也有学者认为：“父母教养方式是一种与教养行为有关的、稳定的态度和信念的综合体。”[3]国内学者对于父母教养方式这一概念的界定也有不同的见解。张文新认为：“父母教养方式是指父母对子女抚养教育过程中所表现出的一种相对稳定的行为方式。”[4]陈陈认为：“父母教养方式是在父母与孩子的互动过程中形成并发展的，这种互动的结果不仅从父母对儿童的生理养育活动中体现，而且从父母对儿童行为规范的传递中体现。”[5]陈欣和杜建政认为：“父母教养方式是父母的教养观念、教养实践及其对儿童的情感表现的一种组合方式。”[6]

由于孩子是在家庭中长大的，受到父亲和母亲同时的抚育，因此大多学者的研究是对父母的教养方式进行同一界定。本研究通过对父母教养方式界定的分析研究，界定父亲教养方式。本研究将父亲教养方式界定为在父亲教育幼儿、陪伴幼儿游戏等行为中体现出来的，并对幼儿的身心发展产生重要影响的情感倾向和行为方式。

(二)幼儿攻击性行为

对攻击性行为的定义一直都存在着争议，不同的学者有不同的看法。劳伦茨主张攻击是人类的一种本能，是为保证自己的生存而进行的斗争行为。有的学者认为攻击性行为是有意伤害别人且不为社会规范所许可的行为。班杜拉提出攻击性行为是一个涉及行为意图、结果、形式和强度等多因素的复杂结构，应该综合考虑以上因素来进行定义。伯科威茨认为攻击性行为是对他人身体或心理造成伤害的任何行为。针对以上外国学者的定义，我国学者也有不同的看法。高桦将攻击性行为定义为："对他人造成伤害的身体行为或言语行为，这种伤害是有意的且不被社会规范所许可。"[7]李宏利认为："攻击性行为是一种有意的伤害行为，这种伤害不仅包括身体上的，还包括心理上的。"[8]通过比较分析，本研究把攻击性行为定义为幼儿有意伤害他人身心、争抢或破坏他人物品的行为。

(三)父亲教养方式与幼儿攻击性行为的关系研究现状

国内外已有研究表明父母教养方式与儿童的问题行为关系密切。"有研究指出粗暴型的教养方式与主动性和反应性攻击都有很高的相关性，父母频繁的惩罚儿童可以强化儿童的攻击性行为，不仅没有教育孩子改正错误行为反而使孩子习得并接受粗暴行径，内化为自身的攻击性行为。而忽视型教养方式与攻击性也有很高的相关性。另外，也有研究表明溺爱型教养方式也与攻击性密切相关。如果父母对孩子过度保护，会引发抑郁焦虑等内化问题，也会产生攻击、药物成瘾等外化问题。"[9]我国学者陈会昌等人也发现儿童的问题行为与父母教养态度之间存在一定的相互作用。董会芹、张文新研究发现，专制型父母教养方式下的儿童容易攻击同伴或被同伴统治，放任型父母教养方式下的儿童容易出现攻击性行为。

在研究对象上，由于学龄前期儿童攻击性行为测量的复杂性，父亲教养方式与子女攻击性行为的相关研究主要集中在小学及以上年龄阶段。在研究内容上，虽已明确儿童的行为问题与父母教养方式有关，但目前少有学者直接对父亲的教养方式与学龄前儿童攻击性行为之间的关系进行研究。即使有单独研究父亲教养方式对另一因素的影响，更多见的是对父亲教养方式与道德犯罪关系、青少年内隐问题行为、儿童同伴关系等进行研究。此外，由于父亲教养方式蕴含在家庭系统里，所以对幼儿攻击性行为方面，较为多见的是关于学龄前儿童攻击性行为与整个家庭系统的研究或幼儿攻击性行为的成因及矫正策略。

三、研究设计

(一)研究目的

探讨父亲教养方式中各因子的差异以及幼儿攻击性行为的特点;分析父亲教养方式与幼儿攻击性行为是否存在相关关系;寻求有利于幼儿身心健康发展的父亲教养方式。

(二)研究假设

父亲教养方式与幼儿攻击性行为存在相关关系。父亲溺爱型、专制型、放任型和不一致型的教养方式与幼儿攻击性行为呈正相关,父亲民主型教养方式与幼儿攻击性行为呈负相关。

(三)研究对象

采取简单抽样的方法,以班为单位,从西南大学实验幼儿园中随机抽取小班、中班、大班各 2 个班级的幼儿共 119 名以其父亲作为本研究的研究对象。幼儿年龄在 4 周岁到 6 周岁,其中男童 61 人,女童 58 人。

表 1 被试性别、年龄分布情况

年龄	男	女	总计
4 岁	12	21	33
5 岁	29	14	43
6 岁	20	23	43
合计	61	58	119

(四)研究方法

本研究采用问卷调查法,主要参考由杨丽珠和杨春卿编制的《家长教养方式问卷》,以及《Achenbach 儿童行为量表》中 4～6 岁儿童家长用表。

1.父母教养方式问卷

本研究使用杨丽珠、杨春卿编制的《家长教养方式问卷》,由父亲独立填写。该问卷同质性信度和分半信度分别为 0.711,0.852,重测信度为 0.825,在总体上均具有较好的稳定性和内部一致性。该问卷共有 40 个条目,分为溺爱、放任、民主、专制和不一致五个维度。每个条目采用五级评分形式,“1”为从不,“2”为很少,“3”为有时,“4”为经常,“5”为总是。分数越高,表明父亲的某一教养类型越突出。

2.幼儿攻击性行为量表

《Achenbach 儿童行为量表》中的行为问题部分包括 113 个条目,评价 4～16 岁儿童的社会退缩、攻击、分裂样、抑郁、不成熟、性行为、体诉、违纪等因子。本研究选取其中关于 4～6 岁男童和女童攻击性行为因子的条目,共 28 个,组成本研究的行为量表。该量表在中国应用具有较好的信度和效度。量表为三级评分形式,“0”表示无,“1”表示偶尔或轻度,“2”表示经常有。评判标准为:攻击性行为总分超过该因子常模分的第 98 百分位数,即被定为有行为问题。

(五)研究程序

1.问卷的发放与回收

将知情同意书、问卷以及量表放入信封,由教师分别发给幼儿的家长,在家长充分了解本次研究的目的和内容以及注意事项和填写方法后,由幼儿的父亲独立填写《家长教养方式问卷》,父母共同填写《Achenbach 儿童行为量表》。共发放问卷 171 份,回收原始问卷 139 份,问卷回收率为 81.287%。其中,有效问卷 119 份,有效回收问卷率为 69.591%。

2.数据收集与分析

通过整理回收的问卷,剔除无效问卷。对有效问卷,采用 EXCLE 和 SPSS21.0 对数据进行录入和分析,采用的统计方法为相关分析。

四、研究结果

(一)父亲教养方式各因子间差异比较

父亲教养方式分为溺爱型、民主型、放任型、专制型和不一致型五个因子。为了考察父亲教养方式在这五个因子上的差异,对 119 份问卷进行描述性统计。结果显示,父亲教养方式中民主型均值为 39.521,标准差为 4.482,可见父亲教养方式中的民主型得分最高,专制型和放任型得分居中,溺爱型和不一致型得分较低,这表明父亲在教养方式的五个因子上表现倾向不同(见表 2)。

表 2 父亲教养方式各因子得分情况统计

因子	总人数(人)	最小值	最大值	均值	标准差
溺爱型	119	7.000	20.000	12.632	3.213
民主型	119	28.000	49.000	39.521	4.482
放任型	119	10.000	30.000	21.053	4.114
专制型	119	8.000	31.000	18.872	4.143
不一致型	119	6.000	24.000	14.371	3.660

(二)幼儿攻击性行为的检出情况

以幼儿攻击性行为常模分的第 98 百分位数为临界值进行测量,119 名幼儿攻击性行为总检出率为 13.445%,其中 4 岁幼儿检出率为 3.030%,5 岁幼儿检出率为 18.604%,6 岁幼儿检出率为 16.279%。4 岁幼儿攻击性行为检出率较低,5 岁幼儿攻击性行为检出率最高(见表 3)。

表 3 幼儿攻击性行为检出率

年龄	人数(人)	检出人数(人)	检出率(%)
4 岁	33	1	3.030
5 岁	43	8	18.604
6 岁	43	7	16.279
合计	119	16	13.445

(三)父亲教养方式与幼儿攻击性行为的关系分析

采用相关分析考察父亲教养方式与幼儿攻击性行为的关系,结果表明幼儿攻击性行为与父亲教养方式中的民主因子存在显著负相关,与其余各因子之间相关不显著(见表 4)。

表 4 父亲教养方式与幼儿攻击性行为的相关分析

因子	溺爱	民主	放任	专制	不一致
攻击性行为	−0.269	−0.534*	0.274	0.028	0.000

* 在 0.05 水平(双侧)上显著相关

五、讨论

(一)父亲教养方式各因子间差异分析

父亲教养方式中民主型均值最高，为 39.521，标准差为 4.482，而专制型和放任型得分居中，溺爱型和不一致型得分较低，表明父亲更倾向于采取民主的教养方式。

首先，从社会背景而言，信息的发达带来了国内外先进的教育理念，视野的开阔使父亲能够重新审视并修正自身的教养行为。其次，由于本研究选取西南大学实验幼儿园的幼儿及其父亲作为研究的对象，这些幼儿的父亲大多受教育水平较高。70.588％的父亲文化程度为研究生及以上，他们大多在西南大学工作，长期受到宽松、民主的大学环境影响，一方面深化了他们对教育的认识，更加重视家庭教育；另一方面，注重教养的质量，能够尊重孩子的个性和意愿，倾向于民主的教养方式。

(二)幼儿攻击性行为的基本特点

119 位幼儿攻击性行为的检出率为 13.445％，低于以往关于幼儿问题行为中攻击性因子的总发生率。[10]本研究幼儿攻击性行为检出率较低，首先与父亲的教养方式有关。其次，父母评价幼儿攻击性行为会受到社会期许效应的影响，一定程度上降低了攻击性行为的检出率。

5 岁幼儿的攻击性行为检出率最高，4 岁幼儿的攻击性行为检出率较低，6 岁的幼儿攻击性行为发生率较高，但低于 5 岁幼儿。出现这一特点的原因主要是学龄前期幼儿自我中心的意识不断增强，5 岁尤为明显。同时，5 岁的幼儿大多进入中班学习，随着同伴交往的机会增多，同伴群体之间发生的攻击性行为也相应增多。4 岁的幼儿大多初入幼儿园，处于小班。幼儿在新环境中感到拘束，这限制了同伴交往，因而幼儿攻击性行为发生较少。6 岁的幼儿习得攻击性行为的途径更为广泛，出现的攻击性行为有所增加，但随着幼儿年龄的增长，其社会性进一步发展，幼儿在学校教育和社会生活中逐步了解基本的社会规范，形成规则意识并掌握一定解决冲突的技巧。因此，6 岁幼儿攻击性行为发生率较高，但低于 5 岁幼儿。

(三)父亲教养方式与幼儿攻击性行为的关系

个体成长之初的发展源自与其亲密接触的微系统——家庭。父亲作为家庭这一微系统的重要组成部分必然会影响幼儿的身心发展。本研究证明，父亲教养方式的民主型与幼儿攻击性行为呈显著负相关。究其原因，民主型的父亲教养方式意味着父亲愿意倾听和尊重孩子的意愿，幼儿能够通过合理的方式表达自己的诉求，而非通过大哭、大喊、大叫、大闹、打、砸等攻击性行为引起父母的关注或表达自己的需求，从而降低了攻击性行为出现的概率。此外，当幼儿出现攻击性行为时，倾向于民主型教养方式的父亲会理性地教育幼儿，而非放任其发展，更不是使用暴力的手段进行惩罚。这有利于减少幼儿攻击性行为再次发生的可能性。

六、教育建议

（一）充分认识家庭教育的重要性，采取民主的教养方式

幼儿是尚未成熟的个体，可塑性强，但识别能力弱。家庭作为对幼儿影响最大的微系统，对幼儿的影响深刻而持久。作为与母亲教养方式相互补充的另一种教养方式，父亲的教养方式会对幼儿的发展产生重要的影响。因此，家长应当充分认识到家庭教育对幼儿健康成长的重要性，尤其关注父亲在家庭教育中的地位和作用，为幼儿提供优质的家庭教育。

在家庭教育中，父亲应当采取民主的教养方式，成为幼儿成长的陪伴者和支持者。父亲应当更多地参与到幼儿的教育中，陪伴孩子游戏、阅读、学习，倾听孩子的想法，尊重孩子的意愿，保护孩子的好奇心和独立意识，帮助孩子形成自己的价值判断，做孩子成长的陪伴者。此外，父亲应当制订合理的规则，提出符合幼儿身心发展特点的要求，给予幼儿适当的引导和鼓励，做幼儿成长的支持者。

值得注意的是，父亲应避免教育过程中言语和行为的不一致，坚持原则；不能盲目溺爱孩子或是完全放任孩子成长；尤其不能采取专制的教养方式限制孩子的合理诉求，因为这样不仅不会对孩子起到正向教育作用，反而容易使孩子习得粗暴行径，进而内化为攻击性行为。

（二）了解幼儿身心发展特点，以自身行为引导儿童正确交往

幼儿期是个体成长过程中意义重大而又极其特殊的时期。在这一时期，幼儿发展具有易感性，容易偏向某种心理特质发展，一方面易朝着积极的方向迅速发展，如良好习惯的养成；但另一方面也容易朝着消极的方向发展，如攻击性行为的产生。幼儿期是幼儿自我意识迅速发展、同伴交往增多的时期，家长应

注意预防攻击性行为的出现。一旦幼儿出现攻击性行为，家长也不必过度焦虑，可以在日常生活中以自身正确行为引导儿童进行正确交往。

第一，家长应当对幼儿身心发展的规律和特点具备基本认识。家长可以通过阅读相关书籍增加对幼儿身心发展的基本认识。若父母双方中有一方在高校任职，可以充分利用高校优质资源，参加学前教育名师的讲座，多与学前专业的教师沟通和交流，增加对幼儿发展规律的认识。

第二，家长应当正确认识攻击性行为。学龄前期是儿童攻击性行为出现频率最高的时期。随着幼儿年龄的增长，幼儿社会性增强，自我意识不断发展，在同伴交往过程中出现攻击性行为的概率也相应增加，尤其是 4～6 岁这一年龄阶段。父母在日常生活中应当经常关注孩子行为表现的变化。

第三，家长应当以身作则。幼儿的攻击性行为在一定程度上会受到父母言行的影响，因此在日常生活中家长要约束自身行为，引导幼儿友善地进行同伴交往。

第四，家长应当对幼儿接触到的信息进行筛选，减少带有暴力因素的影视作品对幼儿的不良影响。

参考文献

[1][2]赵岩.父亲教养方式与青少年内隐问题行为相关的元分析研究[D].石家庄：河北师范大学硕士学位论文，2006.

[3]叶慎花.父母教养方式与幼儿行为问题关系的研究[D].南京：南京师范大学硕士学位论文，2011.

[4]张文新.城乡青少年父母教育方式的比较研究[J].心理发展与教育，1997，13(3).

[5]陈陈.家庭教养方式研究进程透视[J].南京师大学报(社会科学版)，2002(6).

[6]陈欣，杜建政.父母教养方式与内隐攻击性的关系研究[J].心理科学，2006，29(4).

[7]高桦.被攻击者的性别差异研究[J].社会心理科学，1997(4).

[8]李宏利，宋耀武.青少年攻击行为干预研究的新进展[J].心理科学，2004，27(4).

[9]奕程程.父亲教养方式对小学生攻击性行为的影响：宽恕的中介作用及干预[D].桂林：广西师范大学硕士学位论文，2014.

[10]解男.父母教养方式、自我控制与幼儿攻击性行为的关系研究[D]. 鞍山：鞍山师范学院硕士学位论文，2015.

当代大学生自由倾向与规则意识的发展及统整研究

罗招丽　朱健华　赵佳　付腊梅　塔拉尼·提别克阿沙克①
指导教师：阳泽

摘　要：本研究以自由倾向、规则意识和统整为核心概念，运用了访谈法、问卷法、文献法，采取了相关分析、差异分析和聚类分析等分析方法，随机抽取了517名大学生进行问卷调查，意图探索当代大学生自由倾向与规则意识的发展现状，并揭示当代大学生的不同统整状况。本研究运用SPSS19.0进行数据分析后得出以下结论：(1)当代大学生自由倾向较高，规则意识较高；(2)将自由倾向、规则意识与和谐感作为变量，运用K-均值聚类分析法对所有被试进行统整型分类，最终分为非统整型、完全不统整型、低统整型、混乱统整型、模糊统整型、偏自由统整型、偏规则统整型、理想统整型8个类型，且各统整类型在人口学上存在显著差异，其中非统整型大学生所占比例最大，为26%，理想统整型所占比例为19%，且统整状态良好的大学生仅33%，因此当代大学生自由倾向与规则意识的统整现状较差。笔者针对不同统整类型大学生提出建议，提高大学生统整状况，降低冲突感，提高大学生自我和谐感。

关键词：大学生；自由倾向；规则意识；统整

伴随着改革开放的日益深入，民主社会的不断发展，社会发展复杂化程度不断加深，社会文化更加多元，观念冲突问题更加明显，而自由与规则这一对冲突的观念一直是社会理论中的重要议题。

一、问题提出

大学生作为“社会的人”，其本身具备社会属性，社会要求他们遵循规则办事，在规则允许的范围内行使自己的自由权利。同时意识指导行动，作为“知行合一”的统一体，内部观念的统一对外在行为的指导作用是不容忽视的。李雪认为：“自由与秩序作为法律所追求的重要价值，二者是辩证统一的。但自由侧

①罗招丽、付腊梅、塔拉尼·提别克阿沙克：西南大学教育学部本科2014级特殊教育专业学生。朱健华：西南大学数学与统计学院本科2013级数学与应用数学专业学生，现工作于宁夏石嘴山市第六中学。赵佳：西南大学心理学部本科2014级应用心理学专业学生。

重于主体个性的发挥，而秩序价值则侧重社会整体的和谐有序状态，二者之间不可避免地存在一定的冲突，只有处于社会中的每个个体都认识到社会秩序的必然性，在秩序的范围内合理安排自己的行为，才能实现自由与秩序的统一。”[1]从理论角度来看，若个体对自由的向往较强，其规则意识可能就相对较弱；若个体的规则意识较强，则其自由可能会被抑制；如果自由与规则没有统整，就可能会出现违法犯罪、影响社会和个人的不良行为。本研究旨在探究当代大学生自由倾向与规则意识的发展现状，并揭示当代大学生自由倾向与规则意识的不同统整状况，以引起当代大学生和教育工作者对这一问题的重视，为当代大学生进一步提高自身自由倾向和规则意识以及自我和谐感提出实用性建议。

二、核心概念界定

(一)自由倾向

郅鸿博认为：“学生自由是指作为发展主体的学生在教育的引导而不是强制下，按照自己在理性关照下的意志去活动，克服内部障碍和外部障碍，对自己的未来进行设计、选择与追求，从而获得的一种自主能动的生存与发展状态。”[2]贾高建提出：“自由在哲学认识意义上即主体对外部世界的认识和改造；在主体与自我关系意义上即主体的自我实现。”[3]本研究将自由倾向界定为：大学生个体对外部世界自由的选择与追求，并按照自己在理性关照下对物质、精神、时间、行为方面的意志去活动的一种倾向或趋势。

(二)规则意识

徐博文认为：“公民规则意识可以有广义和狭义的理解。广义的公民规则意识是公民对各种社会规则(规范)诸如法律、道德、宗教、风俗习惯等规则的认同、自觉服从与遵守，所形成的自主自律意识。狭义的公民规则意识是指公民在法治状态下通过对法律规范内在价值的认同，进而把法律有效地内化为其自觉的价值尺度和行为准则，形成一种自觉的程序规则意识和自觉服从与遵守法律的自主自律意识。”[4]本研究将规则意识界定为：大学生个体对规则的认知与认可、参与制订与修改规则、自觉服从与遵守规则的意识。

(三)统整

阳泽认为：“统整是指消除或降低观念对立的心理过程。”本研究中将统整界定为：消除或降低大学生自由倾向与规则意识这对冲突观念的心理过程。

三、研究设计

(一)研究思路

本研究以当代大学生自由倾向与规则意识的发展作为切入点,引入和谐感作为降低对立观念冲突的衡量标准,分析大学生自由倾向与规则意识的统整现状。

(二)研究内容

本次研究分为三部分:第一部分,当代大学生自由倾向的发展现状;第二部分,当代大学生规则意识的发展现状;第三部分,当代大学生自由倾向与规则意识的统整现状。

(三)研究方法

1.文献法

查阅文献资料,对文献进行汇总整理,根据研究涉及的内容分版块进行归纳、分析,总结前人已有研究的成果与不足之处,探究新的研究角度、方法,确立研究设计,并对论文写作予以借鉴与支持。

2.访谈法

运用半结构性访谈法,采用统一访谈提纲和一对一访谈的形式随机抽取30多名大学生对其有关自由倾向和规则意识的观点进行初步了解,为问卷设计提供一定的基础和依据。

3.问卷法

采用自编结构式问卷《当代大学生自由倾向与规则意识的统整调查问卷》,题目形式为单选式,计分均采用 Likert 五点计分法,随机抽取全国各地高校大学生进行电子和纸质问卷的发放与回收。

(四)研究工具及对象

1.研究工具

自编的结构式问卷《当代大学生自由倾向与规则意识的统整调查问卷》,含3个子问卷:《当代大学生自由倾向问卷》《当代大学生规则意识问卷》《自我与经验不和谐量表》。《当代大学生自由倾向问卷》共有五个维度,分别是:自由重要性、精神自由倾向、物质自由倾向、时间自由倾向、行为自由倾向,共27个项目。《当代大学生规则意识问卷》共有五个维度，分别是：规则重要性、认识规则意识、规则遵守意识、规则维护意识、规则建立意识，共 25 个项目。《自我与经验不和谐量表》共 11 个项目。上述问卷均采用 Likert 五点自评式量表计分法计分。

问卷经过初测得出：自编自由倾向问卷与规则意识问卷信度系数分别为 0.855和 0.829，说明自编问卷信度良好。通过结构效度检验，各维度间的相关系数在 0.265～0.645，各维度与总分间的相关系数在 0.565～0.837，说明各维度之间具有一定独立性，能反映所测内容。可见，初测问卷结构效度良好。

2.研究对象

随机抽取全国 11 所大学（西南大学、重庆大学、九江学院、南昌高等师范专科学校、四川美术学院、上海海事学院、西北政法大学、宁夏大学、宁夏师范学院、哈尔滨学院、北方民族大学）的 547 名学生进行问卷调查。问卷共发放 547 份，有效回收 517 份，有效回收率为 94.52%。其中，男生 164 人、女生 353 人；汉族 418 人、少数民族 99 人；东部 28 人、西部 204 人、南部 139 人、北部 51 人、中部 95 人。

四、研究结果与分析

（一）当代大学生自由倾向发展现状

1.当代大学生自由倾向总体现状

对数据分析后，我们发现当代大学生自由倾向平均得分为 3.57，与中间值 3 之间进行比较（t 检验）后发现差异显著（$p<0.001$），即当代大学生总体的自由倾向较高；当代大学生的自由重要性、精神自由倾向、时间自由倾向、物质自由倾向、行为自由倾向与中间值 3 相比差异显著（$p<0.001$），即当代大学生的自由重要性、精神自由倾向、时间自由倾向、物质自由倾向、行为自由倾向较高。其中，物质自由倾向最高，精神自由倾向和自由重要性较低。（见表 1）

表 1 当代大学生自由倾向总体状况

	自由倾向	自由重要性	精神自由倾向	时间自由倾向	行为自由倾向	物质自由倾向
极大值	4.81	4.80	4.71	5.00	5.00	5.00
极小值	1.78	2.00	1.43	1.60	1.60	2.20

续表

	自由倾向	自由重要性	精神自由倾向	时间自由倾向	行为自由倾向	物质自由倾向
平均值	3.57	3.44	3.44	3.61	3.62	3.81
标准差	0.44	0.56	0.55	0.59	0.62	0.56
与中间值3比较(t 值)	29.73***	17.96***	18.06***	23.36***	22.69***	32.92***

注：***在0.001水平上显著；**在0.01水平上显著；*在0.05水平上显著

2.当代大学生自由倾向及其各维度在人口学上的差异

以来源地(东部、西部、南部、北部和中部)、大学类型、年级以及城乡地域(城市、乡镇和农村)等为自变量，当代大学生自由倾向在多数变量上无显著性差异，精神自由倾向、物质自由倾向和行为自由倾向在这些变量上无显著性差异。自由重要性在专业类别这个变量上呈现显著性差异($p<0.05$)。多重比较发现，艺体类学生自由重要性明显低于理工类和文史类学生。时间自由倾向在城乡地域这个变量上呈现显著性差异($p<0.05$)，乡镇学生明显高于城市学生。(见表2)

表2　当代大学生自由倾向及其各维度在人口学上的差异分析

	自由重要性	精神自由倾向	时间自由倾向	物质自由倾向	行为自由倾向	自由倾向
来源地	0.55	1.42	0.18	1.14	0.30	0.60
大学类型	2.13	1.87	0.74	0.54	1.73	1.48
专业类别	3.54*	1.3	0.79	0.63	1.18	0.26
年级	1.18	1.00	0.93	0.51	0.49	0.25
城乡地域	2.83	2.29	3.01*	2.22	0.98	2.23

(二)当代大学生规则意识发展现状

1.当代大学生规则意识总体现状

当代大学生规则意识平均得分为3.38，与中间值3进行分析比较(t 检验)后发现差异显著($p<0.001$)，即当代大学生总体的规则意识较高；当代大学生的规则重要性、认识规则意识、规则遵守意识、规则维护意识、规则建立意识较高。其中，规则重要性最高，认识规则意识最低。(见表3)

表 3　当代大学生规则意识总体状况

	规则意识	规则重要性	认识规则意识	规则遵守意识	规则维护意识	规则建立意识
极大值	4.72	5.00	5.00	4.60	5.00	5.00
极小值	2.04	1.83	1.20	1.60	1.20	1.75
平均值	3.38	3.52	3.14	3.24	3.42	3.58
标准差	0.40	0.53	0.58	0.41	0.55	0.60
与中间值 3 比较（t 值）	21.47***	22.29***	5.53***	13.28***	17.17***	22.25***

2.当代大学生规则意识及其各维度在人口学上的差异

以来源地（东部、西部、南部、北部和中部）、大学类型、年级以及城乡地域（城市、乡镇和农村）等为自变量，当代大学生规则意识在城乡地域这一变量上差异显著（$p<0.05$），农村学生的规则意识明显高于城市的学生。当代大学生规则遵守意识在这些变量上无显著性差异。认识规则意识在大学类型、年级和城乡地域这三个变量上呈现显著性差异（$p<0.05$，$p<0.01$，$p<0.05$）。特殊院校学生认识规则意识明显高于 985/211 高校、普通本科院校和高职院校学生；研究生的认识规则意识明显低于大二、大四的学生；大四学生的认识规则意识明显高于大一、大二、大三的学生；农村学生认识规则意识显著高于城市和乡镇的学生。规则建立意识在来源地这个变量上呈现显著性差异（$p<0.01$），农村学生规则建立意识明显高于城市学生。规则维护意识在城乡地域这个变量上差异显著（$p<0.05$），西部和南部学生的规则维护意识明显高于东部和北部的学生。

表 4　当代大学生规则意识及其各维度在人口学上的差异分析

	规则重要性	认识规则意识	规则遵守意识	规则维护意识	规则建立意识	规则意识
来源地	0.73	1.78	1.47	1.27	2.90**	1.98
大学类型	1.28	2.97*	1.98	0.28	1.66	1.799
专业类别	1.55	0.59	2.83	0.21	1.62	1.52
年级	0.64	4.14**	1.07	2.13	0.99	1.55
城乡地域	2.19	3.49*	2.11	3.54*	0.74	3.75*

(三)当代大学生自由倾向与规则意识统整现状

在分析数据的基础上,选取自由倾向、规则意识、和谐感三个变量进行方差分析(ANOVA)后发现:三者之间存在显著性差异(sig=0.000),即可以对个案进行聚类分析。随后,对三个变量进行相关分析后发现:自由倾向、规则意识与和谐感负相关且为弱相关,这说明高自由倾向与规则意识均会一定程度上降低和谐感;而自由倾向与规则意识中等程度正相关,说明自由倾向和规则意识是大学生共同的追求且大学生正试图降低二者间的冲突关系,以达到一个相对稳定和谐的状态。

表 5 三变量 Pearson 相关矩阵

	和谐感	自由倾向	规则意识
和谐感	1.00		
自由倾向	−0.20	1.00	
规则意识	−0.17	0.45	1.00

参考玛西亚(Marcia)的自我同一性研究分类依据,结合本研究统整状态分类的设想:即自由倾向和规则意识之间的冲突性,并以和谐感来反映对立冲突的调节水平。即根据聚类原理,选取自由倾向、规则意识、和谐感三个变量作为分类指标,进行个案聚类。运用 K-均值聚类法将所有大学生被试分为 8 种统整类型。

表 6 聚类分析结果

	类型 1	类型 2	类型 3	类型 4	类型 5	类型 6	类型 7	类型 8
和谐感	2.90	2.05	2.34	3.66	3.17	4.10	3.59	2.97
自由倾向	3.24	3.96	3.79	3.29	2.72	3.99	3.76	3.90
规则意识	3.18	3.94	3.29	3.27	2.67	2.95	3.57	3.65

每一类型均代表了不同统整状况的大学生,均与其他类型的大学生差异较大。故根据不同类型的统整状况进行命名,结果如表 7 所示。其中非统整型大学生所占百分比最大,为 26%,而偏自由统整型的大学生最少,仅占 2%,故为少数案例(见图 1)。综合来看,当代大学生统整状况较差。

表 7 大学生统整状况分类结果及内涵

类别	分类名称	人数(人)	内涵
类型 1	非统整型	132	和谐感一般,自由倾向低,规则意识低
类型 2	完全不统整型	45	和谐感低,自由倾向高,规则意识高
类型 3	低统整型	80	和谐感低,自由倾向一般,规则意识一般
类型 4	模糊统整型	64	和谐感高,自由倾向低,规则意识一般
类型 5	混乱统整型	25	和谐感偏高,自由倾向低,规则意识低
类型 6	偏自由统整型	12	和谐感高,自由倾向高,规则意识低
类型 7	偏规则统整型	62	和谐感高,自由倾向一般,规则意识高
类型 8	理想统整型	97	和谐感一般,自由倾向高,规则意识高

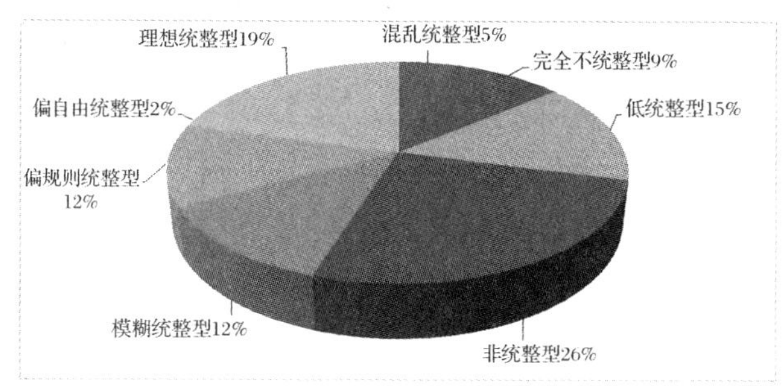

图 1 个案分类结果

对生成的个类进行交叉统计分析后发现,各类型主要在政治面貌、大学类型、专业类别、年级间存在显著差异。随后通过卡方检验进行各类别在人口学上的差异分析,结果如表 8 所示:

表 8 各统整类型在人口学上的差异分析

	非统整型	完全不统整型	低统整型	混乱统整型	模糊统整型	偏自由统整型	偏规则统整型	理想统整型
性别	1.33***	3.76	18.05***	4.84*	20.25***	1.30	10.90**	6.44***
民族	8.33**	27.22***	26.45**	11.56***	30.25**	8.33***	18.65**	26.81**
政治面貌	13.50**	44.93***	126.10***	14.44**	63.78***	13.50**	67.39***	129.24**

续表

	非统整型	完全不统整型	低统整型	混乱统整型	模糊统整型	偏自由统整型	偏规则统整型	理想统整型
来源地	11.33***	12.67*	38.88**	6.00	26.78**	11.33*	21.06**	50.99**
大学类型	0.00**	13.04**	26.73***	7.28*	55.13***	0.00**	0.58**	73.60*
专业类别	3.00**	3.73***	19.68**	2.24	23.47***	3.00**	17.16***	32.93**
年级	2.17***	14.22**	43.38***	17.20***	16.63**	2.17***	17.19**	67.07***
城乡地域	0.50***	6.93*	9.48**	2.00	0.88	0.50**	3.90	20.37***

非统整型:在性别、来源地、年级和城乡地域上差异显著($p<0.001$),男生多,大一和城市学生明显较多,研究生明显较少。

完全不统整型:在民族、政治面貌和专业类别上差异显著($p<0.001$),汉族、群众、文史类较多。

低统整型:在性别、政治面貌、大学类型和年级上差异显著($p<0.001$),女生多,团员、985/211 重点学校学生和大三学生明显较多。

混乱统整型:在民族和年级上差异显著($p<0.001$),汉族和大三学生明显较多,研究生明显较少。

模糊统整型:在性别、政治面貌、大学类型和专业类别上差异显著($p<0.001$),女生、党员、985/211 重点学校学生、文史类学生和研究生明显较多。

偏自由统整型:在民族和年级上差异显著($p<0.001$),汉族、研究生明显较多,无党员。

偏规则统整型:在政治面貌和专业类别上差异显著($p<0.001$),党员和理工类学生明显较多。

理想统整型:在性别、年级和城乡地域上差异显著($p<0.001$),男生、大二学生和农村学生明显较多。

五、研究结论与建议

经分析发现,当代大学生有 8 种不同的统整类型,各自特征不尽相同。在此,当自由倾向、规则意识和统整三者均处于一般及以上水平时,则定义为统整状态良好,因此只有偏规则统整型、偏自由统整型以及理想统整型三类大学生处于良好状态,但其所占比为 1/3,数量较少,所以总体来说,当代大学生的统整状况较差。在此,笔者针对不同统整类型大学生提出建议,提高大学生统整状况,降低冲突感,提高大学生自我和谐感。

根据不同统整类型的特征,针对每一类的特点进行建议。占比例最大的"无所谓"心态的非统整型大学生需要积极树立人生目标,明确自我追求。"完美主义"的完全不统整型大学生需要学会取舍,适当降低要求,达到内心的和谐。"喜欢抱怨"的低统整型大学生需要不断加强自身修养,同时提高自律能力,约束自我放纵,达到冲突感降低的目的。"奉行中庸之道"的模糊统整型大学生需要避免随波逐流,坚持自己的主见,这样才不会受到外界带来的强烈的摇摆不定的痛苦之感。混乱统整型有些类似非统整型与低统整型的结合体,这一类型大学生需要确定长远的目标,坚持不懈付诸行动,持之以恒,减少因不能自控带来的冲击感。偏自由统整型和偏规则统整型都属于统整状况良好的类型。偏自由统整型的大学生需要在某些时刻收起"放荡不羁",顾全大局。偏规则统整型大学生则需要加强自我创造力的发觉,偶尔突破常规。理想统整型大学生则需要继续保持和谐的心态,在此基础上进行深度挖掘,开阔思维与视野。

其次,当自由倾向与规则意识产生冲突时,大学生个体可以采取以下办法进行调整。第一,采取"主动退出"原则,也就是说从导致冲突的事件中退出,不去理睬,跳出冲突的怪圈。第二,采取整合的措施,将自由倾向和规则意识整合,减少自由想法,降低规则束缚,二者各退一步,冲突的程度就会降低,和谐感增强。第三,采取调试措施,当自由倾向与规则意识产生冲突又不可避免与消除时,自由倾向必须服从规则意识,以此种方法来提高个体的自我和谐感。外界环境处理恰当也可以帮助大学生提高和谐感。当导致冲突的事件发生时,如果可以撤销事件,外界压力减少,大学生的冲突感瞬间降低,和谐感增强。另外,教育工作者可以进行适当的引导,定期给大学生做心理疏导培训,降低大学生内在的冲突感与矛盾感,以此提高和谐感。

参考文献

[1]李雪.自由·秩序与和谐社会[J].今传媒,2011(8).
[2]郅鸿博.当前教育中学生自由缺失的归因分析[J].基础教育研究,2011(14).
[3]贾高建.关于社会哲学研究的若干思考[J].哲学动态,2011(10).
[4]徐博文.公民的规则意识、法治秩序与社会和谐[J].经济研究导刊,2009(25).

父母教养方式与大学生自信的关系研究

宋佳欣[1]

摘　要:父母是孩子的第一任老师,所以选择正确的教养方式是一件严肃而重要的事情。自信是一个人发展过程中重要的素质,在发展极快的当代尤为如此。本研究以父母教养方式与自信为主题,通过问卷调查等方法,探究父母教养方式与自信之间的关系,并发现二者在不同方面的更多联系,进而不断探求通过不断完善父母教养方式,来使大学生的自信达到良好的水平,更好地面对生活,发展自己。

关键词:父母教养方式;大学生;自信

父母于我们不仅是抚养之情,更有教导之责。我们的言谈举止等都会带着父母和家庭的烙印。对于自信这一心理因素亦是如此。那么父母的教养方式与孩子的自信之间有什么样的关系?教养方式会对自信产生影响吗?会产生怎样的影响?这就是本文所要关注的问题。

一、引言

父母是孩子的第一任老师,孩子也是父母的一面镜子。每个家庭都期望培养出身心健康的孩子,那么如何进行呢?

(一)研究缘起

1.家庭教育自古以来都颇受重视

中国社会自古是以小农生产为主的农业社会,家庭的稳定是国家繁荣的重要基础。重视家庭和亲情是在这样的条件下孕育的一种民族传统,同样对于家庭教育也十分重视。

当代家庭教育依然重要。《国家中长期教育改革和发展规划纲要(2010—2020年)》,指出:“把德育渗透于教育教学的各个环节,贯穿于学校教育、家庭教育和社会教育的各方面。”

[1] 宋佳欣:西南大学教育学部本科2013级晏阳初创新实验班学生,现为北京师范大学教育学部硕士研究生。

2.自信是当代青年必备核心素质之一

2000 年我国进行基础教育改革，全面推行素质教育以来，“培养全面发展的社会主义建设者和接班人”一直是我国的人才培养目标。自信是发展中不容忽视的一种素质。

1996 年，联合国教科文组织部发布《学习：内在的财富》，提出学习“四大支柱”问题，指出教育应围绕四种基本学习加以安排，分别是：学会求知、学会做事、学会共处以及学会生存。在学会生存部分，自信也被反复提及，足以见得其在未来发展中的重要性。

（二）研究内容

本研究主要关注当下父母教养方式与大学生自信的关系，探究接受不同的父母教养方式的大学生的自信水平，父亲和母亲分别影响大学生自信的程度与大学生性别的关系。

（三）文献综述

1.父母教养方式

本文从理论研究、研究对象、研究内容以及研究工具四个角度来梳理父母教养方式的研究成果。

(1)理论研究

20 世纪三四十年代，心理学家从亲子关系角度开始探讨父母的教养方式。行为主义强调父母教养对子女的控制，精神分析学派强调父母的具体教养活动。因此，父母教养方式对子女的影响的种种设想逐渐发展起来。其中有强调教养方式重要性的精神分析理论，关注环境和父母教养行为的学习论，认为父母与孩子相互作用的相互作用论和强调要将个体置于社会情境中的生态系统理论。

(2)研究对象

从研究对象来说包括儿童、初高中生、大学生，涵盖了学生的各个阶段。相当一部分的研究也关注到一些特殊的群体，如犯罪人员和青少年罪犯，流动儿童，少数民族学生，灾区青少年。总体来说父母教养方式的研究对象已经相对全面，涉及很多特殊的群体，也注意到了不同群体之间的比较，研究已经相对成熟。

(3)研究内容

父母教养方式的研究内容涵盖了心理学等学科的多个角度。从心理学角度出发,学者研究的内容多集中在人格特点、个体气质、心理健康水平、自我效能感、自尊、抑郁焦虑、情绪感觉等多个方面。研究者也会涉及其他诸多方面如社会适应、网络成瘾等。

学者逐渐开始关注到父母教养方式与孩子的各个方面的关系,认识到这个因素的重要。

(4)研究工具

目前的研究工具主要是《父母教养方式问卷》和《父母教养方式评价量表》。

《父母教养方式问卷》是 Parker 在 1979 年根据依恋理论所编制的。该问卷是评估对儿童时期(16 岁以前)父母养育方式的认知的自陈量表,分为父母两版,各 23 个条目。众多研究表明,PBI 具有良好的信效度。

《父母教养方式评价量表》是 C.Perris 等人编制的一套反映父母教养方式全貌的问卷,共 81 个条目,涉及父母 15 种教养行为。1990 年 Simonton 在此基础上进行修订,将其分为父亲和母亲两个分量表。

2.自信

国内外心理学界对自信的研究较少。但是随着心理学发展的不断深入,自信已经受到心理学家的重视。

(1)理论研究

①自信的定义

自信的定义很多,各学者对其的理解不同,侧重点不同。马斯洛最早提出自信是自尊需要获得满足时产生的一种情感体验。Coopersmith 认为自信是“个体做出的并通常保持的对自己的评价”[1]。Dickstein 认为自信是一种“自我效能感”[2]。Rosenberg 认为“自信是对自我办事能力的确信”[3]。

国内学者对此也有研究。自信是一种自我意向;自信是个人信任自己。车丽萍认为自信是个体对自身诸方面的肯定程度,是“对自己能力、价值做出客观、正确认知与评价的一种稳定性格特征”[4]。

关于自信的定义并未统一,说明研究还不够深入的同时也说明了自信的内涵丰富。

②自信的结构

最初学者认为自信由单种因素构成,是一种确信或自尊,后来发展到多维度结构。Wylie 认为能力和自我接纳是自信的主要维度和构成因素;Branden 认为“自信是由自我效能和自敬两个相互联系的部分构成”[5];Fleming 和 Watts 通过因素分析验证自信是一个多维度的结构假设。

(2)实证研究

国内研究多为编制问卷、团体辅导、培养学生的自信以及自信与其他的关系。国外有关实证研究较多且类型多样。

性别、文化和年龄差异是重点和热点。研究者发现女性比男性表现出更少的自信心，但后来发现并非所有成就情境中都是如此。Wright 等人的研究揭示了不同文化之间的差异；Yates 等也发现中国被试相对美国和日本被试显示出更好的信心辨别力。Lundeberg 等揭示了自信国家和文化效应，发现了总体自信的巨大差异。

信心的两极和自信的反面也是国外研究者的重点。影响自信的因素也都在实证研究中不断得到发现和验证。

(四)核心概念界定

1.父母教养方式

父母教养方式的定义不一。随着研究的深入，一些研究者开始尝试着自己提出定义。综合对于父母教养方式的文献梳理，本研究中父母教养方式是指父母在教育抚养下一代的过程中所采用以及表现出来的方式方法、态度和观念。

2.自信

在文献中自信与自信心混用情况较为明显。通过比较，自信与自信心无本质性的差别。故本研究认为，自信心是自信的一种通俗表达，而自信则是更为学术的表达。因此，在本研究中，认为自信与自信心是相同的。借鉴车丽萍的定义，认为自信是个体对自身诸方面的肯定程度，是对自己能力价值做出客观、正确认知与评价的一种稳定性格特征。

(五)研究意义

1.理论意义

对家庭教育的研究不断增加，研究的范围也不断延伸，但关于父母教养方式与大学生自信关系的研究却很少。另外，关于自信的研究国内缺少实证研究，大多都是理论性地谈论如何培养自信或自信如何重要，缺乏证明。本研究从此角度来完善和补充。

2.实践意义

父母是孩子的第一任老师。孩童时期对人的发展意义重大。父母的教养方式正确合适与否，都与孩子的未来息息相关。选择正确的教育对于父母来说是极为重要和严肃的事情。所以父母教养方式的重要意义也不言而喻。

所以本研究从父母教养方式入手，研究父母教养方式与大学生自信的关系，为大学生增强自信提供一种新的解决方法和思路。

二、研究设计

（一）研究思路

本研究从现实的问题入手，在前人研究的基础之上，借助已有问卷，对重庆两所高校150余名大学生进行问卷调查。之后对问卷的数据进行处理分析，得出结论。

（二）研究方法

本研究采用问卷调查，《用父母教养方式问卷》和罗森伯格自信量表为工具，对大学生的父母教养方式以及自信进行调查，发放、回收问卷，并进行数据的处理和分析，得出结论。

（三）研究过程

1.问卷的编制与检验

本研究的问卷分为两个部分。第一部分的《父母教养方式问卷》改编自Parker于1979年编制的《父母教养方式问卷》，第二部分的自信量表采用的是美国心理学家罗森伯格的自信量表，它是常用的测量个人自信的量表。两部分问卷的信效度经过大量的检验。

2.问卷的发放与回收

本研究的问卷在两所高校进行发放，共发放152份，回收150份，回收率98.68%，问卷基本情况如表1所示：

表1　问卷基本情况统计

		频率	百分比(%)
性别	男	52	34.667
	女	98	65.333
	合计	150	100

三、调查结果与分析

大学生自信现状是怎样的？父母教养方式与大学生自信的关系是怎样的？父亲和母亲会对大学生自信产生不同的影响吗？这是本文要探讨的问题。

(一)大学生的自信现状

1.大学生自信总体情况

依据罗森伯格自信量表计算所有学生的自信得分,并按照量表的评分分类将学生分组,结果如表 2,没有自卑者,但是超级自信者却有 14 人。

表 2　大学生自信得分分类表

组别	分数	人数(人)	百分比(%)
自卑者	10～15	0	0
自我感觉平常者	16～25	30	20.000
自信者	26～35	106	70.667
超级自信者	36～40	14	9.333

可以看出就所调查的大学生群体而言,自信程度整体较高,没有自卑的学生,但是在自信的程度方面仍有分别。

(二)父母教养方式对大学生自信的影响

1.母亲不同的教养方式与大学生自信的相关性

按照《父母教养方式问卷》的划分,母亲教养方式分为三个因子,分别是关爱(1、2、4、5、6、11、12、14、15、16、22 题)、鼓励自主(3、7、13、19、20、23 题)和控制(8、9、10、17、18、21 题)。将三个因子分别与大学生自信进行分析,结果如表 3 所示:

表 3　大学生自信与母亲教养方式相关性

		母亲关爱	母亲鼓励自主	母亲控制
自信	Pearson 相关性	.356**	.241**	−.188*
	显著性(双侧)	.000	.003	.021

可以看出母亲教养方式的三个因子与自信都呈显著相关的关系。其中关爱因子和鼓励自主因子正向相关，而控制因子呈现反向的显著相关。

2.父亲不同的教养方式与大学生自信的相关性

与母亲教养方式类似，父亲教养方式也分为关爱（1、2、4、5、6、11、12、13、15、16、22 题）、鼓励自主（3、7、14、19、20、23 题）和控制（8、9、10、17、18、21 题）三个因子。父亲教养方式与大学生自信的相关性结果如表 4：

表 4　大学生自信与父亲教养方式相关性

		父亲关爱	父亲鼓励自主	父亲控制
自信	Pearson 相关性	0.261**	0.270**	−0.156
	显著性（双侧）	0.001	0.001	0.056

可看出父亲教养方式的关爱因子与鼓励自主因子和大学生的自信有显著相关关系，控制因子与自信无显著相关关系。

（三）母亲和父亲教养方式类型的不同对大学生自信产生的差异

有研究者在构建常模的基础上，根据问卷中关爱和控制因子的得分，以常模均数加减一个标准差为标准将父母亲的教养方式分为权威型、专制型、民主型以及放任型四种，如图 1 所示：

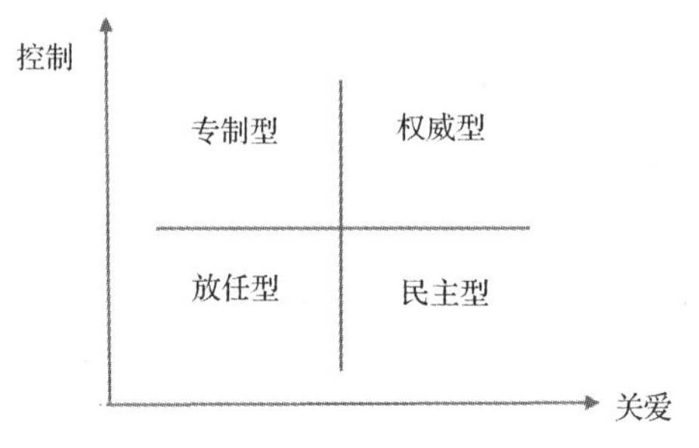

图 1　父母教养方式类型

本研究根据所得数据将样本按四种类型分类，并进行说明分析。

1.母亲教养方式与大学生自信的关系

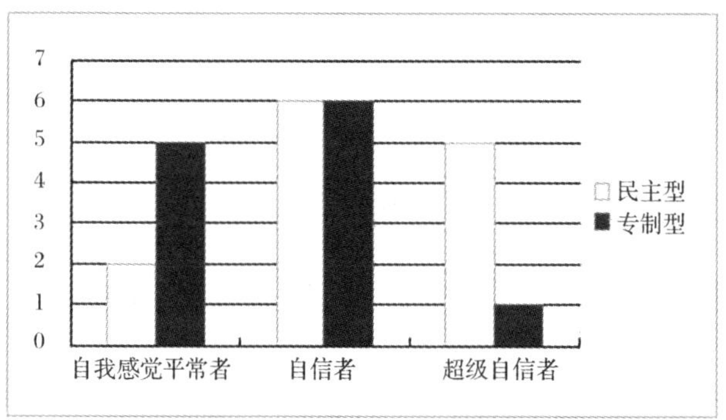

图 2　不同的母亲教养方式下大学生自信情况

按上述方法将样本分类，最后得出样本中具有母亲民主型教养方式和母亲专制型教养方式。如图 2 所示，在专制型教养方式下成长的学生，其自信程度明显低于受到民主型教养方式的学生。

2.父亲教养方式与大学生自信的关系

父亲教养方式在样本中只有父亲专制型。由图 3 可以看出父亲专制型教养方式会让学生的自信明显降低：

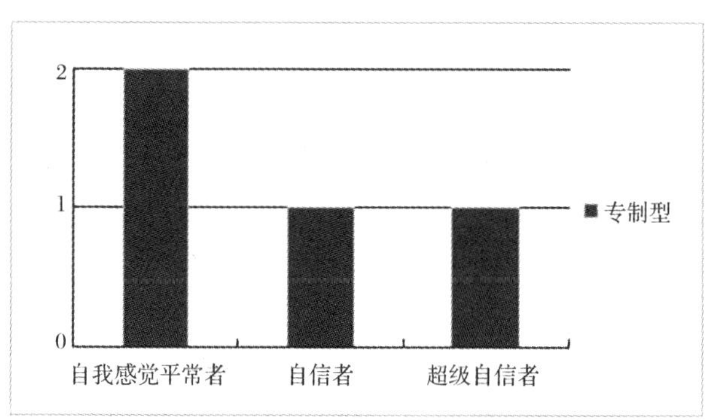

图 3　父亲专制型教养方式下大学生自信情况

(四)不同性别大学生接受父母教养方式对自信的影响

如表 5、表 6 所示，母亲与男大学生的自信的相关系数是 0.350，而父亲只有 0.226，且没有显著相关性；母亲与女大学生自信显著相关，父亲与女大学生自信显著相关。因此母亲对于男大学生自信的影响大于女生，父亲对于女大学生自信的影响远超过男生。

表5 父母教养方式对男大学生自信的影响

	母亲	父亲	自信
母亲		0.625**	0.350*
父亲	0.625**		0.226
自信	0.350*	0.226	

表6 父母教养方式对女大学生自信的影响

	母亲	父亲	自信
母亲		0.454**	0.348**
父亲	0.454**		0.284**
自信	0.348**	0.284**	

四、结论与讨论

(一)大学生所接受的父母教养方式与其自信具有一定关系

对问卷的三个因子分析后我们发现,除了父亲控制这一因子外,其余五个因子都与大学生自信呈显著相关。我们可得出结论,父母教养方式会对大学生自信产生影响:父母亲的关爱、鼓励自主会促进学生的自信水平,父母亲的过分控制则会阻碍学生的自信发展。

父母对孩子的影响之大主要有以下两个原因:

首先,家庭教育是人最先接受的教育。在人一生的发展中,家庭教育起着奠基的作用。拥有良好的性格品质对个人发展是极为重要的。但这些品质是很难通过学校教育和社会教育完成的,所以只有通过家庭和父母帮助孩子塑造这些宝贵的品质。

其次,父母参与孩子成长是一个连续的过程。孩子出生后,大部分的时间都在家庭中度过,接受父母的教育。这种教育随时进行,方式多样,内容广泛。也因为如此,孩子会受到来自父母的深刻影响。

(二)父亲和母亲教养方式的不同影响着大学生的自信

因为样本数量较少,父母教养方式的四种类型并没有完全包含。就现有的类型进行对比分析,我们依然可以发现父母教养方式类型的差异对大学生自信的巨大影响。

父母的不同教养方式会对大学生自信产生影响。本研究以母亲两种教养方式为例。得到母亲民主型教养方式的学生,“自我感觉平常者”要比得到母亲专制型教养的学生少60%,而“超级自信者”则多出80%。从这一对比中,我们可以直观地感受到巨大的差距。

父母同一种教养方式对学生的影响也不同。在父亲专制型教养中,大学生自信的平均得分为28分,而母亲专制型教养的大学生自信平均分则仅为26.92分。分数之间差距明显,其原因可能与父母角色定位有关。

父母的角色定位有历史和现实的原因。“男主外,女主内”是中国的传统分工。现代社会这种情况依然没能得到改善。这导致父亲与孩子相处时间短,且缺少必要的亲子知识。而母亲与孩子相处时间长,矛盾增多。这就使得孩子对父亲的感情比母亲更为“珍贵”,因此减少了因为教养方式不恰当带来的影响。而母亲则因为矛盾积累使对孩子的负面影响扩大。

(三)不同性别大学生接受父母教养方式对自信的影响程度不同

性别差异在社会很多方面都有着很明显的体现。通过对数据的整理分析,我们发现母亲对男大学生自信的影响相对女大学生更大,父亲对女大学生自信的影响比男生大。

这一现象受到研究者关注。学者Martin发现,父母和儿童的性别影响父母对待孩子的方法,与孩子异性别的父母比同性别的父母对孩子更仁慈,少严厉且更允许孩子自由。我国学者也有相关发现。但是这些研究的对象很少涉及大学生。

本研究认为,导致这一现象的最重要原因是性别自身的差异。首先,男女在天然的生理结构上就存在差异,这会影响到包括思维方式在内的许多内容。其次是一种心理需求。弗洛伊德认为这是“俄狄浦斯情结”。这样的不同也提醒父母在教育孩子的时候要注意性别差异,并合理运用这样的差异,使孩子受到更为良好的教育。

参考文献

[1]Cooppersmith S.The antecedents of Self-esteem[M].San Francisco: Freeman,1967.

[2]Dickstein E.Self and Self-Esteem: Theoretical Foundations and Their Implications for Research[J].Human Development,1977,20(3).

[3]Rosenberg M.Conveiving the self[M]. New York:Basic Books,1979.

[4]车丽萍.自信的概念、心理机制与功能研究[J].西南大学学报(社会科学版),2002,28(2).

[5]Branden N.The six pillars of self-esteem[M]. New York: Bantam Books Inc,1994.

第六篇
学校教育管理

大学生寝室人际关系的话语演变研究

钟长婷　李琪　韦敏　杨原香　黄梓提①

指导教师：于泽元

摘　要：针对现在大学生寝室人际关系日趋紧张的现状，本研究从用词、内容以及语用原则等方面对 20 世纪 80 年代以来的寝室话语进行分析，了解到寝室对话中用词、内容以及语用原则都在随着时代变迁而不断变化。结合研究背景得出寝室话语变化的三点原因，并有针对性地从用词、内容以及语用原则的方面提出了改善大学生寝室人际关系的策略。

关键词：大学生；寝室人际关系；话语分析；话语演变

寝室人际关系是指寝室内的成员在生活中互相接触、交流沟通而形成的一种关系，它是大学生人际关系的重要组成部分。研究表明大学生寝室人际关系满意度与大学生活满意度呈正相关，良好的寝室人际关系有利于大学生的健康成长和全面发展。

一、问题提出

(一)大学生寝室人际关系现状不容乐观

随着时代发展，大学生寝室人际关系向多元化和复杂化方向发展。近几年来，由寝室人际关系出现问题而引起的突发事件频频发生，引起公众的广泛探讨，社会各界人士对大学生寝室人际关系的关注度持续上升。

(二)大学生寝室话语研究缺乏

通过大量查阅文献资料发现，无论国内还是国外很少有学者从学生寝室话语这个角度来研究大学生寝室人际关系，本研究旨在弥补以往研究的不足，通过利用文本法和话语分析法以及纵向对比各个年代寝室的代表性话语的演变来进行深层次的研究，以期发现在不同时代背景下的大学生寝室人际关系特征。

①钟长婷、李琪、韦敏、杨原香、黄梓提：西南大学教育学部本科 2015 级晏阳初创新实验班学生。

二、研究设计

(一)语料的来源

研究对象是20世纪80年代至21世纪前十年的大学生。由于无法获取此阶段的真实语料,本研究语料来源主要是相关年代的部分小说、电影、歌曲等可以反映时代特征的作品,例如《大学生“贺老六”》《草样年华》等,同时还收集了部分21世纪前十年寝室内的真实对话来反映寝室对话状况。

(二)分析框架的构建

1.分析框架构建的理论基础

(1)称呼用词分析模型

分析用词是以人类的语言作为思考问题的出发点,找出需要解决问题的语言表达中的用词情况。通过对用词的分析,已知的具体问题能够得到重新构想,从而产生更多的新的构想,进而去发现和把握问题的实质,并提出解决的方法。

(2)内容分析模型

内容分析法最早产生于新闻传播学领域,随着国内外学者的研究,内容分析法的应用越来越广泛。人们在对内容分析的理论研究和实践探索中,总结出了不少应用模型,如系统分析模型、指标分析模型、语言分析模型等,本研究主要探讨语言分析模型。语言文字是人类表达思想、传递信息的手段,是情报的主要载体,故文献资料自始至终是内容分析的材料。

(3)语用原则分析模型

语用原则有广义和狭义之分,广义的语用原则是指语言运用中所遵循的原则,是对整个语言运用起指导作用的原则。狭义的语用原则是语用学的原则,是指国内外学者在研究语用学时所谈及的原则,一般称为语用学原则。本研究主要探讨广义的语用原则,即格赖斯提出的“合作原则”“得体原则”,以及利奇提出的“礼貌原则”。

2.分析框架构建

依据寝室话语分析框架理论基础,构建框架,如表1:

表1　寝室人际关系话语分析框架图

用词分析		称呼用词
内容分析	言语分析	关键词
		主题
	合作原则	量的准则
		质的准则
		相关准则
		方式准则
	得体原则	礼貌准则
		幽默准则
语用原则		克制准则
	礼貌原则	得体准则
		宽宏准则
		赞誉准则
		谦虚准则
		一致准则
		同情准则

以下是对分析框架各类别内涵的解释：

用词方面本研究侧重于寝室内部成员之间的称呼。

内容方面是指寝室对话会涉及哪些方面，主要从关键词和主题这两个方面来体现。

语用原则方面。(1)合作原则：①量的准则：所说的话应满足交际所需的信息量，不应超出交际所需的信息量；②质的准则：不要说自知是虚假和缺乏足够证据的话；③相关准则：说话要相关；④方式准则：说话要清楚、明了。(2)得体原则：①礼貌准则：适应语境采取一些恰当的交际策略以示礼貌；②幽默准则：要求“外谐内庄”，引人发笑，但不轻浮；③克制准则：采用克制的方式表达对他人的不满。(3)礼貌原则：①得体准则：少让他人吃亏；②宽宏准则：少让自己受惠；③赞誉准则：多赞誉他人；④谦虚准则：少赞誉自己；⑤一致准则：缩小双方分歧；⑥同情准则：减少双方的反感。

(三)分析语料的选择及分析框架的使用

由于无法获取各年代的真实话语资料,本研究只能通过20世纪80年代至今的小说、电影、文献等途径搜集语料,这些语料在一定程度上反映了当时的现实情况。但小说以及电影等文艺作品带有主观色彩,所以不可妄下结论,还必须结合当时真实的社会背景来客观分析。

整理搜集到的语料,按照我们构建的框架分配合适语料,依据框架结构进行分析。相同的语料在不同背景下所显示的意义可能有所不同,本研究将讨论其最显著、最具有代表性的方面。

三、研究结果与分析

(一)对寝室对话中称呼的分析

20世纪80年代,“老大”“老二”“老三”等成为称呼关键词,充满“江湖”豪气的意味。来自多子女家庭的大学生来到大学仍习惯用亲情纽带维系关系,物质生活的匮乏也使得大家更团结紧密地联系在一起,因此寝室成员对彼此的称呼大多都是按照年龄大小排序,年龄最大者为老大,然后依次排列。

20世纪90年代是一个承上启下的过渡时期,称呼体现个性成为这个时代的特点。大学生开始频繁接触外界新鲜事物,不再拘泥于校园和家庭;国家经济的发展,物质生活水平的提高为其思想的活跃奠定物质基础;独生子女政策逐渐改变了许多家庭的家庭结构,大学生对于兄弟姐妹的依赖开始减弱。因此这个时期“老大”“老二”等称呼和直呼姓名的称呼混杂。此外,更多的是寝室成员之间会互相取一些趣味性的外号,这些外号无形之中拉近了室友之间的距离。

2000年至2010年,“蜜糖体”成为关键词,寝室成员称呼显得十分亲密。大学生基本来自独生子女家庭,家庭中的称呼习惯自然运用在寝室与室友的交往中,在这个时期室友之间对彼此的称呼常常是给室友取外号或者叫小名式的蜜糖体称呼。“蜜糖体”式称呼比较亲切,有利于拉近室友之间关系,但明显地把寝室成员划分为独立的个体。

2010年以来,称呼显得亲密又疏远,出现了很多新的称呼方式,如“亲”,类似的称呼会让对方在一开始感到友好和亲近,但也透露着疏离感:对一个人的称呼不再是专属,而是对一群人的统称。这样的称呼对于内在的情感交流并无实质的促进作用。与此相反,“儿子”“傻宝”等看似带有羞辱性的称呼却能让人与人之间关系亲密。这一时期大学生对待寝室友情的观念发生了明显变化:礼貌是不够亲近的表现,而因为亲密才会“口无遮拦”。

(二)对寝室谈论的内容分析

20世纪80年代,大学生寝室谈话的内容主要是“学习”“书籍”,以及分享阅读感悟等。这个时期的大学生非常热爱和重视学习,他们在寝室内谈话的内容与学习息息相关。

20世纪90年代,大学生寝室谈话的内容主要是小说、明星、游戏、爱情、理想等。这一时期寝室内部的娱乐活动开始增多,寝室成员之间的讨论包括新鲜的娱乐活动、人生理想、有价值的书籍。这一时期外国文化敲开了中国的大门,大学生们在宿舍里的潮流谈资就是国外影视作品或是文学、艺术、爱情这种抽象的话题。大学里的氛围相对更加开放,明星、爱、游戏等话题开始在寝室中被频繁谈到。

2000年至2010年,大学生寝室谈话的主要内容是穿着打扮、恋爱等。寝室内部交流的方面越来越多,除了一些相关的学习问题、社会热点事件之外,还涉及穿着打扮。这一时期寝室内对异性与爱情的谈论也更加大胆,甚至还会提到有关“性”的问题。大学生对互联网的接触逐渐频繁,他们的思想更加开放,电脑游戏、淘宝、韩剧成为寝室内谈论的高频内容。

2010年以来,大学生寝室谈话的内容中涉及社团、择业等,对爱情、穿着打扮等话题的谈论更加大胆。在就业形势严峻的现实状况下,大学生们也对毕业后的就业问题有了更多忧虑,“择业”“就业”逐渐成为寝室谈论的热门话题。寝室内仍有对“书籍”等一些娱乐性较弱的话题的谈论,但频率较20世纪八九十年代有所下降。这与互联网的普及有较为重要的联系。互联网的普及使得很多大学生把时间精力投入网络世界,他们阅读书籍的时间有所减少,更多的阅读方式是一种碎片化的阅读,因此在寝室谈话中提到“书籍”等内容的频率有所下降。

(三)对寝室对话遵守的语用原则分析

20世纪80年代,国家亟须人才,实行包分配工作的政策,室友之间的竞争较小,室友之间彼此相互信任。所以总体来说大多数大学生都能遵守人际交往的基本原则,以礼貌和宽容待人。

20世纪90年代,随着经济、社会的逐步发展,国家取消了包分配工作这一政策,但国家对人才还是处于亟须状态。因此,虽然这一时期室友之间渐渐出现了竞争，但竞争不大，室友之间还是能够遵守礼貌原则，做到彼此尊重，寝室内部成员关系比较亲密，但是也开始慢慢出现违背语用原则的现象，寝室内部渐渐有了“小摩擦”。

2000 年至 2010 年，由于室友之间竞争增大，室友之间的关系变得复杂，语用原则的破坏现象变得普遍。国家已经不再包分配工作，学生为了毕业之后能找到一个好的工作而在学校与同学激烈竞争。此外，这一时期高校扩招，上大学的人数增多，这在一定程度上激化了竞争。

2010 年至今，违背礼貌原则、合作原则等语用原则的现象越来越普遍。有同学表示“我情愿一遍遍地刷微博和人人网，也不愿和室友聊聊天”，这一态度违反了礼貌原则和得体原则。可见此年代的大学生违反语用原则现象普遍。

四、研究结论与建议

（一）大学生寝室人际关系话语演变趋势的结论

1.大学生寝室对话中用词的变化

20 世纪 80 年代主要按年龄排大小，他们将室友当作自己的姊妹兄弟。20 世纪 90 年代大学生的思想更为开放自由，称呼多变成直呼姓名，此外，也不乏一些有趣的外号。2000 年至 2010 年多以去掉姓直呼名或者以取绰号的方式称呼对方。这种称呼的方式，虽然可以一眼看出彼此之间关系的熟悉程度和亲密性，但是也把寝室的每个人分为独立的个体。2010 年至今，室友之间的称呼变得更加开放和多元化，但这种称呼方式不只存在于寝室室友间，所以寝室人际关系呈现出两个极端的现象，有的寝室关系非常亲密，室友形同家人，而有的寝室则明争暗斗，十分不和谐。

2.大学生寝室对话中内容的变化

20 世纪 80 年代，大学生寝室谈论的主要话题是学习、书籍，聊天内容简单；到了 20 世纪 90 年代，室友交谈融入了新的话题，例如音乐、游戏等。20 世纪 80 年代大学生寝室的流行文化是“读书文化”，由于刚恢复高考不久，大学生十分珍惜学习机会，宿舍学习氛围浓厚。20 世纪 90 年代则是“沙龙文化”，寝室文化从“精英文化”走向“世俗文化”。到了 2000 年至 2010 年这一时期，寝室流行的是“新媒体文化”。这一代大学生的思想逐渐变得开放，寝室讨论话题丰富多样，无论男女都开始注重外表，在化妆品和爱情这些方面的谈论变得广泛和深入。此外，到这一时期，关于“性”的话题也开始在寝室萌芽，但很少有人公开谈论。2010 年至今，寝室讨论的话题是前十年的拓展，不仅内容增多，而且讨论得更加深入。这两个年代谈话的内容虽然有所增多，但是寝室内部交谈的频率下降。

3.大学生寝室对话中对语用原则遵守的变化

20 世纪 80 年代、90 年代的大学生基本能做到尊重他人，待人有礼，遵守合作原则、得体原则和礼貌原则。这个年代的大学生大多来自多子女家庭，集体意识强，懂得换位思考和控制情绪。加之此时大学生彼此之间几乎没有竞争关系，因此宿舍成员之间基本上都能够做到相互真诚相处。2000 年以来，许多大学生说话直白不委婉，容易对他人造成语言伤害。2000 年至 2010 年这一时段，绝大部分人还是能够做到与人和平相处，但是同时也有少部分大学生个性尖锐，人际交往知识缺乏，不懂得如何正确处理寝室人际交往中出现的矛盾，易导致悲剧的发生。2010 年至今的大学生，大多数人能够做到礼貌和尊重，但有更多的大学生不懂得人际交往技巧，同时也变得暴躁易怒，一旦室友做出自己不满意的事情就会违反语用准则，做事冲动莽撞，寝室矛盾时有发生。

（二）大学生寝室话语演变特征的归因分析

1.家庭结构转变引起大学生寝室称呼用词由“豪气满怀”变得个性“亲昵”

20 世纪八九十年代的大学生几乎都是来自多子女家庭，家中多兄弟姐妹让他们也把寝室当成自己的另外的一个家。而 2000 年至今，这一代大学生多来自独生子女家庭，父母对其宠爱有加，孩子对父母依赖性强。上大学后离家距离远，无法依赖父母，只好依赖自己的室友，因此会使用一些亲昵的词汇来拉近与室友的关系。但同时私人空间变得狭小，对私人空间比较看重和敏感的人则会对室友的侵犯表示不满。所以总的来说，在说话时，20 世纪八九十年代的大学生比当代的大学生更加注意措辞，更加懂得给彼此留一定的私人空间；而当代大学生在称呼用词方面，凭自身意愿称呼别人，很少顾及他人的感受，有可能使他人感觉到缺乏尊重，引起对方反感。

2.互联网逐渐渗透导致大学生寝室内部谈话内容变得丰富但频率下降

20 世纪八九十年代，寝室交谈是寝室成员获取信息的一个重要来源，因此室友们对于寝室内部的交谈乐此不疲。在交流中，他们资源共享的同时各取所需。另一方面，室友之间能够充分了解对方的生活习惯与喜好，加深彼此的情感。当代，随着互联网、智能手机的普及，大学生能迅速地接触到更多的新鲜事物，寝室成员之间讨论的话题更多，更丰富。但从另一方面来说，手机、电脑等的普及使得快捷方便的互联网成了大学生获取信息的主要途径，因此寝室内部交流的必要性降低;丰富的网络世界更吸引大学生,很多人沉浸于网络,寝室内部交谈频率降低。

3.竞争关系变化导致大学生在寝室交流中对语用原则遵守程度降低

20 世纪八九十年代,由于国家包分配,室友之间竞争关系不大,家庭情况相差不大,利益冲突比较少,人际关系相对比较简单。进入 21 世纪后尤其是 2010 年至今,大学生的人际关系变得复杂化。随着改革开放的深入,国家为了培养人才,加大了对教育的投入,大学生数量增多,但国家不再包分配工作,大学生面临着毕业即失业的危机,面对越来越严峻的就业形势,大学生意识到在大学期间获得更多成就会成为将来就业的重大砝码,同一宿舍成员的关系不再仅仅是室友、朋友,还是竞争对手,这使得有些人为了维护自身利益与室友之间明争暗斗,因此破坏人际关系基本原则的现象越来越多。

(三)构建和谐寝室人际关系的策略

1.学会委婉称呼,选取得当

在日常的交谈中,措辞是否委婉得当是影响人际关系好坏的一个重要指标。此处"委婉"的意思是即使当你发现别人做了令你不开心的事,也不要太过于严肃直接地表露不愉快,而要用一种比较隐晦的方式表达。所谓"得当",即选取合适恰当的称呼方式。因此,在交流之前应多思考一下自己的语言用词是否得当,对方能否接受等。不同的人对称呼的敏感度也不同,因此称呼还要因时而异,因地而异,因人而异。

2.合理使用互联网,丰富交谈

互联网的利与弊不在于互联网本身,而在于使用者如何使用。大学生通常都是成年人,有自己的认知与辨别能力,因此应该合理使用互联网,不要因之忽略了与室友的交往。要正确辨别室友与网络的主次关系,正确利用互联网,将网上一些有趣的内容拿出来跟室友进行分享、交谈,在交流碰撞中增进彼此的了解,促进彼此的情感交流。此外,在室友主动与我们交谈的时候,我们不能因为自己在上网或者因为自己忙碌而对此不予理睬,如果实在没有时间,可以与室友说明情况,从而避免对方误会。

3.正确看待竞争,追求双赢

生活中处处充满竞争。良好的竞争关系能够推动个体发展,激发个体的进取心,从而推动社会的发展。成功离不开合作,众人拾柴火焰高,因此,要妥善地认识和处理好竞争与合作的关系。竞争离不开合作,竞争的胜利通常是通过某一群体内部或多个群体之间通力合作的结果;合作也离不开竞争,没有竞争的合作只能是死水一潭。大学生应正确对待与室友之间的竞争关系,加强彼此的合作,营造互利共赢的和谐寝室氛围。

参考文献

[1]杨荣.师专生宿舍人际关系现状及干预研究[D].上海:上海师范大学硕士学位论文,2005.

[2]周英.现代化背景下大学生宿舍文化现状研究[D].重庆:西南大学硕士学位论文,2014.

[3]丁剑.大学生宿舍人际关系研究[D].武汉:武汉理工大学硕士学位论文,2010.

[4]尤小红.理工科大学新生人际关系现状调查及教育对策研究——以常熟理工学院为例[D].苏州:苏州大学硕士学位论文,2010.

[5]吕鹏.重庆市大学生寝室人际关系调查研究[D].重庆:西南大学硕士学位论文,2006.

[6]徐瑛,卢鸿进.话语分析四大流派综观[J].语文学刊,2013(20).

[7]李勇.大学寝室人际结构及其与人际和谐关系调查研究[J].现代交际,2015(11).

[8]王甫勤.大学生寝室人际关系影响因素的实证研究[J].大学教育科学,2008(1).

[9]朱永生.话语分析五十年:回顾与展望[J].外国语,2003(3).

[10]何刚.张春燕.试论文化语用原则[J].当代修辞学,2006(5).

结构功能主义视角下大学班级系统对学生社会适应性的影响

——基于帕森斯 AGIL 模型

李若一　刘宇　许佳①

指导教师：王德清

摘　要：本文从结构功能主义视角出发，通过对部分班级学生的调查研究，结合定量与定性分析，揭示了大学班级系统与学生社会适应性的关系，并针对当前大学班级在促进学生社会适应性方面存在的问题，从班级适应、达鹄、整合与维模四个方面提出了具体的策略建议，构建了基于帕森斯 AGIL 模型的理想大学班级模型。

关键词：班级；大学生；社会适应性；结构功能主义

党的十八大报告明确提出，要实施扩大就业的发展战略，促进以创业带动就业，把鼓励创业、支持创业摆到了就业工作更加突出的位置。麦可思研究院发布的《2015 中国大学生就业报告》表明，2014 届大学毕业生“受雇全职工作”的比例(79.2%)，与 2013 届、2012 届(分别为 80.6%、81.3%)相比有所下降。这表明，我国的大学生就业形势依然严峻，就业问题对我国高等教育提出了挑战。中国社会调查所进行的一项《在校大学生心理健康状况调查》显示，75%的大学生认为压力主要来源于社会就业。在校大学生普遍存在着社会适应性较差，不能很好顺应时代发展要求的现象。因此，在国内就业形势越来越严峻的背景下，对大学生的质量、核心竞争能力及其社会适应性展开研究是完全有必要的。

一、调查设计与实施

(一)问卷编制

本研究所用问卷由两部分构成，分别是基于帕森斯 AGIL 模型编制的《大学班级系统调查问卷》和方从慧的《大学生社会适应调查问卷》(2008)。

---

①李若一：西南大学教育学部本科 2013 级晏阳初创新实验班学生，现为西南大学教育学部硕士研究生。刘宇：西南大学教育学部本科 2013 级晏阳初创新实验班学生，现为北京师范大学教育学部硕士研究生。许佳：西南大学教育学部本科 2013 级晏阳初创新实验班学生，现为陕西师范大学教育学部硕士研究生。

运用 AGIL 图式内涵进行班级系统分析，对《大学班级系统调查问卷》进行了四个维度的区分，包括“班级适应”“班级达鹄”“班级整合”与“班级维模”。适应部分强调班级对自身资源的获取和分配，达鹄维度侧重了解班级发展目标的制订、实施与实现状况，整合主要是班级系统各要素间的协调平衡关系，维模则是反映班级的集体文化力和危机应对水平。[1]方从慧的《大学生社会适应调查问卷》则从五个维度对大学生的社会适应性进行测量，该量表被广泛应用，经过多次检验，有非常好的信度和效度。

（二）问卷施测情况

本研究针对大学班级系统选择了西南大学不同年级和专业共 8 个班级，247 人为调查对象。本研究所选班级不仅覆盖了文、理、工等不同学科类别，也涉及师范专业和非师范专业。本次调查共发放问卷 256 份，回收问卷 247 份，回收率为 96.500％，其中有效问卷 218 份，有效回收率为 85.200％。

通过对调查结果数据的初步处理，使用克隆巴赫 α 系数对问卷进行信度检验，α 系数为 0.824，表明问卷有较好的信度；而本问卷的效度检验较适合采用结构效度，由于本问卷后半部分使用方从慧的《大学生社会适应调查问卷》，经多次检验具有良好的信度和效度，因此结构效度分析主要针对前半部分即班级系统部分，使用本问卷各维度得分与总分的相关系数为 0.770～0.802，因此认为本问卷具有较好的结构效度。

二、调查结果与分析

（一）班级系统与大学生社会适应性的现状描述

1.大学班级系统总体特征

表 1　班级系统总体情况

	N	极小值	极大值	均值	标准差
班级系统	218	1.400	5	3.600	0.660

从表 1 可以看出，班级系统各项总均值为 3.60，处于中等偏上水平，表明班级系统总体情况较好。下面根据 AGIL 模型，从适应、达鹄、整合与维模四个维度做进一步分析。

(1)班级系统的适应维度

表 2　班级系统适应维度情况(%)

	完全符合	基本符合	不太确定	基本不符合	完全不符合
教学资源	8.700	37.200	24.800	20.600	8.700
教学环境	12.400	54.100	19.700	10.100	3.700
支持系统	9.200	45.400	28.000	15.100	2.300
活动资源	9.600	49.500	28.000	9.200	3.700
资源分配	11.500	51.800	25.700	8.300	2.800

在帕森斯的定义中,适应功能(adaption)是指确保子系统通过与社会系统的互动,适应外部环境的变化,能从大的社会环境中获取所需资源,促进子系统的良好发展。从表 2 可以看出,在涉及班级的适应功能的五个方面,“教学环境”和“资源分配”的情况较好,总计选择“基本符合”和“完全符合”两项的人数分别占被调查对象的 66.500%和 63.300%。而关于班级教学资源获得的情况则较差,不到半数(仅 45.900%)的被试认为班级在这方面达到了较好的标准,29.300%的被试认为班级在该方面基本或完全不满足条件。这说明包括图书、实验器具及多媒体影像设备等班级教学的辅助资源不够充足,某些班级在涉及专业教学方面的硬件设施较为欠缺,可能影响实际的教学效果。[2]

(2)班级系统的达鹄维度

表 3　班级系统达鹄维度情况(%)

	完全符合	基本符合	不太确定	基本不符合	完全不符合
目标制订	10.100	44.500	32.100	11	2.300
目标实施	9.200	46.800	31.700	10.100	2.300
目标实现	7.300	38.500	43.100	9.200	1.800

达鹄即目标达成功能(goal attainment),是指制订明确的子系统目标并确定目标的主次关系,整合各种内部资源努力达成目标。在班级系统中主要指班级整体目标的制订、实施与实现情况。表 3 显示,班级在目标制订和实施上情况较好,但班级目标的实现情况相对较差,“基本符合”与“完全符合”的累计频

率仅有45.800%,有43.100%的被试认为班级在该方面表现不明确。说明班级制订和实施的目标在实际效果上仍有所欠缺,没能达到预期收效。

(3)班级系统的整合维度

表4　班级系统整合维度情况(%)

	完全符合	基本符合	不太确定	基本不符合	完全不符合
班级成员间整合	10.600	48.600	29.800	9.600	1.400
班干部间整合	17.400	56	20.200	5.500	0.900
班干部和成员整合	14.700	52.800	22	8.300	2.300
班级成员和管理者整合	12.800	50	27.500	8.300	1.400
班干部和管理者整合	20.600	44.100	26.600	6.900	1.800

整合功能(integration)的定义是为了完成设立的目标,使系统有效运行,必须协调系统内外部资源及组成要素,形成合力。班级的整合主要是指班级系统内部人员要素——班级成员、班干部与管理者(辅导员)之间的关系整合与平衡,这关系着能否保证班级系统的正常稳定运行。从表4可以看出,该维度整体情况较好,且不同成员之间的关系整合水平差异不大。在被调查班级中,班干部间的整合情况相对最好,"基本符合"及以上水平的占73.400%。班级成员间的整合情况相对较差,只有59.200%的被试认为班级达到了较好及以上水平。这说明班级成员即班级同学之间的凝聚力总体来讲相对较弱,仍有改进空间。

(4)班级系统的维模维度

表5　班级系统维模维度情况(%)

	完全符合	基本符合	不太确定	基本不符合	完全不符合
集体日常价值传导	17.400	50	22.900	7.300	2.300
特殊危机应对	11.500	51.800	27.100	7.800	2.800

在AGIL分析模型中,潜在模式维持功能(latency pattern maintenance)指维持社会共同的价值观,强调文化的重要作用,通过制度的建设保证系统的秩序稳定和正常运行。而在班级系统中则具体指集体日常价值传导与危机应对。本研究根据维模的内涵将班级系统的维模功能具体分为集体日常价值传导与

特殊危机应对。根据表5数据可知，这两方面的“基本符合”与“完全符合”的累积频率分别为67.400%与63.300%。由此可知，班级系统能够建立稳定的价值体系，并对班级运行中的问题进行应对，但对于良好价值体系的构建和危机的积极处理仍有欠缺。

2.大学生社会适应性总体特征

表6　大学生社会适应性总体情况

	N	极小值	极大值	均值	标准差
个体社会适应性	218	10.830	40.570	30.180	0.437
人际适应	218	10.000	40.670	20.980	0.676
心理适应	218	10.000	40.500	20.990	0.637
环境适应	218	10.400	40.400	20.980	0.604
未来适应	218	10.000	50.000	30.460	0.742

《大学生社会适应调查问卷》采取Likert5点计分法，“完全符合”到“完全不符合”依次记5到1分，其中几道反向表述题则逆题意计分。这样，将3.0作为中等强度观测值，得分越高，适应性越强。这样从表6可知：大学生社会适应性的总体情况并不十分乐观，五个维度都处于适应性的中等水平。其中人际关系的适应性最差，未来适应情况相对较好。

(二)大学生社会适应性的差异分析

由于人口学变量中的性别与是否担任干部均为二分变量，因此分别以其为自变量，大学生社会适应性整体及各因子为因变量，采用独立样本 t 检验的方法对其进行差异分析。结果显示，在“是否担任干部”和“性别”与大学生社会适应性的差异性中，有以下结果呈现显著相关：

1.是否担任干部与社会适应性

表7　“是否担任干部”在社会适应性上的差异

	方差方程的 Levene 检验		均值方程的 t 检验	
	F	sig.	t	sig.(双侧)
心理适应	0.002	0.963	20.719	0.007
环境适应	70.666	0.006	20.618	0.009

从表7可知，是否担任干部只在“心理适应”和“环境适应”两方面与大学生的个体社会适应性有显著差异。可以进行如下推测：一般情况下，学生干部在组织协调能力、人际交往能力等方面较普通同学的能力强，在学生工作中得到的锻炼较多，因此在环境适应、心理适应这两方面的情况与普通同学差异较为明显，表现出明显的优势。

2.性别与社会适应性

表8　性别在社会适应性上的差异

	方差方程的 Levene 检验		均值方程的 t 检验	
	F	sig	t	sig.(双侧)
学习适应	13.265	0.000	−10.169	0.244
人际适应	4.831	0.029	10.043	0.298
心理适应	4.022	0.046	−10.370	0.172
未来适应	8.118	0.005	−0.580	0.562

从表8可以看出，性别在“人际适应”($p=0.029<0.050$)、“心理适应”($p=0.046<0.050$)和“未来适应”($p=0.005<0.050$)三个方面呈现显著差异，而在“学习适应”方面的差异性则表现得极其显著($p=0.000<0.001$)。

基于以上差异，对男女生在以上四个方面的适应性水平进行比较(见表9)，可以看出：单方面，男生在心理适应方面情况不太好(均值<3.0)；女生的人际适应性较差(均值<3.0)。相比较，女生在学习适应、心理适应及未来适应三方面情况均比男生略好，而男生的人际适应性则较强。

表9　男女的适应性水平比较

	性别	均值	标准差
学习适应	男	3.283	0.703
	女	3.375	0.468
人际适应	男	3.042	0.760
	女	2.946	0.604
心理适应	男	2.924	0.712
	女	3.043	0.571
未来适应	男	3.434	0.862
	女	3.493	0.639

(三)班级系统与大学生社会适应性的相关分析

1.班级系统主要维度与大学生社会适应性的相关分析

表 10 班级系统各主要维度与大学生社会适应性的相关分析

	学习适应	人际适应	心理适应	环境适应	未来适应
适应	0.366**	0.190**	0.269**	0.213**	0.313**
达鹄	0.378**	0.153*	0.243**	0.214**	0.302**
整合	0.183**	0.173*	0.222**	0.122	0.146*
维模	0.408**	0.140*	0.315**	0.206**	0.272**

注:** 在 0.01 水平(双侧)上显著相关;* 在 0.05 水平(双侧)上显著相关

由表 10 可知,班级系统和班级同学的社会适应性在 0.01 水平上显著相关,表明班级的系统结构和班级成员的个体适应性二者具有显著相关关系这一假设成立。从结构功能主义视角来看,教育的主要作用是人的社会化,班级作为学校教育的基本组织,对受教育者的教育起着重要作用。以"适应、达鹄、整合、维模"为基本要素的班级系统的运行与个体社会适应性的发展存在着紧密的联系。进一步可以推断,班级系统的良好运转对个体适应性会产生积极影响。

通过对个体社会适应性和班级系统四个维度即适应、达鹄、整合、维模的相关分析可以看出,班级同学的个体社会适应性与班级系统的四个维度在 0.01 水平上均呈显著相关。班级系统对其内部个体社会适应的良好发展的促进作用可通过以下四种方式实现:班级与社会系统的互动,适应外部环境的变化,从大的社会环境中获取所需资源;班级通过制订明确的目标并整合各种内部资源努力达成目标;协调班级系统内外部资源及组成要素即班级资源与班级成员间的关系从而形成合力;维持班级共同的价值观,强调班级文化的重要作用,对班级出现的危机及时应对。

2.班级系统各子维度与大学生社会适应性的相关分析

表 11 班级系统各子维度与大学生社会适应性的相关分析

	学习适应	人际适应	心理适应	环境适应	未来适应
教学资料	0.205**	0.053	0.105	0.081	0.185**

续表

	学习适应	人际适应	心理适应	环境适应	未来适应
教学环境	0.301**	0.193**	0.239**	0.259**	0.211**
支持系统	0.233**	0.179**	0.192**	0.182**	0.213**
活动资源	0.339**	0.141*	0.222**	0.142*	0.317**
资源分配均等	0.322**	0.172*	0.283**	0.153*	0.270**
目标制订	0.284**	0.090	0.168*	0.200**	0.257**
目标实施	0.356**	0.160*	0.222**	0.165*	0.259**
目标实现	0.324**	0.141*	0.232**	0.179**	0.253**
要素整合班成员之间	−0.062	0.143*	0.047	0.026	−0.018
要素整合班干部之间	0.282**	0.155*	0.270**	0.217**	0.280**
要素整合班干部和成员	0.250**	0.043	0.276**	0.225**	0.198**
要素整合班级成员和管理者	0.250**	0.043	0.276**	0.225**	0.198**
要素整合班干部和管理者	0.113	0.052	0.123	0.027	0.062
集体日常价值传导	0.369**	0.099	0.287**	0.183**	0.231**
特殊危机应对	0.370**	0.157*	0.283**	0.191**	0.264**

注：** 在 0.01 水平(双侧)上显著相关；* 在 0.05 水平(双侧)上显著相关

从表 11 可以看出：班级系统各子维度中，与社会适应性相关非常密切的是“教学环境”“支持系统”“目标实现”“要素整合班干部和成员”和“特殊危机应对”几方面，尤其是“教学环境”和“支持系统”与社会适应性中的学习适应、人际适应、心理适应、环境适应和未来适应五个维度都存在极其显著性相关。由此可见，班级的教学环境和班级的奖惩机制成为影响大学生社会适应性非常重要的因素。良好的学习氛围在很大程度上能激发学生的学习主动性并增强学生的学习注意力，提高学习效果。班级的奖惩机制也能在相当程度上促进学生的学习动机，维持较强的学习主动内驱力。因此，在促进学生社会适应性方面，应该尤其注重良好教学环境的营造与奖惩机制的创建。

班级系统中的目标实现、班干部和成员间的整合、特殊危机应对三个子维度都与大学生社会适应性中的学习适应、心理适应、环境适应和未来适应存在极其显著性相关，与人际适应也存在显著相关。班级目标是班级在一定时期内的发展建设蓝图与轨道，从目标的制订到实施是一个长期的过程，只有目标制订公开透明，具有较好的可行性与满意度，班级成员积极主动地投入到目标实施过程中才能保证班级目标的正常实现。

另外，班级系统中的活动资源、资源分配均等和目标实施三个子维度与社会适应性中的学习适应、心理适应和未来适应三方面都呈现极其显著性相关，与人际适应和环境适应也有显著相关。班级活动是大学班级建设的重要部分，它一方面为促进班级内部成员整合提供了机会平台，另一方面也是对班级各方面情况的检验。缺乏相关活动资源必定对活动造成影响。

班级系统中的班级成员和管理者间整合与集体日常价值传导两个子维度与社会适应性的关系也十分密切，在学习适应、心理适应、环境适应和未来适应四个方面都存在显著性相关。班级成员间整合在社会适应性的学习适应、心理适应和未来适应三个方面都存在极其显著性相关，与人际适应也有显著相关。班干部间的整合与人际适应有显著相关。

(四)班级系统与大学生社会适应性的回归分析

表 12　社会适应性与“适应”“维模”的线性关系

模型	非标准化系数		标准系数	t	sig.
	B	标准误差			
(常量)	2.131	0.141		15.114	0.000
适应	0.155	0.046	0.258	3.390	0.001
维模	0.140	0.042	0.256	3.365	0.001

a.因变量：个体社会适应性

b.预测变量：(常量)，适应

c.预测变量：(常量)，适应，维模

如表 12 所示，从班级系统与大学生社会适应性的相关分析可以看出，班级系统和大学生社会适应性显著相关。在此基础上，运用多元线性回归对班级系统和社会适应性的线性模型进行构建，以大学生社会适应性为因变量，对班级系统的子维度进行逐步回归，对多重共线关系进行排除，进入回归方程的适应和维模两个维度。通过 Anova 方差分析，“适应”和“维模”对社会适应性回归显著($p<0.01$)。

表 13　社会适应性逐步回归结果

模型		平方和	df	均方	F	sig
适应	回归	7.084	1	7.084	44.321	0.000
	残差	34.524	216	0.160		
	总计	41.607	217			
维模	回归	8.812	2	4.406	28.883	0.000
	残差	32.796	215	0.153		
	总计	41.607	217			

由表 13 可知，在班级系统各维度为预测变量对大学生社会适应性进行的逐步回归分析中，适应和维模两个维度进入了回归方程，并且适应因素首先进入回归方程，适应和维模对社会适应力有显著的预测力。其中适应因素解释了 25. 8%的变异，贡献最大。因此，班级系统中的适应和维模因素对大学生的社会适应性存在影响的假设成立。

三、思考与建议

由上述分析可以得出，班级系统中的“适应”和“维模”两个维度与个体社会适应性存在线性相关关系，即班级和外部环境积极互动并从外部获取资源的能力（适应）以及班级文化与价值观的构建将对班级内部成员的社会适应性以线性模式产生影响。基于以上分析可以推断，班级学生社会适应性的提高可通过以下方式进行推动：

（一）拓展班级外部资源获取途径

随着社会信息化程度的不断加深，大学生获取传统课堂以外的资源是对课堂学习的有效补充。因此，可以通过挖掘资源平台及现代教学媒体的功用以充分获取外部资源。常见的学生资源平台可以通过自主获取学习资料促进，督促并激励学生自主学习、自主测评，并伴有在线讨论、合作学习、师生线上互动等形式。[3]此外，班级可以通过定期开展社会实践或学术科研活动，鼓励学生接触社会，探索更多领域的知识，在实践中帮助学生逐步实现自我认知和职业规划。

(二)确保班级内部资源的平均分配

保证每位同学能够在班级资源中的参与度和贡献力,才能使全体同学在班级发展中获益,从而实现班级资源的优化对于班级学生社会适应力提升的目的。[4]因此,必须给每一位学生提供平等的学习机会,建立健全班级学习与活动奖惩机制,促使有限的班级资源在班级成员间实现合理再分配,既有利于调动班级成员积极性,也能促进班级系统整体的发展前进。

(三)增强班级文化建设

加强班级的文化建设可以从建设班级硬文化和发展班级软文化两方面着手。建设班级硬文化是指硬件设施上所体现出的班级文化,大学班级通常没有固定的教室,因此可以通过寝室文化建设逐步发展班级文化。促进软文化的发展指班徽、班训、班旗以及班风等可对班级产生潜移默化影响的文化产品。班级软文化可以引导班级确定共同明确的奋斗目标,使班级成员有集体发展的规划和意识,从而形成共同发展的合力,使学生在合作中正确处理人际关系,树立集体主义精神。

(四)提高班级内部危机处理能力

班级内部危机的有效应对不仅关系整个班级系统的稳定性,也是班级内部成员能否在集体中获益的重要因素。除对生命财产造成威胁的安全危机外,在大学班级系统中更为常见的是人际关系危机、学生心理健康危机等隐性的危机。随着人们生活节奏的加快,这类生活危机与心理危机在大学环境中被触发的频率越来越高,且不易引起察觉和重视。因此,班级管理者要提高警惕,构建完善的班级管理系统和通畅的信息收集制度,对情感、心理的异常反应,对人的因素、事件因素尤其要细心分析,做好学生之间的内部沟通和学生与家庭的外部沟通工作。

参考文献

[1]杨善华.当代西方社会学理论[M].北京:北京大学出版社,1999.

[2]夏敏.大学班级组织发展面临的问题及对策[J].教育研究,2012(10).

[3]赵晖.高校学生社会适应力培养模式研究[J].现代教育管理,2015(4).

[4]徐厚峰.基于 AGIL 模型的我国高校创新人才培养研究[D].兰州:兰州大学硕士学位论文,2013.

当代大学生网购行为对其生活方式的影响研究

——以重庆市某高校为例

罗娟　杨若琛　段文芳①

指导教师：刘晓雪

摘　要：通过初步调查，发现大学生的网络购物行为对其生活方式产生了很大的影响。本研究通过分析调查数据，具体描述大学生网购行为对其生活方式的影响，并提出合理建议，以引导大学生树立良好的消费观、金钱观，养成理性的消费行为和绿色健康的生活方式。

关键词：大学生；网络购物 ；生活方式

《第 36 次中国互联网络发展状况统计报告》显示，截至 2015 年 6 月，我国网络购物用户规模达到 3.74 亿，较 2014 年年底增加 1249 万人，半年增长率为 3.5%。[1]相对于传统的消费方式，网购作为一种新型的购物方式，因其所具有的便利性而深入人心。

中国互联网络信息中心（CNNIC）发布的《2014 年中国网络购物市场研究报告》中根据一定指标将网购用户分为“一般网购用户”和“深度网购用户”两个群体，从年龄特征来看，无论一般网购用户还是深度网购用户均集中分布在 20～29 岁，青年大学生正是这一年龄段中的重要力量。大学生作为一个特殊的消费群体，接受新生事物能力强，热衷于追赶时代潮流，常会选择网购这种方便省事的消费方式来满足自己的需求。网购在受到大学生青睐的同时也对大学生产生了很多影响，尤其在生活方式方面。

目前学者们对网络购物的研究较多，但具体到大学生网购行为对其生活方式影响的研究却有所欠缺。本研究旨在对大学生网购行为提出合理建议，以引导和促进大学生树立良好的消费观、金钱观，提高网购安全意识，养成理性的消费行为和绿色健康的生活方式。

---

①罗娟、杨若琛、段文芳：西南大学教育学部本科 2014 级学前教育专业学生。

一、核心概念界定

“生活方式”的相关概念最早出现于社会学和心理学之中，德国社会学家和政治经济学家马克斯·韦伯首先提出了“生活方式”这一术语。在营销学领域，不同历史时期的学者从不同的角度探讨生活方式的定义。Wells Tigert 认为“生活方式反映在个人平时对时间、金钱和精力的支配”[2]。生活方式与消费者行为密切相关，它们相互制约，相互影响，例如：不同的消费者在购买同一件商品时所花费的时间、精力和金钱都有所不同，消费者行为可以反作用于生活方式。

“网络消费者”是指通过互联网在电子商务市场中进行消费活动的人群。青年消费者在使用网络购物的人员中占有绝对的比重，中国当前 30 岁以下的网民占到 60%，依职业分类，学生占 30%，而本研究所涉及的调查对象——大学生群体，正属于这 30%的人群。

二、文献综述

(一)国内研究现状

国内学者们主要从管理学、经济学、社会学这三个学科角度来进行研究，大致可以分为三类：分析大学生网购决策的影响因素或网购动机；大学生网购行为现状调查及对策研究；大学生网购行为的性别差异。

1.大学生网购决策影响因素研究

关于大学生网购影响因素或者动机的研究，主要集中在讨论网购的优势。综合而言，网络购物具有商品的丰富性、购物的自主性、便捷的时效性、价格的优惠性、网购的无地域性等优点。朱浩乐等人指出，网购更能体现“馈赠之意”，并且能满足大学生拥有特殊商品的需要，区别于大众化商品。[3]这也是刺激网络购买的因素之一。

2.大学生网购行为现状调查研究

对大学生网购行为的研究主要集中在大学生网购的具体情况、网购消费心理状况、网购影响因素、网购营销策略和对大学生网购消费引导几个方面。关于大学生网络购物具体情况的研究，主要是通过问卷调查的定量分析方法来阐述大学生网购的商品类型、支付方式、网站选择和偏好、网购原因、网购中存在的主要问题及解决方式、未来参与意愿等。

3.大学生网购行为的性别差异研究

有学者通过对大学生网络购物现状、网购行为及其特点的分析，挖掘基于性别差异影响大学生网购决策的因素，构建性别因素影响大学生网购决策的模型并提出假设，通过调查考证和因子分析，验证假设，以期为网络销售商提供有效的营销策略，并提出研究模型与假设。最后，针对不同性别制订不同的营销策略。这也提示我们注意性别对网购决策的影响，同时为我们调查问卷设计环节也提供了参考。

(二)国外研究现状

笔者在外文文献检索平台 ISI Web of Science 中，采用以下检索主题词：online shopping，Internet shopping，online consumer behavior，Internet consumer behavior，web consumer behavior；检索时间跨度为 1993 年至 2014 年，并在精炼检索结果的国家地区中排除了中国；文献类型为期刊论文、会议论文、综述类文献，同时剔除了与本文研究对象不相关的学科类别，最终得到 2518 篇文献。文献的年代分布如图 1。从文献的分布可以看出，在 1998 年以前，国外关于网络消费行为的研究较少。检索到的文献所属的研究学科中排名前五位的学科依次是：商业经济、计算机科学和信息系统、管理学、信息科学和图书馆科学、计算机科学与人工智能。

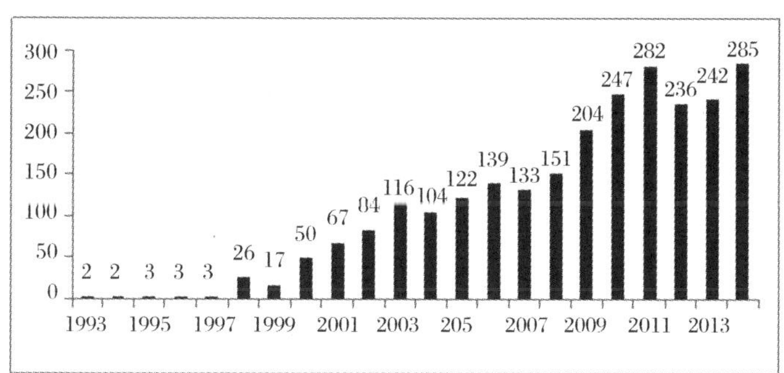

图 1　国外文献分布图

总的来说，国内外关于网购的研究虽然开始时间晚，研究历史短，但是研究成果丰富。自 1998 年以来文献数量快速增长，近几年速度放缓，趋于平稳，进入研究的成熟时期。研究者的研究角度也从最初的营销学、管理学、经济学等单一学科发展到交叉学科，但研究分散，至今尚未形成一个专业领域，没有形成一定的研究体系，并且从网购对生活方式的影响的角度进行研究的尚属少数。

三、问卷调查结果统计及分析

(一)调查概况

本研究随机选取重庆市某高校303名本科学生作为调查对象,从图2、图3可知,收集的样本在性别和年级结构上比例不均衡。从性别结构来看,男性占27.06%,女性占72.94%;从年级结构看来,大一学生占23.76%,大二学生占40.92%,大三学生占15.84%,大四学生占19.48%,除大二学生较多外,其他三个年级人数相对均衡。尽管性别和年级结构分布不平衡,但是基于完全随机抽样的方式,本调查仍具有统计学意义。

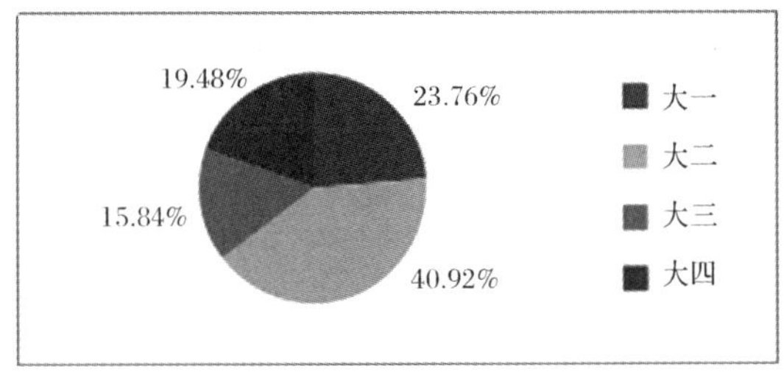

图2　性别统计图

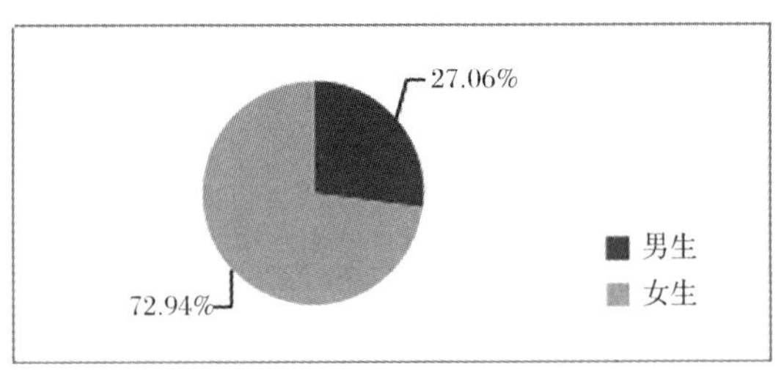

图2　年级统计图

通过对当代大学生的网购行为进行分析与研究,总结大学生进行网购的主要影响因素及特点,分析其生活方式随网购行为发生的改变,进而推导得出网购行为对大学生生活方式的影响。研究重点在于大学生网购行为对其生活方式产生影响的主要方面及具体表现,网购行为对大学生生活方式的影响主要包括:身心健康、学习状况、价值观念、维权意识。笔者认为,以上四个方面可以较为直观清晰地反映出大学生生活方式受网购行为影响而发生的变化,旨在针对上述影响或变化提出切实可行、贴近大学生日常生活的对策及建议,调查结果及分析的具体情况如下:

（二）具体分析

1.网购行为对大学生身心健康的影响

（1）健康生活习惯

参与调查的303名大学生中有34.32%的人曾经有过熬夜网购的经历，这其中有29.70%的人认为熬夜网购对身体产生了一定的负面影响。大学生因熬夜网购导致睡眠质量差、疲倦、视力下降、皮肤状况不佳等问题对个人的日常生活造成困扰。一位接受访谈的大二女生提到她有过多次熬夜浏览网购信息的经历，导致次日上课时精神状况不佳且造成了皮肤暗淡等问题，这些问题确实给她的生活和学习造成了不良影响。

值得注意的是在网购原因中，如图4所示，因“不愿走路”而选择网购的人数比例达到27.06%。问及访谈对象选择网购的原因时，她表示网购无须出门逛街、没有时间和空间的限制这些特点促使她选择网购。这一方面体现出网购确实具有方便快捷的优点，另一方面也反映出大学生群体中存在不良生活习惯的问题，而网购加重了这一现象。

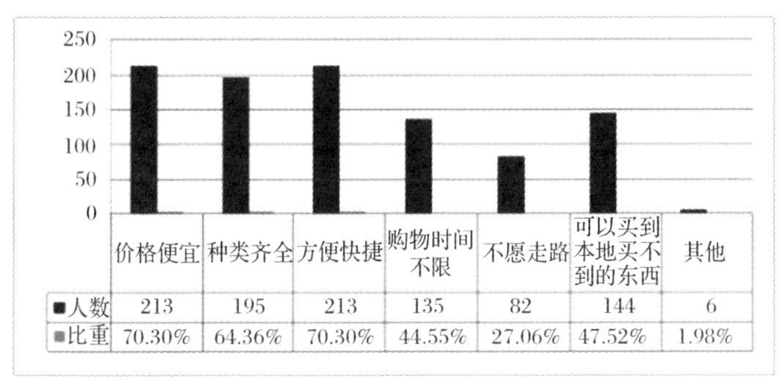

	价格便宜	种类齐全	方便快捷	购物时间不限	不愿走路	可以买到本地买不到的东西	其他
■人数	213	195	213	135	82	144	6
■比重	70.30%	64.36%	70.30%	44.55%	27.06%	47.52%	1.98%

图3 选择网购的原因

（2）心理状况及态度

有78名大学生在“网购出现问题后的处理方式”中选择了“非常生气，决定以后都不在此商家购物甚至再也不想网购了”这一选项，可见网购及其产生的相关问题都会对大学生的心情及心理状态产生一定影响。大学生对网购物品往往抱有较高的期待，若现实与期待效果不符，可能会产生心理落差，而影响原有的良好心情或生活状态。在网购过程中出现商品质量不佳、物流速度慢等问题时，如表1所示，选择“郁闷无奈”和“愤怒”的人数比例分别为74.92%和50.83%。许多学生本着“省事心理”而选择网购，但是网购中出现的一些问题反而给他们带来困扰，结果可能与最初的“省事心理”背道而驰，进而使他们产生焦虑或愤怒的情绪。

表1　网购出现问题时对情绪的影响情况

	无	郁闷无奈	愤怒	焦虑	恐慌	其他
频数	35	227	154	46	16	9
百分比(%)	11.55	74.92	50.83	15.18	5.28	2.97

2.网购行为对大学生学习状况的影响

参与调查的大学生中有50.17%的人有过在上课时间网购的经历，其中如表2所示，承认上课时间网购对学习有影响的学生所占比例超过50%。在上课时间浏览网购信息，将大量注意力集中于网络，会使大学生的课堂学习效果大打折扣，这样的学习态度也可能导致师生关系不融洽。大学生应该严格加强自我管理，树立积极的课堂学习态度，在课堂上集中注意力，全身心投入到学习中。

表2　上课时间网购对学习产生的影响

	完全不影响	基本不影响	不知道	有点影响	严重影响	总计
频数	7	47	19	66	13	152
百分比(%)	4.61	30.92	12.50	43.42	8.55	100

51.97%的被调查对象认为网购确实会对课后学习产生影响。6.60%的学生每次浏览网购信息的时间在3小时以上，11.55%的学生每周浏览网购信息的次数在4次及以上，甚至有14.52%的学生每周浏览网购信息6次及以上。浏览网购信息并不意味着一定要购买，有时仅仅是为了视觉上的享受。在日常生活中我们发现有些学生，特别是女生，只要一有时间就会打开购物网站挑选感兴趣的商品，有时甚至会占用大量吃饭和休息的时间。与传统购物方式相比，网购具有省时、方便等优势，但是同类商品在各个商家的价格和质量不尽相同，网购者需要花费很多时间去挑选、比较和判断，再加上后续关注物流信息、收取包裹的时间，网上购买一件商品的时间可能还远远超过在实体商店里购物的时间。部分学生自我约束力较差，可自由支配的时间又较多，无聊时就将大部分空余时间用在网购上，个别学生甚至“网购成瘾”，浪费了大量宝贵的课后学习时间，严重影响了个人的课后学习效果。(如表3所示)

表 3　每次浏览网购信息时间及每周浏览次数

	1 次	2 次	3 次	4 次	5 次	6 次及以上	小计
1 小时以内	45	30	31	9	6	8	129
1～2 小时	20	25	30	13	5	19	112
2～3 小时	5	7	9	11	3	7	42
3～4 小时	1	0	3	1	1	4	10
4～5 小时	0	0	2	1	1	2	6
5 小时以上	0	0	0	0	0	4	4
小计	71	62	75	35	16	44	303

3.网购行为与大学生的价值观

(1)消费观

如表 4 所示，参与调查的大学生每月网购的次数集中在 2～3 次，每次网购物品的价位则集中于 50～200 元，但是这其中也有 5.28%的人每月网购 6 次及以上，1.32%的人每次网购物品价位在 600 元以上，甚至有 3 人每月网购 6 次及以上且每次网购花费均在 600 元以上，可见其每月网购花销十分多。上述现象说明大学生群体中不乏具有理性消费观念的人，但是仍然有部分学生网购时易受冲动心理的影响而盲目消费，从而引起不必要的浪费。大学生尚属未完全进入社会的群体，对社会事物经历少，感悟少，易被新颖独特的宣传方式所吸引，其对网络营销手段的鉴别能力还有待提高。盲目、冲动的网购行为影响了学生正常生活开支，加重了学生和家庭的经济负担。

表 4　每月网购次数及每次网购物品价位情况

	1 次	2 次	3 次	4 次	5 次	6 次及以上	小计
50 元以下	17	21	4	3	1	3	49
50～100 元	42	49	22	10	7	3	133
100～200 元	19	30	23	11	6	4	93
200～400 元	2	7	4	2	3	3	21
400～600 元	0	0	1	2	0	0	3
600 元以上	1	0	0	0	0	3	4

网购商品与实体商店商品相比，具有很大的价格优势，而且在网上经常能找到一些实体商店里很难买到的新奇而时尚的产品，所以大学生群体对网购的认可度较高。网店商家抓住这一商机，经常推出一系列秒杀、限时抢购、赠送代金券、包邮等优惠活动，很多学生贪图一点小便宜，在确定购物前缺乏理性思考，没有冷静计算购物成本，从不考虑自己是否真正需要这些物品，常常盲目冲动消费。

(2)金钱观

由表5、表6可知，303名大学生中有92.74%的人需要由父母提供生活费，其中有6.05%的人每月网购花费达500元以上；有69.96%的调查对象每月生活费集中在600～1200元，这些人中又有6.92%的人每月网购花销达到500元以上。接受调查的绝大多数学生虽已成年，却并没有经济独立，仍旧需要父母为其提供在校期间的一切生活费用，许多大学生并没有珍惜父母劳动报酬的意识，拿着父母的血汗钱肆意挥洒于网络购物之中。家庭、学校和社会都应该引导学生形成勤俭节约、体恤父母辛劳的正确价值观念，也可以鼓励大学生积极寻找兼职机会，锻炼自己，争取经济上的独立和生活上的自立。

表5　每月生活费及来源(单位:元)

	<600	600～800	800～1000	1000～1200	1200～1400	>1400	小计
父母提供	15	41	76	77	35	37	281
勤工俭学	7	20	20	16	7	3	73
奖助学金	6	13	71	15	10	6	71
其他	1	4	3	6	0	0	14

表6　每月生活费及网购花费情况(单位:元)

网购花费 生活费	<100	10～200	200～300	300～400	400～500	>500	小计
<600	9	4	2	3	0	0	18
600～800	15	21	12	3	0	1	52
800～1000	20	33	17	4	5	2	81
1000～1200	15	26	16	15	5	2	79
1200～1400	2	9	10	5	6	2	35
>1400	4	7	5	4	8	10	38

(3)时间观

结果显示，参与调查的大学生每周浏览网购信息的次数集中于1～3次，占比达到68.65％。303人中有20.46％的人每次花2小时以上的时间浏览网购信息，这其中有20名学生每次浏览网购信息的时间达到3小时以上。此外，有4名学生每周浏览网购信息的时间高达30小时以上。以上虽然是个别现象，但这体现出相当一部分大学生时间管理观念不强。

时间管理是大学生必备技能之一，学会统筹时间有利于优化学习生活效率。[4]目前来看，大学生在时间管理方面的能力还比较薄弱，将大部分宝贵时光投诸网络购物无疑是对时间资源的极度不合理利用，大学生更应该利用这些时间自主学习，提升自己。

4.网购行为与大学生的维权意识

参与调查的303名大学生中，遇到"产品质量不佳"和"物流速度慢"问题的人数占比高达77.56％和64.36％，遇到"卖家信誉差"和"售后服务不周到"问题的人数占比为31.68％和37.29％，还有15.18％和16.83％的人遇到过"存在支付安全隐患"和"个人隐私泄露"的问题，而仅有16人没有在网购中遇到过问题。目前我国对网购监管的相关法律法规还不健全，加上一些商家职业道德和信誉的缺失，侵犯消费者合法权益的现象时有出现。如表7所示，在网购遇到问题时，有105名大学生选择了自认倒霉，所占比例达34.65％，仅有72名学生会向消费者协会或其他有关部门投诉，这说明大学生在网购中的维权意识薄弱。

表7　网购出现问题的处理方式

处理方式	频数	百分比(％)
自认倒霉	105	34.65
要求商家退换货	214	70.63
向消费者协会或其他有关部门投诉	72	23.76
非常生气，决定以后都不在此商家购物甚至再也不想网购了	78	25.74
其他	9	2.97

此外，如表8所示，有163名大学生认为自己的风险和安全意识仅是一般，甚至有40名学生认为自己并没有安全意识或安全意识很弱。绝大多数学生都认为在网购中自己要增强"支付安全""个人隐私""维护权益""贵重物品投保"

以及“收货时当场验货”等方面的安全意识。学生普遍缺乏维权意识和维权能力，在自己的合法消费权益受到侵犯时，缺乏必要的自我保护。花样百出的促销活动、欺诈性的服务信息以及欺诈犯罪行为层出不穷，令消费者防不胜防，一不小心就会上当受骗，对于阅历尚浅的大学生群体来说更是如此。

表 8　需要增强的安全意识

	无	支付安全	个人隐私	维护权益	贵重物品投保	收货时当场验货	其他	小计
无	0	1	3	2	1	1	0	3
弱	2	26	22	25	8	14	1	37
一般	3	120	117	110	56	73	2	163
较强	2	57	56	57	34	37	2	86
很强	1	9	8	9	7	9	0	14

结合问卷所得数据与访谈结果来看，不当的网购行为确实对大学生身心健康、学习状况、时间管理等方面产生了负面影响，但这种影响并非一定会发生在每个人身上，影响的程度也因人而异。如笔者从访谈中发现，男生的网购行为较女生而言相对理性，男生受网络促销活动的影响较小，对支付安全、个人信息的态度也相对谨慎。女生受网站促销活动的影响较大，日常生活中浏览网购信息的时间偏多，女大学生日渐成为网络购物的主力军。

四、对策及建议

针对调查和访谈中发现的问题，我们尝试从学生个体方面对大学生网购中存在的问题提出一些对策和建议。

（一）加强个体自我反思，实施理性网络购物

在思想方面，要树立勤俭节约的生活观念，自觉抵制铺张浪费和拜金主义。在行为方面，要严格控制上网的地点，不在课堂等学习场所浏览购物网站，以免影响学习；严格规定上网时间，避免过度沉迷于网络购物中；制订详细的生活费用开支计划，采用记账的方式进行自我监督，避免过度购物导致经济窘迫。

(二)树立正确网购观念,避免盲目冲动消费

树立科学的消费观念,养成良好的消费习惯,如考虑家庭的承受能力、做好理财计划、合理分配月可支配收入等。具体到网购过程中,一方面,学生应该关注自己的网购记录,分析哪些网购商品属于生活必需品,哪些属于完全没有必要的冲动消费,逐渐学会理性消费;此外,网购下单付款前留给自己足够的时间冷静思考,先反问自己有多大的需要程度再做决定。另一方面,学生可对银行卡的网上支付功能进行设置,如限定每月支付次数、支付额度等,控制自己非理性的消费。

(三)提高网购维权意识,保护个人合法权益

选择一些社会知名度高、信誉好、加入消费者权益保障计划和售后服务有保障的购物网站和商家,尽量选取支付宝等第三方支付或货到付款支付方式,向商家索取相关收据和凭证,并保留与商家往来的邮件和信息。商家侵犯自己的合法权益时,绝不姑息纵容和忍气吞声,在要求商家退货退款的同时,向相关购物网站平台投诉和举报,遇到重大侵权行为,要积极争取消费者权益保护协会和相关司法部门的支持和帮助。

参考文献

[1]第36次中国互联网络发展状况统计报告[EB/OL].http://www.ce.cn/xwzx/gnsz/gdxw/201507/23/t20150723_6022843_3.shtml.

[2]Wells W.D.and Tiger D.J.Activities,Interest and Opinions[J].Journal of Advertising Research,1971(4).

[3]朱浩乐,曾宜泉,泮志江.对大学生网上购物行为的分析及营销策略研究[J].价值工程,2009,28(4).

[4]叶国萍.大学生时间管理研究[J].湖北经济学院学报,2013(11).

E时代女大学生安全意识及其防范能力研究

贺国荣　张瑞玥　侯晶晶　刘皓宇　罗美玲[①]

指导教师：张振改

摘　要：近年来，在E时代下，女大学生安全事件的频发已经引起家庭、学校、社会的重视，女大学生安全意识水平及防范能力现状以及如何采取有效的应对措施成为其关注的重点问题。本研究对我国高校女大学生财产、人身、网络及心理健康方面的安全意识水平及其防范能力现状进行调查，发现我国女大学生对安全知识的认识水平、自我防范意识及对安全形势认知的整体水平较高，而面对突发事件的应对能力则明显不足。女大学生自身、家庭、学校和社会四个方面的因素影响着女大学生的安全意识水平及其防范能力。因此，从女大学生自身、家庭、学校、社会方面提出相应的应对措施，对于提高女大学生的安全意识水平及其防范能力具有现实意义。

关键词：E时代；女大学生；安全意识；防范能力

《国家中长期教育改革和发展规划纲要（2010年—2020年）》中重点强调："加强体育，牢固树立健康第一的思想，切实保证体育课和体育锻炼时间，加强心理健康教育，促进学生身心健康、体魄强健、意志坚强。重视可持续发展教育、国防教育、安全教育。"安全是大学生生存和发展的首要条件，是实现人生价值的有力保证，只有在大学生的安全得到保障之后，他们才能为我国的现代化建设事业贡献自己的光和热。近几年，关于女大学生人身权、财产权遭受侵害以及因心理健康问题而导致自杀的新闻不绝于耳，女大学生这一特殊群体存在着一定的安全问题。所以，增强女大学生安全意识势在必行。

一、问题提出

E时代即信息化时代下，互联网使世界更加紧密地联系在一起，为人们的工作和生活提供便利，为人类社会提供很多发展机遇的同时，也带来了巨大的挑战。女大学生的生活方式、交友方式因此发生了巨大变化，但同时也存在众

---

①贺国荣、张瑞玥、侯晶晶、刘皓宇、罗美玲：西南大学教育学部本科2015级学前教育专业学生。

多安全隐患，特别表现为近些年频发的女大学生安全的事故，这亟待引起社会、家庭、学校以及大学生自身的高度重视。

在纷杂繁复的社会中，女大学生这个群体受到来自治安、网络、情感等各个方面综合因素的影响，本研究旨在深入了解E时代女大学生安全意识与防范现状，分析、概括出存在的问题及原因，从多方面、多角度出发，提出可操作的教育策略，希冀为保障女大学生安全起到一定作用。

二、文献综述

(一)国内研究现状

中文文献以CNKI作为检索来源，采用高级检索方式，将“女大学生”“安全意识”和“防范能力”作为检索主题词进行组合检索，主要以学术期刊、优秀博硕士论文、会议论文以及报纸内容为主。下图表为该选题近十年(即2007年到2017年)的发文数量的变化趋势：

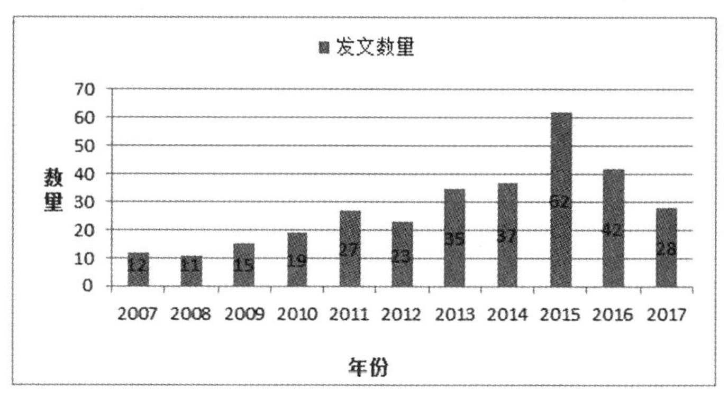

图1　国内发文趋势

从图1可以看出，发文数量总体呈现增长趋势，但在2015至2017年有所下降。总体上来说，国内对“女大学生安全意识及防范能力现状和对策的研究”较少。

1.关于女大学生安全意识影响因素的研究

胡华荣认为女大学生自我安全意识存在着安全知识匮乏、个人防范意识淡薄、缺乏应急策略意识等问题，从而引发了许许多多安全方面的隐患。喻娜认为，由于多数在校女大学生潜心专业学习，安全常识的学习往往被学生所忽视或不被相当多数女大学生所重视，使得女大学生在日常生活中引发了各种各样的安全和意外事故。贾文华认为女大学生容易上当受骗的原因有:学校教育忽视防范心理教育、家庭教育的缺陷、自身特点、社会转型期发生的矛盾和冲突的负面影响。

本文将借鉴前者的研究成果并结合当前的时代特征,从个人、家庭、学校、社会等方面系统全面地探索影响女大学生安全意识培育的重要因素。

2.关于女大学生安全意识培育对策的研究

关于女大学生安全意识培育对策:杨柳根据女大学生的生理和心理特点,提出从生理卫生教育、心理健康教育、职业技能教育和安全防护教育等方面促进女大学生身心健康发展。白泽朴从将大学生安全教育列入公共必修课程、增加实践演练和参与环节、搞活安全教育形式、重视女生的心理健康教育以及组织女子自卫防身术培训等五个方面,探索新时期高校加强女生群体安全教育的有效对策。

本文在分析女大学生自身特点以及家庭、学校、社会等影响因素的基础上,根据目前较为凸显的女大学生安全问题,坚持正确的指导原则,提出一些可行的建议和对策。

(二)国外研究现状

外文文献以 Web of Science 作为检索来源,将"safety consciousness""college""ability"作为检索主题词进行组合检索,选取近十年发表的所有文献,包括期刊论文、学位论文以及报刊论文等,发现国外对该问题的研究存在以下特点:

1.研究内容多样

美国及欧洲国家学者认为:大学生安全除了包括大学生使用武器的恶性暴力事件、针对教师的暴力攻击行为、自残自杀事件、偷盗等,还将火灾、违规使用电器、酗酒、饮食、吸毒、同居、恐怖行为等潜在的安全问题也列为大学生安全事件,且以上列举的行为可能交替或组合出现。西方国家对大学生安全问题日益重视,其他一些国家也都把大学生安全问题提到议事日程上来,并针对提高大学生安全意识、加强安全教育提出改革与应对措施,这些成果都对本文研究有一定的借鉴和指导意义。

2.重视安全教育

日本的安全教育内容划分得非常详细。其中包括,生活安全方面:学生要学会通报安全事故的方法,掌握学校生活、外出活动、犯罪遇害的防范意识与防范方法;交通安全方面:在步行、乘车、穿行马路或铁道线等时,需要注意的事项与应急方法。俄罗斯的安全教育内容主要包括：面对自然灾害、生产和交通事故、人为伤害等方面的安全应对行为及要掌握的安全知识与应变能力。韩国的安全教育内容主要包括教学科目、娱乐活动、外出活动、家庭生活、空闲时间、自然灾害等方面的安全学习。

由此可以看出国外对“女大学生安全意识及防范能力”的调查研究较少，且更偏向于对整体大学生安全意识的研究，可供参考文献数量也较少。

（三）研究述评

从整体的相关文献可知，关于女大学生这一独立群体的安全意识与防范能力研究的文献少之又少。因此，本文选取女大学生作为研究对象，依据人身、财产、网络、安全意识及其防范能力四个子维度来了解女大学生安全意识与防范能力的现有水平，细致分析影响女大学生安全意识与防范能力的因素，最终根据各类影响因素并结合不同女大学生群体的差异性提出加强女大学生安全意识与防范能力的教育对策。希望通过这一研究视角，可以为高校安全教育领域开拓新的思路。

三、研究设计

（一）研究对象

本研究主要以正在接受大学全日制本科和大专教育的女学生为研究对象。

（二）研究方法

1.问卷调查法。本研究基于薛金侠的《大学生安全意识及其培养路径探析》中《高校女大学生安全意识调查问卷》进行问卷编写，并发放网络问卷。本套问卷共 30 个题目，采用随机抽样法进行样本抽样，发放并回收电子问卷 210 份，其中有效问卷 200 份。

2.访谈法。本研究主要围绕女大学生对安全知识的认识水平、自我防范意识与能力以及对突发事件的应对能力进行访谈。

3.文献分析法。通过传统与现代的检索方法搜集分析相关文献，对安全意识、防范能力等相关概念进行界定，并理顺前人对安全意识方面研究的思路以及数据。

(三)研究工具

本研究主要以《E时代女大学生安全意识与防范能力的现状调查问卷》为研究工具。问卷总共包含30道题目,问卷前17道为单选和多选综合,调查女大学生关于此问题的基本信息。而问卷中的其余13道题目则是按照女大学生人身、财产、网络、安全意识及其防范能力四个维度来设置。依据李克特量表五级评价方法,每一道题都采用五级评价。结合问卷将五级评价分为四个阶段:1分～2分为低,2分～3分为较低,3分～4分为较高,4分～5分为高。将这四个阶段分别乘以女大学生安全意识各维度的题数得出被试在各维度或总的安全意识及防范能力水平。

四、调查结果与分析

(一)问卷回收情况

本次调查采用发放网上问卷的方式进行,发放并回收问卷210份,其中有效问卷200份,有效回收率为95.23%。有效被试情况如表1:

表1 有效被试情况

变量	类别	百分比(%)	有效百分比(%)
所读专业	文史类	68.00	68.00
	理工类	28.50	28.50
	艺体类	3.50	3.50
年级	大一	18.00	18.00
	大二	33.00	33.00
	大三	41.50	41.50
	大四	7.50	7.50
所在生源地	地级市、县	53.00	53.00
	乡、镇	15.00	15.00
	农村	32.00	32.00
是否独生女	是	31.50	31.50
	否	68.50	68.50

(二)样本总体情况

依据李克特量表五级评价方法,本问卷每一道题目都采用五级评价,其中1～6题为女大学生安全意识水平调查,样本总体得分情况统计如表2;7～13题为针对女大学生防范能力现状调查,样本总体得分情况统计如表3:

表2 样本总体安全意识水平情况统计

分数段	6～11分 安全意识低	12～18分 安全意识较低	19～24分 安全意识较高	24分以上 安全意识高
人数(人)	0	4	151	45
百分比(%)	0	2.00%	75.50%	22.50%

表3 样本总体防范能力情况统计

分数段	7～13分 防范能力低	14～21分 防范能力较低	22～28分 防范能力较高	28分以上 防范能力高
人数(人)	0	47	145	8
百分比(%)	0	23.50%	72.50%	4.00%

由此得知,女大学生的安全意识整体水平偏高,但仍然有一定比例的女大学生安全意识较低。

(三)女大学生安全意识与防范能力现状各维度总体情况

将关于女大学生安全意识与防范能力的两个维度的得分在统计软件中进行描述,对每一个维度的平均分、标准差、最大值、最小值进行比较,得到如表4所示数据:

表4 女大学生安全意识与防范能力两维度总体情况

	N	最小值	最大值	平均数	标准差
安全意识	200	1.00	5.00	3.78	0.03
防范能力	200	1.00	5.00	3.36	0.03

在我们的问卷设计中,安全意识以及防范能力的维度题目是一一对应的,调查结果显示出高“知”低“行”。在标准差的检验结果中,防范能力的标准差相

对较大，即女大学生在防范能力维度的得分相对差距比较大，女大学生的防范能力在不同类别的具体突发事件发生时幅度变化较大，说明应该给予女大学生应变意识以及防范能力方面更多的关注与指导。

(四)女大学生安全意识及其防范能力现状分析

1.女大学生安全意识分析

(1)女大学生“人身安全”认知现状

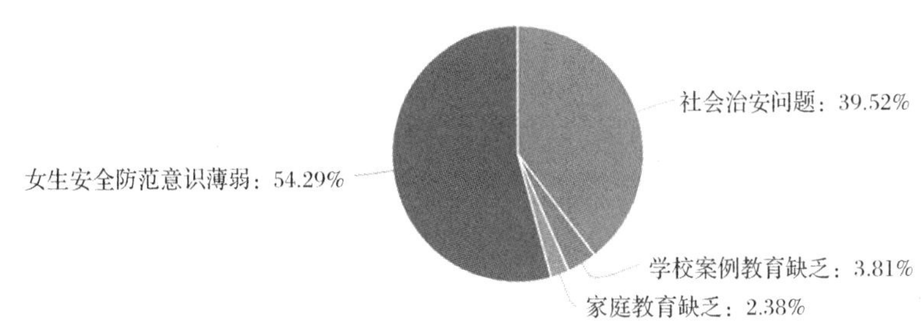

图 2　导致女大学生遇害事件的最主要原因分布图

由图 2 可知，在对女大学生遇害事件的最主要原因的认识中，约有 54.29％的女大学生认为是由于女生自身安全防范意识薄弱造成的，约有 39.52％的女大学生认为是由于社会治安问题造成的，认为是家庭教育缺乏和学校安全教育缺乏的仅占 2.38％和 3.81％。由此我们可以看出，认为遇害事件频发是由女生自身引发的女大学生占大部分，少部分人认为是与外部的社会治安和教育缺乏有关。

(2)女大学生“财产安全”认知现状

选项	小计	比例
口袋贴身处	51	24.29%
背包	56	26.67%
挎包等视线范围内的地方	79	37.62%
不随身携带	24	11.43%
本题有效填写人次	210	

图 3　外出时现金和贵重物品的放置位置分布图

综合各选项的选择情况，可以知道大部分女大学生都会将贵重物品放置在外人不容易接触到的地方，从图 3 中可以看出女大学生的财产安全意识较高。

(3)女大学生“网络安全”认知现状

选项	小计	比例
是	90	42.86%
否	107	50.95%
不确定	10	4.76%
其他	3	1.43%
本题有效填写人次	210	

图 4　是否有过 QQ、微信等密码被盗的经历分布图

选项	小计	比例
A.贪图便宜、存在侥幸心理	183	87.14%
B.骗子作案手法多种多样，技术先进，防不胜防	172	81.90%
C.学校对于网络诈骗的宣传教育力度不够	120	57.14%
D.妇大学生接触网络时间较长，更易接触到网络诈骗	132	62.86%
E.其他	28	13.33%
本题有效填写人次	210	

图 5　女大学生遭遇网络诈骗的主要原因分布图

在“您是否有过 QQ、微信等密码被盗的经历?”中未被盗过的人数占比为 50.95%,说明当下女大学生网络安全意识较强(见图 4)。而根据“您认为女大学生遭遇网络诈骗的主要原因”选择分布,说明现状下女大学生对于遭遇网络诈骗有自己的认识,具备一定的网络安全知识(见图 5)。

2.女大学生防范能力现状分析

(1)女大学生人身安全防范能力中面对突发事件的应对能力现状

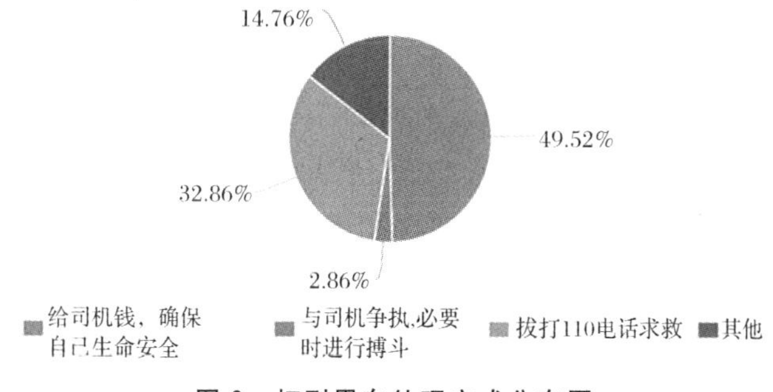

图 6　打到黑车处理方式分布图

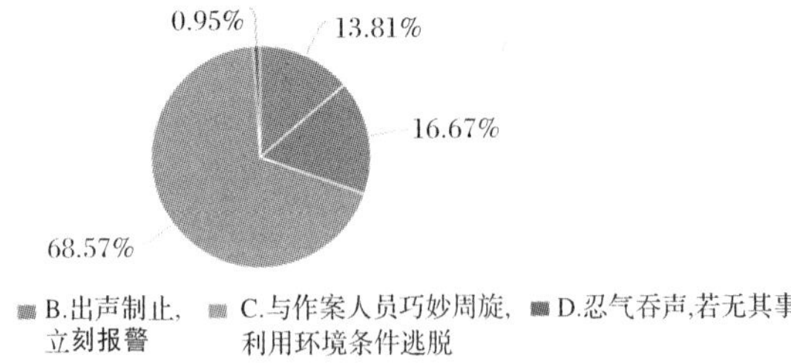

图 7　在外时遇到性骚扰或者人身侵害处理方式分布图

由图 6、图 7 可知，即使女大学生安全意识整体水平得到了提高，但在真实的情境中，处理突发事件的方式不完全合理，并不能说明她们能很好地规避或处理安全事件。

(2)女大学生财产安全防范能力中防范能力和应对能力现状

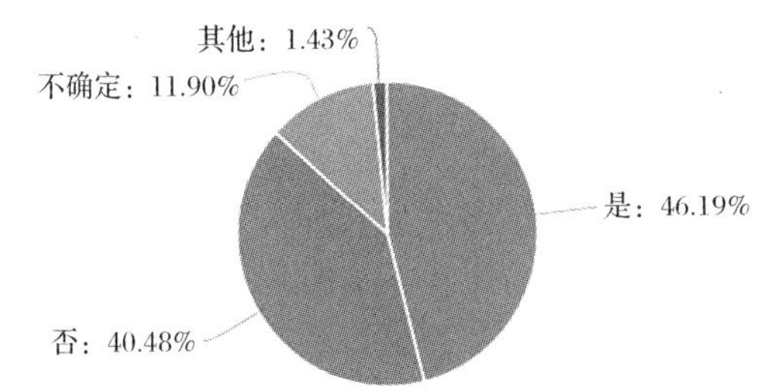

图 8　因疏忽大意导致财物被盗或者被骗过经历分布图

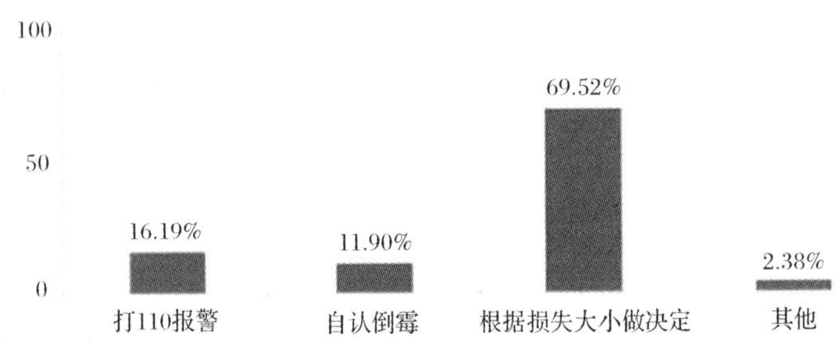

图 9　手机或其他财物被盗时处理方式分布图

从图 8、图 9 所示可以看出，当女大学生的财产安全受到威胁时多倾向于不积极作为的方式。通过以上分析我们可以看出，在女大学生财产安全意识与防范能力的现状中，普遍呈现出财产安全意识强，但是在财产安全受到威胁时缺乏一定的防范能力与应对能力的现象。

(3)女大学生心理安全防范能力现状

选项	小计	比例
自我调节	123	58.57%
找好朋友倾诉	79	37.62%
去心理咨询室	7	3.33%
置之不理	1	0.48%
本题有效填写人次	210	

图 10 当遇到心理健康问题时的首选解决途径选项分布图

从图 10 可见,在遇到心理健康问题时,绝大部分的人会选择自我调节来改变自身的状态;但最为专业且科学的心理咨询室在所有首选解决途径中占比低,这对有效地解决心理健康问题有一定的影响。

(4)女大学生网络安全防范能力中对突发事件的应对能力现状

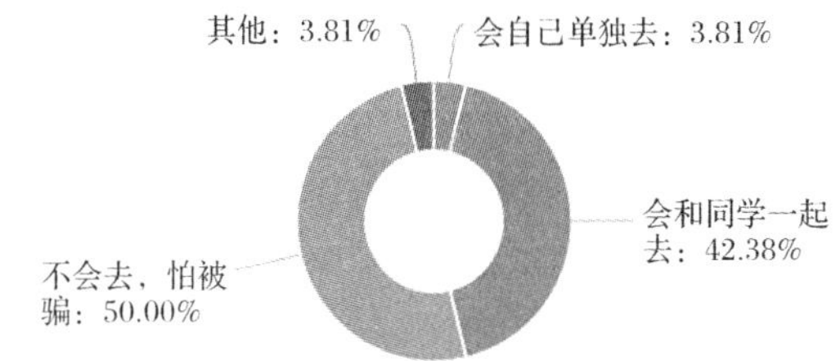

图 11 以提供兼职为由要求面试事件处理方式分布图

从图 11 中我们可以看出,女大学生的安全意识较高,但是安全意识的提高并不代表她们能很好地处理安全事件,即“高安全意识,低防范能力”。

(五)影响因素分析

综合统计分析上述的问卷调查结果,可得知在总体水平上,我国女大学生基本具备了一定的安全意识和防范能力。但由于每个人在个性特点、家庭、教育及社会环境方面有所不同,则所具备的安全意识程度具有一定差异,甚至还存在少部分人安全意识和防范能力较为缺乏的现状。

1.自身因素

(1)思想较为单纯,社会及生活经验不足

现代的女大学生多为年龄在 18~23 岁的年轻人,基本没有社会经验,其思想较为单纯。女大学生从入校学习起,参与各种活动的范围极少涉及社会活动,因此对社会中的各类事件及关联性认知不够准确、理性。她们所接触到的人群也限于家人、同伴和教师,对陌生人的防范意识较为薄弱。

近几年常会出现骗子利用女大学生的单纯心理进行偷盗或将其拐骗甚至谋杀,这些成为女大学生被人利用的短板。

(2)自身安全意识薄弱,防范能力欠缺

大多学校在入校时和学期中都对学生进行安全和法制教育,但并未引起所有学生的重视,尤其是部分女大学生自身对安全常识的缺乏,在遇到紧急事件时应对能力较弱。在我们的调查中便可以看到相关事件,例如:当问到在路上有老人、小孩向您求助带路会怎么做时,有 14.29%的女大学生选择独自带他去。

2.家庭因素

(1)家长教养方式不合理

孩子生长的家庭环境影响孩子各方面的发展,家长对孩子的教养方式更对孩子的成长发展起着关键作用。当前的女大学生基本为 90 后,而家长对于独生子女更是宠爱有加。由于家长不合理的教养方式,女大学生经历的困难较少,也很少接受此种类型的教育,则易产生抑郁等心理问题。

在本次调查结果中,当提及是否因为一些无法解决的问题而抑郁甚至产生轻生的念头时,11.90%的女大学生表示有时会这样。

(2)家庭教育不全面

在应试教育的背景下,现代家庭秉着“不让孩子输在起跑线上”的原则,家长们过分注重孩子学业成绩的同时,却严重忽略了孩子的安全常识教育和防范能力的培养。另外,受传统文化的影响,家长们对女孩的服从性教育很不利于健全人格的发展,面临危险时不能够采取有效措施。

3.学校因素

(1)女大学生安全教育缺失

近几年来,一些高校创编了关于女大学生安全常识及防范措施的书籍,但是大部分学校还只是停留在几年一度的安全常识讲座上,这样的教育方式对提高女大学生的安全意识和防范能力帮助甚微。尽管高校中的《思想道德与法律基础》课程中有涉及,但其内容宽泛,缺少系统、全面的教育。

(2)校园防范及保卫措施不足

随着高等教育的发展,开放办学的学校逐渐增多,校园防范和保卫能力成为校园安全的焦点问题。高校保卫科的侦查手段和能力都有限,也没有建立系统的安全防范体系,所以只能依靠警察来解决各种问题。

调查结果显示，有40.95%的女大学生对校园环境的放心程度仅为一般，这也说明了学校针对女大学生的安全防范及保卫措施不足。

4.社会因素

(1)不健全的社会安全体系

近些年女大学生失联、被拐骗事件的频发，与社会因素密切相关。最显而易见的便是与网络相关的安全问题。女大学生常会遇到网络诈骗，网络信息具有隐蔽性，部分女大学生网购时又看重价格，就易发生诈骗事件。

另外随着交通系统的发展，网络上便利的“滴滴打车”逐渐普及，但其具体的管理机制方面还欠缺，对“黑车”的治理措施也不完善。

(2)缺乏社会安全意识培育

对于女大学生安全防护方面，我国暂时没有出台具体法律，只在《中华人民共和国未成年人保护法》《妇女权益保障法》中对其做了相关规定。

五、研究结论

本调查研究表明，E时代背景下，我国女大学生的安全意识的现状整体显示出较高水平，而防范能力则整体较为欠缺，具体表现在财产、人身和网络安全及心理健康等方面，这源于家庭教育、社会、学校环境等客观因素及女大学生自身主观因素的影响。由我们的调查研究可见，尽管女大学生安全意识整体水平较高，但仍有部分女大学生的安全意识较低。因此不论是在家庭、学校还是社会环境中，对女大学生的安全问题都应予以重视，主要可体现在充实家庭安全教育的内容，改善家长的教养方式；学校加强针对女大学生的安全教育和防范措施；社会安全体系的健全等。

同时，我们从调查结果中发现，不同生源地、专业类别和是否为独生女也在不同程度上影响女人学生的安全意识及防范能力，不同年级的女大学生安全意识和防范能力存在差异性，总体表现为年级越高，安全意识和防范能力越高的趋势。

六、对策

本研究将从女大学生、社会、家庭、学校四个方面提出建议，增强女大学生的安全意识及防范能力。

(一)提高女大学生自身安全意识

女大学生首先应该努力学习法律知识，学习基本的法律法规，熟悉并遵守与安全相关的法律或守则,懂得如何应用法律手段维权。其次,学习防灾抗灾知识和技能,如注意用电安全,掌握火灾逃生技能。再次,应该杜绝不良行为,尽量杜绝晚归习惯;养成正确的贵重物品存放习惯;形成积极健康的上网习惯。最后,杜绝虚荣、侥幸、占便宜等不良心理。

(二)发挥社会的引导作用

社会上仍存伸向女大学生的魔爪,严重扰乱社会正常秩序,社会则应大力加强公民道德教育。美国早在1990年就颁布了关于校园安全的专门法律——《克莱瑞法案》,日本也制定了《学校教育法》《日本学校安全法》等与高校安全相关法律,我国也应制定相关法律法规,并大力加强执法力度。

(三)发挥家庭教育的示范作用

父母应改变不良的家庭教育思想,应理性对待其要求,培养其独立处理问题的能力,提高她们的人身安全意识和心理健康水平。同时营造和谐的家庭氛围,促进融洽的父母夫妻关系。父母还应尊重孩子意愿,建立良性亲子关系。

(四)重视高校教育的发展性作用

高校应采取多样化的安全教育方式。首先开设女大学生安全教育相关课程,如:开防身术课程、心理健康教育等课程。其次,开展“女大学生安全教育”主题实践活动。最后,合理利用现代传媒工具,对女大学生进行充分的安全宣传和教育。

参考文献

[1]胡华荣.女大学生自我安全意识与应急能力探讨[J].当代教育理论与实践,2011,03(10).

[2]喻娜.女大学生安全教育的思考[J].高校辅导员学刊,2014(5).

[3]贾文华.加强女大学生的防范心理教育[J].商丘师范学院学报,2002,18(6).

[4]白泽朴.高校女生群体的安全教育对策初探[J].中国电力教育,2011(2).

[5]陈咏梅.高职院校女大学生安全问题研究——以W职业学院为案例[D].武汉:华中师范大学硕士学位论文,2014.

[6]廖建秀.大学生安全意识状况及教育对策研究[D].武汉:华中师范大学硕士学位论文,2014.

[7]程诗敏.风险社会视域下大学生安全素质提升研究[D].北京:首都师范大学博士学位论文,2014.

[8]马振超.从女大学生失联看当前大学公共安全教育的缺失[J].中国青年社会科学,2015(1).

[9]刘芳丽.大学生安全意识及防范技能的现状调查和对策分析[J].当代教育论坛,2010,3(3).

[10]周亚玲.关于高校女大学生安全缺失教育的探讨[J].经营管理者,2014(31).

[11]王冰蔚.女大学生安全与自护心理状况的研究[J].校园心理,2010,08(6).

第七篇

“挑战杯”全国大学生课外学术科技作品竞赛获奖论文

初中生课业负担指标模型的构建与应用

——基于有代表性的个案的实证研究

宋佳欣 汪洋 林玥茹 龙芸 方晨阳 陆煜锌 罗浩准[①]

指导教师:张辉蓉 朱德全 杨欣 孙楚航 宋乃庆

摘　要:解决学生课业负担问题很重要,却很难。“减负”事关个人成长、教育发展与民族振兴。新中国成立以来,我国五代最高领导人都对学生课业负担高度重视,各级教育部门也出台了上千个“减负”文件,但“减负”奏效不足。这是因为我国考试文化根深蒂固,为求社会公平而唯分数论的录取制度还一时难改。因此,当下可另辟蹊径,构建可量化、可操作的学生课业负担指标模型,以此为督导“减负”提供依据。本研究在组员多次参加《中国义务教育发展报告》调研活动和义务支教实践体验基础上,结合文献研究与深度访谈形成自编问卷,在川渝黔豫4省市选取46所学校2400名初中生进行抽样调查,通过探索性因素分析初步构建了初中生课业负担指标模型,确定了课业难度、课业消耗、课业任务三个一级指标与11个二级指标,并进行了验证性因素分析,结果显示模型拟合良好。其后运用指标模型对重庆市有代表性的3所初中、3名学生进行调查及个案追踪,所得测评结果与实际情况基本一致,验证了指标模型的可操作性与可靠性。同时,该指标模型也得到了重庆市教育评估院、重庆市教育科学研究院及北碚区教委的认同和采纳,可作为初中生课业负担的测评工具。

关键词:初中生;课业负担;指标模型

---

①宋佳欣:西南大学教育学部本科2013级晏阳初创新实验班学生,现为北京师范大学教育学部硕士研究生。汪洋:西南大学数学与统计学院本科2013级统计学专业学生,现工作于贵阳市第一中学。林玥茹:西南大学教育学部本科2012级晏阳初创新实验班学生,现为华东师范大学教育学部硕士研究生。龙芸:西南大学教育学部本科2013级晏阳初创新实验班学生,现为伦敦大学教育学院硕士研究生。方晨阳:西南大学教育学部本科2013级晏阳初创新实验班学生,现为西南大学教育学部硕士研究生。陆煜锌:西南大学数学与统计学院本科2013级统计学专业学生,现为武汉大学硕士研究生。罗浩准:西南大学数学与统计学院本科2012级统计学专业学生,现为新加坡国立大学硕士研究生。

"减负"很重要,但很难。科学测量学生课业负担的标准与工具的缺失使得"减负"改革鲜有成效。因此,重新审视这一沉疴痼疾,积极开展学生课业负担定量研究迫在眉睫。

一、问题提出

(一)贯彻国家相关"减负"政策的实践探索

国运兴衰,系于教育。新中国成立以来,为减轻中小学生过重的课业负担,五代国家最高领导人都对学生课业负担给予了高度重视,各级教育行政部门出台了上千个"减负"政策,学界也进行了多方面的研究,然而"减负"却收效甚微。《国家中长期教育改革和发展规划纲要(2010—2020年)》明确指出要"建立学生课业负担监测和公告制度",这表明课业负担指标构建的理论和实践探索势在必行。

(二)切实减轻初中生课业负担的现实呼唤

许多中学以"题海无涯苦作舟"为格言,以升学率、考试成绩为追求,学生在繁重的课业中挣扎。近视、睡眠不足、身体素质下降、心理疾患随之而来,学生离家出走、轻生等现象不断。大量学生在过重的课业负担中夹缝求生,实践与拓展空间被严重挤压,创新能力的缺失与人才结构的单一成为阻碍我国发展的瓶颈。"救救孩子"已从个人呐喊上升至现实呼唤,解决课业负担问题不仅事关学生发展,更事关民族振兴,这是实现中国梦的重要途径。

(三)弥补初中生课业负担定量研究不足的理论诉求

当前我国有关课业负担的研究存在诸多不足。大多基于定性角度凭经验提建议,少数定量研究又缺乏数据支持,更无科学测量标准。这需要我们探究什么是课业负担、什么样的课业负担才算过重、"减负"要减到何种程度。随着大数据时代的到来,与国际心理学、教育学测评技术的提高,对课业负担指标模型的构建已成一大诉求。

本研究将教育学、心理学及统计学融为一体,以实践调研为依托,运用问卷调查、深度访谈、个案追踪、统计分析等方法尝试构建初中生课业负担指标模型，为下一步在大数据调研的基础上构建课业负担指标常模奠定基础，从而对全国的“减负”督导提供依据与标准。

二、文献综述

（一）国内关于课业负担的研究现状

我国学生课业负担有着不同的时代特征和内涵表征。学界对其理解存在争议，主要表现在两方面：其一，学界对课业负担的内涵界定认识不一，如对“课业负担”“学业负担”“学习负担”等概念混合使用；其二，学界对课业负担的词性判定不一，如将课业负担判定为贬义词，即将其简单等同于课业负担过重。由于《国家中长期教育改革和发展规划纲要（2010—2020年）》中明确使用了“课业负担”，本研究也使用这一概念，且认为课业负担是广义的、中性的、主客相结合的，与其相近概念无本质区别。

课业负担“一果多因”[1]，极其复杂。其中，社会层面的教育供求关系[2]，我国考试文化[3]，学校层面的教育观[4]、知识观[5]，家庭层面父母的过高期望，学生个人对学业成就的认知[6]等是造成学生课业负担问题的重要因素。本研究认为学界对课业负担的归因虽较全面，却鲜有如“作业时间”这类便于测量的因素，这使得课业负担问题一直停留在思辨层面。

研究学生课业负担指标的代表性论文有二。李虎林以课业任务、课业压力和学生的身心反应为维度，设计中小学生课业负担监测指标体系[7]；杨光等人则通过数据分析得出课业负担的影响因素，并据此建立了监测预报模型[8]。这两篇文献具有较强启示，但仍有需要商榷之处：其一，两个模型只适用于学校层面，难以针对学生个体差异提出建议；其二，模型中存在将效标误作为指标的情况，如“睡眠时间”等，其科学性有待验证。

国内文献研究表明对学生课业负担的可操作性定义和指标模型研究甚少。

（二）国外关于课业负担的研究现状

国外没有“课业负担”概念，但有与之相近的概念与研究。

日本的课业负担问题主要源于考试文化，过分强调应试知识使学生身陷“考试地狱”。对此，日本先后出台旨在“减负”的“宽松政策”和指导纲要，力图通过改革教学内容、课程设置及在校周课时等解决问题。[9]

课业负担问题在苏联备受关注。在众多教育家中，苏霍姆林斯基颇具代表性。他认为教育内容、教师素养及教学方式等都是影响课业负担的重要因素，并就此提出了提高教师素养、丰富学生智力生活背景等解决措施。[10]

欧美国家关于课业负担的相近研究主要围绕“学业压力”及“家庭作业”展开。对于学业压力，多数学者认为学校教育和多方期望是主要成因，其中学生评价制度是主要压力源。而过大的学业压力会使学生睡眠不足，[11]产生学习倦怠、焦虑甚至抑郁等心理问题。[12]对于家庭作业，有学者回顾了1985至1991年的相关研究，得出家庭作业完成量与学生学习成绩呈正相关的结论。[13]此外，有学者认为家庭作业的影响包括：正面影响如增强学生记忆等；负面影响如造成学生对知识性材料失去兴趣等。[14]

国外相关研究表明学业压力、学习倦怠是世界性问题，问题的核心往往在于课业负担，要解决该问题必须科学“减负”。

三、研究设计

(一)研究思路

本研究以初中生课业负担为切入点，结合定性与定量研究，通过实证调查所得数据提炼出初中生课业负担指标，并在实践应用中验证指标的科学性、可操作性、可靠性等。(详见图1)

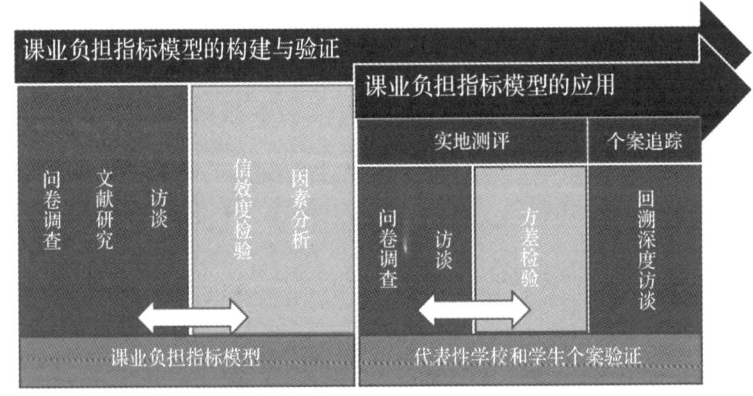

图1 初中生课业负担指标模型构建研究思路图

(二)研究方法

本研究采用了文献法、访谈法、问卷法及统计分析法等研究方法。其中,在问卷编制方面,在梳理文献、分析政策、深度访谈与开放式问卷调查的基础上借鉴《中国义务教育发展报告》课题组的相关问卷形成了自编问卷,于初测后再次调试,最终形成信效度较高的正式问卷《学习状况调查问卷》。

(三)研究对象

本研究以初中生为研究对象。组员自2013年以来赴川渝黔豫4省市,选取46所中学2400名初中生进行调研,发放问卷2400份,回收2180份,有效回收率90.83%。又于2015年3月对重庆有代表性的3所学校850名学生进行随机抽样调研,发放问卷850份,回收794份,有效回收率93.41%。

此外,本研究以参加《中国义务教育发展报告》课题调研为契机,自2014年3月到2015年4月还对重庆市有代表性的3名学生进行了个案追踪研究。

四、初中生课业负担指标模型的构建与初步验证

(一)初中生课业负担指标模型假设

假设一:如果某种付出被称作课业负担,那么这种付出综合体现了课业任务和心理压力这两个因素。

在研究课业负担时,并不能仅将一些客观任务作为判断课业负担轻重与否的标准(如考试次数、作业量等)。事实上,课业负担应是客观学习任务量和主观心理负担的结合。因此,本研究在构建初中生课业负担指标时,综合考虑了课业难度、课业消耗、课业任务等因素。

假设二:如果某种付出被称作课业负担,那么这种付出主要是为提高成绩。

在目前的教育模式下,无论是老师、家长还是学生自身,几乎都以提高成绩为学习的最终目的,这使得学生往往被迫或自愿地付出更多时间和精力,导致课业负担的加重。因此,本研究在构建初中生课业负担指标时,考虑了考试成绩对课业负担的影响,即由成绩目标引发课业负担。

假设三:学生的客观数值服从正态分布及零膨胀泊松分布。

教育统计学规律表明，学生的智力水平，包括学习能力、实际动手能力等呈正态分布，所以本研究假设学生的连续型变量如学习时间、运动时间、课外实践时间服从正态分布，而离散型变量例如课外辅导书数量、课外辅导班量等离散型数值服从零膨胀泊松分布。

(二)初中生课业负担指标模型测算方法

1.主观题测算方法

本研究通过查阅文献、访谈、开放式问卷调查等最终编制了《学习状况调查问卷》，并分析 26 个五点量表类型的主观题项的性质，改变反向指标数据性质，使所有题项的作用力同趋化，最终将全部题项数值转换成五点量值。各项题项数值越接近 5，说明该指标的课业负担越重。

2.客观题测算方法(正态分布及零膨胀泊松模型)

连续型变量：本研究对连续型变量进行正态分布拟合，设变量 X 服从 $N(\mu,\sigma^2)$，把 $(\mu+2\sigma,\infty)$ 区间的数值转成 5，$(\mu+\sigma,\mu+2\sigma)$ 区间的数值转成 4，$(\mu-\sigma,\mu+\sigma)$ 区间的数值转成 3，$(\mu-2\sigma,\mu-\sigma)$ 区间的数值转成 2，$(0,\mu-2\sigma)$ 区间的数值转成 1。

离散型变量：本研究对离散型变量进行零膨胀泊松模型拟合，零膨胀泊松模型由两个相应部分组成：

$$P(y_i=0|x_i)=p_i+(1-p_i)\exp(-\mu_i)$$

$$P(y_i>0|x_i)=(1-p_i)\frac{\exp(-\mu_i){\mu_i}^{yi}}{y_i!}$$

参数估计采用极大似然法计算参数，再与连续型变量转换数值相同，转换成五点量度。

3.因子提取方法

在处理五点量度的数值中，本研究为了找出几个不可测的公因子的线性组合与因素之和来描述原来观测的每个变量，并且能够依据不同的因子使得原来变量被分类，因此设原来的指标变量为 $X=(X_1,X_2,\cdots,X_p)$，经标准化的变量为 $ZX=(ZX_1,ZX_2,\cdots,ZX_p)$，$M_j$ 为第 j 个公因子 $(j\leq p)$，v_i/p 为旋转后第 j 个公因子对原变量的方差贡献率，U_{ij} 为第 j 个公因子对应于原量 X_i 的因子载荷量，ε_i 为 X_i 的特定因子，则：$X_i = \sum U_{ij} Z_i + \varepsilon_1$，综合因子得分值 $M=\sum(v_i/p)M_j$。公因子 M_j 命名依据是利用旋转后的因子载荷矩阵中第 j 列绝对值大的对应变量归为 M_j 一类并由此对 M_j 命名。

4.课业负担值计算方法

课业负担各维度水平计算方法为 $M_i=(\sum a_i X_i)/\sum a_i$，其中 M_i 为课业负担各维度平均值，a^i 为第 i 个指标在该因子中的权重(权重由因子分析的因子得分系数决定)，每个维度平均分都处于 1～5。课业负担水平计算方法为 $M=(\sum b_i M_i)/\sum b_i$，$M$ 为课业负担平均值，b^i 为第 i 个因子的权重(权重由因子分析的因子贡献率决定)，课业总负担平均值处在 1～5。

(三)初中生课业负担指标模型的探索性因素分析

首先，频次分析。统计每个题项的出现频次，如果某题项中只有 1、2、3 或者 3、4、5 三个选项，说明该题项具有偏向，将题项删除。

其次，项目分析。计算出量表题总得分，根据总分高端的 27%和低端的 27%区分为高分组和低分组，然后将每个题项得分与高低分组进行独立样本 t 检验，按 p 值<0.05 的标准保留题项。

最后，探索性因素分析。分析得到 KMO 值为 0.81，表明可以通过因子分析的方法分析该问卷，进而采用主成分分析法和正交旋转法抽取公共维度。剔除载荷低于 0.35 的题项之后，进行第二次主成分分析，以特征根大于等于 1 为因子抽取原则，并参照碎石图确定题项抽取因子的有效数目。(旋转成分矩阵表详见表 1)

表 1　初中生课业负担指标探索性分析旋转成分矩阵表(被试人数:2180 人)

题项	成分		
	1	2	3
T23 上课内容太难	0.61		
T22 学习费脑子	0.60		
T42 作业太难	0.54		
T18 考试太难	0.52		

续表

题项	成分		
	1	2	3
T38 只能做与学习有关的事		0.52	
T29 满脑子都是学习		0.50	
T25 在学习上投入了很多精力		0.48	
T37 每天都做很多题		0.48	
A7 平均作业时间			0.74
A5 辅导班量			0.43
A3 教辅量			0.38

由表1可以看出,各个题项对其对应因子的载荷为0.38～0.74,题项在因子上载荷分配较理想,符合定义公共因子有效指标标准。再根据陡阶检验(详见图2),在第四个因子趋于平缓,前三个因子累计可解释61.32%的方差,保证了抽取因子的科学性。

Component	Cumulative (%)
1	23.51
2	43.74
3	61.32

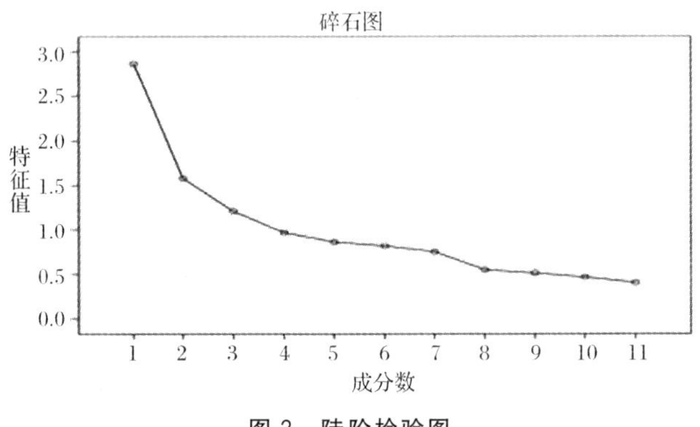

图2 陡阶检验图

根据上述11个指标的内容与意义,将其归为三类一级指标:课业难度、课业消耗、课业任务。得到初中生课业负担指标模型。(如表2所示)

表 2 初中生课业负担指标模型表

	一级指标	二级指标
M 课业负担	M_1 课业难度(23.507)	X_1 上课内容难度
		X_2 学习费脑程度
		X_3 作业难度
		X_4 考试难度
	M_2 课业消耗(20.236)	X_5 只能做与学习有关的事
		X_6 满脑子都是学习
		X_7 在学习上投入了很多的精力
		X_8 每天都要做很多题
	M_3 课业任务(17.581)	X_9 每天放学后完成书面作业的平均小时数
		X_{10} 参加辅导班数量
		X_{11} 使用教辅书数量

(四)初中生课业负担指标模型的验证性因素分析

为了验证初中生课业负担指标模型的有效性和科学性,本研究通过结构方程进行验证性因素分析。将课业难度、课业消耗、课业任务这三个一级指标作为潜变量,经验证,最终得到三者之间的关系及因素载荷结果。(详见图 3)

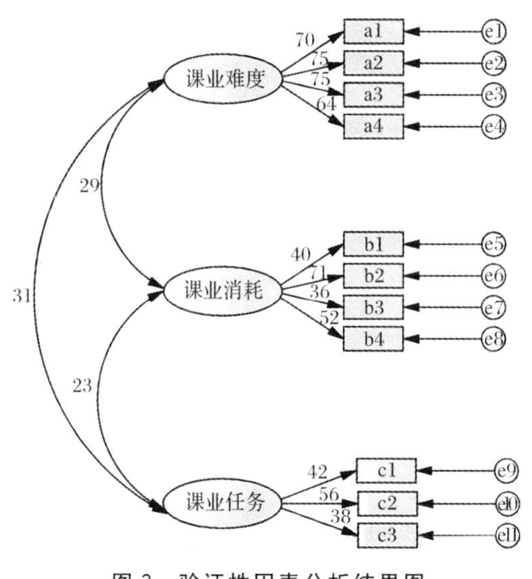

图 3 验证性因素分析结果图

经过计算参数,结构方程有关理论表明,以下参数能反映验证性因素分析结果的有效性。本研究中 CMIN/DF 为 4.13,处于 5 左右是可以接受的;GFI 为 0.96,AGFI 为 0.94,多数学者认为 GFI,AGFI≧0.90,表明模型拟合较好;CFI 为 0.91,一般认为 CFI≧0.90 模型拟合较好;TLI 为 0.88,如果 TLI≧0.80,则认为模型拟合较好;RESEA 为 0.06,一般认为 0.05≤RESEA≤0.08,表示模型拟合合理。(详见表 3)

表 3　初中生课业负担指标模型的拟合度表

CMIN/DF	GFI	AGFI	TLI	CFI	RMSEA
4.13	0.96	0.94	0.88	0.91	0.06

(五)初中生课业负担指标模型的信效度检验与专家评价

1.信效度检验

本研究运用 SPSS19.0 对三个一级指标进行可靠性分析,得出问卷各部分 Cronbach's α 系数均高于 0.700,分别为课业难度 0.79、课业消耗 0.77、课业任务 0.73,总表 α 系数为 0.76,信度较高,符合信度检验标准。其后,对 11 个二级指标进行相关性分析,结果显示各项与其所对应维度相关性均大于 0.30(显著水平 0.01),故可认为其 11 题项均为有效题项。另外,由于已有研究表明课业负担对学习心理、学习成绩有一定的负面作用,[15]本研究同时测量了睡眠时间和成绩状况,将它们作为测量效标,以检验学生课业负担各维度的外部效度。数据表明课业负担各维度与学习成绩、睡眠时间有中低程度的负相关。继续对三个维度进行相关性检验发现,维度与课业负担相关系数为 0.47～0.60,维度间相关系数为 0.29～0.37。维度间相关系数均小于总相关值,且总分与各因素之间相关值均大于 0.30(显著水平 0.01),说明各维度有较好的独立性,相互影响性较小且各维度与总分之间存在强相关性,符合效度检验标准,故问卷效度检验合格。(信效度检验结果详见表 4)

表 4 初中生课业负担指标维度信效度检验结果表

	课业难度	课业消耗	课业任务	成绩状况	睡眠时间	Cronbach's α
课业难度	1			−0.20	−0.10	0.79
课业消耗	0.37	1		−0.02	−0.04	0.77
课业任务	0.32	0.29	1	−0.03	−0.23	0.73
课业负担	0.58	0.60	0.47	−0.06	−0.22	0.76

2.专家评价

为确保指标模型的科学性,本研究特邀 30 名专家(包括中学校长 6 名,从事初中班主任工作长达 6 年以上的教师 12 名,长期从事教育研究的教研员 6 名,高校教育学、教育统计学、心理学教授 6 名)对本研究构建的 11 个初中生课业负担指标进行评价。结果显示,专家对各指标能有效反应初中生课业负担的赞成率为 83.33%～100%,其中“上课内容难度”“学习费脑程度”“每天都要做很多题”“每天放学后完成书面作业的平均小时数”“使用教辅书数量”五个指标的赞成率都在 90%以上。因此,专家们认为本研究构建的初中生课业负担指标模型能对初中生课业负担进行有效测评。

综上所述,本研究建立的初中生课业负担指标模型既通过了科学性信效度检验,具有科学性和有效性,同时也获得了相关专家的认可,可以对初中生课业负担进行有效测评。

五、初中生课业负担指标模型在 3 所学校中的测试应用

为验证初中生课业负担指标模型的可操作性和可靠性,本研究应用指标模型对西大附中、田家炳中学及夏坝中学进行初中生课业负担的测评。本次调研共调查了 794 名初中生,其中男生 398 名,女生 396 名,覆盖初一、初二两个年级(初一 356 名,初二 438 名)。使用 SPSS19.0 对调研数据进行统计分析,得到 3 所中学初中生课业负担基本参照值。(详见表 5)

表 5 3 所中学初中生课业负担参照值一览表(被试数:794 人)

	课业难度	课业消耗	课业任务	课业总负担
M	2.71	2.75	2.69	2.72
SD	0.86	0.78	1.17	0.57
高负担参照值	3.57～5	3.53～5	3.86～5	3.29～5

续表

	课业难度	课业消耗	课业任务	课业总负担
中负担参照值	1.85～3.57	1.97～3.53	1.52～3.86	2.15～3.29
低负担参照值	1～1.85	1～1.97	1～1.52	1～2.15

注：M 表示各维度平均值，SD 表示维度总分的标准差

对 3 所中学进行独立样本 t 检验发现，在课业难度、课业消耗、课业任务三个一级指标及课业负担总分均呈现显著差异，p 值<0.05。其中课业难度和课业任务的 p 值<0.01，具有显著差异。(对比结果详见图 4)

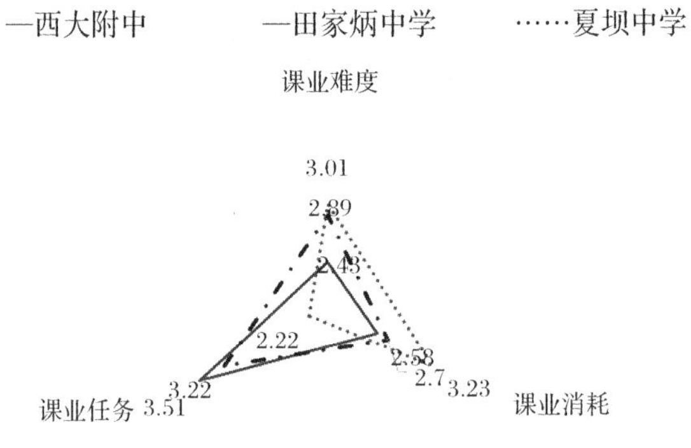

图 4　3 所中学课业负担指数雷达图

(一)西大附中：城市优质中学课业负担“内轻外重”的尴尬

西大附中位于重庆市北碚区，是重庆首批重点中学。现有在职教师 215 名(其中一级教师占 40%，高级教师占 38%，首批国家级骨干教师 7 名)，在校生 5300 多名，高考重点率、本科率均居重庆市前列。因此，本研究选取西大附中作为城市优质中学代表。

1.该校初中生总体课业难度较低，精力消耗中等，课业任务偏多

本研究共调查西大附中学生 248 名(男生 125 名，女生 123 名；初一 114 名，初二 134 名)。对数据进行 t 检验分析发现：西大附中的课业难度(M=2.43)较低；课业消耗(M=2.58)处于中等水平；课业任务(M=3.51)偏多，此课业任务包括辅导书(M=3.09)、校内作业任务(M=1.98)及校外辅导班(M=3.20)。综上所述，西大附中学生校内负担并不重即学校布置的作业量并不多，其课业任务相比其他两校偏多是因为大量的负担由校内“转移”到了校外，主要表现在大量的辅导班。(详见表 6)

表6 西大附中初中生课业负担一览表(被试数:248人)

	课业难度	课业消耗	课业任务	课业负担总分(分)
M	2.43	2.58	3.51	2.79
SD	0.86	0.87	1.13	0.59
中负担参照值	1.85～3.57	1.97～3.53	1.52～3.86	2.15～3.29

注:M表示各维度平均值,SD表示维度总分的标准差,数据条长度表示该值在所在参照组的程度

2.学校教师、领导对测评结果的评价

教务主任对于测评结果表示接受,他说道:"我校在师资水平和生源质量上可以说是不错的。学生进校时就是好苗子,教师的教学能力又有保证,浇水施肥一样不少,学生学起来肯定会比较轻松的,再加上学校会组织像'缤纷文化艺术节'这类课外素质拓展活动帮助学生全面发展,所以我们基本不担心学生的课业负担。"

被测班级的班主任在了解测评结果后,对课业任务偏多这一结果给出了解释:学生起点高,所以对于学生来说课业难度和课业消耗都较小,孩子学习越好,家长的期望也就越高,于是"校内吃不饱,校外找食吃"的现象在学生身上极普遍,这也是"强者竞争"的必然选择。

上述评价基本验证了指标模型的可操作性与可靠性。综合而言,该校确实陷入了"内轻外重"的尴尬。

(二)田家炳中学:城郊普通中学"减负""提分"选择的两难

田家炳中学位于重庆市北碚区双柏树街道,现有教师96人,其中本科学历教师占86%,教师整体素质较好。在校学生2260人,生源质量低于西大附中。因此,本研究选取田家炳中学作为城郊普通中学的代表。

1.该校初中生总体课业难度较高,精力消耗中等,课业任务较多

本研究共调查田家炳中学学生274名(男生133名,女生141名;初一120名,初二154名)。对数据进行t检验分析发现:田家炳中学的课业难度、课业消耗、课业任务均落在中负担参照值组,与另两所中学对比发现,田家炳中学初中生的课业难度(M=2.89)较高,课业消耗(M=2.70)处于中等水平,课业任务(M=3.22)较多。(详见表7)

表7　田家炳中学初中生课业负担一览表(被试数:274人)

	课业难度	课业消耗	课业任务	课业负担总分(分)
M	2.89	2.70	3.22	2.92
SD	0.89	0.70	1.21	0.62
中负担参照值	1.85～3.57	1.97～3.53	1.52～3.86	2.15～3.29

2.学校教师、领导对测评结果的评价

面对测评结果,该校领导与教师都较为认同,表示其与学校实际情况基本符合。对于该校课业负担较重的现状,该校教导主任解释说:"我们也知道学生的课业负担不轻,也想减负,但是的确没有办法。学生本身自主学习意识较差,自律能力较弱,一旦稍有放松,成绩就下来了。学生成绩搞不好,考不上高中,怎么向家长交代?"

被测班级的班主任也表达了想要减负但无能为力的观点:"我们的学生本来学习能力就有些不足,而且不踏实,你不压着他学他就不肯花工夫,甚至今天考试错了,第二天交上来的改错本还是那样错的,根本不去认真改。我们做老师的也知道他们累,但是减负了,成绩下滑了,没人为这种局面负责呀。"

这样的评价验证了指标模型的可操作性、可靠性,同时也表明以该校为代表的城郊普通中学面临"贯彻减负"还是"提高成绩"的两难选择,多方博弈让此类学校深陷困境。

(三)夏坝中学:农村普通中学"轻负低质"的无奈

重庆市夏坝中学位于东阳街道先锋村下坝社与小溪湾社交界处,现有学生1100人左右,教职工138人,其中高级教师16人,一级教师57人,全国优秀教师1人,区级骨干教师3人。相比之下,位于农村的夏坝中学在师资、生源等方面较差。因此,本研究选取夏坝中学作为农村普通学校的代表。

1.该校初中生总体课业难度偏高,精力消耗较多,课业任务偏少

本研究共调查夏坝中学学生272名(男生140名,女生132名;初一122名,初二150名)。对数据进行 t 检验分析发现:夏坝中学的课业难度、课业消耗、课业任务均落在中负担参照组,与另两所中学对比发现,夏坝中学初中生的课业难度(M=3.01)偏高,课业消耗(M=3.23)处于中等水平,课业任务(M=2.22)偏少。(详见表8)

表8 夏坝中学初中生课业负担一览表(被试数:272人)

	课业难度	课业消耗	课业任务	课业负担总分(分)
M	3.01	3.23	2.22	2.86
SD	0.64	0.73	1.07	0.43
中负担参照值	1.85～3.57	1.97～3.53	1.52～3.86	2.15～3.29

2.学校教师、领导对测评结果的评价

夏坝中学校长在知晓测评结果后表示认同,但对于“课业难度较大”这一点颇有异议,他说:“我们的课程难度不大,但是学生基础差呀,同样的课程好学校的学生不会觉得难,我们的娃娃在起跑线上就输了,加上学校一直强调‘减负’,训练不到位,他们感觉难度自然就更大了。”

被测班级的班主任也认为课程难度不大,问题主要在于“减负”政策,“英语、生物、物理是孩子们比较头疼的科目,其实内容都很基础,有时候题做多了很多问题自然就理解了,但是我们有要求,不能布置太多作业,要给学生‘减负’,学生不能理解的内容越来越多,久而久之不难的也变难了”。这很好地解释了为什么学生的任务不多,但难度大、投入精力多。

上述评价基本验证了指标模型的可操作性与可靠性。总而言之,以该校为代表的农村普通中学认真落实“减负”政策却正面临着“轻负低质”的无奈。

六、基于初中生课业负担指标模型对3名学生的个案追踪

为了解初中生课业负担指标模型在个体层面的可操作性与可靠性,本研究于2014年3月至2015年4月间通过问卷调查、深度访谈对重庆市3名学生进行个案追踪研究(以下学生姓名均为化名)。

(一)李曼:仰望学霸的学霸,带着向上的心不停努力

1.该生课业负担呈加重趋势,追求完美

“每次看到我们班的学霸们学得那么轻松,考得却很好,就觉得心里烦得很。我已经很努力了,但还是赶不上他们。”

李曼是一个乖巧文静的初二女生,成绩优秀,学习刻苦,但心理上一直存在一种自卑感,总认为需要加倍努力才能与他人一样优秀。

在课业难度方面,初二与初一相比有一定程度的增加。李曼基本能够通过老师讲解掌握大部分知识,遇到问题也能及时询问老师。但由于初二新增了物

理,李曼感觉日渐吃力。“现在我需要花额外的时间去学习物理了,这科对女生来说真的很困难。”同时,数学知识的进一步复杂抽象也让她感觉课程变难了:“有的知识需要我看很多遍书才能懂。”

课业消耗变化较大,与之前相比明显增多。李曼是住校生,19:30至21:50在教室里上晚自习,而如果第二天有考试或者抽查任务,在寝室里她还会继续学习。当谈到从初一到初二的变化时,李曼显得很激动:“需要记的英语单词多了,数学计算量大了,物理也很难了。我觉得自己在学习上已经下了很多力气,但还是不够。”

与初一相比,李曼认为初二的课内任务“只是加上物理变多了一点”,但是“物理实在有点难,每天都要花很多时间在上面”。李曼一直都很在意物理,上初二以后大量时间都在做物理习题。

2.班主任、家长对测评结果的评价

对于测评结果,李曼的班主任较为认同:“李曼的课业负担的确有越来越重的倾向。”他说,上初二以来李曼用了更多时间来做题,“连下课都不出去了,就坐在教室里低头写、算”,虽然在考试中仍是名列前茅,但笑容少了,更沉默了。老师对这种情况很是担心,“害怕她太累了,也不好”。

李曼家长在电话访谈中表示,发现李曼偶尔也会向他们露出焦虑和担心。虽然家长经常嘱咐她不要太过劳累,但效果不甚明显。“有时还会因为这种事吵起来”,“她就是对自己要求太高了”。这样的评价基本验证了指标模型的可靠性。

(二)邱雨桐:不甘平凡的中等生,背负期望蹒跚前行

1.该生课业负担不断加重,面临来自父母和自己的压力

“这次半期考试我考得特别差,我一直想我怎么那么差呢?所以就给自己很多压力,拼命做作业,不想理别人,觉得别人和我说话就像在鄙视我。”

邱雨桐是一名初一女生,扎着马尾,戴着眼镜,脸色有些苍白,性格比较要强。她成绩中等且不稳定,但对自己要求很高。

相比六年级,邱雨桐感到初一的课业难度有明显提高。语文阅读难度的增加让她无所适从,谈到英语,邱雨桐更为焦虑:“我小学就没怎么学英语,我们英语老师又是隔壁班的班主任,不怎么管我们班。我去问她问题,她不给我讲‘为什么’,就让我记住,可我就是要知道‘为什么’才记得住呀!”不同的课程内容与教学方法都让她感到课业难度的增加,她只有通过不断练习才能得到心理安慰。

在课业消耗方面，初一较以往也有所增大。邱雨桐是一名住校生，在校时间被学习挤满。6:30起床，22:30熄灯，16个小时里仅有一个半小时属于课间休息与午休；她甚至不吃早饭，只为了节约排队的时间来准备听写、背诵等。邱雨桐很喜欢看课外书，但往往缺少时间。“我实在想看书的话就在自习课上看，做不完作业只好晚上打着手机做，或者早上早点起来。”

而课业任务的增多则主要来自父母期望与自我要求。邱雨桐有一名亲哥哥，因其没考上大学，父母就将希望寄托在她身上，十分关注她的成绩。同时邱雨桐对自己也有着很高的要求，感到“成绩不好就很对不起父母和自己”，常自己上网搜题，去书店买参考书等，周末也参加了数学补习班，课业任务较重。

2.班主任、家长对测评结果的评价

对于测评结果，邱雨桐的班主任与家长都较为认同。其班主任表示，通过在校观察，的确能感到邱雨桐的课业负担有越来越重的趋势，该生面对日益增加的课业难度适应不足，且自尊心较强，将成绩视为不落于人后的一大标准，常给自己较大的压力，并通过增加课业消耗与课业任务来提高成绩。而其家长则说：“她的确学习比较辛苦，但现在考个好高中、大学太重要了，我们不得不把她管得严一点。现在苦一点，以后就少苦一点嘛。”这或许说明，指标模型还有不足，如父母期望等并未考虑在内，仍待研究与完善。

（三）林斌：孤独的学困生，人在教室心在外

1.该生课业负担总体有减轻的趋势，在青春叛逆中不断沉沦

“我根本管不住他，我能怎么办呢？”林斌的继母痛苦地说道，眼泪不住地往下流。

林斌是一名初二男生，个子不高，隐隐透着一股叛逆。他父母离异，父亲常年在外工作，管教林斌的任务就压在继母身上。复杂的家庭情况与青春期特有的身心变化让林斌无心学习，从而导致了他课业负担越来越轻。

在课业难度方面，林斌感觉初二比初一有所增加，不仅新增了科目，提高了对理解能力、逻辑抽象思维的要求，需要记忆的内容也大幅增加。对此，林斌不仅畏难而退，并且产生了强烈的厌学与抵触情绪：“我最讨厌死记硬背了。英语单词短语每天都要记一大堆，记住了也不懂怎么用，还不如不记。”

然而，相比初一，林斌的课业消耗却有所减少。林斌时常与父亲、继母争吵斗气，这导致他投入学习的时间与精力大大减少，上课基本不听，甚至将成绩下降作为一种吸引注意的手段。“学不学都没什么关系，我也考不上好高中，以后读个技校就行了。反正他（其父）也没时间管我，请家长的时候才能见一面。”

同样，在课业任务方面，初二较以往明显减少。林斌表示，每天放学后完成作业的平均时间仅为30分钟左右："我一般就先百度一下答案，找不到答案的就抄同学的，抄不到就空着。"不良的学习态度与较低的成就目标取向等主观因素让林斌的课业任务越来越轻。

2.班主任、家长对测评结果的评价

对于测评结果，林斌的班主任与家长都较为认同。其班主任表示，林斌在初一时学习状况尚属中等，但由于其没能很好适应初二"分水岭"，加上家庭问题与逆反心理，学习就跟不上了。这让他更是自暴自弃，上课不专心听讲，作业、考试敷衍了事，课业负担自然越来越轻。而林斌的家长对此更是焦急不已。"他就是不想学，在学校不乖，回家就耍。他哪儿有什么负担啊?"可见，导致课业负担问题的原因极其复杂，与学生主观感受存在一定关系。如何根据实际调整课业负担，如何完善指标模型值得进一步思考。

七、讨论与展望

本研究创新性地构建了初中生课业负担指标模型，大胆尝试将课业负担由概念转变为操作，从抽象转变为具体，为衡量学生课业负担状况提供了定量测评工具，即通过指标模型得出反映课业负担的综合指数和若干分类指数，据此判断课业负担的水平，回答"课业负担是否过重""课业负担在哪些方面过重"等问题。研究通过文献梳理、政策分析、开放式问卷调查、深度访谈等方式收集指标，以探索性因素分析方法构建初中生课业负担指标模型，并运用验证性因素分析对指标模型进行验证，严格遵循教育统计的基本过程，基本保证了指标模型的科学性。

同时，本次研究也注重实践与应用。为验证所得指标模型在真实情境中的实际效用，本研究运用指标模型对重庆市有代表性的3所学校与3名学生进行测试。测试结果与学校、学生的实际情况基本吻合，得到了学校领导、教师、学生家长的一致认可，基本验证了指标模型的可操作性与可靠性。

值得一提的是，初中生课业负担指标模型也得到了重庆市教育评估院、重庆市教育科学研究院及北碚区教委的重视与认可。由于客观、科学测评工具的长期缺失，相关部门虽非常重视中小学"减负"，但"减负"工作常陷困境。因此，相关领导对本研究成果十分关注，认为其具有较好的可行性，能有效帮助政府有关部门督导"减负"实践。

课业负担问题由来已久，要解决也非一朝一夕。由于样本数量与范围的有限，本研究构建的初中生课业负担指标模型仍须进一步完善。在后续研究中，还有待在指标模型的基础上进一步探讨不同学段、不同学科、不同地区的学生课业负担,构建相应的具体模型与常模参照。相信随着时代的发展、教育的进步以及社会各界的共同努力,课业负担问题必将能得到更加完美的解决,学生终将能快乐地学习,成长在自由的天空下。

参考文献

[1]马健生,臧洪菊."减负"——高考改革的错误定位[J].教育科学研究,2008(2).

[2]程晗.对"减负"的理性解读[J].教育理论与实践,2000(5).

[3]汪昌海,李桂娥.中小学生课业负担过重的深层次原因探析[J].教育探索,2002(3).

[4]聂海清.简论减轻中小学生课业负担过重问题[J].教育研究,1995(8).

[5]鲁林岳.综合辩证论"减负"[J].教育研究,2007(5).

[6]张春莉.减轻学生课业负担——一种认知负荷观[J].教育理论与实践,1999(7).

[7]李虎林.中小学生课业负担监测指标体系探索[J].当代教育科学,2014(14).

[8]杨光,武帅,张君.课业负担监测预报模型建构研究[J].中国教育学刊,2014(11).

[9]王玉蕊,刘宪忠.从日本新"学习指导要领"看中小学"真正的学力"的培养[J].外国教育研究,2006(2).

[10]续润华,陈春梅.苏霍姆林斯基论减轻学生的课业负担[J].外国教育研究,2002(1).

[11]Avi, S., Giora, K. & Keren, D.. Effects of Stress on Sleep: The Moderating Role of Coping Style [J].Health Psychology,2004(5).

[12]Archer,P.J.& Lamnin A.An Investigation of Personal and Academic Stressors on College Campues[J].Journal of College Student Personal,1986(3).

[13]Bonyun, R.. Homework: a Review of Reviews of the Literature[M]. Ottawa: Ottawa Board of Education,Centre for Research,Professional Development,and Evaluation,1992.

[14]Cooper,H..The Battle Over Homework:an Administrator's Guide to Setting Sound and Effective Policies(The Practising Administrator's Leadership Series)[M].Thousand Oaks,CA: Corwin Press,1994.

[15]宋乃庆,杨欣.中小学生课业负担过重的定量分析[J].教育研究,2014(3).

初中生信息技术素养测评模型构建与应用研究

——基于13所城乡学校的实证调查

李美仪 陈丁怡 田鹏 宋宇轩 李思睿 赵鑫①

指导教师:张辉蓉 朱德全 宋乃庆 杨欣 孙楚航

摘　要:《国家中长期教育改革和发展规划纲要(2010—2020年)》强调:"信息技术对教育发展具有革命性影响,必须予以高度重视。"如何培养与提升青少年信息技术素养已成为重要的时代命题。当下,要实现这一愿景,除了通过课堂教学、课程设置等途径,还应积极构建可量化、可操作的信息技术素养评价工具。鉴于此,本研究以初中生为例,大胆尝试构建初中生信息技术素养测评模型,以此为科学提升初中生信息技术素养提供标准与依据。

研究团队在参与《中国义务教育发展报告》课题调研和实习支教的基础上,经文献研究与专家咨询形成《初中生信息技术素养调查问卷》,选取重庆市有代表性的3区县7所城乡学校1464名初中生进行实地调查。经探索性因素分析得出信息技术素养的五个维度,即信息知识(X_2)、"互联网+"思维(X_2)、信息伦理(X_3)、信息意识(X_4)、信息技能(X_5),在国内首次构建初中生信息技术素养测评模型:

$$Y=0.27X_1+0.21X_2+0.18X_3+0.18X_4+0.16X_5$$

验证性因素分析显示该模型信效度良好,并得到专家认可。研究团队将模型拓展至4区县13所城乡学校2996名初中生进行测评应用,分别探寻初中生信息技术素养的群体特征和4类典型个体特征。结果显示初中生信息技术素养总体水平一般,城乡、性别与年级上存在显著差异。该模型得到重庆市教委和北碚区教委等多单位的重视与采纳,认为其具有较好的测量学性能和后续开发潜力,可用于初中生信息技术素养的监测和督导。

关键词:初中生;信息技术素养;测评模型;实证调查

---

①李美仪:西南大学教育学部本科2015级晏阳初创新实验班学生。陈丁怡:西南大学数学与统计学院本科2015级学生。田鹏:西南大学计算机与信息科学学院软件学院本科2014级学生。宋宇轩:西南大学经济与管理学院本科2015级学生。李思睿:西南大学数学与统计学院本科2015级学生。赵鑫:西南大学教育学部本科2014级晏阳初创新实验班学生。

一、导论

（一）研究背景

1.社会转型：教育信息化的时代浪潮

全球信息时代加速发展，大数据、移动计算等新技术逐步广泛应用，社会信息化程度不断加深，信息技术对教育的革命性影响日趋明显。以教育信息化带动教育现代化，促进教育革新，是加快从教育大国向教育强国迈进的重大战略抉择。21世纪以来，我国对信息技术的认识进一步深化，《国家中长期教育改革和发展规划纲要（2010—2020年）》强调“信息技术对教育发展具有革命性影响，必须予以高度重视”，并为此专门制定《教育信息化十年发展规划（2011—2020年）》《教育信息化“十三五”规划》，提出坚持促进信息技术与教育教学深度融合的核心理念、应用驱动与机制创新的根本方针。可见，培养学生信息技术素养依经傍注，势在必行。

2.个体需求：未来发展的必然要求

从“AlphaGo战胜李世石”到“AlphaGo战胜柯洁”的事实不仅使我们清楚地看到了信息技术的飞速发展，使我们清醒地意识到信息技术对人们的学习方式、生活方式和思维方式带来的深刻变革，更使我们认识到具有高信息技术素养对个体终身发展的重要意义。初中是个体学习方式、生活方式和思维方式发展的关键时期，故培养初中生的信息技术素养在当前乃至未来社会都至关重要。

3.研究现状：定量研究不足的理论诉求

我国教育信息化虽进展迅速，但与大众需求和发达国家水平相比相距甚远。中学生信息技术素养能直接反映教育信息化、现代化水平，而已有研究尚须完善。当前多数学者对其概念界定较模糊，多限于理论分析，极少尝试定量探究，研究的科学性与可操作性有待检验。鉴于此，本研究将定量和定性相结合，尝试构建初中生信息技术素养测评模型，以此为进一步构建常模、建立定量监测体系奠定基础，也为推动教育信息化改革提供数据参考和智力支持。

（二）文献综述

素养培养已成为引导我国新一轮基础教育课程建设的重要指针，加之信息时代的到来使信息技术素养在诸多素养中备受关注。近年来，学界对这一问题有诸多探讨，综合来看，当前学界对信息技术素养的探究主要围绕以下三个问题:第一,什么是信息技术素养;第二,从哪些维度评价学生的信息技术素养;第三,如何用量化方式评价学生的信息技术素养。

1.关于信息技术素养内涵的研究

国外对信息技术素养内涵的研究源于1974年Paul Zurkowski所提出的信息素养概念[1],其内涵随时代发展日趋完善。20世纪90年代后,因信息技术手段日趋多样化,有学者从教育学视角提出信息技术素养,即个体能自信地,批判性地,创造性地使用信息技术手段达成学习目标、娱乐目标和交际目标。[2]这一定义表明了信息化社会对个体的信息技术素养提出的新要求。

国内研究起步于20世纪90年代,多始于翻译、评价国外研究。王吉庆认为信息素养包含信息意识与情感、信息伦理道德、信息常识及信息能力多方面。[3]钟志贤认为它由信息意识、信息能力、信息伦理三要素构成。[4]随着信息化社会的发展,更多学者开始探讨学生信息技术素养的内涵。[5]值得一提的是,尽管信息技术素养始于信息素养的研究,但信息素养多为情报学、心理学等领域的研究议题,信息技术素养则更关注教育领域的问题,尤其是面向信息技术的课程标准、教材及教法等,大多学者认为后者比前者更注重对现代新媒体和网络的运用。[6]

2.关于信息技术素养评价指标的研究

国外关于信息技术素养评价指标的研究历史较长,英、美等国已建立了较成熟的评价指标(见表1)。理论研究主要从题项类型[7]、时间跨度[8]和空间跨度(国家等)[9]层面进行概述并比较三者间的异同。实证研究主要使用量化或质与量相结合的方法,运用典型案例制订具体指标并进行应用分析。[10]

国内研究起步较晚,尚处于探索阶段。从2000年出台的《中小学信息技术课程指导纲要(试行)》[11]到2016年9月发布的《中国学生发展核心素养》总体框架[12],虽提及学生信息技术素养的培养,但总体来说仍未形成统一、科学的评价标准。学界研究多限于理论层面的分析,实证研究缺乏,定量研究更显不足。

表1 国内外信息技术素养评价指标

	信息意识	信息知识	信息获取	信息管理组织	信息交流利用	信息评价	信息创新	信息道德
英国		√	√	√	√	√	√	√
美国		√	√		√	√		√

续表

	信息意识	信息知识	信息获取	信息管理组织	信息交流利用	信息评价	信息创新	信息道德
澳大利亚		√	√	√		√	√	
日本		√	√	√		√	√	
中国	√		√		√	√	√	

3.关于信息技术素养测评模型的研究

国外关于信息技术素养测评模型的研究已基于实证研究逐渐构建出较成熟的测评模型，研究方法也较为多样，主要有四类：第一，使用文献法[13]、专家法[14]构建理论模型；第二，基于已有指标体系，使用层次分析法构建层次模型；[15]第三，基于测量模型和结构模型构建结构方程模型，以探明信息技术素养与其他变量的关系；[16]第四，构建数学模型，得出相应的算式和常模。[17][18]

国内研究相对国外研究稍显不足。已有研究中，范玉慧基于模糊理论，设计多角色对个体评价的模糊评价模型；[19]张铁墨借鉴绩效考评理念，建立初中生信息素养模糊—绩效评价方法的数学模型。[20]纵观已有研究多为理论研究，未基于实地调查构建测评模型，可操作性有待检验。且多为数学等领域的研究，未从教育领域进行探讨。

4.关于信息技术素养已有研究的述评

回顾关于信息技术素养的已有研究不难发现，国内以思辨研究为主，多介绍国外信息技术素养的内涵[6][21]、培养方案[22][23]、课程体系[24][25][26][27]等，实证研究呈方兴未艾之势。随着教育信息化改革的推进，学者对信息技术素养的关注逐渐从理论构建转向实证研究，开始探讨信息技术素养的现状[28][29]、影响因素[30]等。

以上国内外已有研究为本研究奠定了基础。但纵观已有研究，在以下三方面仍有待改进：第一，内涵研究有待完善，未实现从“直观感受”到“实证检验”的过渡；第二，研究方法仍须改进，较少经实地调查构建测评模型，可操作性与有效性有待检验；第三，研究对象多为教师、高校学生等群体，较少针对中小学生。鉴于此，本研究以初中生为调研对象，拟基于实地调查构建测评模型，并通过群体与个体应用来验证其适用性和有效性。

基于文献综述，现对初中生信息技术素养进行操作性定义：学生能在学习和生活中运用所学的信息知识和信息技能解决实际问题，以及在此过程中表现出来的信息意识、信息伦理与“互联网＋”思维。

(三)研究设计

1.研究思路

如图 1 所示,本研究经文献梳理和政策分析,界定操作性定义进而提出模型假设;其次在理论分析和专家咨询的基础上编制问卷并施测,构建出符合测量学要求的初中生信息技术素养测评模型;再将测评模型在重庆市开展较大规模的测试,检验模型的外部效度并探寻初中生群体特征,同时对 4 名有代表性的学生进行个案研究,探寻个体特征。

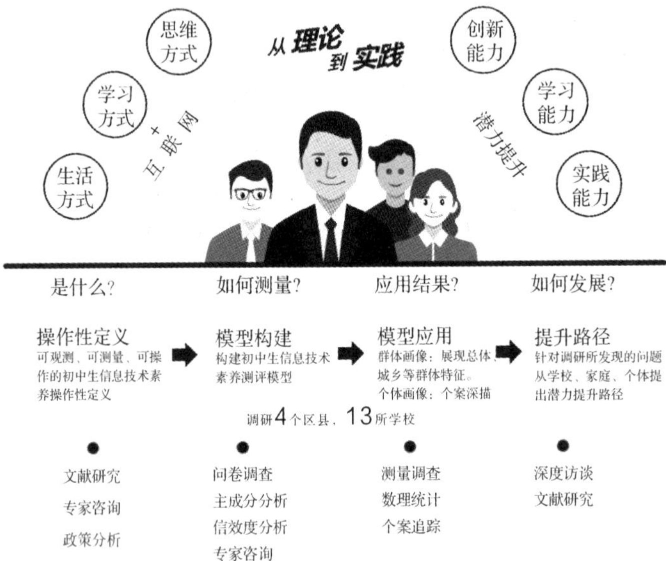

图 1 初中生信息技术素养测评模型构建与应用研究思路图

2.研究方法

本研究采用文献法、访谈法、调查法及统计分析法等研究方法。其中,在问卷编制方面,借鉴《中国义务教育发展报告》的相关研究,在梳理文献、分析政策与深度访谈的基础上形成自编问卷,于初测后再次调试,最终形成符合测量学要求的正式问卷《初中生信息技术素养调查问卷》;在初中生信息技术素养测评模型的构建、验证与应用方面,运用探索性因素分析法、验证性因素分析法以及单因素方差分析法。

3.研究对象

本研究以初中生为研究对象。研究团队成员于 2016 年 11 月选取重庆市北碚区、沙坪坝区、江北区具有代表性的 7 所城乡学校的初中生进行分层抽样调查，共发放1624份问卷，有效回收1464份，有效率为90.10%。其后，于2017年3月对重庆市丰都县6所城乡学校的初中生进行分层抽样调查，共发放问卷1633份，有效回收1532份，有效率为93.70%。

4.研究工具

本研究采用文献法、专家咨询等方法编制问卷并利用SPSS22.0、AMOS21.0进行数据分析。在《中国义务教育发展报告》的基础上，经文献梳理、政策分析、专家咨询、问卷调查及访谈形成问卷题项，整合相似题项并修改语言，使其符合初中生年龄特点，最终形成自编问卷《初中生信息技术素养调查问卷》。

二、初中生信息技术素养测评模型的构建与验证

(一)初中生信息技术素养测评模型假设

根据前文的研究设计，本研究提出三条初中生信息技术素养测评模型假设：

假设一：如果某种能力被称作信息技术素养，那么它是信息技术的知识、技能及其心理体验的综合体现。

在研究信息技术素养时，不能仅局限于考察学生的信息知识和信息技能，还应综合考虑学生的“互联网+”思维、信息道德与信息安全等内在方面的影响。因此，本研究在构建信息技术素养测评模型时，从学生信息知识、“互联网+”思维等因素进行考量。

假设二：如果某种能力被称作信息技术素养，那么它会对学生综合素质的发展产生影响。

对学生的全面发展和终身发展来说，提高信息技术素养有利于开阔学生眼界，增加获取知识的途径，更好地满足现代化发展要求。因此，本研究在构建初中生信息技术素养测评模型时，考虑了学生的成绩、道德素养、创新能力等。

假设三：学生的客观数值服从正态分布及零膨胀泊松分布。

教育统计学规律表明，学生的智力水平，包括学习能力、实践能力等呈正态分布，所以本研究假设学生的连续型变量(如上网时间)服从正态分布，而离散型变量(如学生成绩、信息技术课程节数)服从零膨胀泊松分布。

(二)初中生信息技术素养测评模型测算方法

1.主观题测算方法

经文献查阅、深度访谈、开放式问卷调查等，本研究最终编制了《初中生信

息技术素养调查问卷》,并分析 76 个五点量表类型的主观题项的性质,改变反向题数据性质,使所有题项的作用力同趋化,最终将全部题项数值转换成五点量值。数值越接近 5 说明该题项的信息技术素养水平越高。

2.客观题测算方法(正态分布及零膨胀泊松模型)

连续型变量:本研究对连续型变量进行正态分布拟合,设变量 X 服从 $N(\mu,\sigma^2)$,把 $(\mu+2\sigma,\infty)$ 区间的数值转成 5,$(\mu+\sigma,\mu+2\sigma)$ 区间的数值转成 4,$(\mu-\sigma,\mu+\sigma)$ 区间的数值转成 3,$(\mu-2\sigma,\mu-\sigma)$ 区间的数值转成 2,$(0,\mu-2\sigma)$ 区间的数值转成 1。

离散型变量:本研究对离散型变量进行零膨胀泊松模型拟合,零膨胀泊松模型由两个相应部分组成:

$$P(y_i=0|x_i)=p_i+(1-p^i)exp(-\mu_i)$$

$$P(y_i>0|x_i)=(1-p^i)\frac{exp(-\mu_i)\mu_i\ yi}{y_i!}$$

参数估计采用极大似然法计算参数,再与连续型变量转换数值相同,转换成五点量度。

3.初中生信息技术素养各维度权重及总体水平的测算方法

在处理五点量度的数值中,本研究找出了几个不可测公因子的线性组合与因素之和来描述观测的每个分量,同时根据不同的因子对变量进行分类。所以设指标变量为 $X=(x_1,x_2\cdots,x_j,\cdots,x_n)$,设共有 m 个研究对象,用 i 表示研究对象编号,第 i 个研究对象的取值分别记为$[a_{i1},a_{i2},a_{ij},\cdots,a_{in}]$,构造矩阵 $A=(a_{ij})_{mxn}$。之后,将各指标值 a_{ij} 转换为标准化指标值 a_{ij},相应地将指标变量 X 转换为标准化指标变量 X_1,计算相关系数矩阵 R,$R=(r_{ij})_{nxn}$,其中 $r_{ij}=(\sum_k^m=_1a_{ki}a_{ki})/(m-1)$,再计算出相关系数矩阵 R 的特征值 $\lambda_1\geq\lambda_2\geq\cdots\lambda_n\geq0$,及对应的标准化特征向量 $u_1,u_2,\cdots u_n$,其中 $u_j=[u_{1j},u_{2j},\cdots u_{nj}{}^T]$,由特征向量组成 n 个新的指标变量 $Y=UX'$,其中 $U=(u_{ij}nxn)$,$Y=(y_1,y_2,\cdots,y_n)^T$,y_1 是第 1 主成分,y_2 是第 2 主成分,$\cdots$,y_p 是第 P 主成分,其后求出主成分 y_i 的因子贡献率 $b_i=(\lambda_i/\sum_k^n=_1\lambda_k)\times100\%$,前 p 个主成分的累计贡献率为 $b=(\sum_k^p=_1\lambda_k/\sum_k^n=_1\lambda_k)\times100\%$,则第 j 个维度的权重计算方法为 $\sigma_j=b_j/b$。信息技术素养水平计算方法为 $M=\sum\sigma_j\sigma_j$,信息技术素养水平值处在 1~5。

(三)初中生信息技术素养测评模型的探索性因素分析

对 76 个题项进行探索性因素分析,KMO 值为 0.913,数据符合标准,适合进行因子分析。采用主成分分析和正交旋转抽取公共维度，以特征根大于等于1为因子抽取原则，参照碎石图确定题项抽取因子的有效数目。判断是否保留某个指标的标准：(1)该指标在某一维度上的负荷超过0.50；(2)该指标不存在交叉负荷，即不在两个维度上都超过0.35的负荷。

首先，删除校标题，基于主成分矩阵表删除权值相关不明显的题项。正交旋转后，先后剔除具有共载性的题项（载荷低于0.5），之后进行第二次主成分分析。同时，各题项对其对应因子的权值在0.553至0.846，表明题项在因子上载荷分配较理想，符合定义公共因子有效指标标准。其次，陡阶检验辅助说明在第六个因子趋于平缓，累计可解释59.21%的方差，保证筛选题项的科学性。通过以上筛选题项步骤及维度确定、各维度相关题项具体内容分析，并结合文献资料确定维度定义，形成正式问卷。（见表2）

表2　初中生信息技术素养测评模型正式问卷构成

维度名称	操作性定义	题项
信息知识	学生对信息技术基础知识的了解和掌握程度	6、7、8、9、10、13、14
信息技能	学生对信息技术基本运用技能的了解和掌握程度	19、20、21、22、28
“互联网+”思维	学生对互联网的思维能力和对“互联网+”背景下各类网络平台的运用能力	32、33、36、37、38、39
信息意识	学生对信息的认识、兴趣、动机、需求和理念等	41、42、43、44、45
信息伦理	学生能自觉地遵循信息的道德和法规等	56、58、61、62、63、64、68

最后，通过因素分析中因子得分，以五个因子的方差贡献率占总方差贡献率的比重作为权数进行加权计算，得出五个因子的权数是27.20%（信息知识）、20.86%（“互联网+”思维）、18.37%（信息伦理）、17.46%（信息意识）、16.11%（信息技能），分别通过五个一级维度综合反映初中生信息技术素养状况。

即初中生信息技术素养测评模型为：

$$Y=0.27X_1+0.21X_2+0.18X_3+0.18X_4+0.16X_5$$

（Y为初中生信息技术素养，X_1为信息知识，X_2为“互联网+”思维，X_3为信息伦理，X_4为信息意识，X_5为信息技能。）

结果表明，该测评模型由五个维度构成，贡献率依次为：信息知识>"互联网+"思维>信息伦理>信息意识>信息技能。五个维度与信息技术素养总分显著相关，测评模型拟合指数均符合要求，这一结论具有理论意义。其中，信息知识的解释率最高，这可能是因信息知识是信息技术素养的基础，即学生对信息技术基础知识的了解和掌握程度是其信息技术素养最集中、最显著的体现。

(四)初中生信息技术素养测评模型的验证性因素分析

为验证初中生信息技术素养测评模型的有效性与科学性，本研究经结构方程进行验证性因素分析，将信息知识、信息技能、"互联网+"思维、信息伦理和信息意识作为潜变量进行验证，最终得到各题项的标准负荷值均在 0.500 以上，达到测量学要求。(见表 3)

表 3　信息技术素养指标验证性因素分析的标准负荷(N=745)

信息知识		信息技能		"互联网+"思维		信息意识		信息伦理	
指标	负荷	指标	负荷	指标	负荷	指标	负荷	指标	负荷
A1	.630	B1	.787	C1	.699	D1	.720	E1	.723
A2	.750	B2	.842	C2	.853	D2	.793	E2	.790
A3	.824	B3	.689	C3	.798	D3	.765	E3	.844
A4	.754	B4	.713	C4	.607	D4	.768	E4	.811
A5	.759	B5	.833	C5	.639	D5	.536	E5	.898
A6	.682			C6	.806			E6	.862
A7	.692			C7	.776			E7	.776

经过计算参数，结构方程有关理论表明，以下参数能反映验证性因素分析结果的有效性。本研究中 CFI 为 0.945，一般认为 CFI≧0.9 模型拟合较好；TLI 为 0.935，如果 TLI≧0.8，则认为模型拟合较好；RESEA 为 0.048，一般认为 RESEA<0.05，表示模型拟合非常好。(见表 4)

表 4　初中生信息技术素养测评模型的拟合度

NFI	TLI	CFI	RMSEA
0.917	0.935	0.945	0.048

(五)初中生信息技术素养测评模型的信效度检验与专家评价

1.信效度检验

本研究运用 SPSS 对五个一级指标进行可靠性分析,得出问卷各部分 Cronbach's α 系数均高于 0.700 且总表的 α 系数为 0.873。(见表 5)表明总量表与分量表信度良好,符合信效度检验标准。

表 5 初中生信息技术素养测评模型 Cronbach's α 系数

	信息知识	信息技能	“互联网+”思维	信息意识	信息伦理	信息技术素养总分(分)
Cronbach's Alpha	0.871	0.844	0.882	0.749	0.951	0.873

其后,因已有研究表明具备高信息技术素养对学生成绩有一定的积极作用,[4]本研究同时测量了学生的语文、数学及英语成绩,将它们作为测量校标,以检验初中生信息技术素养各维度的外部效度。数据表明初中生信息技术素养与学生成绩呈中低程度的正相关。最后,对五个维度进行相关性检验发现(见表 6),维度与信息技术素养相关系数为 0.272~0.766,维度间相关系数为 0.104~0.513。因子间相关系数均小于总相关值,且总分与各因素间相关值均大于 0.3(显著性<0.01),说明各因子有较好的独立性,相互影响性较小且各维度与总分之间存在强相关性,符合效度检验标准,故问卷效度检验合格。

表 6 初中生信息技术素养测评模型校标关联效度

维度	信息知识	信息技能	“互联网+”思维	信息意识	信息伦理	信息技术素养总分(分)	语文成绩	数学成绩	英语成绩
信息知识	1						0.098**	0.125**	0.070*
信息技能	0.448**	1					0.245**	0.175**	0.176**
“互联网+”思维	0.326**	0.461**	1				0.218**	0.107**	0.117**
信息意识	0.293**	0.365**	0.513**	1			0.311**	0.195**	0.196**
信息伦理	−0.104**	0.041	0.015	0.072*	1		0.093**	0.006	0.079*
信息技术素养总分(分)	0.632**	0.757**	0.766**	0.705**	0.272**	1	0.305**	0.190**	0.200**

注:* 代表 $p<0.05$;** 代表 $p<0.01$

2.专家评价

为确保测评模型的科学性，本研究编制了《初中生信息技术素养测评模型认同度调查问卷》。问卷采用李克特五级量表计分方式，邀请30名专家（包括中学校长8名、长期从事教育研究的教研员6名、从事初中班主任工作长达6年以上的教师8名、高校教育学教授4名、高校计算机科学教授4名）对本研究构建的初中生信息技术素养测评模型进行评价。结果显示（见表7），专家对各维度能有效反应初中生信息技术素养的认同度为93%～100%，对所构建的测评模型的认同度为85%。因此，专家们认为本研究构建的初中生信息技术素养测评模型能对初中生信息技术素养进行有效测评。

表7　初中生信息技术素养测评模型认同度调查情况

		认同度情况				
		完全同意	比较同意	不确定	比较不同意	完全不同意
维度划分	信息知识	90.00%	10.00%			
	信息技能	88.00%	12.00%			
	“互联网＋”思维	85.00%	13.00%	2.00%		
	信息意识	79.00%	16.00%	5.00%		
	信息伦理	80.00%	13.00%	7.00%		
测评模型	$Y=0.27X_1+0.21X_2+0.18X_3+0.18X_4+0.16X_5$	75.00%	10.00%	15.00%		

注：完全同意和比较同意统称为认同，表中百分比四舍五入取整数。Y为初中生信息技术素养，X_1为信息知识，X_2为“互联网＋”思维，X_3为信息伦理，X_4为信息意识，X_5为信息技能

综上所述，本研究建立的初中生信息技术素养测评模型既通过了信效度检验，具有科学性和有效性，也获得了相关专家的认可，可以对初中生信息技术素养进行有效测评。

三、初中生信息技术素养测评模型在13所城乡学校的应用

为验证初中生信息技术素养测评模型的科学性和实用性，分析初中生信息技术素养的群体特征，本研究将测评模型应用于重庆市北碚区、沙坪坝区、江北区、丰都县13所城乡学校，对2996名初中生的信息技术素养进行现状评估。其中北碚区为国家可持续发展先进示范区，江北区为重庆经济发展区，沙坪坝

区为重庆科教文化区，丰都县为国家级贫困县，故本研究选取的4区县13所城乡学校具有代表性。

(一)整体分析：总体水平一般且信息知识不足

本研究对13所城乡学校2996名学生数据进行单因素方差分析发现：初中生信息技术素养总体水平(M=3.41)一般，信息伦理(M=4.00)、“互联网+”思维(M=3.77)、信息意识(M=3.90)良好，均值在3.5以上；信息技能(M=3.08)一般；信息知识(M=2.61)较差。(见表8)

综上所述，重庆市初中生信息技术素养总体水平一般。信息技能、信息意识、信息伦理与“互联网+”思维均处于中等水平，信息知识较为欠缺。究其原因，可能是“会用就行”的信息技术课程教学观念导致课堂教学虚设，学生学习浮于表面；另一方面可能与家长对网络存在认知偏差密不可分。

表8 初中生信息技术素养及各维度描述统计(N=2996)

	信息知识	信息技能	“互联网+”思维	信息意识	信息伦理	信息技术素养总分(分)
M	2.61	3.08	3.77	3.90	4.00	3.41
T	18.26	15.41	22.68	19.51	27.97	20.70
SD	6.21	5.77	6.71	4.42	8.62	3.82
高水平参照	24～31	21～27	29～36	23～28	37～45	25～29
中水平参照	12～23	10～20	15～28	15～22	19～36	17～24
低水平参照	6～11	4～9	9～14	11～14	11～18	13～16

注：M表示各维度平均值，T表示维度总分，SD表示维度总分的标准差

(二)城乡对比：城市学生总体水平高于农村学生

本次调研共调查城市初中生1464名，农村初中生1532名。经单因素方差分析发现，初中生信息技术素养总体水平及各维度平均水平城乡差异显著，城市学生整体水平(M=3.48)显著高于农村学生(M=3.35)。在信息知识上城市学生(M=2.71)显著高于农村学生(M=2.50)；在信息技能上城市学生(M=3.59)显著高于农村学生(M=2.59)；城市学生的“互联网+”思维(M=3.97)显著高于农村学生(M=3.59)；在信息意识上城市学生(M=3.95)显著高于农村学生(M=3.85)；在信息伦理上农村学生(M=4.48)显著高于城市学生(M=3.49)。(见表9)

综上所述，城乡初中生在信息技术素养总体水平上差距较大。其中城市学生无论是信息知识、信息技能、“互联网+”思维还是信息意识均优于农村学生。究其原因是城市学生拥有更丰富的信息资源。另一方面，农村学生的信息伦理更高。可能是因为农村信息资源缺乏，使农村学生缺乏实践机会，致使其信息伦理表现出“假想”的良好状态。同时，因城市学生在纷繁复杂的网络世界易出现“滥用网络”“网络异化”等现象，[32]导致他们在自觉遵守道德法规方面有所欠缺。

表9　初中生信息技术素养的城乡差异

	城市（N=1464）		农村（N=1532）		均值比较 p 值	均值比较 F值
	M	SD	M	SD		
信息知识	2.71	0.90	2.50	0.86	$p<0.001$	43.88
信息技能	3.59	1.02	2.59	1.05	$p<0.001$	692.1
“互联网+”思维	3.97	1.06	3.59	1.14	$p<0.001$	93.81
信息意识	3.95	0.87	3.85	0.90	$p<0.01$	9.38
信息伦理	3.49	1.46	4.48	0.66	$p<0.001$	581.26
信息技术素养总分（分）	3.48	0.64	3.35	0.62	$p<0.001$	35.95

（三）性别对比：男生总体水平更高但信息伦理低于女生

本次调研共调查男生1490名，女生1506名。经单因素方差分析发现，在信息技术素养总体水平上男生（M=3.44）显著高于女生（M=3.38）。在信息知识上男生（M=2.78）显著高于女生（M=2.44）；在信息伦理上女生（M=4.06）显著高于男生（M=3.93）；在信息技能、“互联网+”思维、信息意识上则无显著的性别差异。（见表10）

由此可见，初中生信息技术素养总体水平有显著的性别差异。其中男生对信息知识的掌握能力更强，女生较男生信息伦理更高。究其原因，可能是男女生在信息技术上存在兴趣偏好，女生对信息技术的需求相对简单，其信息知识相应更为缺乏。相比女生，男生在做出网络偏差行为后能更易摆脱道德上的自责，[31]所以男生的信息伦理更低。

表 10 不同性别的初中生信息技术素养差异

	男(N=1490)		女(N=1506)		均值比较	均值比较
	M	SD	M	SD	p 值	F 值
信息知识	2.78	0.90	2.44	0.84	$p<0.001$	109.01
信息技能	3.06	1.14	3.10	1.17	$p>0.05$	1.05
“互联网+”思维	3.74	1.13	3.81	1.11	$p>0.05$	3.54
信息意识	3.93	0.90	3.87	0.87	$p>0.05$	3.78
信息伦理	3.93	1.18	4.06	1.27	$p<0.01$	7.34
信息技术素养总分(分)	3.44	0.64	3.38	0.63	$p<0.05$	5.87

注:M 表示各维度平均值,T 表示维度总分,SD 表示维度总分的标准差

(四)年级对比:“互联网+”思维与信息意识随年级递增

本次调研共调查初一学生 1096 名,初二学生 946 名,初三学生 954 名。经单因素方差分析发现,在信息技术素养总体水平上初二(M=3.45)>初三(M=3.43)>初一(M=3.37)。在信息技能方面初二(M=3.17)>初一(M=3.09)>初三(M=3.00);在“互联网+”思维方面初二(M=3.85)>初三(M=3.83)>初一(M=3.68);在信息意识方面初三(M=4.05)>初二(M=3.92)>初一(M=3.75);在信息知识、信息伦理方面无显著差异。(见表 11)

由此可见,初中生的信息技术素养总体水平有显著的年级差异。其中初二学生对信息技能掌握更好,学生的“互联网+”思维与信息意识随年级递增。

表 11 不同年级的初中生信息技术素养差异

	初一(N=1096)		初二(N=946)		初三(N=954)		均值比较	均值比较
	M	SD	M	SD	M	SD	p 值	F 值
信息知识	2.62	0.88	2.61	0.90	2.60	0.89	$p>0.05$	0.23
信息技能	3.09	3.17	3.17	1.12	3.00	1.20	$p<0.01$	5.60
“互联网+”思维	3.68	1.13	3.85	1.1	3.83	1.12	$p<0.01$	6.80
信息意识	3.75	0.92	3.92	0.88	4.05	0.82	$p<0.001$	31.46
信息伦理	4.02	1.25	4.00	1.21	4.00	1.23	$p>0.05$	0.40
信息技术素养总分(分)	3.37	0.65	3.45	0.64	3.43	0.69	$p<0.05$	3.62

四、初中生信息技术素养测评模型应用的个案判析

为进一步了解初中生信息技术素养测评模型在个体层面的可操作性与可靠性，本研究在对13所城乡学校的群体分析之后进行个案判析。依托《中国义务教育发展报告》，充分利用组员实习机会，于2016年10月至2017年4月通过问卷调查、深度访谈，选取4名有代表性的学生进行个案判析（以下均为化名）。

（一）徐婉莹：远离网络的学困生，像蜗牛一样默默前行

1.该生信息技术素养水平低，且发展不均衡

“在家里，妈妈会限制我上网，我也比较抵触网络。说到学习，我也努力过，但没有什么收获。”徐婉莹迷茫地看着我们，缓缓说道。

徐婉莹是一个稍显自卑的初二女生，性格孤僻、保守，学业水平不高，对未来深感迷茫。她不擅长与老师、同学进行交流，休闲活动极其单调。家里电脑触手可及，却从不主动触碰，对陌生的网络较为抵触。

该生的测评结果显示（见图2）。她在信息知识上寡见少闻，信息技能不高。当提及信息技术课程时，她表示很吃力：“每次老师布置的作业我做起来都很痛苦，很多东西都不懂，也提不起兴趣。”她的信息意识淡薄，“互联网＋”思维迟缓。“网络又不能帮我解决生活中的问题，我的烦恼依旧堆积在那里，那我为什么要在这上面花费精力。”她的信息伦理虽好，但这更多是因为她与网络接触甚少，可能是“假想”状态下所呈现的结果。

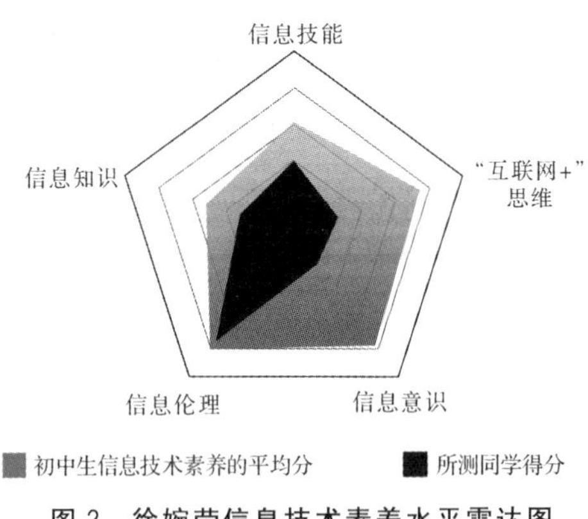

图2　徐婉莹信息技术素养水平雷达图

2.班主任、家长对测评结果的评价

对于测评结果，其班主任与家长皆较为认同，但也无计可施。班主任表示，她确实是一个内向、令人担忧的学生：“信息技术老师常向我反映她的听课状态和作业完成情况，确实落后同学一段距离。”她的母亲也非常担忧她未来的发展：“孩子不懂电脑就算了，我最担心的是她的成绩，怕她以后考不上好学校。”这样的评价基本验证了测评模型的可靠性。

(二)赵玉:心无旁骛的传统学霸,两耳不闻网络事

1.该生信息技术素养水平偏低，面临来自学业的压力

“平时我不怎么用电脑，可以说对它一窍不通。这样是不好，但我也没办法，成绩对我很重要，我现在就想好好学习，其他的以后再说吧。”

赵玉是一名乖巧活泼的初一女生，成绩优异，学习刻苦，性格要强。自身的高要求和父母的传统观念使她尤其注重学习成绩，每次回家，书包里总是塞满了各种参考书。

该生的测评结果显示(见图3)。在信息知识、信息技能及“互联网+思维”方面，她知之甚少。一方面是因父母不支持她使用电脑，缺乏相应的信息环境；另一方面，应试教育大环境下的考试内容不涉及该方面知识，她无暇顾及。在信息意识上，她的同学说她只对学科知识具有一定敏感度，非常擅于搜集学科相关的知识与考点，但对学习之外的信息少有关注。尽管如此，她的信息伦理较高，她说：“我是不太懂这方面的知识，但基本的道德规范还是有的。不过现在信息诈骗这么猖獗，我也不知道怎么保护自己。”

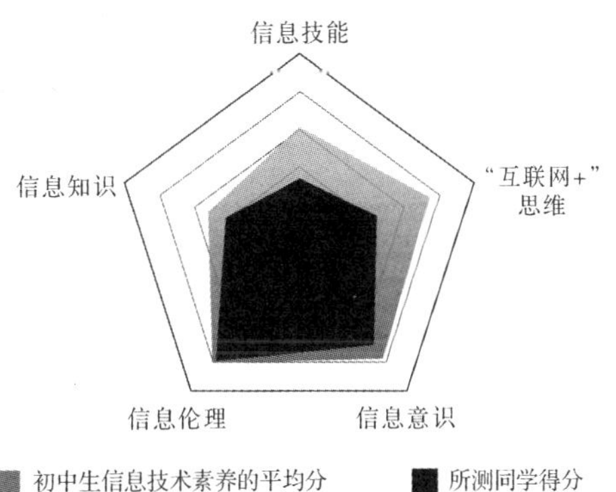

图3 赵玉信息技术素养水平雷达图

2.班主任、家长对测评结果的评价

对于测评结果,其班主任与家长都比较认同但也很无奈。其班主任表示,她学习刻苦,成绩优异且稳定:“虽然孩子的信息技术素养不高,但现在升学考试不管这些,只看学习成绩,而且她也是一个自尊心强又特别有目标的人,所以我们也表示理解。”其家长也表示,自己确实认为现阶段孩子学习成绩最重要,她对孩子心无旁骛地提高学习成绩很支持:“她信息技术素养水平的确不高,但现在考个好学校对她来说才是最重要的。”这或许可以解释当前学生信息技术素养一直得不到重视的现象。这样的评价再次验证了模型的可靠性。

(三)董浩:无心学业的网瘾少年,唯对网络情有独钟

1.该生信息技术素养总体较高,但信息伦理缺乏

“你平时最喜欢做的事是什么?”“上网,我喜欢用电脑做我感兴趣的事,有时能在电脑面前坐上一整天。”董浩笑容灿烂,脸上带着一种自豪与叛逆。

董浩是一名家境良好的初三男生,个子不高,学业水平中等偏下。谈到成绩,他不愿多说,因为他自己对此并不在意。提及电脑,他滔滔不绝,各种专业术语信手拈来。访谈中,董浩说小时候父母工作繁忙,为了弥补他,父亲给他买了一台电脑。起初他只是玩网游,后来因为对一些游戏设置不满意,便开始自学电脑。现在他不仅对各种游戏得心应手,更能熟练地使用各种应用软件,甚至编写一些小程序。

该生的测评结果显示(见图4)。在信息知识与技能方面,他软件操作的熟练程度远超同龄人,认为学校的信息技术课程内容较为简单。关于信息伦理,他说:“我以前‘人肉’过周围朋友,只是想试试自己的能力,没有做过违法的事。”同时他对自身隐私信息的保护意识极强。在“互联网+”思维与信息意识方面,他能熟练地使用手机软件。在享受网络带来便利的同时,他认为掌握信息技术是时代潮流的必然。

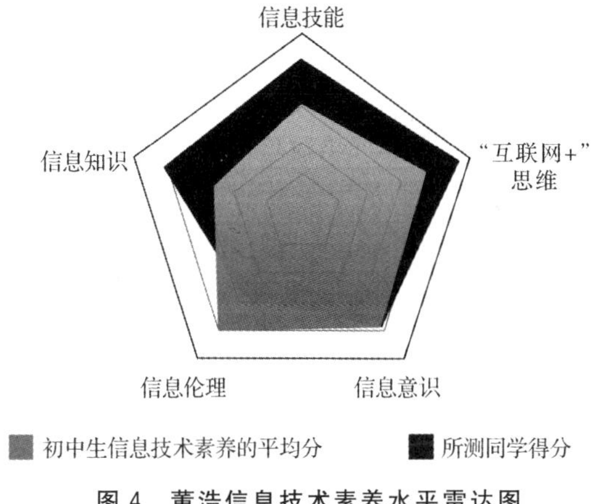

图4 董浩信息技术素养水平雷达图

2.班主任、家长对测评结果的评价

对于测评结果，其班主任与家长都较为认同。其班主任表示，他在信息技术方面很优秀，课余时间也会主动请教计算机老师：“有特长是好事，但我担心如果他成绩不好，将来不一定能上一个好学校，前途会受到影响。”作为老师，她希望董浩两方面都能兼顾。他的母亲表示：“平时经常看到他操作一些电脑软件，每当邻居对电脑有疑问时，他都可以帮忙解决问题。”这样的评价基本可以验证测评模型的可靠性。

(四)林松：涉猎广博的电脑能手，网络学业两不误

1.该生信息技术素养高且不断提升，呈上升趋势

“学习对我来说很轻松，平时最喜欢做的事情就是钻研电脑。”林松就读于一所优质中学，成绩优秀。在家里，父母从不限制他上网。“我每次回家第一件事就是开电脑，一上网就是两个小时。”当被问及作业时，他轻松地说：“作业在学校都已经完成一大半了，剩下的很快就解决了。”

该生的测评结果显示(见图5)。其信息技术素养水平很高。在信息知识和信息技能上，他知识面广，应用能力强。对此，他表示自己经常翻阅与科技、互联网相关的书籍。他有较强的信息意识，表示自己的生活已经离不开网络，非常认同信息技术素养在当今时代的重要性。在信息伦理上，他很注重保护自己的隐私：“我会注册多个账号上网，也很注意密码的设置。”同时，他拥有很高的“互联网＋”思维，更能熟练使用python、java等计算机语言进行编程。

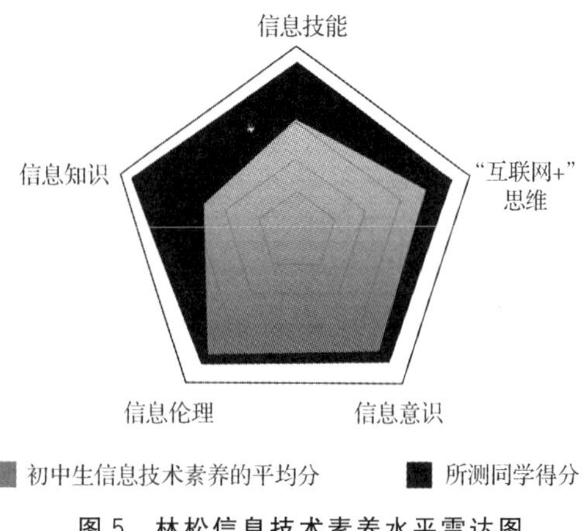

图5 林松信息技术素养水平雷达图

2.班主任、家长对测评结果的评价

对于测评结果，其班主任和家长表示认同。其班主任表示，林松不仅成绩优异，信息技术能力更在班上数一数二。班主任还谈道："林松还代表我们学校参加过全国青少年信息学奥林匹克竞赛。"他的父亲表示从不限制孩子使用电脑，认为孩子在生活中会表现出突出的信息技术能力："希望他未来既能保持学业优势，也能继续发挥自己的信息技术特长。"可见，本研究的测评模型应用结果与外界评价基本一致。

五、讨论与展望

本研究创新性地对信息技术素养进行操作性定义，大胆尝试构建出可靠、有效、可操作的初中生信息技术素养测评模型，为评价初中生信息技术素养水平提供了科学的测量工具，即通过测评模型得出反映信息技术素养的综合指数和若干分类指数，据此判断和预测信息技术素养。科学地回答了"什么是信息技术素养""从哪些维度评价学生信息技术素养""如何计量学生信息技术素养"等问题。将以上问题的答案汇总，可在一定程度上应对当前信息技术教育面临的"困境"。

本研究将定量与定性研究相结合，既重理论创新也重实践应用。研究通过文献梳理、政策分析、专家咨询与实地调查等方式选取指标，运用探索性因素分析探索并初步构建初中生信息技术素养测评模型，并运用验证性因素分析对测评模型进行验证，严格遵循教育统计的基本过程，确保测评模型的内在效度及科学性。最后，为验证该测评模型的外部效度与实用性，本研究运用该模型对重庆市13所城乡学校及4名有代表性的学生进行实地测评。测试结果与学生的实际情况基本吻合，得到了学校领导、班主任及学生家长的认同，初步验证了该测评模型的可靠性与可行性。不仅如此，该模型也得到了调研区县教委的重视与采纳。

值得一提的是，由于一直以来都缺乏一个客观、科学的工具来测评学生的信息技术素养水平，有关部门常对学生信息技术素养的培养感到有心无力，也对本研究成果表示高度重视与关注，认为基础教育阶段学生信息技术素养测评模型构建作为一项具有较强现实意义的应用研究，有利于实现信息技术素养评估的科学化，对学生、家长、教师、学校乃至教育管理部门等都有潜在的实践应用价值。

当然，任何事物的发展都不是一朝一夕就可完成的，在“互联网＋”时代更是如此。由于自身能力及时间、地区等主客观条件的限制，我们所建构模型仍须进一步完善。后续研究有待基于测评工具的使用，在诊断学生素养水平的同时发掘潜在的问题，为形成学生信息技术素养的学校、家庭、个人三方协同的培养模式提供参考。此外，进一步从大数据调研出发构建初中生信息技术素养的常模，乃至为国家测评标准的形成提供参考，是我们后续努力的方向。相信随着信息化的不断发展及社会各界的共同努力，关于信息技术素养的评价与培养问题必将得到更好地解决，教育亦会乘着信息化的东风，让亿万孩子同在蓝天下共享优质教育，通过知识改变命运。

参考文献

[1]Zurkowski P G.The Information Service Environment Relationships and Priorities[J].Related Paper No.5，1974.

[2]Ferro E，Helbig N C，Gil-Garcia J R.The role of IT literacy in defining digital divide policy needs[J].Government Information Quarterly，2011(1).

[3]王吉庆.信息素养论[M].上海：上海教育出版社，1999.

[4]钟志贤.面向终身学习：信息素养的内涵、演进与标准[J].中国远程教育，2013(8).

[5]张文英，吴非.谈MTI学生信息技术素养的培养[J].教育探索，2014(1).

[6]张义兵，李艺.“信息素养”新界说[J].教育研究，2003(3).

[7] Oakleaf M. Dangers and opportunities：a conceptual map of information literacy assessment approaches[J].portal：Libraries and the Academy，2008(3).

[8]Meulemans Y N.Assessment city:The past,present,and future state of information literacy assessment[J].College & Undergraduate Libraries,2002(2).

[9]Virkus S.Information literacy in Europe:a literature[J].Inf.Res,2003(4).

[10]Resnis E,Gibson K,Hartsell-Gundy A,et al.Information literacy assessment: a case study at Miami University[J].New Library World,2010(7/8).

[11]教育部.教育部关于印发《中小学信息技术课程指导纲要(试行)》的通知:教基[2000]35[EB/OL]. http://www. moe. edu. cn/publicfiles/business/htmlfiles/moe/moe _ 327/200409/3792.html

[12]黄荣怀.“做中学”引导初中生学会独立做事[N].中国教育报,2016/5/27.

[13]Seneviratne W.Framework to measure Community Information Literacy among rural citizens in Sri Lanka:building of a CIL Model[J].Sri Lankan Journal of Librarianship and Information Management,2009(1).

[14]Benson D,Gresham K.Social contagion theory and information literacy dissemination:a theoretical model[C].ACRL 13 th.National Conference.29 March to 1 April,2007.

[15]Yang F.Exploring the information literacy of professionals in safety management[J].Safety science,2012(2).

[16]Mohammadyari S,Singh H.Understanding the effect of e-learning on individual performance:The role of digital literacy[J].Computers & Education,2015.

[17] Covello S. A review of digital literacy assessment instruments [J]. Syracuse University,2010.

[18]Fraillon J,Schulz W,Ainley J. International computer and information literacy study: Assessment framework[M].Amsterdam:MultiCopy Press,2013.

[19]范玉慧.基于模糊理论的初中生信息素养评价研究[D].济南:山东师范大学硕士学位论文,2013.

[20]张铁墨.初中学生信息素养的模糊—绩效评价方法研究[D].大连:辽宁师范大学硕士学位论文,2005.

[21]祝智庭.信息教育展望[M].上海:华东师范大学出版社,2002.

[22]王永固,彭立.现代教育技术与中小学生信息素养的培养[J].中国电化教育,2001(5).

[23]张立彬,杨会良.高校开展信息素养培育的思考[J].教育研究,2005(5).

[24]傅德荣,周丽红.信息技术与课程整合的目标与方法[J].中小学信息技术教育,2003(12).

[25]何克抗.对美国信息技术与课程整合理论的分析思考和新整合理论的建构[J].中国电化教育,2008(7).

[26]何克抗.信息技术与课程整合的目标与意义[J].教育研究,2002(4).

[27]詹青龙,祝智庭.美国威斯康星州《信息技术素养》课程标准述评[J].中国电化教育,2006(1).

[28]黄松爱,董玉琦.高中学生信息素养现状调查与分析[J].中国电化教育,2010(8).

[29]江玲，李宗颖.四川、重庆地区中小学生信息技术素养现状调查分析[J].电化教育研究，2006(6).

[30]杜海钰.初中生信息素养水平现状调查与影响因素分析[D].呼和浩特：内蒙古师范大学硕士学位论文，2014.

[31]杨继平，王兴超，高玲.道德推脱对大学生网络偏差行为的影响：道德认同的调节作用[J].心理发展与教育，2015，31(3).

[32]宋德如.信息网络对青少年心理负面影响与教育干预[J].中国教育学刊，2000(5).